上横手雅敬

権力と仏教の中世史

文化と政治的状況

法藏館

権力と仏教の中世史――文化と政治的状況――＊目次

第一章　南都復興 …… 3

第三章　鎌倉時代の王朝と文学……213

表紙カバー　源頼朝書状（国宝、『東大寺文書』、奈良・東大寺所蔵。
写真は奈良国立博物館『大勧進　重源』展図録より転載）

権力と仏教の中世史

――文化と政治的状況――

第一章　南都復興

一、東大寺復興と政治的背景

はじめに

平家に焼かれた東大寺を復興することは、中世における最大規模の文化事業であり、そこには当時の政治、社会、芸術等の諸問題が集中的に顕現しており、その研究にも多様な視角が可能であり、必要であることはいうまでもない。ここで私は主として政治的背景との関連において、この事業を考えてみた。その結果、一般に行われている三時期区分についても、立論の根拠に疑問を持つに至ったし、重源の「大勧進職」なるものについても、通説のままでよいのかと考えるようになった。何よりも私は鎌倉初頭二十余年の変転の歴史の中で、この事業を展望する試みを、私なりに行ってみたかったのである。

一　東大寺復興と「知識」

最初に東大寺復興に重源が起用された事情を考えてみたい。

治承四年（一一八〇）十二月二十八日、平氏は東大寺・興福寺を焼き討ちしたが、翌年正月四日には、両寺の僧綱以下の公請を停止し、見任・所職を解却し、寺領を没収する旨の宣旨が出され、弾圧はさらに強められた（『玉葉』八日条）。

一方では復興も計画され、朝廷では諸道の勘文を提出させたが、その中で治承五年（養和元）二月五日の大外記中原師尚の勘文が現存している。それには㈠弁史以下を東大寺に派遣して実検を加え、仮仏殿を作り、雨露を防ぐこと、㈡焼け損じた金銀銅鉄の散逸を防ぐため、東大寺に命じて四壁を固め、一ヶ所に集めさせること、㈢造寺官に命じて土木を行い、造仏人を定めて仏像を修繕し、また本願聖武天皇の意志に従い、衆庶の知識を勧めること、㈣焼失した鎮守八幡を復旧すること、㈤諸寺諸国の沙弥の得度のため、戒壇院の復旧が急がれるが、それまでは暫時羂索院で行うことなどを勘申しており、この勘申はその後の復興事業に大きな影響を与えた（『東大寺続要録』造仏篇）。

閏二月四日、平清盛が没すると、後継者の宗盛は「於㆑今者、万事偏以㆓院宣之趣㆒、可㆓存行㆒候」（『玉葉』六日条）と奏上し、政権を後白河法皇に返還し、ここに清盛によって停止されていた後白河院政は完全に復活するに至った。その結果、南都復興も具体化し、三月一日には東大寺・興福寺領は寺家に返還され（『東大寺文書』治承五・三・一官宣旨案、『興福寺略年代記』）、正月に清盛が行った寺領没収の措置は撤回された。同十八日、蔵人左少弁藤原行隆が勅使として奈良に派遣され、興福寺・東大寺の焼失跡を実検した。造興福寺の国宛や造寺除目は即日行われるはずであったが、延引して結局六月十五日となった（『玉葉』三・十八、二十、二十一、六・十五条）。東大寺の方はさらに遅れ、二十六日に東大寺行事官除目があり、造寺長官、修理大仏長官には行隆が任じられ、また造東大寺知識詔書が作成され、いよいよ復興の第一歩がふみ出された（『玉葉』『吉記』）。

当時蔵人頭・左中弁であった吉田経房の『吉記』によれば、造東大寺定は左大臣藤原経宗と参議藤原定能だけが杖座に参着して行われ、群卿は参上せず、議定もなかったという。法皇が独断的に進めたのであろう。しかし詔書は安徳天皇に覆奏され、その画可を得てはじめて施行される。この手続は八月二十日に行われ、幼帝に代わって摂政近衛基通が画可を行った（『吉記』）。『続要録』造仏篇にも、養和元年八月、重源が宣旨を賜わり、諸国を勧進したとあり、八月付の重源の勧進状も作成されているから、重源が東大寺復興にあたるよう命じられたのは、六月ではなく八月と見られる。

重源が東大寺勧進を命じられた経緯については、最初法然が候補となったものの、念仏勧進に専念したいとして辞退し、代わりに重源を推薦したという説もあるが、すでに諸家が疑問を述べているように信じがたい。『続要録』供養篇（本、文治記）所収の文治元年（一一八五）八月二十三日重源願文には、治承年中、重源が夢を見て東大寺に詣で、大仏を拝したが、まもなく炎上したことから、重源は夢告の符合に驚き、大仏復興を志すようになり、行隆に語り、後白河法皇の天聴に達し、恩詔を与えられたとある（「造仏篇」にも類似の記述がある）。これは重源自身の告白であり、信じてよかろう。すなわち重源が大仏復興を願い、行隆を介して法皇に接したのである。行隆や法皇は、重源の宗教的情熱に魅せられたものと思われる。

重源と行隆との間には、単に事務的な関係を超え、人間的な触れ合いがあった。前述の願文の中で、重源は行隆を「帰依甚深、同心無レ弐」と評しその人柄を讃えているし、行隆の息子は重源の弟子になっている（『東大寺造立供養記』）。また備前国南北条は、重源が行隆から免許の証文を得て開発したものであるが、のち行隆の後家を預所とし、毎年、年貢米のうち三十石を分与している。さらに後家の没後は嫡女左大弁局、左大弁局の没後は嫡子盧舎禅師の領掌を認めている（建久八・六・十五重源譲状）。

これより先、養和元年三月、焼け跡を実検した直後、法皇の使者として兼実を訪ねた行隆は「御仏被レ鋳之間事、可レ被レ下二知識之詔一」と語っている（『玉葉』二十一日条）。「知識」とは僧の勧進に応じて財物等を提供し、仏事に結縁することをいうが、すでに二月の中原師尚勘文にも「随二本願之叡慮一、宜レ勧二衆庶之知識一」とあった。大仏鋳造にあたって知識の詔を下し、勧進を行うことは、六月の詔の起草、八月の重源の起用をまたず、復興が議せられた当初からの方針だったのである。

大仏造営を命じた文書は、これまで述べてきたように、『吉記』に依拠して「造東大寺知識詔書」と呼ぶのが正しい。『続要録』造仏篇には「勅」「宣旨」などとあるが、文書様式の点で正確ではない。詔の趣旨は、後白河法皇が大仏の修補を志したことを喜ぶとともに、朕の富と勢とを以て法皇の念願を助けたいとし、そのために「宜唱二大善知識之勧進一、上自二王侯将相一、下及二輿儓皂隷一、毎日三拝二盧遮那仏一、各当三存レ念手自造二盧遮那仏像一也」として知識の勧進を求めている。「幸遇二朕之勧進一者、豈非二民之良縁一哉」として、民の結縁を求める勧進の主体は「朕」、すなわち安徳天皇であって、後白河法皇ではない。

ところで右の引用の傍線部は、天平十五年（七四三）の盧舎那仏造立の詔に「宜毎日三拝二盧舎那仏一、自当三存レ念各造二盧舎那仏一也」（『続日本紀』十月辛巳条）とあるのと、ほとんど同文である。長文であるため、天平十五年の詔と治承五（養和元）年の詔とを引用することは控えるが、両者に共通した表現は多く、治承の詔が天平の詔を踏まえて作られていることは明らかであり、いずれも結局は「知識」の力を借りて、大仏を造るという趣旨である。天平の詔が出されて四日後には、行基が弟子を率いて勧進を行ったことが『続紀』に見えるが、治承（養和）の際も、詔が出されると、重源が勧進を開始するのである。

前引の中原師尚勘文にもあるように、勧進は本願聖武天皇の「叡慮」でもあった。天皇が河内国大県郡智識寺の盧舎那仏を拝し、「朕毛欲レ奉レ造」として東大寺大仏の造立を発願したといわれるように（『続紀』天平勝宝元・十二・丁亥条）大仏は本来、知識と勧進によって造られるべきものであった。斉衡二年（八五五）地震で大仏の頭部が落下した際にも、天下の人々が一文の銭、一合の米を論ぜず合力することによって、修補が行われたのである（『文徳実録』九月甲戌条）。勧進は本願の叡慮であったのだから、源平争乱の最中で、徴税などの手段で再建の費用を集めるのが困難なために、やむを得ず執られた手段だなどと考えるべきではない。

治承五（養和元）年の知識詔書は、大仏鋳造のための勧進を命じている。もっともこの時期の東大寺復興は、寺院全体の再興をも目的としており、大仏が鋳造されたら足れりとするものではない。だから造寺官が任命されており、藤原行隆にしても、造仏・造寺等長官に就任したのである（『続要録』造仏篇、『玉葉』六・二十六条）。同年八月の重源勧進状にも「修二補仏像一、営二作堂宇一」とあり、仏像の修補と堂宇の営作の何れもが勧進の目的であるとしている（『続要録』造仏篇）。近年の南大門仁王像の解体修理によって、多くの人々が重源の勧進に応じて、仁王像への結縁を求めていたことが明らかになったが、この事実を見ても、重源の勧進の目的が、大仏の鋳造のみではなかったことがわかる。

しかし盧舎那仏は鎮護国家仏教の象徴であるとともに、広く庶民の信仰を集め、従って勧進の対象としてもっともふさわしいことはいうまでもない。また復興初期の大仏鋳造の段階でこそ、勧進は極めて重要な位置を占めていたが、大仏開眼供養が行われて後は、造営料国が寄進されたことなどもあって、勧進の占める位置が相対的に低下していることも否めない。

確かに勧進は大仏鋳造のためにのみ行われたのではないが、大仏の歴史や知識詔書の性格などから見て、大仏鋳造こそが勧進の中心であったと考えられるのである。

二　東大寺大勧進職

中ノ堂一信氏によれば、十二世紀（院政期）に見える大勧進は勧進聖集団の頭目的存在であるが、鎌倉期以降の大勧進は大勧進職保有者を意味しており、東大寺大勧進である重源も後者に属するとされ、永村真氏もこの説を承認している[1]。東大寺大勧進職は朝廷あるいは寺院に補任されたものであり、永村氏は養和元年（一一八一）重源が朝廷によって補任されたとし、中ノ堂氏は建久八年（一一九七）東大寺によって補任されたと見ている[2]。

中ノ堂氏のいう院政期と鎌倉期以降の「大勧進」の差違も、実は十分に論証されているとはいえないが、「大勧進職」として「職」であることを両氏が強調するのは、それが補任されるだけでなく、相続され、利権の保証であったと考えているからであろう。

重源が養和元年に東大寺造営を委託されたことは疑いないが、これを大勧進職補任と見てよいかどうかは疑問である。建永元年（一二〇六）十月、重源に次いで、栄西が造営勧進にあたることになった際には「応レ令三大法師栄西勧二進東大寺造営一事」という造営勧進の宣旨が出されたという[3]。しかし養和元年、重源が造営勧進にあずかることになった際には、重源の名を記した公文書など作成されていないのである。後白河法皇が重源を東大寺大勧進職に補任したなどと記しているのは、後年の法然伝関係の史料に限られているのである[4]。

東大寺の復興過程において、文治元年（一一八五）、建久六年（一一九五）、建仁三年（一二〇三）の三度にわたり供養が行われ、それぞれ後白河法皇、後鳥羽天皇、同上皇が願文をささげている。それらに重源の名は見えないが、「爰有二一比丘一」「爰有二上人一」「有二或聖僧一」など、重源を示す表現があり、その功績を讃えている（『続要録』供養篇、本・末）のに対して、養和元年、重源が東大寺勧進を命じられた際には「重源」の名はもとより、重源を意味する何の記述も見られない。

『玉葉』で重源らしい人物が初めて登場する養和元年十月九日条には「東大寺奉加之聖人、廻二洛中諸家一」とある。重源が勧進を始めて二か月後、兼実はまだその名前を知らなかったのである。ところがその四か月後には「重源聖人」の名が見える（養和二・二・二十条）。恐らくこれは第三者が重源の名を記した現存最古の史料であろう。さらに二年後の寿永二年（一一八三）兼実に招かれた重源は、大仏鋳造の状況を語った上、天台山・阿育王山参詣などの渡宋の体験や自己の信仰について、数刻にわたって兼実に語り、兼実は「実無二飭詞一、尤足レ可二帰敬一」と記し、重源の率直な人柄に敬服している（正・二十四条）。このようにして無名に近かった重源の名は、その意欲的な活動によって、しだいに浸透していったのである。

『続要録』造仏篇には「養和元年秋八月、重源上人賜二宣旨一（中略）令レ勧二進七道諸国一」とある。前述のように「宣旨」は知識詔書を意味するのであろうが、その点を除けば正確な記述ではなかろうか。詔書を携えて勧進の旅に出る、それだけであり、東大寺大勧進職その他の役職に補任されていたとは考え難いのではないか。

重源が与えられた役職について考えるため、私は重源が他からどのように呼ばれ、またどのように自称していたのかを調べてみた。この種の考察には、史料の厳密な扱いが、とくに必要である。ここでは史料は重源と同時代のものに限定し、『東大寺続要録』『東大寺造立供養記』『吾妻鏡』等、後年に編纂された書物の記述は、採らないこととした（但し『続要録』などに引用されている同時代史料は採用する）。また記載の煩瑣を避け、例の少ない特殊なものは省略した場合もあり、史料も網羅せず、一部のみを掲出したが、論旨に影響を及ぼすものではない。

一　他称の場合

(a)　東大寺勧進聖人
『玉葉』寿永二・正・二十四、元暦二・四・二十七条。
(b)　勧進上人
『玉葉』元暦二・二・二十九条、『吾妻鏡』文治四・四・十二条所収同年三月二十八日後白河法皇院宣。
(c)　大仏聖人
『玉葉』文治三・正・二十六、建久二・五・二十二条。
(d)　東大寺上人
『東大寺文書』（文治四）[5]八・二十三源頼朝書状、『玉葉』文治五・八・三条。
(e)　大和尚
『続要録』供養篇、末、建久記、建久六・三・二十二[十]勧賞、同書寺領章所収建久九・十二後鳥羽院庁下文。
(f)　東大寺大和尚
『摂津国古文書』建久七・六・三太政官符、『東大寺文書』正治二・八後鳥羽院庁下文。

二　自称の場合

(a)　（東大寺）勧進上人
『続要録』造仏篇所収養和元・八重源勧進状。
(b)　造東大寺勧進
『浄土寺文書』建久五・十・十五重源安置状。
(c)　大和尚

『玉祖神社文書』建久六・九・二十八重源寄文、『上司家文書』建久六・九周防国宮野荘立券文。

(d) 造東大寺大和尚

『玉祖神社文書』建久六・九・二十八玉祖社宝物等目録、『赤星鉄馬氏所蔵文書』建久七・十・四重源家地相博状。

(e) 東大寺大和尚

建久八・六・十五重源譲状。

自称の例がやや少ないが、基本的には自称・他称の別なく「東大寺上人」「勧進上人」「東大寺勧進上人」「大仏上人」などと記されている。これらは重源が東大寺大仏造立のための勧進に従事していることを示しているだけで、役職などというものではない（なお「聖人」と「上人」との違いに特別の意味は認められない）。

単に、「勧進上人」などと呼ばれるに過ぎなかった重源は、のち「大和尚」と呼ばれるようになる。建久六年三月の東大寺供養にあたり、重源の功績に対する勧賞として、この称号が与えられたのである（『続要録』供養篇、末、建久記）。「大和上」の号を授けられた先例に、鑑真の場合がある。鑑真は大僧都であったが、それでは雑務が煩わしいため、朝廷はその官を解き、大和上の尊号を贈り、鑑真をねぎらったのである（『続紀』天平宝字二・八・朔、天平宝字七・五・六条）。「大和尚」は、既成の僧侶の序列を超越した名誉ある称号で、勧進聖としての面目も活かされており、重源にふさわしいといえる。かつて文治二年、重源を東大寺別当に任じようとする動きがあった時、兼実は、別当は造営を沙汰しないから、重源を別当に任じることは、東大寺造営の妨げになるとして反対し、結局実現しなかった（『玉葉』二・二条）。確かに一寺院の組織の中に位置づけられるのは、重源には適当でない。

単に「東大寺勧進上人」としか名乗れなかった無冠の重源が、「大和尚」と称し得るようになった効果は大きく、重源はその後、この称号を愛用している。そして重源は決して肩書嫌いではなかった。それはかつて「入唐三度聖人」などと称していたことからも、わかるはずである（和歌山県紀美野町泉福寺蔵安元二・二・六延寿院鐘銘）。

さて右に挙げた称呼の外に、問題の「東大寺大勧進」はどうであろうか。確かに同時代史料において、重源を「（造）東大寺大勧進」としたのは七例もある。すなわち、

① 建久八年夏の東大寺大湯屋鉄湯船銘に「造東大寺大勧進大和尚南无阿弥陀仏」とあるのを最初として、

② 同年十一月二十二日の防府市阿弥陀寺鉄塔銘に「造東大寺大勧進大和尚位南无阿弥陀仏」

③ 正治二年十一月の周防国在庁官人置文（『東大寺文書』）に、「東大寺大勧進大和尚南無阿弥陀仏」

④ 建仁三年七月二十四日の東大寺南大門金剛力士像（阿形像）金剛杵墨書に「造東大寺大勧進大和尚南無阿弥陀仏」

⑤ 同年八月八日の南大門金剛力士像（吽形像）内宝篋印陀羅尼経奥書に「造東大寺大勧進大和尚南无阿弥陀仏」

⑥ 同年九月十五日の三重県大山田村新大仏寺五輪塔銘に「造東大寺大勧進大和尚□」

⑦ 元久二年十二月の重源勧進状（『東大寺文書』）に「東大寺大勧進大和尚南無阿弥陀仏」とある。

いずれも「造東大寺大勧進大和尚南無阿弥陀仏」とあるか、その小さな変形であり、定式化している。また東大寺復興過程では、比較的遅い時期のものばかりである。そして七例のすべてが自称であり、多くは銘文や奥書であり、重源にとって内輪の史料である。このような実例からすれば、重源は東大寺大勧進に任命されてはおらず、そのように自称したに過ぎないと思われる。

勧進によって東大寺復興という大事業を達成することは、重源個人の力では不可能である。だから重源は弟子た

ちを勧進のため諸国に派遣している（『東大寺文書』九月八日源頼朝書状、『鎌倉遺文』補九〇号）。国衙や荘園の経営のためには、目代や預所を置いている（『東大寺文書』正治二・十一周防国在庁官人置文、建久八・六・十五重源譲状）。大勧進である重源の下に少勧進がいたことも知られている（建久八・十一・二十二防府市阿弥陀寺鉄塔銘）。このように重源は組織をつくり、大勧進としてそれを指揮していたと推定される。しかしその大勧進は自称だし、重源が率いる組織や集団があったとしても、それが対外的に表面に出ることはない。表面に出るのは、重源個人なのである。

すなわち重源がその意志を外部に伝える方法としては、私信による場合は勿論だが（例えば『吾妻鏡』文治三・四・二十三条）、解状・奏状などの形で太政官や院庁に上申する場合にも「得㆓彼寺大和尚重源去月六日解状㆒偁、」（『堂本四郎氏所蔵文書』建久六・五・七官宣旨案）、「得㆓重源去四月廿八日奏状㆒偁」（『摂津国古文書』建久七・六・三太政官符案）のように、重源個人が上申しており、集団や機関が解状・奏状を出すことはなかったのである。

以上に述べてきた点から考えて、重源は東大寺大勧進に任命されていなかったばかりか、いかなる役職をも与えられていなかったといえる。まして「東大寺大勧進職」なる表現は、重源の在世中は皆無であり、重源が東大寺造営について持っていた何らかの権限が、補任・相続の対象となることもなかったと思われる。

しかし重源の後を承けた栄西や三代目の行勇においては、確かに事情は変わっている。「大勧進職」という表現が現れたかどうかは別として、造営勧進に関する宣旨・院宣・太政官符には栄西や行勇の名前が出ているし、彼らが「造東大寺大勧進」を自称する場合、重源とは違って書状や下文などに対外的な肩書として用いられ、「造東大寺大勧進」が他からも承認された称号だと認められるからである（『鎌倉遺文』一六八八、四七八七、五一七八号）。

三　東大寺復興の三時期区分

東大寺復興については、次の三期に区分するのが常識化している。

第一期　養和元年（一一八一）—文治元年（一一八五）
大仏の鋳造。文治元年八月に大仏開眼供養。

第二期　文治元年—建久六年（一一九五）
大仏殿の造営。建久元年十月に上棟、六年三月に落慶供養。

第三期　建久六年—建仁三年（一二〇三）
大仏殿の脇侍、四天王像、南大門と仁王像等の製作。建仁三年十一月に惣供養。(6)

大仏、大仏殿、諸像がそれぞれの時期に造立され、各期の最後には、しめくくりの供養が営まれる。実に明解で便利な区分であるが、最初に確認しておきたい点がある。

それはこの区分が実は供養による区分であり、一般に理解されているように、仏像や堂宇の造立過程による区分ではないことである。すなわち文治元年、第一回の大仏開眼供養が営まれた時には、鍍金は顔面に行われていただけで、仏身はまだであった。建久六年の第二回の供養についていえば、大仏殿が完成した年月は不明であり、従ってこれが大仏殿の落慶供養であるかどうかはわからない。建仁三年の第三回の供養は「惣供養」と呼ばれているが、それが果たして養和以来二十余年にわたる復興事業を総括する意味を持っていたかどうかは疑わしい。

さらに大きな疑問がある。東大寺の本尊は大仏であるから、大仏開眼供養こそ必須であるものの、それ以外に第

二、第三の供養など必要とは思えない。奈良時代には天平勝宝四年（七五二）に大仏開眼供養が営まれたが、その後、第二、第三の供養などは行われず、延暦八年（七八九）には造東大寺司が廃止されているのである。

従って鎌倉期の復興の場合、工事の進捗に応じて適切な節目ごとに供養が行われたのではなく、復興を進める中心となった権力である朝廷や鎌倉幕府の都合、すなわち政治的事情に応じて、供養が営まれたのであった。

考えてみれば、このような事情は鎌倉復興の際に限られたことではなく、天平勝宝四年の大仏開眼供養もまた、大仏、大仏殿ともに未完成の状況で行われた。それは聖武天皇の健康上の理由によるとか、天平勝宝四年が欽明天皇十三年（五五二）の仏教伝来以来二百年に当たるとかいわれるが、要するに大仏開眼供養は権力者の都合によって行われたのである。

東大寺復興に関する著名な三期区分は、実は仏像や堂宇の造立によるものではなく、権力者の都合で営まれる供養による区分であった。従ってこの問題を政治史的に考える私にとっては、この区分はむしろより有用だということになるが、権力者という視点に立てば、ぜひ修正しなければならない点がある。それは当初、復興を進める中心的役割を果たした後白河法皇が建久三年三月に没したにもかかわらず、その点がまったく区分に反映していないことであって、政治史的に見た場合、それはこの区分の大きな欠陥だと考える。従って右の三時期区分を修正して、次の四時期区分を提唱したい。

第一期　養和元年―文治元年
第二期　文治元年―建久三年
第三期　建久三年―同六年
第四期　建久六年―建仁三年

四　大仏開眼供養

前述のように、勧進は何よりも大仏鋳造のためのものであった。知識詔書を手にした重源は、早速法皇をはじめ洛中諸家を貴賤の別なく勧進し、銅・銭・金などの奉加を受けている（『玉葉』養和元・十・九条）。寿永元年（一一八二）二月、重源は大仏の首を造る費用は、大略知識物によると述べている（『玉葉』二十日条）。翌二年四月から五月にかけて、一か月を要して首が鋳造された。鋳始めた日は「奉加人、不レ知二其数一」という有様で、水瓶、鍉、鏡、金銅等が施入され、あるいは牛車で、あるいは人馬に負わせて運び込まれたという。首の鋳造には熟銅八三九五〇斤、仏身に塗る黄金千両、金薄十万枚、水銀一万両が施入されており、源頼朝や藤原秀衡も金・米・絹などを奉加している（『続要録』造仏篇、寿永二・四・十九、五・十八、六・一、『吾妻鏡』元暦二・三・七、『玉葉』元暦元・六・二十三条）。これらの事実によって、大仏鋳造が勧進に大きく支えられていることがわかる。

文治元年（一一八五）八月二十八日に大仏開眼会を行うという方針が出てきたのは、七月になってからである。七月二十日、「開眼を八月二十八日に行いたい。同日は下吉日であるが、憚りがあるだろうか」と後白河法皇から九条兼実に下問があった。兼実は「日本第一の大仏事に下吉日を択ぶのは再考の余地があり、やはり上吉日を択ぶべきです。開眼を急がれるには、事情がおありでしょう。お目にかかった上で事情を承りたい」と回答し、日記にも「強被レ忩二開眼一之条、未レ得二其意一」（『玉葉』）と記している。

開眼が急がれた理由としては、三月に平氏が滅亡した直後でもあり、平和の回復を広く天下に告げ、さらに復興を円滑に進めるためだとか、七月の大地震の影響だとか、八月十四日の文治改元に関係があり、戦乱で荒廃した人々の気持を一新しようとしたのだとか、種々の説明がなされているが、いずれも臆測の域を出ない。結局は供養を急ぐ理由も説明されぬまま、法皇と重源らごく少数の人々によって性急に計画が進められたのである。大仏は鋳造されても、滅金は十分になされていない状態であり、開眼供養の当日になってもなお兼実は「半作之供養、中間之開眼、不レ叶二大仏之照見・本願之叡念一」と記し、反対の意向を示している（『玉葉』文治元・八・二十八条）。

開眼供養には群衆が多数参集し「雑人如二恒砂一」「其数不レ知二幾万億一」といわれるほどであった。開眼に用いた筆には十二筋の綱を付け、その長さは七町に及び、それに十二光仏が結ばれ、集まった人々は、その綱に取りついて結縁した（『玉葉』八・三十、『醍醐雑事記』巻十、八・二十八、『造立供養記』同日条）。

法皇は天平の昔、開眼に用いられた筆を持ち出し、仮作りの大仏殿の柱をよじのぼり、みずから開眼を行った。当時地震が頻繁であったこともあって、左大臣藤原経宗らは反対したが、法皇は階が壊れ、命を失っても悔いるところはないとして、自ら開眼を敢行した（『続要録』供養篇、本、『山槐記』八・二十八条）。

法皇自身による開眼は、重源の懇望に応じたものであった（『山槐記』）。供養会への群衆の参加も、法皇と重源との協議の結果であろう。神護寺復興のための荘園寄進の強請を怒って文覚を流した法皇は、後には文覚の熱烈な支援者となった。法皇は宗教的情熱に感動し易く、恐らくは重源の人柄に接して、重源を援けたのであろう。また法皇は今様・猿楽などの芸能を好み、巫女、巫、舞人、猿楽者、銅細工人などをも近づけたという庶民性（『愚管抄』巻六、土御門）を持ち、「不レ拘二人之制法一」といわれるように、旧慣を無視して行動する一面をも持っていた（『玉葉』寿永三・三・十六条）。文治元年の大仏開眼供養は、このような法皇と重源との協力によって営まれ、勧進に応じた多くの人々が供養に臨み、大仏に結縁し、群衆の熱狂の中で進行したのである。

しかしこのような供養のあり方に疑問を抱く貴族も少なくなかった。法皇が自身で開眼を行ったことについて、九条兼実は、これでは法皇は仏師同然だと皮肉を述べている。雑人が腰刀を舞台の上に投げ入れ、重源の弟子がこれを取り集めるという事態が起こったが、兼実は憮然として「凡事儀、或非二公事一」と記している[7]（『玉葉』八・二十九、三十条）。

五　後白河法皇と源頼朝

建久六年（一一九五）までの第二、三期の復興事業の中心は、大仏殿の造営である。この中、建久三年までの第二期では、事業のもっとも有力な支援者は後白河法皇であったが、同年に法皇が没して第三期に入ると、状況はかなり変化してくるので、まず建久三年までを問題にしたい。

文治元年（一一八五）に大仏開眼供養が行われ、次いで大仏殿の造営が行われることになり、その用材としての巨木の伐採や運搬、そのための人夫の確保等が課題になると、従来にも増して、朝廷や幕府の支援が必要になる。こうして文治二年三月、周防国が東大寺に寄進され、重源が国務を行うことになる。「仏殿造営之条、為二朝家殊勝大事一、不輸被レ寄二進周防国於大仏一已了」（『東大寺文書』文治二・七東大寺三綱等解案）とあるように、周防の寄進は、大仏殿を造営するためであった。そして周防の寄進によって、復興の有力な財政的基盤が与えられると、復興事業の中で、勧進の占める比重は弱まることになる。勧進の眼目は大仏鋳造にあったのだから、その目的が果たされ、事業が他の部分に移ると、その意味でも勧進の重要性は低下する。

さて重源は周防の国務に当たることになったが、周防はもと平家方の一拠点であり、その跡に鎌倉幕府が補任した地頭は、国司である重源に従わず、地頭の妨害を排除するために源頼朝（幕府）の協力を求めることになった。

しかし頼朝はそれ以前から東大寺復興を援助しているので、この点を溯って概観しておこう。

頼朝が東大寺復興にかかわったことを示す最初の史料は『玉葉』の元暦元年（一一八四）六月二十三日条であり、造東大寺長官藤原行隆が、大仏の滅金に用いる金について、頼朝が千両、藤原秀衡が五千両を奉加する由を右大臣九条兼実に伝えている。次いで七月には東大寺の解状に答えて、今秋上洛する際に、金を持参することを約束し「大仏修複(復)之御知識」のためとして、大仏修復への協力の態度を明らかにしている（『東大寺文書』寿永三・七・二源頼朝御教書）。

この年正月、頼朝は源義仲を討ち、次いで二月の一の谷の合戦で平家を福原から追い、ここに挙兵以来はじめて朝廷や貴族・寺社勢力と直接接触し、対応しなければならなくなった。しかし当時の東大寺側の要請の中心は、義仲が支配していた北陸道の寺領の回復などであり、大仏の滅金の件ではなかった。

頼朝の上洛はこの時には実現しなかったが、翌文治元年三月、壇の浦の合戦の直前、頼朝は書状を東大寺衆徒に遣し、米一万石、沙金千両、上絹千疋を重源に送り届け（『吾妻鏡』七日条）、八月の大仏開眼供養に間に合わせた。

さて、大仏殿造営の第二期に入り、前述のように文治二年三月、周防が東大寺に寄進されると、早速四月には重源は現地に赴き、料材の伐採を開始した（『吾妻鏡』建久六・三・十二条、建久八・十一・二十二阿弥陀寺鉄塔銘）。しかし地頭の妨害を受けたため、翌三年三月一日には朝廷に訴えており、四月には朝廷は重源の書状を幕府に送り、事情を尋ねている（『吾妻鏡』四・二十三条）。

文治四年三月十日、重源から頼朝のもとに東大寺修造への協力を求める書状（後掲二二頁⑸）が到来した。現存史料による限り、重源が直接頼朝に申し入れてきたのは、これが最初である。そして従来の頼朝は、朝廷や東大寺からの申し入れに受動的に対応するだけであったが、このころからは積極的に関与するようになった。こうして後白河法皇について、頼朝が有力な外護者として登場したのである。

　このころ東大寺復興等に関連して、頼朝が出した四通の無年号の書状が現存する。いずれも『東大寺文書』、あるいは同寺関係文書である。すなわち上掲の表1のとおりである。

　これらの書状の内容は重要であり、朝廷・幕府（頼朝）・重源の折衝を

表1　東大寺復興等に関する頼朝書状（無年号）

	月・日	宛　所	『鎌倉遺文』番号	『源頼朝文書』番号
(1)	三・十六	帥中納言（吉田経房）	二一九	編年二〇四
(2)	八・二十三	帥中納言カ	補三二	編年二一九
(3)	八・二十三	東大寺上人（重源）	補五七	編年二二〇
(4)	九・八	東大寺上人カ	二六一 補九〇	図版　九二 編年二二二

理解するには、その年代を明らかにする必要がある。これらはいずれも文治三年のものとする説が有力であるが、(2)—(4)は明らかに文治四年であり、(1)は文治三年とも四年とも決めがたい。[8] これらの書状の年代を明らかにするのは、かなり面倒だが、この問題の解決を避けて通るわけにはいかない。

　次の(5)は文治四年三月、重源からはじめて頼朝に書状が到来したことを示す『吾妻鏡』の記事である。

(5)　東大寺重源上人書状到着。当寺修造事、不レ恃二諸檀那合力一者、曾難レ成。尤所レ仰二御奉加一也。早可下令レ勧二進諸国一給上。衆庶縦雖レ無二結縁志一、定奉レ和二順御権威重一歟。且此事奏聞先畢者。此事未レ被二仰下一。所詮於二東国分一者、仰二地頭等一、可レ令レ致二沙汰一之由、被二仰遣一（十日条）

　重源は朝廷に諸国勧進を求め、さらに朝廷を通じて幕府に勧進を促すことを期待する一方、直接頼朝にも書状を寄せた。そのため頼朝は、朝廷からの下命を待たず、「東国分」について、直接地頭らに沙汰を命じたのである。

文治四年三月ごろには重源、頼朝、朝廷の間で、さかんに文書が交わされているので、次に関係史料を列記する。重源や頼朝が出しているのは書状であるが、朝廷の場合は、帥中納言（吉田経房）奉の後白河院宣が出されている。

(6) 東大寺柱、於二周防国一、出レ杣之処、十本引失訖。仍被レ宛二諸国一者、還可レ為二懈緩之因一、被レ宛二諸大名一者、存二結縁一、可二沙汰進一歟之由、雖レ有二　院宣一、諸御家人、趣二善縁一之類少者歟、有二難渋思一者、其大功難レ成歟之由、今日被レ進二一品請文一（『吾妻鏡』三・十七条）

(7) 院宣等到来。或自レ是、被レ申二　勅答一、或始被二仰下一条々事也。院宣云、

今月十七日御消息、同廿六日到来。委　奏聞候畢。造東大寺材木引夫事、雖レ可レ支二配諸国庄園公田一、以二他事一、令二推察一候之処、面々対捍申、為二欠如之基一歟。仍令レ宛二催諸国大名等一給者、定終二不日之功一歟。且又勧進上人依レ令二計申一、被レ仰二遣其旨一畢。然而今令レ申給之趣、非レ無二其謂一。且経二議定一、且被レ仰二合上人一、重可レ被二仰遣一之由、御気色所レ候也。仍執達如レ件

三月廿八日　　大宰権帥藤経房奉

（同右、四・十二条）

(8) 今日、権弁定長来二門外一、伝二院宣一云、造東大寺事、遮可レ被二支度一、配二諸国一哉、如何者。申云、役夫工之間、不レ可レ然歟。雖レ有二造寺之例一、此大事、忽不レ可レ成。而又可レ為二役夫工之妨一之故也。加レ之、忽上人所二怱申一者、所二引置一之大柱、可レ被レ引二出海浜一事也。件条者、仰二便宜国々大名一、随二堪否一、定二本数一、可レ被レ宛。其外、又為二院御沙汰一、不レ論二貴賤一、可レ被二勧進一歟者（『玉葉』四・五条）

(6)—(8)に見られるように、朝廷と頼朝との間の折衝は、造東大寺材木引夫、すなわち伐採された材木を運搬する人夫の問題に関してであり、(9)その重要な論点は(7)に端的に記されている。「可レ支二配諸国庄園公田一」というのが頼

朝側であり、諸国の荘園・公田に対して引夫を配分することを主張している。一方、朝廷の方は、「宛㆓催諸国大名等㆒」として、諸国大名（御家人ら）に宛て催す方式を望み、重源も同意見であった。(6)の「諸国に宛つ」と「諸大名に宛つ」、(8)の「諸国に配す」と「大名に仰す」の対立も、同じことである。(7)に「被㆑仰㆓遣其旨㆒畢」とあるように、朝廷は大名らに宛て催すべき旨を、恐らくは院宣によって幕府に伝えたのであった。それは(5)の重源の書状が鎌倉に到着したのとほぼ同じころ、文治四年三月ごろと思われる。

この院宣に対して、頼朝が出した返書が(6)の「二品請文」であり、それは(7)の三月二十八日付院宣に「今月十七日御消息、同廿六日到来」とある「今月十七日御消息」と同じもので、その内容は(6)にも(7)の院宣にも要約されており、大名に宛て催すという朝廷側の案に賛成し難いとしていた。この十七日の頼朝の消息は、二十六日に都に着いたが、それに対する「勅答」として書かれたのが、(7)の二十八日付院宣である。頼朝の見解に対して、朝廷で議定したり、重源とも相談した上、あらためて意向を伝えると述べている。

引夫の問題について、年代の点でもっとも信頼できる史料が(8)である。後白河法皇の命により、当時造東大寺長官であった藤原定長が九条兼実邸を訪れ、意見を聞いたのである。諸国に配分する方法の是非を問うたところ、兼実はそれでは当時諸国に賦課しようとしていた造伊勢大神宮役夫工米を妨げることになるとして反対し、便宜の国々大名に宛てる方法を可としている。ここでも材木引夫の二つの徴収法が問題になっており、兼実は大名に宛て催す方がよいとしたのである。(7)の三月二十八日の院宣に「議定を経て」とあるが、兼実は在宅のまま諮問を受けたのである。これによって(7)の院宣が文治四年であることは確実になるし、材木引夫に関する議論が、さほど長期にわたって行われたとは思えないから、関連史料はすべて文治四年のものと見てよいと思う。

(7)の院宣には「議定を経て」とならんで「上人に仰せ合はされ」と記されている。朝廷も重源も材木引夫を大名に宛て催すという考えであったが、頼朝に反対された。それで朝廷ではさらに重源と協議した上、重源が鎌倉に下り、頼朝と会って見解を伝えたことが、(2)の八月二十三日付頼朝書状案から窺われる。従来知られていない重要な新事実であるが、吉田経房に宛てた(2)に「東大寺上人下向。可レ曳二御柱一次第、畏承候了（中略）。秀《（委）》旨、上人令二言上一候歟」とあるのは柱曳の件について朝廷側の案を携えた重源が、文治四年八月ごろ、鎌倉に下向したと解する外ないであろう。

しかし重源の鎌倉下りは失敗に終わり、頼朝は自説をまげようとはしなかった。重源が鎌倉から帰洛した後を追って頼朝が記したのが、吉田経房宛ての(2)、と重源宛ての(3)である。

最後に(1)の三月十六日付帥中納言宛て頼朝書状は、長文のため引用しないが「枉て此造営を可レ被二忩遂一之御計可レ候之由、深所二令レ存候一也」として、東大寺造営を急ぎ達成するよう勧めた内容のものである。これを文治三、四年のいずれのものとするかについては、困惑している。

前述のように、現存史料による限り、重源がはじめて朝廷に訴えた解状は、文治三年三月一日付である。朝廷ではその解状を鎌倉に下し、事情を聴取したが、その状が鎌倉に着いたのは四月二十三日であった（本書二一頁参照）。さらに頼朝に宛てた重源のはじめての書状が届いたのは翌四年三月十日であった。これらの事情を考えると、(1)が文治三年三月十六日の書状であるとは考え難い。状況を見ても(1)に書かれているような事柄が、文治三年三月に頼朝と経房との話題になっていたとは思えないのである。

文治三年を避けて、文治四年三月十六日とした場合、別の障害が生ずる。(6)(7)によって経房宛ての三月十七日付頼朝書状の存在とその内容が知られるが、その前日の十六日に頼朝が経房宛てに別の内容の書状を送ったとも考え難いのである。このように三月十七日付書状は文治三年と見ても四年と見ても、障害が生ずるので、ここでは断定を保留したい。ただ文治四年とする方が難点が少ないと思う。

次に(4)の九月八日付重源宛て書状は「御消息之旨承了」で始まる。(3)の八月二十三日付頼朝書状に対し、重源の消息（現存しない）が出され、それに対する返書として書かれたものと思われる。(4)に「自二　叡□《(慮)》一御沙汰候者、仏像も堂舎□《(も)》、早速令二出来一給歟。□《(止)》二諸事一□《(て)》、御沙汰可レ有之由を、院へも□《(令)》レ達候了」とあるのは(1)に「君御意より御沙汰候之上にも、つよく此事を御沙汰候者、今月《自》ゝ十年内、何不二出来一候哉」とあるのと同内容であり、(4)にいう院への奏達が(1)である可能性が高い。「先日自レ　院、材木引間事、被二仰合一て候ひし時、公領ハ付二国司一、庄薗ハ付二領家一て、御沙汰可レ有之由を令レ申て候也」とあるのも、三月以来の院との交渉を前提として書かれている。(4)が文治四年九月の書状であることは、動かないであろう。

諸国大名（御家人等）に宛て催すという朝廷・重源の案に頼朝が反対したのは、(3)に「家人ニ充曳せ候ものならば、其輩付レ所二知ラヌ一土民を雇ぐ《(具)》し候ハんずれば、国領者国司、庄薗領家訴、出来候ハん歟」とあり、(2)(4)にも同様の意見が見られるように、御家人に宛て催した場合、御家人は土民に催促を加え、その結果、国司・領家の訴を招くという点にあった。頼朝の究極の主張は、院の命令によって国司・領家を通じて賦課すべきだということであり、この点を頑固に譲ろうとはしなかった。院の命令による国衙・荘園機構を通じての徴収を主張し、御家人に賦課されることによって生ずる国司・領家との紛糾を回避しようとしたのである。

材木引夫をはじめとする問題は重源を苦しめた。重源は奔命に疲れ、文治五年八月には、周防を知行しながら、復興が進まないとの非難を恐れ、造仏のことだけを奉行し、造寺の方は辞退したいと九条兼実に語るほどであった（『玉葉』三日条）。

法皇の命による国司・領家への賦課という方式とともに、頼朝は別の点をも主張している。(1)には「幾《(畿カ)》内・幾《(近カ)》

国・西国方ハ、細々ニ勧進の御沙汰可レ候に候。関東方ハ頼朝勧進御使として可二相励一候也。それも自レ君被二仰下一て候ハんをもて、可レ致二沙汰一候也」とある。日本を畿内・近国・西国方と関東方とに二分し、前者は朝廷（法皇）、後者は幕府（頼朝）が勧進の中心となるというのであり、後者が寿永二年（一一八三）十月宣旨によって確定された東国支配権を前提としていることはいうまでもない。(4)では重源の弟子の派遣についてさらに具体的に述べられており「海道・北陸道方へも、風雨をも不レ猒（厭）、物腹立などもせず候はむ御弟子一人を、被二下遣一て被二勧進一バ、縦雖二野叟之輩一、何無二助成之心一哉。又陸奥・出羽両州へも、差二遣可レ然之上人一、可レ被二勧進一候也」と記されている。この「海道・北陸道方」は(1)の「関東方」と同義である。また(5)が示すように、文治四年三月、はじめて重源の書状が届いた時、「東国分」（関東方）については、頼朝は朝命を待たず、独自で地頭に東大寺修造への協力を命じたのである。一方「畿内・近国・西国方」では、院が勧進の沙汰を行うことになる。先に頼朝が主張した国司・領家への賦課は、畿内・近国・西国方の場合であり、関東方においては頼朝の下で、地頭への賦課が行われるのである(10)。

今一つ注意しなければならないのは「陸奥・出羽」であり、当時は奥州藤原氏の支配下にあった。平家を滅ぼした翌文治二年、頼朝は藤原秀衡に書を寄せ、奥州から朝廷への貢馬・貢金を頼朝が仲介することを承認させ、奥州を鎌倉に従属させようとする意思を示した（『吾妻鏡』四・二十四条）。しかし翌三年、東大寺大仏の滅金に必要として、三万両の金を上納するよう、朝廷を通じて促した時には、秀衡は拒否している（『玉葉』九・二十九条）。このように奥州を支配下に置こうとする頼朝と、それに抵抗する藤原氏とは激しく対立していたが、文治三年十月に秀衡は没し、子の泰衡が跡を継いだ。文治四年になると、頼朝は奥州への圧力を強め、奥州にかくまわれている源義経を討つよう、泰衡に命ずる宣旨などを出させている。このような状況の中で頼朝は重源に陸奥・出羽に上人を派遣するよう勧めているのであり、陸奥・出羽は関東方に含まれているという点を強く主張しているのである。⑷に「以二如レ然之家人一、国々□(の)行事として、令二催促一候はゞ、□(定)人訴出来歟。此条、雖レ不レ可レ願、同ハ令レ申レ院給て、被二仰下一事など候はゞ宜歟」とある。家人が催促すると国司・領家の訴を招くから、院の命令によってほしいという。それでは院を立てるのは、幕府への非難を避けるための方便かというと、そうではない。頼朝は東大寺復興事業が院の主導によるべきだと考えていたのである。⑴では「畿内・近国・西国方」と「関東方」とを分けた上で、「それも自レ君被二仰下一て候ハんをもて、可レ致二沙汰一候也」と述べている。全体の指揮は法皇が行い、その下で頼朝は「関東分」を分担するのである。

また⑴には「君御意より御沙汰候之上にも、つよく此事を御沙汰候者、今月《自》十年内、何不二出来一候哉。猶々此寺事、朝の御大事と云、又殊勝功徳と申、何事如レ之候哉（中略）。聖武天皇御願ヲ、平家令二焚滅一て候を、君御世ニ不レ被二興隆一ば、可レ期二何時一候哉。枉て此造営を可レ被二忩遂一之御計可レ候之由、深所二令レ存候一也」として、東大寺の復興は朝廷の大事という点でも、功徳の殊勝という点でも、これ以上のものはないのだから、後白河法皇の時代に、法皇が主導して十年以内に復興を達成すべきだと奏達している。

文治四年以来、頼朝は東大寺復興に積極的に関与するようになった。それは鎮護国家の中心的寺院の造営に重要な役割を果たすことによって、日本国における幕府の位置を強く主張する意味をもっていた。国家全体の統治権を保持する治天の君の下で、東国支配権や護国守護権を承認された幕府は、それにふさわしい役割を果たそうとしたのである。

頼朝が復興事業に積極的に参加したことは、「勧進」の性格の変質をもたらした。文治四年三月、重源ははじめて頼朝に書状を寄せ、奉加を求めたが、それには「衆庶縦雖レ無二結縁志一、定奉レ和二順御権威重一歟」と書かれていた。重源が頼朝の「勧進」に期待しているのは、結縁の志のない衆庶をも奉加させる「権威」であった。頼朝自身も「諸御家人趣二善縁一之類、少者歟」（『吾妻鏡』三・十、十七条）と述べている。重源も頼朝も「衆庶」の信仰心には深い不信を抱いていたのである。

重源が頼朝に書状を寄せたその前年、文治三年、頼朝は信濃の荘園・公領の沙汰人に宛てて、善光寺造営の人夫について結縁助成するよう下文を下している。それには「不レ奉二加此功一之者、不レ可レ有二所知領掌之儀一」と記されており、奉加しない者からは所領を没収すると威嚇している。勧進僧はこの下文に従い、信濃の目代に書状を送っているが、それには「このたび不二奉加一之人ハ、所知をしらざりけりとおぼしめさむずるに候」と、所領没収という頼朝の意をそのまま伝え、奉加を強制している（『吾妻鏡』七・二十七、二十八条）。信濃は「関東分」であり、頼朝の知行国でもあった（同上、文治二・三・十三、文治三・十・二十五条）。そこでは公事にも似た勧進が行われているのである[11]。

本来、東大寺大仏は、「知識」の結縁の志によって修造されてきたのである。結縁の志を無視して権威を頼るのは、勧進の本来の意義を否定することになる。頼朝の介入で勧進は徴税の色彩を強め、重源も信仰だけではなく、事業の円滑な進展を強く求めるようになってきている。

治天の君の下で「関東分」を分担するはずの頼朝は、文治五年、東大寺造営の障害になるとの懸念を押し切って奥州に出兵し、藤原氏を滅ぼした（『玉葉』閏四・八条）。頼朝にとって、日本全土に武威を及ぼし、秩序を回復することは、それほど大きな価値があったのである。藤原氏を滅ぼした頼朝は翌建久元年十一月、京都に上って法皇と対面し、ここに法皇の下で頼朝が護国守護を担当する体制が確立した。

頼朝が東大寺復興に関与する一方、復興計画について、時には朝廷に対しても指図がましい発言をすることに、後白河法皇は不快な思いを抱くようになったと思われる。建久元年九月には、大仏殿の上棟を前にして、上棟のための苧綱はすでに余剰があると重源も言っており、上洛のための費用もかさむだろうから、当面は送る必要がないとの院宣が頼朝に寄せられた。「入レ意被レ申之条神妙」と頼朝に丁重な謝辞を述べてはいるが、頼朝の介入を退けようとしたのだと思う（『吾妻鏡』二十日条）。

頼朝が鎌倉を出発したのは十月三日、京都に入ったのは十一月七日である（『吾妻鏡』）。その上洛途上の十月十九日、頼朝が三河あたりにいたころ、法皇が東大寺に御幸し、摂政兼実以下もこれに従い、大仏殿の上棟が行われた（『玉葉』）。頼朝の都合が顧慮された形跡はまったくない。東大寺復興に対する頼朝の意欲とは別に、法皇はみずからの主導の下に粛々と上棟を行ったのである。

六　九条兼実の時代

東大寺復興は国家的事業であるから、朝廷の実権を掌握している人物が、事業を支援する中心となる。建久三年（一一九二）までは後白河法皇であったが、同年法皇が没すると事態はどのように変わるのであろうか。

文治元年（一一八五）法皇が源義経の請いを容れ、源頼朝追討の宣旨を出した。これを怒った頼朝は、法皇に迫って朝廷の政治改革に乗り出し、右大臣九条兼実を内覧に推して法皇の独裁を掣肘しようとした。翌二年、兼実は摂政となり、さらに地位を固めた。兼実は鎌倉にいる頼朝の支持を背景に、法皇に対抗したが、法皇や近臣の抵抗の前に孤立を余儀なくされた。文治五年に奥州藤原氏が義経を討ち、その藤原氏を頼朝が滅ぼすと、法皇と頼朝との対立は弱まった。前述のように翌建久元年、頼朝は上洛して法皇と対面し、ここに朝廷の下で、幕府が諸国守護を担当する体制が確立した。こうして法皇と頼朝との関係が友好的となると、頼朝にとって兼実の利用価値が失われ、その上、兼実は法皇に疎外されがちで、政治的立場はさらに苦しくなった(12)。

このような時、法皇の死は兼実の苦境を救うことになる。『愚管抄』は法皇が没して後の政治状況を次のように伝えている。

> 同（建久）三年三月十三日ニ法皇ハ崩御アル（中略）。御悩ノ間行幸ナリッツ、世ノ事ミナ主上ニ申ヲカレテケレバ、太上天皇モヲハシマサデ（中略）殿下、カマ倉ノ将軍仰セ合ツツ、世ノ御政ハアリケリ（巻六、後鳥羽）

法皇は死に先立って、政務についてはすべて孫の主上（後鳥羽天皇）に遺託し、太上天皇不在の天皇親政となり、殿下（関白兼実）が鎌倉の頼朝と協議して政治が運営されたのである。院政が常態である当時において、治天の君が没し、十三歳の後鳥羽天皇の治世となると、王権は弱体化し、朝政の実権は権臣に移ることになり、政争が激化し、政治は不安定となる。そのころ、実権掌握にもっとも有利な立場にいたのが兼実であり、兼実は頼朝との提携による政治を図ったのである。

かつて建久元年に上洛したとき、頼朝は兼実に対して「当今幼年、御尊下又余算猶遥。頼朝又有レ運バ、政何不レ反二淳素一哉。当時ハ偏奉レ任二法皇一之間、万事不レ可レ叶」（『玉葉』十一・九条）と語り、法皇に疎まれて苦境に立つ兼実を慰めている。今は後白河法皇の治世だから思うに任せないが、法皇の没後、当今（後鳥羽天皇）の時代になれば協力してよい政治をやろうというのである。法皇の死によって今やこの盟約が実現しようとしていた。法皇没後最初の朝政で、頼朝は征夷大将軍に任命された。頼朝はかねてからこの官職を希望していたが、法皇の反対で許されなかったのであり（『吾妻鏡』建久三・七・二十六条）、朝政を掌握した兼実の計らいによるものであった。以下主として『愚管抄』を手掛かりにしながら、兼実が実権を掌握したこの時期の政治の実態を眺めてみよう。

第一に『愚管抄』に「院ノ尊勝陀羅尼供養ナド云コトモ、法勝寺ニテオコナハレナドシテ」とある。尊勝陀羅尼供養は確かに建久四年二月、法勝寺金堂で行われている。これについて『玉葉』には「年来於レ院被レ行也。今年為二公家御沙汰一、於二此寺一、所レ被レ行也。任二保元例一於二内裡一、可レ被レ行之由、雖レ有レ議、余廻二愚案一、寺家之儀可レ宜、仍可レ行也」（七日条）と記している。

年来院御所で尊勝陀羅尼供養が行われてきた。しかし上皇が不在の今、どこで供養を行うかが問題となり、やはり上皇が不在であった保元二年（一一五七）、三年の先例が問われ、内裏で行われていたことが判明した。この点は現存の記録によっても確認できる（『百練抄』保元二・二・六条、『三僧記類聚』六―二十八）。ところが兼実は「今度有下不レ似二彼例一事等上」として、保元の例を逐うことに反対し、法勝寺で行うこととしたのである（『玉葉』建久四・正・二十二、二・七条、『三僧記類聚』六―二十九）。

保元元年、鳥羽法皇が没し、後白河天皇親政となった時と、建久三年、後白河法皇が没し、後鳥羽天皇親政となった時とでは状況が似ている。後白河院政に不満であった兼実にとって、後鳥羽親政は歓迎されるものであった。しかし兼実はその場合、保元を先例とすることを好まなかった。鳥羽の没後に起こった保元の乱によって、藤氏氏長者であった藤原頼長は非業の死を遂げ、その兄忠通は宣旨によって氏長者に任命され、門閥のない藤原信西が跳梁した。保元の乱と後白河親政は、摂関家にとって屈辱の時代であった。

兼実によれば、鳥羽が所領の多くを皇后の美福門院に譲ったため、後白河は美福門院から譲りを受けなければならなかったのであり、鳥羽の処分は「遺恨」である。それに比べて主要部分を後鳥羽に譲った後白河の処分は「穏便」だとし、「今法皇、於二遺詔一者、已勝二保元之先跡一、百万里」と称讃している（『玉葉』建久三・二・十八条）。後鳥羽に多くの所領が譲られたのを兼実が歓迎するのは当然だが、それとともに兼実が「保元」を否定的に見ていたことがわかる。

第二に建久四年十二月の除目について考えてみる。『愚管抄』には「成経・実教ナド云諸大夫ノ家、宰相中将ニナリタル、トドメナンドセラレシ事ハ、皆頼朝ニ云アワセツツ、カノマ引ニテコソアリ」(巻六、後鳥羽)とある。「諸大夫ノ家」とは四位・五位の中・下級貴族の家筋であるが、院近臣として活躍し、公卿に昇る者もあらわれた。(13)この諸大夫家の参議左中将藤原実教、参議右中将藤原成経を兼実がわざわざ呼び付け、中将を解任する旨を通告したのである。実教も、成経も建久元年以来その職にあったのだから、実に横暴な措置である。結局実教は参議左中将から左兵衛督に遷り、成経も参議右中将から皇太后宮大夫に遷り、従三位から正三位に昇り、その子も兵衛佐に任じられた(『玉葉』建久四・十二・六条、『公卿補任』)。

兼実の弟の慈円は、藤原光頼の器量を高く評価しながらも、かつて永暦元年(一一六〇)光頼が諸大夫として初めて権大納言に任命されたことには批判的であった(『愚管抄』巻七)。それから三十年以上たっているし、参議は権大納言より低い。実教・成経が参議・中将を停められても、代償の措置がとられており、実質的には損をしたとも思えない。しかし慈円と同様、摂関家出身で強烈な門閥意識を持つ兼実は、諸大夫の家の者が宰相中将の顕官にいることを許せなかったのである。

康治三年(一一四四)元日、院(鳥羽法皇)および皇后(藤原得子)の拝礼に兼実の父の摂政藤原忠通は出仕しなかった。忠通の弟の頼長は「皇后得子は近衛天皇の母后であるが〈諸大夫の女〉であるから、摂政は得子に対する拝礼を望まないのであろう。しかし天皇の母を尊ばないのは、天皇をないがしろにすることになり、無礼である」として毎年拝礼を行ったが(『台記』)、忠通は一貫して不参を続けた。一般に忠通は得子と親しく、頼長は得子を「諸大夫の女」として軽蔑し、敵対していたとされているが、拝礼に関しては、二人の態度はまったく逆であった。

儒学思想の影響を強く受けた頼長は君臣の義を重んじ、忠通の方は摂関の地位や摂関家の誇りを重視したのである。ところが建久六年の元旦に、兼実はかつての父忠通と同じ態度をとるのである。七条院（後鳥羽天皇の母）の拝礼に兼実は出仕しなかった。その理由として兼実は、父忠通も出席しなかったこと、帝母であっても必ずしも摂関から拝を受けるとは限らないこと、七条院は夫の高倉上皇に先立たれ、現在は上皇と同居していないこと等を挙げている（『玉葉』）。関白として政権を掌握し、藤氏氏長者でもある兼実は、摂関家に伝わる門閥意識をも継承していたことになるが、このような兼実に七条院や後鳥羽天皇が不快感を抱く可能性は強かったと思われる。

さて藤原実教は後白河法皇の寵妃丹後局と親しかった。局が先夫平業房との間に生んだ藤原教成は、実教の猶子となっていたのである（『山槐記除目部類』文治四・正・二十四条）。兼実が実教の宰相中将を停めたことに丹後局は不満を抱き、後白河皇子の承仁法親王や源通親と協議したという（『愚管抄』巻六、後鳥羽）。これらの人々は後白河旧側近グループで、結束して兼実の全盛に反発しており、建久七年には彼らによって兼実は失脚に追い込まれるのである。

建久四年十二月の除目で、兼実は今一つ注目すべき人事を行っている。すなわち坊門信清は右少将を辞任して右馬頭を望んだが、その翌日には右馬頭を子に譲り自分は中将になろうとしているという風聞が、兼実の耳に入った。兼実は「此条、専自由也」として後鳥羽天皇に奏聞したため、天皇自ら信清に尋問を余儀なくされ、結局信清は少将から右馬頭に転ずるに留まった（『玉葉』六日条、『公卿補任』建久八年）。

建久六年七月、信清はその右馬頭を女婿の藤原隆衡に譲ったが、引き続き右馬寮の実権は握っていた。ところが九月の伊勢例幣にあたり、右馬寮が神馬を進めないという失態が起こり、隆衡は怠状を召され、信清は恐懼に処せられた（『公卿補任』建久八年、藤信清項、『玉葉』十一、十三日、『三長記』十三日条）。

この時、兼実は信清について「振二外戚之威一、欠二厳重之神事一、不レ恐二冥顕之罰一」と強く非難しているが、「外戚之威」とあるように、七条院は信清の姉である。確かに兼実の行為には一応の理由があるが、中将就任を阻んだり、恐懼に処したりしたのは、やや挑発的である。兼実は信清に好意を持っていなかったようであるが、信清に対する兼実の態度は、後鳥羽に対する示威とも見られ、それだけに後鳥羽も兼実に不快感を募らせたと思われる。これらの人事を通じて、兼実の強い権限とその誇示とを見ることができる。

第三に建久五年九月の興福寺供養が挙げられる。東大寺とともに平氏に焼かれた興福寺の復興を、兼実は藤氏氏長者として主導してきただけに、その供養を営む兼実の得意は推察するに余りある。「左右府已下藤氏上達部、大略払レ底下向也」とあって、藤氏公卿二十六名が供養に参列した（『仲資王記』二十二日条、同裏書）。興福寺供養の前日、兼実は春日詣をしている。「太相国・藤大納言・左大将連レ車、納言・参議騎馬前駈」（『玉葉』二十一日条）とあって、太政大臣兼房らが車を連ね、中納言・参議らが騎馬で前駆を勤めたが、中納言以下の騎馬について、人々は「アマリナル事」と思ったという（『愚管抄』巻六、後鳥羽）。

何故に「アマリナル事」なのだろうか。春日詣が行幸・御幸の供奉に準じられたことをいうのであろう（『行幸弁長者供奉引付』）。そして興福寺供養は、宮中で天皇出御の下で行われる御斎会に準じて営まれたのである（『百練抄』二十二日条）。ここでも兼実の振舞の中に、天皇を凌ごうとするものがあったことを指摘しておく。

後白河法皇が没して後の政治の実態については、従来研究が乏しかったが、この時期は兼実が政権を掌握しており、その政治は、摂関家の勢威を強調するもので門閥意識が強く、守旧的で、後白河の旧臣と対立するだけでなく、少年天皇後鳥羽を軽んじ、その反発を招くような面をも持っており、後年の兼実失脚に連なるものがあったといえる。そしてこの兼実の政治は、『愚管抄』によれば、頼朝と協議しつつ行われたという。

建久三年八月、後白河法皇の皇子である仁和寺守覚法親王は使者を頼朝のもとに遣しているが、その御教書に、「河北御領、帯二院宣一、雖レ可レ足、尚可レ被レ下二宣旨一之趣、可レ被レ申二殿下一候也。諸事主上の御沙汰に罷成之故也」とある（『仁和寺文書』建久三・八・二十七守覚法親王御教書）。法親王によれば、越前の河北御領については、父の後白河から院宣を与えられているが、このたび諸事後鳥羽天皇の沙汰になったから、あらためて天皇の宣旨をいただきたい、ついては頼朝から関白兼実にとりなしてほしいというのである。後白河が没して後鳥羽親政の時代に変わり、大きな変動が起こったこと、その中で関白兼実とともに、頼朝が大きな発言力を持っていたことがわかる。

頼朝は後白河院御所六条殿での仏事をも修しているが、その日出仕した人々の交名が鎌倉に送られると伝えられ、人々があわてる様子を、『明月記』には「賢者奔営」と皮肉っている。頼朝の意向は、それほど貴族たちに恐れられていたのである（建久三・五・一条）。

建久七年、園城寺長吏・四天王寺別当定恵法親王が没した時、四天王寺別当には法円を補すことになっていたが、兼実は弟の慈円を別当にしようとし、しかし寺門の法円を山門の慈円に代えることに対する非難を恐れ、結局寺門の実慶を別当とした。このような兼実の干渉を怒った園城寺衆徒は寺から退散して抗議した。園城寺は源氏と関係の深い寺院であり、頼朝は園城寺に書状を送り、さらに園城寺の出で鶴岡若宮別当となっている円暁を介して園城寺をなだめ、衆徒を帰住させている（『寺門伝記補録』巻二十所収貞応二・七園城寺衆徒申状）。

建久三年十二月、天台座主顕真が没した後、兼実は慈円を座主にしようとし、頼朝の意向を尋ねたところ、頼朝は「如レ此事、下（不）レ知二子細一。只左右、可レ在二御定一」と返事した（『玉葉』二十八日条）。座主の人事などに関与しないという態度に見えるが、実質的にはそれが「異議なし」の意思表示になっているのである。逆に五年正月、慈円が天台座主を辞退しようとした時、兼実は頼朝の意見を尋ねたところ、頼朝は反対の意を伝えてきた。兼実は内々に頼朝の返書を慈円に見せており、それは慈円が辞意を撤回する上に決定的な役割を果たしたのである（『玉葉』三・一、三条）。

『愚管抄』によれば、藤原成経・実教の宰相中将を停めたことまでも、兼実が頼朝に相談し、頼朝の「マ引」（同意）を得た結果だというが、後白河法皇の没後、兼実が政権を掌握し、頼朝の意見が兼実を通して朝政に受け入れられていたことは明らかである。

七　頼朝の主導

話題を東大寺復興に戻そう。建久四年（一一九三）四月、備前国が東大寺に寄進されたが、これも頼朝と兼実との協議によるものである。

後白河法皇の病気が篤かった建久三年二月、法皇に近侍する北面の下﨟が、競って荘園を新立した（『玉葉』十七日条）。法皇が没した時、承仁法親王や丹後局が協議して、法皇の分国である播磨・備前で、急に大荘を立てたともいう（『愚管抄』巻六、後鳥羽）。法皇が没する前後には、承仁・丹後局から北面の下﨟に至るまで、荘園を新立する動きがあったが、これは法皇の死による既得権の喪失を恐れてのものであった。これに対して、兼実はこれらの新立荘園を停廃したのである。

一方、東大寺造営料米に対する国司の協力が得られず困惑した重源が、文覚を通じて頼朝に訴えたところ、頼朝は備前を重源、播磨を文覚に知行させ[14]、それぞれ東大寺・東寺の造営に充てることを兼実に提案し、建久四年四月にそれが実現した（『吾妻鏡』正・十四、三・十四、『玉葉』四・七条）。東大寺造営が主で、それにそのころ東寺造営に当たっていた文覚も便乗したものと思われ、両国で荘園を立てようとした丹後局らに対抗する動きであった。『玉葉』に「今日状にハ、可レ改二任国司一幡《(播)》州泰経、備州能保、但両寺造了す《(まで)》にハ、各不レ可レ宍《(交)》二国務一、上人可二沙汰一云々」とある（建久四・四・九条）。「今日状」とは頼朝が兼実に宛てた状であり、それには（一）国司を改任すること（播磨は高階泰経、備前は一条能保）、（二）両寺の造営が完了するまでは、国司は国務に関与せず、両上人が国務を沙汰することが記されていたという。新しい国司を指名し、国務のあり方まで指図する極めて具体的な提案である。しかし播磨と備前とでは実態はかなり違っていた。

まず播磨についていえば、建久元年十月の後白河院分国時代から、正治元年（一一九九）三月まで八年余の間、高階経仲が播磨守として在任し続けている（『公卿補任』正治元年、高階経仲項）。頼朝が指名した高階泰経は経仲の父であるから、知行国主かと思われ、先の「可レ改二任国司一」とある「国司」は知行国主を意味するようである。そうだとすれば、播磨では知行国主が法皇からその近臣である泰経に変わっただけで、国守は変更しなかったことになる。

また（二）の国務についていえば、文覚は播磨の国衙領を弟子・檀那などと称して俗人に与え、非難されている（『吾妻鏡』建久四・六・二十五条）。しかし経仲は在任中は国司の吏務を果たしており、文覚は目代であったと見られるから（『性海寺文書』建久七・四・十一播磨国国宣）、播磨では文覚が一向に国務を沙汰し、国司は国務に交わらないという事態にはならなかったと思われる。なお『愚管抄』に「ハリマヲモ七年マデシリツツ」（巻六、後鳥羽）とあるから、文覚は正治元年に捕らわれるまで播磨を知行していたことになる。

これに対して備前はどうであろうか。『三長記』建久六年十月七日条に「備前守公棟二位入道知行」とある。この「二位入道」は一条能保を指すから、能保は備前の知行国主であったことになる。能保の知行国主は建久四年まで溯ると見られ、先の「可レ改二任国司一」の「国司」が知行国主を意味するという推測は、ここでも裏付けられる。すなわち後白河法皇の分国である播磨・備前は、法皇が没した翌年、建久四年四月に、それぞれ高階泰経・一条能保の知行国となったのである。頼朝が妹婿の能保を知行国主に指名していることを見ても、この時期の政策に頼朝の意思が強く働いていることがわかる。

さて備前守であるが、建久四年三月までは、院分国時代からの国守で、法皇の側近でもある源仲国が留任し、法皇の一周忌のため蓮華王院に御堂を建立したが（『心記』建久三・六・十、十一・十一、建久四・三・九条）、その供養を終えて後、四月に重源が国守に就任した。知行国主の能保と頼朝との深い関係から見て、国司が国務に介入せず、上人が沙汰するという頼朝の提案は備前では守られたようである。「あひさたハ凡不レ可レ叶事候。一向被二仰付一、盍レ成二不日之功一哉」として、重源は能保との相沙汰を拒み、一向知行を望み、それが認められている（『玉葉』建久四・四・十、十六条）。実際、建久四年六月、重源は備前国金山寺の住僧の訴を国司として承認しており（『金山寺文書』建久四・六金山寺住僧等解）、重源は国司として事務を行っており、能保が国務にあずかった形跡はない。但し重源の知行は「大仏殿造営之間」であり、建久六年、大仏殿の落慶をもって重源は国司を退いたらしく、前述のように、同年十月には能保知行の下で藤原公棟が備前守として在任している。

法皇の分国であった播磨・備前を文覚・重源に与えさせたのは頼朝の提案によるのであって、それは東寺・東大寺の造営こそ故法皇への何よりの追善になるという理由に基づくものであった（『愚管抄』巻六、後鳥羽）。「追善」という点に偽りはないだろうが、その背後には後白河院分国をめぐる頼朝・兼実と後白河旧側近派との争いが秘められていた。従って頼朝側は備前を一条能保の知行国とすることには成功したが、播磨については後白河近臣側に留めておかざるを得なかったのである。朝廷における兼実の支配も絶対的な強さを誇るほどではなかったし、頼朝は兼実と提携する一方では、後白河派にも気配りを続けていたのである。

東大寺に備前が付されて一か月後の建久四年五月、東大寺造営に関して「仰二征夷大将軍源朝臣一、不レ限二山陰・山陽両道一、遥及二南海・西海之諸国一、云二公領一、云二庄領一、無二国損一、無二国民損一、宜丁相二励知識之志一、今（令カ）丙催乙勤平均之役甲」（『広橋家記録』叙位部類）という内容の後鳥羽天皇宣旨が出された。当面の問題は大仏殿の造営、とくに材木の運搬であるが、結局この宣旨は、東大寺造営の総指揮を頼朝に命じたものであり、やはり頼朝が兼実に働きかけて出させたものであろう。さきに文治四年の朝廷への頼朝の申し入れでは、畿内・近国・西国方は朝廷（後白河法皇）、関東方は頼朝が勧進の中心となるとともに、全体の指揮を法皇が行うことになっていた。ここに挙げられている山陰・山陽・南海・西海は「西国方」に相当し、これに「関東方（東海・東山・北陸）」を合わせると、畿内は不明だとしても、頼朝は全国にわたり東大寺造営を推進する主体となったのである。すなわち全国的な軍事・警察権に加えて、かつての後白河法皇に代わって、頼朝は当時のもっとも重要な国家的文化事業の総指揮権を獲得したのである。

さて文治元年（一一八五）の大仏開眼供養に次ぐ第二次の東大寺供養のことは、建久五年正月から問題になっており、東大寺別当勝賢と造東大寺長官藤原定長が兼実のもとを訪れている（『玉葉』十三日条）。兼実の命を受けた定長が「東大寺供養雑事注文」を提出したのは二月であり、十月二十五日が供養に適当であるとしている（『玉葉』七、十三日条）。

「東大寺供養之間雑事総目録」（右の「雑事注文」であろう）が京都から頼朝のもとに届けられたのは、五月二十九日である（『吾妻鏡』）。恐らくはその頃、供養の日も頼朝に伝えられたらしいが、それは十月ではなく、翌建久六年正月を予定されていた。しかし頼朝の方では、それでは遠国から来る人には時節が悪く、上洛に供奉する御家人にも都合が悪いとして、朝廷に延期を求めた。最終的に建久六年三月十二日と決定したのは、建久五年十二月である（『吾妻鏡』建久五・七・三条、『東寺百合文書』な、建久五・十二・二十後鳥羽天皇宣旨）。頼朝の上洛を大前提として、その都合によって供養の日が決定されているのである。頼朝がまったく無視された建久元年の上棟と比べると、大きな違いである。

この間、頼朝から砂金の提供もあって、建久五年三月には院尊らによって大仏の光背が、十二月には快慶・定覚らによって南中門の多聞・持国二天像が造り始められ（『吾妻鏡』三・二十二条、『続要録』造仏篇）、建久六年正月には南中門の上棟が行われている（『玉葉』十日条）。

大仏殿がいつ完成したかはわからない。建久六年三月の供養の際の後鳥羽天皇の願文には、大仏殿の造立、盧舎那如来の完成、光背の化仏十六体の造顕、中門と多聞・持国二天像の完成などが挙げられており、これが供養までに達成されたすべてであった（『続要録』供養篇、末、建久記）。決して大仏殿の落慶だけが謳われているのではない。

頼朝は御家人に命じて協力させているが、朝廷から供養の際の布施や僧の供料米を家人に勧進して進めるよう命じられると、諸国の守護にそれぞれの任国での勧進を命じている（『吾妻鏡』建久五・五・二十九条）。大仏の脇侍の二菩薩や四天王像の造立、戒壇院の営作は、有力御家人に割りあて、功（私財）を出させたが、その提出が遅れると「只以下随二公事一之思上、縡若及二解緩一者、可二辞申一」ときびしく催促している（同上、六・二十八条）。勧進という本来自発的な行為が、頼朝の下では守護—御家人の体制の中に位置づけられ、公事・徴税に転化していくのは前述のとおりである。

建久六年二月十四日、頼朝は鎌倉を進発し、上洛の途に就く。それに先立って、京都六波羅邸の修理、海道駅家等雑事、渡船・橋の用意、頼朝を怨む源行家・義経の残党の捜索等、周到に準備が進められる（『吾妻鏡』正・十五、二・八、十二条）。

注目されるのは、上洛に供奉する東国御家人に対する催促である。中原親能が奉行して、次のような催状が出されている。

> 某国人々、京江可二沙汰上一之由、所レ被レ仰也。若不レ堪二上洛一者、参二鎌倉殿一、可レ被レ申二子細一也。且為二御宿直一、不レ令二京上一之人々も、所レ被二催促一也。及二遅参一者、定可レ有二御勘発一者歟（『吾妻鏡』建久五・十二・十七条）

御家人に供奉を命ずるとともに、上洛できない者は、頼朝に事情を説明すること、遅参すれば勘発することなどが述べられている。「及二遅参一者、定可レ有二御勘発一」という威嚇の文言が加えられており、東大寺供養のための上洛といっても、御家人にとっては出陣と同じである。

この種の威嚇文言としては、善光寺造営の事例をすでに挙げた。文治五年の奥州合戦の際、畠山重忠に狼藉を禁じた源頼朝袖判御教書（『島津家文書』八・十五付）には「けふ《（今日）》らうぜき《（狼藉）》したるものどもは、ごさた《（御沙汰）》あるなり」とあり、また翌文治六年、美濃国時多良山地頭仲経に仏神役勤仕を命じた源頼朝下文には「若猶有二難渋事一者、争遁二過怠一哉」とあるが（『吾妻鏡』四・十八条）、文治の後半から建久初年にかけてこの傾向が目立っており、この度の上洛をとおして、頼朝は御家人統制を一層強化しようとしたのである。

畠山重忠を先陣とし、和田義盛と梶原景時にそれぞれ先陣・後陣の随兵の事を奉行させる。これらの行列次第はすべて先の建久元年の上洛を踏襲したものである。畠山重忠は奥州合戦の際にも先陣を勤めているし、義盛と景時は侍所別当と所司である。頼朝は妻子を伴っているし、東大寺供養のための上洛であるとはいえ、供奉の武士たちの構成も、出陣そのままである（『吾妻鏡』文治五・七・十九、建久元・九・十五、十・二、建久六・二・十、十四条）。勢多橋には延暦寺衆徒が見物に来ていたが、頼朝は乗馬のまま通り過ぎ、小鹿島公業に「武将之法、於二如レ此所一、無二下馬之礼一」と言葉巧みに事情を説明させ、衆徒を感嘆させる。東大寺供養の当日は、門内に入ろうとする衆徒と警固の随兵との間に小競合が起こるが、頼朝の意を受けた結城朝光は、東大寺が平家に焼かれたのを頼朝が大檀越として復興し、さらに魔障を断って仏事を遂行するため、数百里の行程を凌ぎ参詣したのを、僧徒が妨げる非を説き、彼らを鎮静させた（同上、建久六・三・四、十二条）。

辻々ならびに寺内門外は武士によって警固されたが、大雨にぬれるのを物ともせぬ武士の態度に慈円は感動と畏怖を覚えたらしく、「ヲドロカシキ程ノ事」と記している（『愚管抄』巻六、後鳥羽）。

『造立供養記』は廻廊の外に陣を張る武士たちを「宛如二守護之善神一」と記している。供養には間に合わなかったが、大仏の脇侍である観音・虚空蔵像、大仏殿の四方の持国、増長・多聞・広目天像は、建久七年十二月に完成した。頼朝が有力御家人に割り当て、康慶・運慶一門に造らせたもので、二菩薩は六丈、四天王は四丈の巨像である（『続要録』造仏篇、『造立供養記』）。結局、大仏を除けば、鎌倉期復興におけるもっとも重要な諸像は、頼朝の依頼を受けた慶派仏師によって造られたことになる。頼朝がこれらの造像に当たったのは、朝廷を守護する武士のあり方が、大仏に近侍し、守護する四天の姿に相応するからではなかろうか。

南都・北嶺の衆徒への対応、供養の日の厳重な警固を通じて、頼朝は国家内における武士のあり方を主張し、厳格な規律と武威を寺院や貴族に誇示したのである。建久元年の初度の上洛では、後白河への遠慮から、このような示威はできなかったが、今や兼実が率いる朝廷を前に、傍若無人なまでに武士の強い自己主張が行われたのである。

武士が甲冑を連ねて警固し、雑人の出入を許さなかったため、供養は厳粛に営まれた（『続要録』供養篇、末、建久記、建久六・三・十二、『玉葉』十日条)。かつて文治元年、大仏開眼供養が後白河法皇と重源との企画で行われたとき、参会した熱狂的な群衆の驚騒は、一部貴族の眉を顰めさせるほどであったが、今回は厳重な警固によって雑人は完全に閉め出された。それは兼実が頼朝に命じたものというが、兼実や頼朝が作り出そうとする秩序のきびしさが、窺われるような気がする。(15)

八　多様化する重源の活動

兼実は朝廷の実権を握ってはいたが、丹後局・源通親ら後白河旧側近派は、兼実に敵意を抱き、宣陽門院(後白河と丹後局との皇女)を中心に結束して隙を窺っていた。また先述のように兼実には後鳥羽天皇にまで不快感を持たれる面があった。しかもその覇権は必ずしも強力ではなく、後白河のために忌月を置くことに反対して、宣陽門院中の人々に不忠と罵られ、年始に宣陽門院を訪ねても簾中に請じ入れてもらえず、その非礼を歎いたりしていた(『玉葉』建久五・三・一、建久六・正・三条)。

一方、頼朝は兼実と結ぶ一方では、後白河派とも親しくし、法皇のために院御所で仏事を修しただけでなく(三六頁参照)、七々日に至るまでの仏事を幕府で厳修し、法皇の一周忌には長絹五百疋を都に送るとともに、鎌倉で千僧供養を修するなど、丁重に法皇の菩提を弔った(『吾妻鏡』建久三・三・十九、建久四・二・三、三・十三条)。また御家人に命じ、無人で不用心な宣陽門院御所の宿直にあたらせた(同上、建久四・九・七条)。頼朝が兼実に敵対する旧後白河派とも親しかったことは、兼実に対して強気な態度で臨み得た一因であった。

兼実は重源に好意を持ち、東大寺復興についても種々の相談に乗っているが、通親もまた重源と親密であったと見られ、東大寺造営のために寄進された土地を、重源は源通親の家地や、四天王像の塗料に充てる漆と交換している（『河瀬虎三郎氏所蔵文書』建久七・九・二十八重源相博状、『赤星鉄馬氏所蔵文書』建久七・十・四重源相博状）。

建久六年（一一九五）東大寺供養の後、頼朝は三か月余も京都に滞在したが、最初に訪問したのは宣陽門院であった。また丹後局を招いて豪華な贈物を行い、後白河法皇の遺詔に従い、長講堂領七ヶ所を立荘するよう進言した。かつて兼実と頼朝とが協力し、法皇の近臣が立てた荘園を停廃したのを思うと、掌を返すような行動である。四天王寺参詣の際にも、丹後局から船を借りるなど親密である。丹後局への豪華な贈物に対して、兼実には馬二疋を贈るだけで、兼実はその乏少を気にかけている。頼朝は兼実の賀茂社参詣を御家人が見物するのを禁じたりしており、慈円も「万ヲボツカナクヤアリケム」（『愚管抄』巻六、後鳥羽）と、今回の上洛の際における頼朝の冷淡な態度を気にするほどであった。通親が後白河法皇や頼朝に兼実のことを中傷し、その結果として翌建久七年に兼実が失脚したことは周知の事実である(16)。

このような政治的な問題とは別に、東大寺供養において武威を露骨に示した頼朝への反感を示した者もいた。その一人は大仏の修復を行った宋の工人陳和卿である。供養の翌日、頼朝は重源を介して大仏殿で陳和卿と会おうとしたが、陳和卿は頼朝が多くの人命を断った罪業深重の人だとして対面を拒んだ。頼朝は甲冑・鞍・馬・金銀などを陳和卿に贈ったが、陳和卿は甲冑と鞍を東大寺に施入し、他は頼朝に返した（『吾妻鏡』建久六・三・十三条）。

その重源も高野山に逐電してしまった。結局は頼朝の招きに応じて戻っては来たものの、このため頼朝は鎌倉下向を遅らさねばならなかった（『吾妻鏡』五・二十四、二十九条）。勧賞として「大和尚」の称を与えられたことを重源は喜んだようであるが、文治元年（一一八五）の開放的な大仏開眼供養に比べ、この度の供養のいかめしさに失望したのではなかろうか。

このように陳和卿や重源は頼朝の露骨な武威の顕示を嫌悪したのであるが、頼朝も仏法護持の立場に立つ以上、彼らに寛容にならざるを得なかったのである。

建久七年十二月には頼朝が御家人に費用を割りあてた脇侍菩薩、四天王像が完成する。同年中には中門の石獅子、大仏殿内の石脇侍、同四天像が造られる。建久八年二月、鎮守八幡宮が上棟され、夏には大湯屋の鉄湯船が鋳られ、八月には戒壇院が造営される。正治元年（一一九九）六月、南大門が上棟され、八月からは法華堂が修復される。正治二年春から開山良弁の御影堂が修復され、十月には尊勝院が建立される。建仁元年（一二〇一）十二月、鎮守八幡宮の僧形八幡神像が、翌二年には快慶作の阿弥陀金泥仏（現在、俊乗堂に安置）が造られる。そして三年十月には南大門の金剛力士像が造立される。

この間、建仁元年四月には七重宝塔の造営を計画する重源に対し、東大寺僧綱らは講堂や三面僧房の造営を望んで朝廷に訴えている（『春華秋月抄』建仁元・四東大寺僧綱等言上状）。東大寺の意向など無視して復興が進められてきたのであるから、寺側が僧徒の生活とより深いかかわりを持つ講堂や僧房の造営を望んだのも当然であろう。

これらの事業を重源が推進してきたのは明らかである。右の言上状に「和尚齢余二八十一、命待二旦暮遷化一。若隠レ跡、勧進欲レ馮レ誰」とあることは、高齢の重源が相変わらず勧進の中心であったことを示している。

しかし重源にとっては、大仏こそが重要であり、大仏殿が造営されたら、それで事が終わったという意識が強かった。建久六年の供養後、重源が高野山に逐電したのも、大仏殿内の二菩薩・四天王像こそ未完成にせよ、事業の一応の終了という気持もあったからであろう。

東大寺供養が営まれて五か月後の建久六年八月、重源は周防に下向し、九月末まで約五十日をかけて、一宮玉祖神社の社壇を造替し、神宝を調進し、遷宮を行っている。『玉祖神社文書』同年九月二十八日一宮造替神殿宝物等目録の中で、重源は「為レ令レ遂二東大寺造営一、以二去文治二年一、被レ奉レ寄二当国一之後、治国十箇年之間、已終二造仏造寺之功一、以二今年三月十二日一、有二行幸一、寺家被レ奉レ遂二供養之大会一畢。偏是玉祖大明神之加被力也」と記している。建久六年をもって造仏造寺は終わり、国司としての重源は、一宮玉祖神社の加被を謝し、報賽を行ったのである。

東大寺復興だけが重源の仕事ではない。彼は念仏を勧進し、多くの社会活動を行っている。建久六年以後の彼の主要な作善を挙げると、摂津魚住・大輪田泊の修築、宋の阿育王山への材木寄進、播磨浄土寺の落慶、摂津渡辺別所・播磨別所での迎講開始、上醍醐の経蔵建立、四天王寺塔の修理、河内狭山池の修築、伊賀別所の建立と、席の暖まる暇なく各地で幅広い宗教活動、社会事業を行っており、それだけ東大寺に関与する度合は相対的に減少していった。

東大寺復興のもっとも有力な支援者である後白河法皇に次いで、正治元年には頼朝も没した。復興事業は継続していても重要な部分は終わっており、かつての熱気は失われていた。これが建久六年の第二回供養から建仁三年の第三回供養までの間の概況である。

九　いわゆる「惣供養」について

建仁三年（一二〇三）十一月に第三回の東大寺供養が行われた。この供養は一般に「東大寺惣供養」などと呼ばれ、養和元年（一一八一）以来二十余年にわたる復興事業の総括であるかのように理解されてきた。果たしてこの理解は正しいであろうか。

「惣供養」または「東大寺惣供養」と記しているのは『東大寺縁起』再興営作事、『東寺長者補任』巻二などであるが、いずれも編纂された第二次史料である。これに対して『猪隈関白記』（七・六、八・十六、九・九条）、『続要録』供養篇、本、建仁記（七・五、十・二十三、十一・九、十八、十二・十二条、東大寺供養式）などのもっとも信頼できる史料は、いずれも単に「東大寺供養」と記している。『公卿補任』建仁三年、藤資実項、『弁官補任』建仁三年、藤光親項も同じであり、当時は「東大寺供養」と呼ばれたらしい。

また『続要録』（供養篇、本、建仁記）十一月三十日条に「今日、東大寺脇士、四天像、中門・大門等諸天供養也」とあり、『造立供養記』に「建仁三年十一月卅日、奉レ供二養大仏一師（衍カ）。但脇士観音・虚空蔵幷四天王像、中門・南大門等諸天供養」とあるのは同旨であり、結局大仏の脇侍の観音・虚空蔵二菩薩、持国・増長・多聞・広目の四天、中門の多聞・持国の二天、南大門の金剛力士像等が、建仁三年の供養の対象となる。但し、この中、中門の二天は、さきの建久六年（一一九五）の供養の際の後鳥羽天皇の願文にも記されており、重複している（『続要録』供養篇、末、建久記）。なお同時代史料として信頼できる『業資王記』十一月三十日条に「東大寺大仏惣供養」とあり、『東大寺要録』巻五、別当章第七に「大仏殿惣供養」とあるのは、大仏殿内の大仏、二菩薩、四天の惣供養という意味であろう。

要するに建仁三年の供養は当時「東大寺供養」とのみいわれ、その内容は右の諸仏を供養するものであった。「東大寺惣供養」とは呼ばれなかったし、総括的供養の意味を持ってもいなかった。この時の後鳥羽上皇願文に「本尊之月容早顕、開二五眼於文治改元之秋一焉、梵宇之華構半成、設二一会於建久第六之春一矣」（『続要録』供養篇、本、建仁記）とあるように、建仁三年の供養は、文治・建久の供養の後を承けた第三回の供養に過ぎなかった。

実際、寺内の造営は「惣供養」を行うような状態ではなかったはずだ。例えば重源が東大寺側と議論した七重塔、講堂、僧房は、建仁三年当時、どれ一つとして造られていなかったのである。

南大門の金剛力士像ができたから惣供養が営まれたというのもおかしい。確かにこの像は鎌倉復興を伝える貴重な文化財として現在尊重されてはいるが、東大寺全体を考えた場合、この像の完成によって一時期を画するほどの重要性を持つものではない。七月五日に供養の日時定などが行われた結果、同二十四日から十月三日まで、約七十日の突貫工事で造り上げ、供養に間に合わせたのがこの金剛力士像である（『続要録』供養篇、本、建仁記、『東大寺別当次第』）。供養のために金剛力士像の完成を急いだのであり、その逆ではない。

このように建仁三年の供養が惣供養でないとすれば、どうしてこの年に供養を行う必要があったのか。他の二度の供養と同様に、当時政権を掌握していた後鳥羽上皇の意向によるという外ないのである。次に建久六年の供養から建仁三年に至るまで、八年間の政治の動きを概観してみよう。

第二次供養の翌建久七年、九条兼実が源通親の讒言によって失脚したことはすでに述べたが、同九年、後鳥羽天皇は息子の土御門天皇に譲位し、上皇として院政を始めた。政治を牛耳っていたのは、通親であったが、後鳥羽の発言もその成長とともにしだいに強まり、とくに建仁二年に通親が没すると、後鳥羽が政権を握った。これより先、正治元年（一一九九）鎌倉では東大寺再建を支援してきた頼朝が没し、子の頼家が鎌倉殿の地位を継いだが、北条時政や政子と対立し、遂に建仁三年、時政は頼家を退け（翌年殺害）、その弟実朝を鎌倉殿に立て、自らは執権として実権を掌握した。こうして京でも鎌倉でも指導者の交代が行われた。

後白河院政下では近衛家、九条家、土御門家などの諸権門が互いに対立し、かつ院政に対して、或るものは与党的、或るものは野党的な勢力となっていた。後鳥羽上皇はこのような事態を克服し、すべての貴族が治天の君である自分を支持する態勢を作り上げ、さらに鎌倉殿である実朝とも友好関係を形成し、幕府をも配下に編入し、治天の君の絶対的地位を確立しようとしていた[17]。建仁三年の東大寺供養は、こういう状況の中で行われた。

供養に関する最初の記事は、同年七月五日、供養の日時、僧名、行事官等の定が行われたことであり、計画が始まったのも、これをさほど溯らないであろう。それは先述のように、上皇が意欲的に新政に看手した時期に相当している。最初は十月五日に供養を行う予定であったが、九月に入って頼家が没したとの知らせがあり、「穢気遍二満天下一」ということで延期され、十月二十三日になって十一月三十日に供養を行うことに決まったのである（『猪隈関白記』七・六、八・十六、九・七、九条、『続要録』供養篇、本、建仁記、十・二十三条）。

頼家が没したとの知らせを受けた上皇は、直ちにその弟千幡を征夷大将軍に任じ、実朝という名を与えた（『猪隈関白記』『明月記』九・七条）。幕府側の報告をそのまま認めたのである。実は頼家は没したのではなく、出家させられたのだということは、やがて京都にも知れてきたが（『明月記』九・二十三条）、上皇がそれを意に介した様子はない。

この政変によって政権を握った時政は、十月、女婿の平賀朝雅を京都守護として上洛させた。幕府は西国に所領を持つ御家人に、朝雅に従って在京するよう命じた。また、京畿の御家人に、将軍の代始にあたって、朝雅のもとに無二の起請文を提出させた（『吾妻鏡』十・三、十九条）。西国の御家人たちに幕府の新しい体制に対する忠誠を取りつけることが、朝雅の役目であった。

先述のように、当時の後鳥羽上皇は、幕府をも自己のもとに包み込もうとしていた。そのため朝雅を手厚く歓迎した。上皇に招かれ、院御所水無瀬殿に参上した朝雅は、勧められて殿上人の座についた。『明月記』には「上北面之体歟」と記されているが（元久元・正・二十一、二十二条）。朝雅は上皇に仕える北面の武士のようにもてなされ、しかも通常の武士が下北面であるのと違って、上北面のように厚遇されたのである。元久元年七月、朝雅は延暦寺堂衆の余党を追討したが、それは直接上皇の命に従ってであり、幕府を介してはいない（『華頂要略』巻一二一、天台座主記二、第六十七僧正真性）。叡山では坊門信清や朝雅を呪詛している。叡山からすれば、朝雅も信清と同様に院の近臣のような存在だったのである(18)（『明月記』元久元・三・十四条）。

平賀朝雅は清和源氏で源義家の弟義光の曾孫にあたり、武士の中でもとくに血統にすぐれている。朝雅の父義信は元暦元年（一一八四）「御一族源氏」として頼朝の推薦で武蔵守に任じられた。建久六年（一一九五）には義信は武蔵守として在任していたが、正治二年（一二〇〇）には、朝雅が武蔵守であり、この間に朝雅は父の跡を承けて武蔵守となったのであろう（『吾妻鏡』元暦元・五・二十一、六・二十、建久六・七・十六、正治二・二・二十六条）。建仁三年、京都守護として上洛したころ、朝雅は武蔵守であったが、翌元久元年十一月には右衛門佐に任じられている（『明月記』一日条）。これは棟梁級の武士に与えられる官職であり、しかも前任者を解任して朝雅を任命しているのである。

元久元年（一二〇四）三月、平氏の残党が伊賀・伊勢で挙兵した。朝雅は早速鎌倉に急を告げ、十日、幕府は朝雅に現地に赴き追討するよう命じた。二十一日には院で評定があり、朝雅は追討を命じられ、翌日出発した（『吾妻鏡』九、十、『明月記』二十一、二十二日条）。朝雅は幕府と朝廷の両方から追討命令を受けたのである。

院御所での評定について『明月記』には「頭弁書二御教書一、伊賀国可二吏務一之由、仰二朝雅一。即可二追討一云々」と記している。追討を行うため、朝雅に伊賀の吏務を命じる院宣が出されたのであり、「可二吏務一」は恐らく院宣の文言であって、朝雅には国司ではないが、国司の権限が与えられたのであろう。次に『明月記』四月十三日条に「伊賀源義成朝雅給」とある。里見義成が伊賀守に任じられ、朝雅は知行国主であったことになる。しかし義成が畿内・近国で活躍した形跡が、その生涯を通じてまったくなく、伊賀の国務はやはり朝雅が行っていたと見られ、朝雅は実質的な伊賀守である上に、国守を推薦する権利をも持っていたことになる。さらに五月十日に幕府は追討の賞として朝雅を伊賀・伊勢両国守護に任じたから（『吾妻鏡』）、朝雅は伊賀では国司と守護を兼ねた強力な支配権を握ったのである。

実は類似の支配は、伊賀では朝雅以前から見られた。これより二十年前、頼朝の勢力が畿内・近国にも及ぶ契機となった一の谷の戦の後、元暦元年三月、大内惟義は伊賀守護に任じられた（『吾妻鏡』二十日条）。この惟義は実は平賀朝雅の兄である。次の同年八月九日の大内惟義袖判下文案（『東大寺図書館架蔵文書』）は、惟義が伊賀の在庁官人に宛てて、東大寺領鞆田荘出作田の所当官物を免除した内容のものである。

　　在判源惟義国務之時免判也。雖ㇾ奉二行国務一、非二国司一。仍無二大介之位所一。

　下　伊賀国在庁官人等

　可四早奉三免二東大寺領鞆田庄出作田所当官物一事（中略）

　　　元暦元年八月九日

中略部分で引用しなかったが、惟義は所当官物を免除するにあたり、「大仏造営之間、争無二結縁之志一哉」と記している。既述のとおり、頼朝が東大寺復興に関係したことを示す最初の記事は、『玉葉』のこの年の六月二十三日条であった（二一頁参照）。また七月二日、東大寺に送った大江広元奉の頼朝御教書には「率土之中、誰無二施入之心一」とあり、惟義下文の記述に通ずるものがある（『東大寺文書』寿永三・七・二源頼朝御教書）。このころ、上級武士の間で、ようやく大仏造営に結縁する意義が認識されはじめたのである。

しかしここで注意したいのは、この文書の様式である。[19]この文書は案文であり、「在判」の部分には大内惟義の袖判があったと見られる。通常知行国制度においては、奥上に名国司が署判を加え、官職は「大介」と記し、知行国主が袖判を加える。花押の位置からすれば、惟義は知行国主であるが、知行国主が在庁に宛てて下文を出すことは考え難いし、当時伊賀を知行していたのは藤原俊盛入道であった（『山槐記』元暦元・九・九条）。従って惟義は知行国主ではない。

それでは惟義は国司であったのか。所当官物の免除を在庁官人に命じるのは、まさしく国司の職務である。しかし袖判部の割注（本文とは別に後に記されたものであろうが）には、「雖レ奉二行国務一、非二国司一。仍無二大介之位所一」と書かれている。惟義は国務を行っているが国司ではないため、奥上に「大介」の位所（署）を加えず、袖に加判する変則的な様式がとられたのである。

惟義は国司でも知行国主でもないが、そのあり方は「国務」「知行」などと呼ばれ、国内に郎従を居住させており、知行国主は有名無実となる。惟義は事実上守護と国司の職権を兼ねた強力な支配を、伊賀において樹立していたのである（以上の史料は『玉葉』元暦元・七・八、『山槐記』同・九・九条、『東大寺文書』建久四・六東大寺三綱等陳状、『東大寺図書館架蔵文書』建仁元・四東大寺僧綱等解案）。

寿永二年（一一八三）十二月二十二日、藤原仲教は伊賀守に就任した。翌三年二月十九日の伊賀国司庁宣案（『東大寺文書』）に見える「大介藤原朝臣」は仲教であろうが、その後仲教がどうなったかは不明である。俊盛の伊賀支配に関して記した『山槐記』の記事には「於二伊賀一者、武士知行、有名無実」とあり、知行国主と「武士」との間に国司の介在をまったく想定させない。惟義の「国務」は国司の排除を意味しており、恐らく惟義が三月に守護に就任したのに前後して、国司は解任されたか、職務を停止されたかであろう。

伊賀は平氏の本拠であり、この地には寿永二年の平家都落の際に一門主流に同行しなかった武士が残っていただけに、惟義は守護と国司を兼ねた強力な権限を握ったのであろう。それにもかかわらず、七月には伊賀平氏の叛乱が起こっている。

元久元年、ふたたび伊賀・伊勢で平氏の叛乱が起きたとき、朝雅は惟義の先例に従い、「伊賀国可㆓吏務㆒」との院宣を与えられたのであろう。明らかに「吏務」と「国務」は同義の概念である。

しかし腑に落ちないのは、叛乱の中心が伊賀ではなく伊勢であり、また朝雅が現地に着くまでに尾張の武士によって、すでに叛徒がほとんど討たれていたのに、伊賀でこのような権限を与えられたことである。それだけ後鳥羽上皇が、朝雅を厚遇していたことがわかるのである（『三長記』元久元・四・二条）。

後鳥羽の厚遇とともに、朝雅が執権北条時政の女婿であるだけに、幕府の支援も絶大であった。伊賀・伊勢の叛乱を鎮めた恩賞として、朝雅は伊賀・伊勢の守護に任命された。それは前守護の山内首藤経俊が、平氏の叛乱を恐れて逃亡したため、守護職を没収された結果である（『吾妻鏡』元久元・三・十条）。

朝雅の行動は奇妙であった。叛乱は簡単に平定され、四月二日、朝雅は京都に凱旋したはずであるのに、朝雅は四月末まで伊勢で平氏討伐を続けており、その結果、追討賞として伊賀・伊勢守護に任じられたのである（『仲資王記』『三長記』四・二、『吾妻鏡』五・六、十条）。これは伊勢における山内首藤氏の勢力を徹底的に排除し、朝雅の勢力を植えつけようとしたもので、両国守護にしても、時政と朝雅とが共謀して、山内首藤氏から奪ったと見られる。翌元久二年閏七月、時政が平賀朝雅を将軍に立てようとして失敗し、時政は伊豆に追われ、朝雅は京都で殺されるが、朝雅を射殺したのは経俊の子の持寿丸であり、復讐の意味を持っていたし、経俊は時政にかわって政権を握った政子・義時の幕府に両国守護職の返還を求めているのである（『吾妻鏡』閏七・二十六、九・二十条）。

後鳥羽上皇と時政とが朝雅を援助した結果、朝雅は伊賀の吏務に加えて、伊賀・伊勢守護という強力な権限を掌握した。その背後には当時上皇が幕府に向けて仕掛けた公武融和政策があった。

元久元年十二月、上皇の叔父坊門信清の女は、鎌倉に下って将軍源実朝の妻となった。この婚儀は上皇側の主導によって行われたが、実質的にこれを推進したのは、上皇の乳母として権勢を振るった藤原兼子であった。そして鎌倉方で兼子の相手をして縁談の実現に奔走したのは、実朝の実母の政子ではなく、北条時政の後妻で政子や義時の継母にあたる牧の方であった。当時、幕府の実権は時政が掌握し、牧の方は夫を助けていた。公家社会の事情に通じ、兼子とも結んだ牧の方は、その縁者の栄達を図り、成功した。時政との間に生まれた娘は、藤原実宣、坊門忠清（信清の子、実朝室の兄弟）らの有力貴族や平賀朝雅のような名門武士の妻となった。元久元年四月、時政と牧の方の子である北条政憲は左馬権助、従五位下となったが、『明月記』は政憲のことを「近代英雄」と称しており、時流に適った人物であったことがわかる（『三長記』十二日、『明月記』十三日条）。十一月には平賀朝雅が右衛門佐に、そして翌元久二年三月、牧の方の兄弟の大岡時親が備前守に任じられている[20]（『明月記』十日条）。時代の脚光を浴びて朝雅が輝いていたのである。

主題を離れて平賀朝雅について詳しく述べすぎたようだが、それには理由がある。すなわち『東大寺縁起』に「武蔵守平朝政[21]、率二数万軍兵一、致二守護役一」とあり、朝雅が数万の軍兵を率いて供養の警固に当たっているからである。この記事を載せているのは、鎌倉末期に編纂された『東大寺縁起』のみであるが疑う理由はない。それは朝雅が京都守護として上洛し、まだ二か月足らずの時期であった。建久六年に源頼朝は御家人を率いて供養を警固し、鎌倉武士の威容を貴族や僧侶の前に誇示したが、建仁三年の供養で後鳥羽上皇は、都において幕府を代表する朝雅を随兵として警固に当たらせ、その公武融和政策の下で、自身が公家・武家の上に立つ統治者であることを明らかにしたのである。建久六年と建仁三年との警固のあり方は、それぞれの時期における政治の実態を反映している。

最後にこの供養において、上皇には東大寺復興に二十余年を捧げ、八十二歳を迎えた重源をねぎらう意図もあったことを指摘しておきたい。供養の際の上皇の願文には「大和尚湛二深図於性淵一、構二高致於器宇一、善誘而債二少民一、不レ傷二於財一、不レ奪二於力一、容易而成二大営一。非二口所一レ宣、非二心所一レ測」（『続要録』供養篇、本、建仁記）と重源に対する謝意が述べられており、その謝意は過去の二度の供養の願文のいずれよりも甚深である。それはこの供養を「惣供養」と誤解させる一因ともなった。

東大寺供養がはじめて議に上ったのは、前述のとおり七月五日であるが、それより一か月遅れた八月六日、歌壇の耆宿藤原俊成に上皇から九十歳の賀を賜わるという話が持ち上がる（『明月記』）。そのため先例が調べられ、仁和元年（八八五）光孝天皇が遍照に七十の賀を賜わった例、宇多法皇が玄宗法師に八十の賀を賜わった例、延喜十三年（九一三）醍醐天皇が尚侍藤原満子に四十の賀を賜わった例があげられている（『後京極摂政藤良経公記別記』建仁三・十一・二十三条、『源家長日記』、『三代実録』仁和元・十二・十八、『西宮記』臨時八。なお遍照の賀を『後京極摂政別記』が仁和二年とするのは誤）。「年序久隔、記録不レ詳」とあるように、臣下に賀を賜う例は稀であり、しかも久しく絶えていた。俊成は歌道の棟梁と呼ばれ（『玉葉』寿永二・三・十九条）、歌道に対する功績は多大で、上皇の信任もあつかった。この時期は正治二年の『正治初度百首』に始まり、建仁元年から三年ごろにいたる『千五百番歌合』の判進、建仁元年の和歌所の設置など、後鳥羽上皇が和歌に激しい情熱を燃やした時期であり、しかもこれらの事業で、俊成は常に中心的な役割を果たしてきた。また和歌所では『新古今和歌集』の編纂が進められ、元久二年に撰進されたが、この和歌集に見られるのは、上皇の延喜・天暦への憧憬であり、それは聖天子の下で、文物の栄えた時代として讃美されていた。臣下のための賀が行われた光孝・宇多・醍醐の時代は、後鳥羽には、そのような聖天子の時代と見られていたのである。[22] すぐれた帝王をめざす後鳥羽にとって、敬老も重要な事業と考えられており、そのためにまず俊成のため、さらに重源のために長寿を祝ったのであろう。十一月二十三日、和歌所で俊成に賀宴を賜わった後鳥羽は、二十六日、奈良に御幸し、三十日の東大寺供養に臨んだのであった(『百練抄』)。

おわりに

甚だ冗漫で多岐に分かれたが、東大寺復興を政治的背景との関連において論じてきた。重源に注目したのはいうまでもないが、それとともに三度にわたる東大寺供養を営む中心となった後白河法皇、源頼朝、後鳥羽上皇が東大寺復興に果たした役割を明らかにし、そのことによって、三つの供養にそれぞれ独自の性格があらわれていることを指摘した。政治的背景の中で宗教を歴史的に考える手がかりを、いささかでも提供することができたら幸いである。

注

(1) 中ノ堂一信「中世的勧進の形成過程」(日本史研究会史料研究会編『中世の権力と民衆』)、永村真『中世東大寺の組織と経営』第二章第一節。
(2) 永村前掲三四八頁、中ノ堂「東大寺大勧進職の成立」(『日本史研究』一五二)。
(3) 永村前掲三四九頁。
(4) 『法然上人伝絵詞(琳阿本)』巻三に「大勧進職に補せられおはりぬ」とあり、『法然上人伝記(九巻伝)』巻二上、『法然上人伝(十巻伝)』巻二、『法然上人絵伝(四十八巻伝)』巻三十にも、類似の記述が見られる。

（5）この文書の年代については本書二二一頁以下参照。
（6）この区分はひろく行われているが、ここでは比較的早期のものとして、毛利久「東大寺復興における重源と奈良仏師」（南都仏教研究会編『重源上人の研究』）一四六頁に拠った。
（7）堀池春峰「鎌倉時代に於ける南都仏教の動向」（『南都仏教』四三・四四）は、これについて、腰刀を必要とする武の時代の終わりと、文治の世の平和を求める後白河法皇の意を受けた重源らの演出と見ている。
（8）竹内理三編『鎌倉遺文』古文書編第一巻、補遺第一巻、奈良国立文化財研究所編『東大寺文書目録』、黒川高明『源頼朝文書の研究』史料編等は、いずれも文治三年（一一八七）とするが、『鎌倉遺文』には若干の混乱もある。これに対して佐藤進一「寿永二年十月の宣旨について」（『日本中世史論集』）は、⑴を『吾妻鏡』文治四・三・十条の原拠史料と見ている（五〇頁）。また五味文彦『大仏再建』も、これらの書状の多くを文治四年のものと見ているようである（一八〇頁以下）。なおこれらの頼朝書状の解読は、黒川氏のものが優れているので、本稿ではそれに従った。付表に『源頼朝文書』と略称したのは、黒川氏の著書を意味する。
（9）五味前掲書は、この問題を綿密に考察している。
（10）東国御家人が惣領制によって、西国御家人が守護制度によって編成されているのも、このことと関係がある。なお拙稿「守護制度の再検討」（『日本中世国家史論考』）参照。
（11）幕府依存の勧進が臨時課役の性格を持つことについては、中ノ堂「中世的勧進の展開」（『芸能史研究』六二）に指摘がある。
（12）以上の点については拙稿「鎌倉幕府と公家政権」「建久元年の歴史的意義」（『鎌倉時代政治史研究』）参照。
（13）「諸大夫の家」については、橋本義彦「院政政権の一考察」（『平安貴族社会の研究』）参照。
（14）この件に関する『吾妻鏡』の記事には混乱がある。建久四・正・十四条に「被レ預二旧院御分国内備前国於文覚房一」は「俊乗房」の誤、三月十四日条の「東大寺修造吏」は「東寺」の誤。しかし『玉葉』四月七日条に記す「頼朝卿返札」も「播磨・備前両国、猶可レ被レ付二東大・興福両寺一」と奇妙な記述になっている。播磨を東寺、備前を東大寺という最終決定までには、変動があったのであろうか。
（15）建久六年の供養については、久野修義「東大寺大仏の再建と公武権力」（上横手監修、井上満郎・杉橋隆夫編

『古代・中世の政治と文化』）一五九頁以下参照。入間田宣夫『武者の世に』（集英社版『日本の歴史』⑦）は建久六年（一一九五）の供養を京・鎌倉の平和共存の新時代の始まりと評価し（一七一頁以下）、文治元年（一一八五）の大仏開眼供養以上に重視している。

（16）（17）以上の点については、拙著『日本中世政治史研究』三〇八頁以下、『鎌倉時代政治史研究』六一頁以下参照。

（18）拙著『日本中世政治史研究』三一四頁以下、『鎌倉時代政治史研究』七一頁以下、『日本中世国家史論考』二七八頁以下参照。

（19）この特殊な様式の文書にいち早く興味を示したのは相田二郎氏であった。氏はこの文書を国司庁宣の展開と見るが、通常の国司庁宣と違って、袖判のみで、大介の奥上署判を欠いていることを指摘し、袖判を加えるのは国領主だとし、これを国領主下文と命名した（『日本の古文書』上、一九二頁）。ところで氏のいう国領主とは知行国主を意味するが、公家に与えられる知行国主は、武士である惟義の実態とは隔っている。惟義は元暦元年（一一八四）三月、伊賀守護に任じられているが、佐藤進一・吉村茂樹氏は、惟義が知行国主ではなく、守護として伊賀の国衙を支配したと見た（佐藤『鎌倉幕府守護制度の研究』三〇頁、吉村『国司制度崩壊に関する研究』五九五頁）。例えば佐藤氏は「守護が実力を以て国衙を支配し、国務に携っている」と述べている。その後、この見解は通説化し、私もそれに従ってきた（『鎌倉時代政治史研究』一二七頁、『日本中世国家史論考』四〇三頁）。一方、相田氏がこれを文書様式上、国領主（知行国主）下文と称した見解は石井進氏に継承され、守護大内惟義が国務を知行し、知行国主が発給するのと同一形式の文書で在庁官人に命令を下したと述べている（『日本中世国家史の研究』二九九頁）。確かに惟義が「下二遣郎従等一、令レ居二住国中一」（『玉葉』元暦元・七・八条）とある行為は、惟義が守護であったからであろう。しかし惟義については（1）「伊賀国者、大内冠者源氏知行」（『玉葉』同上）、（2）「於二伊賀一者、武士知行」（『山槐記』元暦元・九・九条）、（3）「源惟義国務之時（中略）雖レ奉二行国務一、非二国司一」（元暦元・八・九大内惟義下文案）、（4）「惟義国務之時」（『東大寺文書』建久四・六東大寺三綱等陳状）、（5）「源惟義当時駿河守伊賀国務時」（『東大寺成巻文書』建仁元・四東大寺僧綱等解案）など、「知行」「国務」などの言葉がよく見られる。これらは守護が国務を押領したというよりも、惟義が正式に朝廷の承認を得て国務を知行していることを意味するのである。例えば（3）は国務を奉行するのが通常は国司であることを示している。『吾妻鏡』文治元・八・十三条に「国司行二国務一、庄家行二庄務二」とあるのも同じである。一方「故徳大寺左大臣家知二行国務一之時」(『根来要書』治承二・六紀伊国大伝法院衆徒解案) とある場合、この国務知行は、知行国主としてである。すなわち国務知行は知行国主や国司が行うのである。従って惟義は守護として実力で国務を押領したのではなく、朝廷から与えられた権限に基づいて国務を行ったのである。本文に記したように、惟義は知行国主でも国司でもないが、平賀朝雅と同様に「伊賀国可二吏務二」との後白河院宣を与えられていたのではないかと考えられる。なお様式上、この文書は国司庁宣との関連で説明されているが、別の視点からすれば、このような差出所非記入式、袖署判下文は、源頼朝下文に多く見られ、建久年間に将軍家政所下文に切りかえられるのは周知のとおりである(拙著『日本中世政治史研究』一三〇頁)。この様式の文書は北条時政にも見られるが(『蒲神明宮文書』建久八・六北条時政下文)、大内惟義下文も、この流れの中で理解すべきでなかろうか。また源頼朝下文を国司庁宣との関連で考えることも可能である。

(20) 以上の点については、拙稿「北条政子と藤原兼子」(『鎌倉時代——その光と影——』)一六〇頁以下参照。

(21) 清和源氏である朝雅が、「平朝政」と書かれているのは興味深い。北条時政との関連であろうが、考えるべきである。

(22) 本書第三章一参照。

二、阿弥陀寺文書と周防国衙

一　周防の知行国主

治承四年（一一八〇）東大寺が平氏に焼かれたが、翌養和元年から重源によってその復興が開始された。まず大仏が鋳造され、文治元年（一一八五）には開眼供養が営まれた。その後の復興事業の中心は大仏殿の造営に移ったが、文治二年三月には周防国が東大寺に寄進され、重源が国務に当たった。周防が東大寺に寄せられたのは、造営に必要な材木を得るためであるが、同時にそれまでの勧進に加えて、事業に有力な財政的基盤が確保されることになった。

『玉葉』文治二年三月二十三日条には「以二周防国一、被レ□（附）二東大寺一。偏可レ為二聖人（重源）之沙汰一之由、被二仰下一」とある。それでは東大寺や重源は、周防国の支配機構の中で、どのような地位を占めるのであろうか。

東大寺（重源）は周防の知行国主となったのである。それまで周防を知行していた藤原実教は、その代わりに丹波を与えられた。その子で周防守であった公基は、留任したが、実務を執行できず、名目だけとなった（『玉葉』四・十三条）。

実教が丹波を知行することになると、それまでの丹波国主はどうなるのだろうか。丹波を知行していた摂政近衛基通が、辞退、返上したのである。

源頼朝は基通を嫌っていた。基通は平清盛の女婿で、その支援で関白・摂政となり、平氏の没落後も後白河法皇の庇護を受けて地位を保っていた。文治元年、源義経に頼朝追討宣旨が与えられると、朝廷の責任を追及した頼朝は、法皇に働きかけ、遂に文治二年三月、基通を退け、九条兼実を摂政とすることに成功した。同時に基通は、その知行国丹波の放棄を余儀なくされたものと思われる。周防が東大寺に寄せられたのは、基通退任の十一日後である。周防が東大寺の知行国となった原因として、基通の失脚が挙げられよう。

早速重源は四月に周防に下向したが、ここでふれておきたいのは、阿弥陀寺の創建についてである。『山口県史　史料編　中世2』にも、八十点に及ぶ『阿弥陀寺文書』が収められている（以下『阿弥陀寺文書』の番号は同書による）。

一般に阿弥陀寺が文治三年の開創とされているのは、同寺所蔵の「重源上人誓願之記」や「華宮山阿弥陀寺略縁起」によるのであろう。しかしより信頼できる正和二年（一三一三）三月十日周防国在庁官人等連署起請文案（『阿弥陀寺文書』三二号）には「文治二年御建立」とあることを指摘しておきたい。

右の「略縁起」には、文治三年から阿弥陀寺を開発し、建久八年（一一九七）十三重の鉄塔を鋳て、阿弥陀寺建立の始末、東大寺再興の年月等を刻銘したと記している。

建久八年十一月二十二日、重源発願の銘文を持つこの鉄宝塔は、阿弥陀寺に現存しており、「大檀那　国史　留守所」として、多々良氏、日置氏等十四氏に及ぶ在庁官人を記し、この諸氏の子孫が相承して檀那となる旨を刻んでいる。正治二年（一二〇〇）十一月八日の周防国司庁宣案にも、「以㆓代々留守所在庁官人㆒、為㆓檀越㆒」と記されている（『阿弥陀寺文書』三二号）。

二　念仏で結ばれた共同体

阿弥陀寺に関して重源関係の文書が多数見られるのは、正治二年十一月であり、次の五点を数える。名称は一応『鎌倉遺文』に従っておく。この中の三点は、『県史』（史料編　中世2）にも『阿弥陀寺文書』として収められているので、その史料番号をも併記する。なおこの中で⑵は今回の考察から省き、他の四点について考えることとする。

⑴　正治二・十一・八　周防国司庁宣案（『阿弥陀寺文書』、『鎌倉遺文』一一六一号、『県史中世2』三二号）
⑵　正治二・十一　重源定文（『阿弥陀寺文書』、『鎌倉遺文』一一六二号、『県史中世2』二号）
⑶　正治二・十一　周防国在庁官人置文（『東大寺文書』、『鎌倉遺文』一一六三号）
⑷　正治二・十一　周防阿弥陀寺田畠坪付（『阿弥陀寺文書』、『鎌倉遺文』一一六四号、『県史中世2』一号）
⑸　正治二・十一　周防阿弥陀寺田畠坪付（『上司家文書』、『鎌倉遺文』一一六五号）

⑷と⑸はいずれも末尾に四十四名の在庁官人が名を連ね、最後に目代春阿弥陀仏の花押があり、ほとんど同文である。ただ⑷で「合弐拾伍町玖段」とある部分が、⑸では「合弐拾伍町玖段『定弐拾陸町伍段（裏花押）』」とあり、『』の部分が朱書で書き加えられている。すなわち「二十五町九段」が「二十六町五段」に修正されているのである。この⑷・⑸の文書によれば、多数の零細な田畠が阿弥陀寺に寄進されているが、それが最初は二十五町九段であったのが、六段増加して、二十六町五段となったのである。このような朱書は全体で十七ヶ所に及んでいる。その一々をここに記すことはやめるが、要するに佐波令で九段が一町一段、牟礼令で六町四段が六町八段に改められ、都合六段増えたのである。

これらの文書で「南無阿弥陀仏別所（阿弥陀寺）寺用料田畠」の面積を見ると、⑴・⑶・⑸には二十六町五段とあり、⑷のみ二十五町九段とある。⑷がもっとも早く書かれたことになるが、これには重源が袖判を加えている。恐らく在庁官人が重源の命を受け、まず重源に提出したのが⑷であり、さらに修正の上で、再提出したのが⑸であろう。

『鎌倉遺文』ではこの⑷・⑸を周防阿弥陀寺田畠坪付と命名している。内容上はそうかもしれないが、様式や文書作成の手続を考えると、周防国在庁官人注進状というべきであろう。

次に⑴と⑶の関係を見ると、⑶に「今月八日御庁宣偁」とあり、この「今月八日御庁宣」は⑴を指しているから、⑴を承けて⑶が作成されたことになる。

内容的には⑴が興味深い。在庁官人に宛てた国司庁宣であり、牟礼令別所（阿弥陀寺）において不断念仏と長日温室を行うため、水田二十三町五段、畠三町を施入するが、これらの田畠には、所当官物以下国役万雑事を催促しないように在庁に命じ、違背した場合には一宮玉祖神社、天満天神等の神罰、仏罰を蒙るであろうとしている。

さらに二十六町五段の田畠が、どのような用途に充てられるかの内訳を記している。すなわち仏餉灯油料に田一町、念仏衆十二人の衣食料に田十二町、薬師講・阿弥陀講・舎利講に田三町六段、承仕三人の衣食料に田九段、温室の維那六人の衣食料に田六町、畠三町ということになる。

在庁官人が重源に寺用料の田畠を注進したのが⑸であり、それに基づいて国司（重源）が用途別に配分を行い、在庁官人に宛てて⑴を出し、これに応じて在庁官人が重源に⑶を出したという手順になる。従ってこれらの文書群は⑷・⑸・⑴・⑶の順に配列されることになる。

⑴についてさらに考えよう。『鎌倉遺文』はこれを周防国司庁宣と称している。「庁宣　在庁官人等」とある書き

出し、「在庁官人等宜承知、依レ宣行レ之。故宣」という書き止めは、まさしく国司庁宣の様式を具えている。そうすると、奥上の「願主造東大寺大和尚南无阿弥陀仏」は国守ということになるが、通常の庁宣とは違って「守」「大介」など、官職の記載はない。また重源が国守でなく、知行国主であることはすでに述べた。その重源が国守の出す庁宣を発給しているのは、国守が有名無実だからであろう。東大寺の知行国で、重源が国守というのが、実態であろう。

重源の官職を記す代わりに「願主」としているのも奇妙である。寺院に田畠を寄進するから、租税を免除して欲しいというのは、国司に対する願主の請願であり、国司はそれを承認するというのが普通であるが、ここでは重源は請願者と認可者を兼ね、さらに神仏の罰を擬して在庁官人に遵守を命じているのである。「当州（周防国）与二愚身（重源）一宿縁殊深」という文章も主観的で、庁宣という公文書にはふさわしくない。

⑴を承けて出されたのが⑶である。冒頭の部分は二十六町五段の田畠を地域別に記しており⑸の要約である。次の部分はそれらの田畠を用途別に記しており、⑴の用途別の記載をやや詳しくしている。そして本文は⑴の庁宣をほとんどそのまま引用し、重源の命に従う旨を記している。『鎌倉遺文』は周防国在庁官人置文としているが、むしろ在庁官人請文、あるいは起請文というべきであろう。

この在庁起請文には重源が袖判を加えた上、さらに奥にも、

於二当所念仏温室一、在庁官人等合力之結縁、同心之誓状、甚以随喜者也。定不レ背二仏意一、必相二叶神慮一歟。

東大寺勧進大和尚南無阿弥陀仏（花押）

と記し、念仏や温室に在庁官人が協力する旨の起請文に随喜の意思を示している。

在庁起請文の首尾に重源が筆を加えた文書は、恐らく在庁のもとに戻されることになるが、それでは在庁が重源

に請文を提出した意味はなくなるではないか。

国守藤原公基は有名無実だし、知行国主と在庁とは一体になっている。在庁を指揮している目代春阿弥陀仏は重源の「年来同行」といわれた人物である（建久八・六・十五重源譲状）。起請文が重源の許にあっても、春阿弥陀仏の率いる留守所に戻っても同じことなのである。知行国主と在庁との間に緊張も対立もないのである。

もっとも重源と在庁との間に全然対立がなかったわけではない。建久三年、東大寺の柱を引くについて、大内弘成の違乱があったという（『吾妻鏡』正・十九条）。この大内弘成は⑶・⑷・⑸で在庁の筆頭として見える権介多々良弘盛と同一人物であり、周防権介を世襲した最有力在庁である。この大内氏は建長二年（一二五〇）当時には御家人となっていたと思われるが（同上、三・一条）、建久三年ごろは「関東所勘之輩」、すなわち御家人ではなかった。他の在庁官人も、恐らくは同様であろう。在庁が御家人でない方が、重源が彼らを配下に組み入れていくには、好都合だったと思われる。

⑶には阿弥陀寺を在庁官人の「氏寺」と記している。在庁官人を檀那として阿弥陀寺が経営され、国衙は知行国主・目代・在庁官人が、念仏によって結ばれた共同体のような性格を帯びていたのである。

三、重源ノート

重源について気づいたことをメモしてみた。いずれも断片であるので、仮に「重源ノート」と名づけた。

一　重源と村上源氏

文治元年（一一八五）八月二十三日、重源が東大寺大仏の像内に納めた願文に「初住㆓醍醐寺㆒」と記しているように（『東大寺続要録』供養篇、文治）、彼は最初醍醐寺で修行した。

醍醐寺と村上源氏とは関係が深い。源顕房の娘賢子は白河天皇の中宮となったが、応徳元年（一〇八四）に没した。天皇の命により、賢子の供養のため、翌年、上醍醐に円光院が建立されたが、造営に当たったのは賢子の兄で、中宮権亮として賢子に仕えていた源雅俊であった。のち重源は仁平二年（一一五二）、久寿二年（一一五五）、保元元年（一一五六）と、三度にわたり円光院の理趣三昧衆に選ばれ、理趣経による菩提追善の仏事に加わっている（『醍醐雑事記』巻十三裏書）。

〈村上源氏系図〉

- 源師房
  - 俊房
    - 師時
      - 師行
        - 有房―有通
        - 時房
        - 聖慶
      - 師任
    - 勝覚
  - 顕房
    - 雅実―雅定―雅通―通親
    - 雅俊
    - 信雅―房覚
    - 賢子

重源の生涯における作善活動を記した『南無阿弥陀仏作善集』に「奉二造立一、下醍醐栢杜堂一宇并九躰丈六」とある。栢杜（栢森）堂は大蔵卿堂ともよばれ、大蔵卿源師行を願主として久寿二年六月二十一日、三宝院領の敷地に建立され、九体の丈六阿弥陀仏を納めたお堂と、三重塔とがあり、重源が造営にあたった（『醍醐雑事記』巻五）。師行は村上源氏の出である。

安元二年（一一七六）二月六日、重源が勧進して高野山延寿院に施入した鐘は、その銘によれば聖慶や源時房のためであった。彼らは師行の子であり、聖慶は東大寺東南院主になっている（鐘は現在和歌山県海草郡紀美野町泉福寺所蔵）。

建久六年（一一九五）十一月、重源は醍醐寺に唐本一切経を施入し、それは寺内栢森の大蔵卿入道堂に安置された。（『醍醐寺新要録』巻五、『醍醐寺座主次第』、『醍醐雑事記』巻五、巻七・八裏書）。なお同九年には上醍醐に経蔵が建てられ、あらためて供養が行われた。

この建久六年三月、二度目の東大寺供養が営まれた。そのころには大仏のみならず大仏殿も完成し、重源は東大寺復興事業も一段落したという意識を強く持った。やがて重源は事業の経済的基盤となった周防国に赴き、同国一宮である玉祖神社の社壇を造り替え、遷宮を行い、事業に対する神社の加護に謝意を示した。出身寺院である醍醐寺に唐本一切経を奉納したのも、同様の心境からだと思われる。唐本一切経の施入は、醍醐寺の教学の発展に大きな影響を及ぼした。

建仁三年（一二〇三）に造立された南大門金剛力士像の吽形像面部および阿形像根幹材の墨書に右大臣師房、源中納言師時、左大臣俊房、源師任らの名が見えるのは、彼らの菩提を弔うためであろう。吽形像に納められた「宝篋印陀羅尼経」の奥書には、結縁者として房覚、有房、有通の名が見られた。彼らはいずれも村上源氏である。

村上源氏の中で、当時権勢を振るっていたのは源通親であり、とくに建久七年に関白九条兼実を失脚させて後は、朝政の実権を握ったが、建仁二年（一二〇二）に没した。しかし通親の全盛は、建久六年の東大寺供養の後で、東大寺の復興が峠を越して以後のことであるし、とくに通親と重源を結びつけるほどのものは何もない。村上源氏は院政初期に台頭したが、繁栄したのは顕房の系統で、重源と関係が深かった俊房の系統は、次第に振るわなくなった。ここに名前の出ている人物の中では、師時こそ正三位権中納言に昇ったものの、以後は四位どまりで、僅かに有通が非参議従三位となっているに過ぎない。

一方、通親らの顕房系では、経巻の奥書に房覚が見えるだけで、重源との関係は少ない。房覚は後白河法皇の信任があつく、園城寺長吏となったが、彼も通親と特別の関係があったとは思えない。

二　重源の伊勢参詣

文治元年（一一八五）八月の大仏開眼供養の後、重源による東大寺復興事業の重点は大仏殿の造営、そのための用材の調達に移る。そのような時、文治二年二月中旬、重源は伊勢神宮に参詣し、東大寺造営の成功を祈った。二十三日の夜、天照大神が示現し「自分は近年身疲れ、力が衰え、とてもそのような大事をなし得ない。もし大願をなし遂げたければ、私を肥えさせよ」と重源に告げた。『御成敗式目』第一条に「神者依二人之敬一増レ威」とは、まさにこのようなことを指すのであろう。重源は東大寺に帰り、衆徒に諮ったところ、神の威光を増益するには、大般若経の威力がよいということになった。それで大般若経二部を用意し、六十人の僧徒が伊勢に赴き、内外宮で各一部を供養、転読することになった。東大寺僧徒の伊勢参詣については、伊勢に赴いた僧徒の一人である慶俊による詳細で、信頼できる記録として『東大寺衆徒参詣伊勢大神宮記』（真福寺所蔵）が現存している。同書は国文学研究資料館編『古文書集』（『真福寺善本叢刊』八）の一部として影印本が刊行された（阿部泰郎解題）。

一行は四月二十三日、東大寺を出発し、二十五日、外宮に着き、二十六、七両日、外宮で経供養・番論議・経転読を行い、二十七日、内宮に着き、二十八日は雨のため遊宴・休息で過ごし、二十九、三十両日、内宮で経供養・番論議・経転読。五月一日未明、伊勢を出発、三日、東大寺に帰った。

三宝を嫌う風のあった伊勢神宮に、六十名の僧徒が大挙して参詣したのは、そもそも未曾有の出来事であるが、彼らを引率したのが重源であると、永く考えられていた。確かにこの『慶俊記』には一行に宿所の便宜を図るように内外宮に命じた四月七日付け後白河法皇院宣が収められており、それには「東大寺聖人参宮之次、依レ有二夢想之告一、於二神宮一、可レ令レ転二読供養大般若経一。率二六十口寺僧一、来廿六日、可レ被レ遂二御願一」とあり、重源が六十名の寺僧を率いて参宮する予定はあったのだろう。しかし『慶俊記』を丹念に読み、他の記録をも検討すれば、重源の再度の参宮はなかったことが判明するのである。

重源が、次いで多数の寺僧が参宮したのは、東大寺復興に神助を求めるためであることはいうまでもないが、とくに祈念したのは大仏殿の造営であった。『慶俊記』に「為レ祈二申造大仏殿事一」とあり、同記所収の文治二年四月二十二日後白河法皇院宣に「雖レ為二大厦之構一、盍レ終二不日之功一哉」、外宮大般若経供養導師表白に「自レ非二神明三宝之威力一、奈何果二大廈造営之善願一」、内宮での導師敬白に「大伽藍終二土木之功一」などとあるのがこれを示している。

大仏殿の造営には巨木が必要であり、重源はその確保に悩んだ。元暦元年（一一八四）六月、吉野山の奥で大木を発見し、しかも運搬のための水運の便もあるので、重源は歓喜極まりなかったという（『玉葉』二十三日条）。また翌文治元年三月には伊勢神宮の杣の木の伐採を望んでいる（同上、三十日条）。文治二年の参宮の目的の一つが、大仏殿造営の用材の獲得について伊勢神宮の協力を得ることにあったと見てよかろう。

吉野や伊勢での用材の確保が困難であったのか、それだけでは不足であったのか、重源が伊勢から帰って程なく、文治二年三月、造営料国として周防が東大寺に寄せられ、重源が国務を沙汰することになり（『玉葉』二十三日条）、大仏殿の用材も主として同国のものが充てられることになった。四月十日、重源以下十余人、宋人陳和卿、それに番匠らが周防の杣に入ったという（『東大寺造立供養記』）。防府市阿弥陀寺の鉄塔の銘には四月十八日を杣始としている。とすれば重源が二十三日に東大寺を出発し、伊勢に赴くことは不可能であろう。

最近では重源が東大寺僧とともに伊勢に赴いたことを否定する説が次第に有力となっているが、それでも重源引率説はなお後を絶たないので、ここに取り上げてみたのである。

六十名の僧徒の大挙参宮は、この後の神宮参詣にも大きな影響を与えた。僧徒たちは伊勢では歓迎されたが、神宮での伝統的風習による制約もあった。参宮を成功させるについては、内宮一禰宜荒木田成長の奔走による点も大きいが、これらについては、別の機会に譲りたい。

ただ重源から東大寺僧徒に受け継がれた伊勢参宮の成功については、この計画を積極的に推進した東大寺僧がいたことを指摘しておきたい。六十名の寺僧の筆頭にある権少僧都弁暁である。彼は内外宮に宛てられた文治二年四月二十六日東大寺僧綱大法師等敬白には、東大寺別当雅宝の次位に名を連ね、また両宮における経供養などの導師を勤めており、一行のリーダーであった。

弁暁は説法優美をもって知られ（『玉葉』承安四・十・十七、養和二・正・十七条）、後白河法皇に帰依され、元暦元年（一一八四）法皇の逆修には導師を勤めた（『吉記』十一・二十一、『玉葉』十二・九条）。文治元年八月、大仏開眼賞として少僧都に任じられ、翌二年六月、大僧都に昇るという話が出たが、摂政九条兼実は「過分」として反対している（『玉葉』二十八日条）。このとき七十六歳の興福寺の勝詮律師が権少僧都を求めて提出した申状には弁暁について「官既崇班也、齢又壮年也。暫雖二遅留一、有二何恨一哉」（『東大寺文書』文治二・六興福寺権律師勝詮申状）と述べている。ちなみに当時弁暁は三十六歳であり、このような批判が出るのも無理からぬものがある。結局一年遅れて文治三年五月に大僧都となったが、それでも兼実は「齢未レ及二宿老一、連年昇進、頗為二過分一」と述べている（『玉葉』二十七日条）。弁暁の急速な昇進は、彼の有能に加えて、後白河法皇の恩寵によるものであり、弁暁は大仏開眼など東大寺復興事業にも積極的であった。建久三年三月、法皇の葬儀には、十三名の御前僧の中に選ばれている（『明月記』十六日条）。のち正治元年正月、弁暁は東大寺別当となった（『東大寺別当次第』）。

東大寺僧の伊勢参詣を朝廷（後白河法皇）は積極的に支援した。実務に当たったのは、造東大寺長官・右大弁で重源とも親しかった藤原行隆である。行隆の沙汰として陰陽寮に命じて参詣の日時を定めさせた。次いで四月七日には、一行のために宿所の用意を命じる院宣が伊勢祭主宛てに出された。一行が帰って後、五月二十一日にも祭主に宛てて院宣が出され、法皇の喜びが伝えられ、とくに伊勢側でこの参詣に協力した荒木田成長の労をねぎらう言葉が述べられている。伊勢における経供養の導師は、前述のように弁暁が勤めたが、「始雖レ為二聖人之勧進一、後及二法皇之恩請一」とあり、当初は重源が弁暁に勧めたが、後には正式に法皇に請じられたという。だからこの参宮は、国家的事業の色彩を帯びていた。

とはいえこのような援助は、正式に朝議にかけられたものではなく、法皇とその周辺だけが推進し、摂政九条兼実もまったく知らされていなかったようである。兼実の日記『玉葉』を見ると、藤原行隆はしばしば兼実に会っているが、日記に参宮の件はまったく記されていない。神宮に納める願文の作成について「事已及二天聴一。公家雖レ須レ仰二儒家一、於二大神宮一、被レ行二仏事一之例、先蹤不二分明一云々。仍寺家、私誂二蔵人右少弁親経朝臣一、令レ草レ之」とある。本来なら正式に朝廷から儒家に命じて願文を作成させるのが筋であるが、神宮で仏事を行った前例が明らかでないので、東大寺が私的に藤原親経に作成を依頼したのである。親経はすぐれた儒者であり、兼実は「当時儒士之中、無レ出レ自二親経之右一」と評している（『玉葉』文治二・七・二十七条）。なお伊勢に赴くための伝馬も、大和・山城の東大寺領に課している。

大般若経を二部用意するということで、噂を聞いて結縁のため、参加を望む者は多かったが、結局一部は平頼盛が全六百軸の料紙を提供し、東大寺の方で書写することになり、一部は藤原邦綱の娘、大夫三位が所持していた本を施入した。頼盛は清盛の弟であるが、後白河法皇と親密で、またかつて源頼朝を助命した関係もあって、平家の都落ちに同行せず、都に留まった。元暦元年（一一八四）六月、頼朝のとりなしで、権大納言に還任したが、十二月には辞任し、平家滅亡後まもなく、文治元年（一一八五）五月、東大寺で出家し（『吉記』二十九日条）、翌二年六月二日に没した（『吾妻鏡』十八日条）。衆徒が伊勢から帰って約一か月後のことであり、料紙の提供は、彼の最後の善根となった。

次に藤原邦綱の娘について考えよう。権大納言邦綱が平清盛の親友であったことはいうまでもない。清盛の息子で、東大寺大仏を焼いた責を問われた重衡は、元暦元年二月、一の谷の合戦で捕らわれ、鎌倉に下され、さらに南都の衆徒の要求で、奈良に送られるため、文治元年六月九日、鎌倉を出発した（『吾妻鏡』）。大津から醍醐を通って、奈良に赴く途中、重衡は妻に会っている。その妻が邦綱の娘輔子なのであり、高倉天皇に仕え、その皇子安徳天皇の乳母となって大納言典侍と呼ばれた。大納言典侍は、平家一門の都落ちに加わり、壇ノ浦にまで赴いたが、その後は都に帰り、日野・醍醐辺に住む姉の大夫三位（成子）を頼り、同居していた。重衡はこの住居に妻を訪ねたのである。束の間の再会を喜んだ後、妻は夫を新しい衣服に着替えさせなどして送り出した（『愚管抄』巻五、後鳥羽）。

重衡は六月二十三日、木津で斬られ、首は奈良坂にかけられた（『玉葉』）。その後、妻は重源に請うて首を申し受け、高野山に送って菩提を弔ったという（『延慶本平家物語』巻十一―三十七）。このときなぜ重衡の妻が重源を頼ったかといえば、姉の大夫三位が重源と親密で、実に伊勢参宮のための大般若経を提供したほどの人だったからである。それに彼女が住んでいた「日野と醍醐とのあはい」という場所で思い出されるのは、栢杜堂付近であり、この点から見ても、大夫三位が重源に深く帰依していたことが窺われるのである。

さらに『延慶本平家物語』（巻十二―三十三）によれば、平重盛の末子宗実は幼時から左大臣藤原経宗の猶子となり、弓矢の道から遠ざかっていたが、平家滅亡後、経宗は世間の聞こえを恐れて宗実を追い出した。宗実は重源を頼り、出家して弟子になることを望んだので、重源は頼朝の了解を得て宗実を東大寺の油倉に住まわせた。やがて宗実は高野山蓮華谷に住み生蓮房と名乗ったという。蓮華谷は明遍が開いた蓮華往生院を拠点として、高野聖の集う場所であった。

宗実に関する説話は、諸書によって若干異なるが、東大寺の油倉は勧進聖たちと関係の深い場所である。また重源は高野山に新別所（専修往生院）を建てたが、この新別所は東別所、すなわち明遍の蓮華往生院の支院と見られ、重源と明遍との交渉も当然考えられる（五来重『高野聖』二〇一頁以下）。重源はそのような蓮華谷に宗実を送ったのであろう。

それればかりか、高野山は醍醐寺と並んで、重源が東大寺復興に起用される以前の修行の場であり、重源はその後も常に高野山・醍醐寺との関係を持続した。高野山は重源の精神的な拠り所でもあり、建久六年の東大寺供養後も一時他との交渉を断って高野山に避難している（本書四五頁参照）。宗実を蓮華谷に行かせたのは重源であり、重衡の妻が夫の首を高野に送ったことについても、重源の助言があったと見られる。

このように平家ゆかりの人々は、重源を頼り、重源は彼らに好意を寄せていた。平家は大仏を焼いた仏敵であるが、重源の南都復興事業には、平家の罪障を消滅させる意味もあったと見られる。

三　東大寺の重源像

かつて平成八年（一九九六）十一月から同十年二月まで、私は『産経新聞』紙上で、今は亡き美術史家松島健氏との間で運慶をめぐる対論を交わした。その内容を基礎として両人と根立研介氏の共著として『運慶の挑戦』が刊行された。本書第一章四「運慶とその時代」は同書の一部の再録である。

松島氏によれば、重源は東大寺復興のため各地に設置した別所に、自分の肖像を安置しており、周防の阿弥陀寺や伊賀の新大仏寺の重源像は、その遺例だという。そして重源は自身が再興した東大寺大仏殿内に、自身の肖像が安置されることを期待していた。しかし東大寺側が講堂や僧坊の建設を求めたのに対して、重源は七重塔を優先して造営をはじめており、重源と東大寺との間には軋轢が生じているから、重源の肖像を寺内に安置することに、東大寺は反発したのではないかと述べている。

これに対して私は、阿弥陀寺や新大仏寺と東大寺とでは格式に違いがあり、東大寺に肖像を安置するのは、阿弥陀寺・新大仏寺に比べて容易ではないとして反対したが、現に東大寺には著名な重源像が存在している。だから重源像の東大寺への安置が実現したとすれば、後鳥羽上皇の援助によるのではないかと述べた。これに勇気づけられたのか、松島氏はさらに自説を強調した。

松島氏は東大寺の重源像について、二つの深い思い入れをもっている。一つは氏がこの像を重源存命中の寿像であり、建仁三年（一二〇三）の東大寺供養に間に合うように造られたと見ていることであり、今一つはこの像が運慶の作だということである。さらに重源像の寺内安置に反対であった東大寺は、同寺に所属する運慶が重源像を制作したのを裏切り行為と見ていたと述べているが、この辺りになると、松島氏の臆測であり、論理も飛躍しており、容易には従えない。

しかし、その後、東大寺と阿弥陀寺・新大仏寺との格式の違いを強調し、東大寺に重源像の安置は困難だとした私の主張にも再考の余地があると考えるようになった。

建久八年（一一九七）六月、重源は東南院院主である含阿弥陀仏定範に、「寺領庄々」として、伊賀国阿波広瀬山田有丸荘、播磨国大部荘、周防国椹野荘、宮野荘、備前国南北条長沼神前荘、野田荘の六荘、「堂舎別所」として高野新別所・東大寺鐘楼岡・摂津渡部別所・播磨大部荘内別所など四ヶ所を譲っている（建久八・六・十五重源譲状）。これらの諸所は重源が興立したもので、先に東南院主勝賢に譲ったが、建久七年六月、勝賢が入滅したため、あらためて勝賢の甥で東南院主を継いだ定範に譲ったのである。はじめ勝賢に譲ったのは、八十歳近い高齢となったのを理由としているから、恐らくは建久六年の東大寺供養の後と思われる。建久六年に重源は七十五歳であり、別に述べたように、大仏に次いで大仏殿も完成し、東大寺復興が一段落したと重源が意識した時期であり、身辺を整理し、将来に備えようとしたのであろう（本書四六頁参照）。

譲状に記された六つの荘園、四つの堂舎別所は、重源が進止権を持つ私領であり、重源は東大寺の中でも、彼の出身である醍醐寺と関係の深い東南院院主に伝えようとした。とくに阿弥号を持つ定範は、念仏の面においても重源と師弟関係にあったと思われる。重源はそれらを醍醐寺の開山で、東南院の建立者である聖宝の遺跡として、東南院によって相承されるべきだと考え、東大寺の進止下に置かれるのを回避しようとした。そこから得られる収入も、東大寺内の大仏殿・鎮守八幡宮・戒壇院・浄土堂のほか、摂津渡部の浄土堂など、重源が経営につとめてきた堂舎にのみ充てられ、東大寺からの課税は拒んだ。荘園の実務をとる預所等には、多年重源に従ってきた人々、ゆかりの人々が充てられ、概して重源と重源から譲られた東南院とによる経営が強調され、東大寺側の干渉を排除している。

東大寺別所である鐘楼岡は、天平勝宝四年（七五二）鋳造の梵鐘のある鐘楼の近辺である。丈六仏菩薩十体を安置した方六間、瓦葺の浄土堂を中心に、湯屋、食堂、供所屋などがあり、東大寺から半ば独立して、重源に従う勧進聖の集団が生活する場であった。重源が自分の肖像を東大寺内に安置しようとした場合、大仏殿内はとても無理だとしても、別所内ならば、後鳥羽上皇の援助がなくても可能であろう。鐘楼の北西の俊乗堂は、江戸時代の建築ながら、現在重源像を安置している。そこにかつては浄土堂が存在したといわれる。

しかし重源の意図に反して、別所はその後しだいに衰退していき、史料の上でも姿を消す。重源から譲りを受けた東南院主定範は、嘉禄元年（一二二五）に没するが、生前から後継の院主を仁和寺道深法親王（後高倉法皇皇子）に譲ろうとしていたのに、興福寺の強い反対で潰えている（『明月記』二・二十六、三・九、十二・二十四条等）。

別所や東南院の自立性が東大寺の下に次第に埋没していく状況を考えると、重源が自分の肖像を寺内に置くという意図をもっていたとすれば、その生存中の方が実現しやすいように思われる。一方、『元亨釈書』に「源没、置二遺像于寺一」（巻十四）とあるのによれば、重源像の寺内安置は、重源没後ということになり、この記事の信憑性とも関連して、結局寿像か否かの断定は困難である。

四、運慶とその時代

一　貴族文化の革新

運慶について述べるにあたり、最初に東大寺復興を話題にしてみたい。それは東大寺復興こそが運慶の名を高からしめた事業であるとともに、その時代の文化を集約しているからである。

鎌倉前期の貴族文化は、前代に比べて著しい輝きを示している。「武者の世」の到来が、貴族の危機意識を喚起し、伝統的な王朝文化を停滞から救ったのである。慈円が『愚管抄』において、現実の「武者の世」を「乱世」と認識するとともに、乱世における生き方、政治のあり方を追究したのは、その典型的なあらわれであった。

この時期の貴族文化の革新的な動きの中でも、私はとくにスケールの大きなものとして、一つには平氏に焼かれた東大寺の復興が、後白河法皇を中心に行われたこと、今一つには後鳥羽上皇を中心として『新古今和歌集』が編集されたことを挙げたい。

当時の朝廷では院政が行われていたが、後白河や後鳥羽のように院政を執行する治天の君は、貴族によって構成される宮廷の統轄者であるとともに、貴族のみならず、武士や庶民をも含めた日本国の支配者でもあった。『新古今集』は治天の君が前者の立場で主宰した宮廷の文化事業であり、東大寺復興は後者の立場で主宰した国家的文化事業であった。これまで主として政治史を研究してきた私が、文化現象にも関心を広げるとき、東大寺復興に注目するのは当然であった。

二　新しい方式による東大寺復興

東大寺復興においては、従来の先例にとらわれない新しい方式がとられている。第一に一般信者の寄付を募る勧進が行われたことである。もっとも東大寺の大仏は、最初の天平期の鋳造以来、修理を加える場合にも常に勧進が行われており、勧進は鎌倉期復興だけの特色ではない。しかし勧進によって復興事業に庶民を組織することができたのであり、大仏開眼にいたるまでの初期においては、勧進による庶民の動員が、とくに重要な意味を持っている。

源頼朝が復興事業の有力な後援者となったことも注目される。当時、朝廷（後白河法皇）の下で、幕府（頼朝）は国家の軍事・警察を担当していた。このような国家的地位からして、頼朝がこの国家的文化事業の中で、大きな役割を果たすのは当然であった。とくに後白河法皇没後のある時期においては、頼朝は法皇に代わる復興事業の主宰者であった（本書四〇頁参照）。

復興の実務を運営した重源は、大寺院で高い地位を占める高僧ではなく、大峯や熊野・高野などを遍歴し、宋にも渡ったことがあるとされる行動的な聖であり、高野や醍醐寺で勧進の実績を持っていた。しかし、社会的地位が高いとはいえない聖に、このような国家的事業が委ねられ、大きな権限が与えられたのは、画期的であった。

技術の問題についていえば、建築・彫刻などに宋風が取り入れられるとともに、天平時代への回帰が見られることを指摘しておきたい。すなわち、大仏の鋳造は宋人陳和卿に負っており、大仏殿などにも、大仏様という宋の建築様式が用いられている。また諸仏の制作には、康慶・運慶父子をはじめとする奈良仏師が起用された。王朝貴族と深く結びついた京都の仏師の彫像が停滞を迎える中で、奈良仏師は天平彫刻や宋の作風をとり入れ、新しい作風を形成しつつあったのである。

平安前期、延喜・天暦のころ形成された王朝貴族文化は、遣唐使の廃止によって国際性を失うとともに、地方や武士・庶民などとの関係をも断って、平安京の貴族だけの文化としての性格を強めていった。王朝文化が閉塞を脱却するには、かつてそれが放棄したもの、地方・武士・庶民、さらに中国、それに加えて延喜・天暦以前の天平、これらを拾い直せばよかった。東大寺復興は、そのようなかたちで行われたのである。

三　東大寺仁王像の修理と作者論議

右に述べたように、私が東大寺復興や重源に関心を抱くのは、決して不思議ではないが、東大寺復興との関連においてにせよ、運慶にまでかかわろうとは予期していなかった。その契機となったのは、昭和六十三年（一九八八）から平成五年（一九九三）にかけて行われた東大寺南大門仁王（金剛力士）像の大修理であった。

『東大寺別当次第』には、仁王像を造った大仏師として「運慶、備中法橋、安阿ミダ仏、越後法橋」の四人を挙げている。安阿弥陀仏は快慶であり、備中法橋は湛慶、越後法橋は定覚とされている。また作風の点から、阿形像は快慶、吽形像は運慶が中心となって造られたと考えられ、ほぼ定説化していた。

さて修理はまず吽形像から行われたが、平成元年十一月一日付の新聞発表は人々を驚かせた。吽形像の胎内に納められた『宝篋印陀羅尼経』の奥書には、「大仏師定覚湛慶」と書かれており、運慶の名が見られなかったのである。

これをそのまま理解すると、吽形像の作者は定覚・湛慶ということになり、運慶の作と見てきた通説と合わなくなる。私は平成二年一月、姫路独協大学での市民講座で、吽形像を定覚・湛慶の作とする見解を述べた。のち、それをもとに「重源と文覚」（姫路独協大学播磨学研究会編『風は悪党の背に』）が平成三年八月、神戸新聞総合出版センターから刊行された。

吽形像に次いで阿形像の解体修理が行われたが、平成三年十月には阿形像の持物である金剛杵に「大仏師法眼運慶　アン阿弥陀仏」の墨書があること、翌四年二月には阿形像に納められた『宝篋印陀羅尼経』の見返し部に、運慶・快慶の名と見られる墨書があることが報道された。先に吽形像の作者を定覚・湛慶と見たが、阿形像の作者を運慶・快慶と見るならば、『東大寺別当次第』の記述とも整合する。阿形像の二つの墨書を知り、わが意を得た思いであった。

右のような理解は、私のように文献史学の立場に立つ者からすれば、ごく自然だと思うが、美術史家の間では、そう考えない人々が少なくなかった。吽形像の納入経の奥書に運慶の名が見られなかったことについて「直接ノミを振るった仏師の名だけを残したのだろう。運慶は監督者の立場だったのであえて記さなかったのでは」「定覚、湛慶が組み立て、最後の仕上げは運慶。へそと目などを修正した形跡が残っており、その技量は運慶でなくてはできない」などの見解が述べられたことを、当時の新聞は報道している。運慶の名が見えないことに当惑しつつも、吽形像を運慶の作とする通説を守ろうとしているのである。

ただ運慶が監督者であるという見解には、納得できるものがある。東大寺南大門の金剛力士像に先立つこと六年、建久八年（一一九七）に運慶らは、東寺南大門の金剛力士像を造っているが、東（開口像）を運慶、西（閉口像）を湛慶が担当し、しかも総大仏師は運慶であった（『東宝記』巻一）。規模の点で東寺は東大寺に及ばないが、仏師の構成には類似した点が見られ、参考になる。

四　運慶の作風とは

それにしても、吽形像の方に名前の見えない運慶がなぜ作者なのかという疑問を私は禁じ得なかった。門外漢であるにもかかわらず、姫路独協大学での講座で「簡明に定覚、湛慶を（吽形像の）作者といってはいけないのでしょうか」と述べたのはそのためである。その際、私は単に作者決定の点だけでなく、この問題をめぐる美術史学のあり方に疑問を提起している。この点も前掲の「重源と文覚」に記されているが、加筆の上、ここでくり返して述べたいと思う。

金剛力士像が運慶プロダクションの制作であることは明らかであるが、直接ノミを振るわない指導者を作者と呼べるのだろうか。へそを修正したなどと、運慶の指導を具体的に実証できるのだろうか。

このような作者論の問題は、興福寺北円堂の諸像（弥勒・無著・世親など）の場合にも感じられる。確かに近衛家実の日記『猪隈関白記』には「仏師法印運慶」とあって、運慶が全体の指導者であることは疑いない（承元二・十二・十七条）。しかし、弥勒仏の台座内部の墨書銘によれば、弥勒は源慶・静慶、無著は運助、世親は運賀が担当仏師である。無著・世親像などは運慶の代表作のようにいわれ、それによって運慶の作風が論じられているが、運助や運賀の作風は無視してよいのだろうか。運慶の作といっても、運慶自身が造ったものと、指導したものとを同等に扱ってよいのだろうか。直接ノミを振るったと思われる者を作者と呼ばず、ノミを振るったかどうか疑わしい者を作者と呼んでよいのだろうか。私の疑問は氷解できないのである。

運慶の作風をいう時、それはどの作品を基準として論じられているのであろうか。興福寺北円堂の諸仏は、前述のようにそれぞれ担当仏師が明記されている。東大寺南大門の金剛力士像は、明らかに運慶以外の大仏師が大きな位置を占めている。それにこれまで運慶様式といわれたものと、最近の調査結果との間には、矛盾が生じているともいえる。願成就院や浄楽寺の諸像が運慶の作と認められたのは、昭和三十四年（一九五九）に浄楽寺の不動明王・毘沙門天像の胎内から、運慶の名を記した銘札が発見されて以後である。そうだとすれば、比較的早くから運慶の作と確定されたのは、もっとも早期の作である円成寺大日如来像だけである。このような状況の中で、運慶の作風を論じることが可能であろうか。

阿形像が快慶、吽形像が運慶という通説は、だれがどの論著で主張したのかが明らかでないことも、私を困惑させた。どの論著を読めば、通説を検討できるのだろうか。

五　寺院全体と現存文化財

当然のことながら、美術史では現存文化財を重視する。康慶・運慶一派の仏師たちは、東大寺においては現存する金剛力士像、僧形八幡神像の外に、今は失われたが南中門の二天像、大仏殿の脇侍菩薩、四天王像なども制作していることが記録によって知られる。この中、金剛力士像は豪快な鎌倉彫刻を代表する遺品とされ、それに相違はないが、たまたま戦火を免れて今日まで残っただけであり、大仏殿の脇侍や四天王などは、金剛力士像よりも巨大であったばかりか、より重要な位置を占めていたと思われるのである。

寺院全体、造営事業全体を考える場合と、現存文化財のみを考える場合とのギャップは、東大寺と同時に平氏に焼かれ、東大寺と並行して復興が進められた興福寺においては、いっそう顕著である。

鎌倉期の興福寺復興を代表する建築としては北円堂が、彫刻としては北円堂の無著・世親像が挙げられる。しかし、建久五年（一一九四）の興福寺供養をもって一応終了した第一次復興事業に北円堂は含まれておらず、北円堂の造営はそれから十六年後の承元四年（一二一〇）である。北円堂が興福寺の中で、さほど重要な建造物であったかどうかは疑わしい。また、無著・世親像が優品であることは明らかであるが、北円堂の前述の地位に加えて、その本尊は弥勒仏であり、無著・世親像の格は低い。これらを興福寺復興を象徴し、鎌倉期を代表する建築・彫刻と見てよいのだろうか。

六　康慶か、運慶か

興福寺についていえば、第一次復興事業が重要であるのはいうまでもない。南円堂はこの第一次の中で中心的な位置を占めており、しかも藤原氏の氏寺信仰の中核である。しかし、現存の建築は後世のものであるばかりか、第一次復興事業を記念する建造物はまったく存在しない。ただ、南円堂の諸仏は現存しており、それは慶派によって造られたものであるが、当時慶派を率いたのは運慶ではなく、その父康慶であった。

東大寺復興についても同様のことがいえる。建久七年（一一九六）、大仏殿の脇侍・四天王像を定覚・快慶・運慶とともに造立したのが、知りうる限り康慶の最後の業績である。その場合、康慶は運慶とともに脇侍の虚空蔵像を、別に四天王像のうち南方の増長天を担当している（『東大寺続要録』造仏篇）。これらは東大寺復興全体の中でも、木彫としてはもっとも重要な像である。慶派における東大寺復興の中心は康慶であり、父を継承して、事業を完成させたのが運慶である。

興福寺南円堂のもつ意義、康慶の果たした役割を考えると、康慶によって造られた南円堂の諸仏、とくに焼失以前の旧像を再現するという制約はあるものの、本尊の不空羂索観音像は興福寺のみならず、鎌倉彫刻を代表する作品といわねばならない。これに対して運慶を巨匠中の巨匠と見るような伝説がいつの日か形成されたのだと思うが、今はその過程を実証できない。

私の見解は文献史学の立場を貫いており、美術史学の側からは承服できない点もあると思う。一つの問題提起として御叱正をお願いしたい。

五、鎌倉時代の興福寺と南山城

一　南都の別所

鎌倉前期、建保元年（一二一三）延暦寺との紛争が原因で、興福寺の衆徒は春日神社の神木を奉じて強訴のため上洛しようとし、支配下にある諸方に参加を促した。動員の対象の多くは、大和国内の寺院や豪族であったが、その中に山城国の東小田原（随願寺）、西小田原（浄瑠璃寺）も含まれていた。参加人数の増加を求める興福寺に対し、西小田原が到底不可能だと訴えているのも注目される（『鎌倉遺文』二〇四六号、永島福太郎編『春日大社文書』六一〇号）。当時興福寺は大和国を完全に支配していたが、行政的には山城国に含まれる両寺院までが、実質的には大和の一部として、興福寺の統制下におかれていたのである。

本寺から離れて修行者、念仏聖が草庵を結んでいるところを別所という。東大寺の別所である光明山寺は有名で、永観をはじめ、多くの念仏者が隠遁していた。小田原は興福寺の別所である。興福寺僧で小田原に住んだ教懐は、のち高野山に移り、山内に小田原谷の名をのこし、高野聖の祖となった。

『浄瑠璃寺流記事』は、恵信・勢覚ら興福寺僧の浄瑠璃寺隠遁を伝えている。嘉承三年（一一〇八）本堂の惣供養に導師となった迎接房経源も、興福寺から東小田原に移った著名な念仏者である。永治二年（一一四二）にはじまる浄土院阿弥陀講、久安六年（一一五〇）恵信がはじめた三カ日夜の不断大念仏、これらを見ても、興福寺の別所としての小田原の相貌は明らかである。

興福寺別当職をめぐる不満から、恵信が一時西小田原に住んだことは、浄瑠璃寺と興福寺との関係を深めた。恵信は浄瑠璃寺の経営にも意を注ぎ、信実らに同寺守護を命じた。信実は大和源氏の武士の出で、「日本一悪僧武勇」とうたわれた衆徒のリーダーであり、一時は興福寺の寺務を執行したこともある実力者である（『尊卑分脈』『興福寺別当次第』）。

南山城には興福寺とともに、東大寺の支配もおよんでいた。東大寺領賀茂荘は、大和の東大寺領荘園とならんで、人夫や伝馬を寺に進めている（『鎌倉遺文』一四〇三、一四〇七、五五二九号）。

東大寺は盧舎那大仏を本尊とする総国分寺であり、興福寺は藤原不比等の発願になる藤原氏の氏寺である。両寺は律令制と摂関政治を象徴する寺院であり、都に近い延暦寺、園城寺に比べて政治権力からの独立度はより強かった。

平安中期、藤原氏が摂政・関白として政権を掌握すると、興福寺の地位は向上した。十一世紀後半からは、摂関家の子弟が入寺するようになり、興福寺と摂関家との関係は深まった。藤原氏の氏寺である興福寺と、氏神である春日神社が一体化し、強訴に春日の神木がもちだされるようになったのは十一世紀末からである。

春日神社と一体化してこれを支配下に入れた興福寺は、春日の神威をふりかざし、東大寺・多武峯を除く大和の寺社を次々に末寺・末社とし、国内の大半を寺領とし、武士たちを従え、国司の政務を妨げた。鎌倉幕府は大和に守護をおかず、興福寺の衆徒が守護に準じて検断を行った。

こうして興福寺の支配する大和は、朝廷や幕府の権力のおよび難い国となったが、南山城の一部は大和と同様に興福寺の支配を受けた。京都と奈良との間には常に政治的な折衝があり、両都市間の交通路に位置する木津などは、両勢力の対峙の場として緊張状態におかれることが少なくなかったが、奈良の別所的な位置にある地域は、その交通の幹線からも離れ、騒擾にほとんどまき込まれることなく、平安・鎌倉時代の五百余年を平穏にすごした。

平安後期から鎌倉時代の興福寺と大和は、このように強固な興福寺の支配が、内外から様々の挑戦を受けつつも、それを凌いでいく歴史をくり返した。

二　南都の焼亡と復興

興福寺支配への介入は、院政の側からも、ときには摂関家側からさえも試みられたが、とくに興福寺を脅かしたのは平氏であった。

永久元年（一一一三）興福寺の衆徒が強訴のため上洛したとき、朝廷では平正盛・忠盛父子を派遣して防戦させ、数十人の衆徒を射殺した（『中右記』四・三十条）。平氏の武力は衆徒の前に大きく立ちふさがった。

保元の乱後、保元三年（一一五八）大和を知行国とした平清盛（忠盛の子）は、興福寺の抵抗を排して国内検注を強行した。これは平氏が伊賀・伊勢・紀伊、さらには大和の武士までも家人に組織することによって進められたものであり、興福寺は大和支配を脅かす平氏に危険を感じることになった。

畿内の大寺院は、興福寺と同様に平氏の圧迫を受け、不満を抱いていた。治承四年（一一八〇）五月、平氏打倒のため挙兵した以仁王は、これらの寺院勢力に期待していた。以仁王が園城寺を頼ると、園城寺は興福寺・延暦寺に援助を求めた。延暦寺は動かなかったが、興福寺は園城寺支援の態度を明らかにした。

園城寺にも平氏派がいて頼みがたいと知った以仁王と源頼政は、奈良に遁れようとしたが、平氏の追手にあって頼政は宇治、以仁王は綺田川原で戦死した。以仁王を迎えようとする南都の大衆は木津まで出向いたが、間に合わなかった。

十一月、近江で源氏が蜂起し、園城寺・延暦寺がこれに応ずると、興福寺・東大寺も動きはじめた。十二月、清盛は子の重衡を奈良に派遣した。重衡勢の放った火に東大寺・興福寺は焼失した。翌養和元年（一一八一）正月、平氏は東大寺・興福寺の僧綱以下を罷免し、寺領荘園を没収した。

閏二月に清盛が没すると、このような強圧策も修正された。荘園は返還され、僧綱らも旧官に復し、両寺の復興が議せられるようになった。

東大寺の復興は国家的事業として行われ、重源が中心となって推進された。復興には宋人の技術が多く用いられ、大仏も宋の工人陳和卿によって鋳造されたが、大仏殿の石壇、四面の回廊などを造った宋人石工伊行末の名も知られている。その系統は伊派と呼ばれて大和や南山城で栄え、多くの石造遺物を伝えている。

藤原氏の氏寺である興福寺では、金堂・回廊・僧房・経蔵・鐘楼・中門は国家事業として諸国に課され、講堂・南円堂・南大門は藤氏長者、食堂・上階僧房は興福寺が造営を分担した（『玉葉』治承五・六・十二条）。

金堂が完成し、一応造営事業が終わった建久五年、氏長者であった関白九条兼実をはじめ、藤原氏の公卿二十六人が参列、盛大な供養が営まれた（『仲資王記』九・二十二条）。兼実を抑えていた後白河法皇はすでに没し、兼実は朝廷の実権を握り、得意の絶頂であった。

三　北円堂の再建

鎌倉時代は、平安後期に成立した興福寺の大和支配がしだいに動揺していく時代であった。しかしより深刻な動揺を経験したのは、天皇や貴族に支えられた京都の政治と文化であり、鎌倉時代は京都に対して奈良が、延喜・天暦以後の藤原文化に対して天平文化が、その価値を主張した時代といえ、この時代のはじめの南都復興は、その象徴的な事業であった。その事業では、天平彫刻の長所を取り入れた奈良仏師が、伝統的な京都の仏師以上に重用された。彼らの作風は単なる天平への復古ではなく、あるいは中国の技法を採り、あるいは武士の好尚に応ずるなど、新時代への対応が試みられていた。

そのことは仏教教学についてもいえるであろう。鎌倉新仏教の興隆に対して、一般に旧仏教の復興と呼ばれているのは、天台・真言などの平安仏教ではなく、法相・華厳・律などの南都仏教であり、それも単なる復古ではなく、新時代に即応した革新が行われた。当時南都の僧侶の間では政争がくり返され、酒宴、遊興、博奕、寵童が流行していた。しかし一方では貞慶、明恵、良遍、叡尊らは、南都を主たる修学の場として、その思索と信仰とを展開させていったのである。

興福寺供養の二年後の建久七年、九条兼実を失脚させて政治の実権を握ったのは源通親であった。さらに二年後の建久九年、通親の兄雅縁が興福寺別当となった。摂関家の氏寺である興福寺に村上源氏出身の別当は異例であるが、雅縁は弟の力をも借り、興福寺の興隆に努めた。正治二年（一二〇〇）の後鳥羽上皇の南都御幸も通親と雅縁の奔走で実現したもので、その結果、北円堂造営のため備後国があたえられた（永島福太郎編『春日大社文書』一―

一六)。興福寺供養の後は、北円堂の造営が同寺の重要な課題となっていたのである。

通親の没後も雅縁に対する上皇の信任は失われず、建久九年から彼が没する貞応二年(一二二三)まで二十四年の間に、通算四度、延べ十八年も別当を勤めた。それだけに上皇への阿諛は度を越しており、そのため興福寺大衆の怒りを買い、別当辞任に追い込まれたことさえあったほどである(『興福寺別当次第』)。ところが貞慶は、この雅縁との密接なつながりの中で登場するのである。

貞慶は後白河上皇の側近として才腕を振るった藤原信西の孫である。興福寺に入り、法相教学を学び、俊秀をうたわれたが、建久四年(一一九三)から笠置寺に隠棲した。笠置の本尊は巨大な弥勒石仏であり、貞慶の笠置入りは、弥勒信仰からであった。

正治二年(一二〇〇)貞慶は後鳥羽上皇に招かれ、法相の教学を説いた。これが機縁で上皇は『瑜伽論』百巻を書写し、建保四年(一二一六)北円堂に納めるとともに、所領を寄進した。それを取り扱ったのは雅縁であった(『大乗院日記目録』二・五、十・二十一条)。

元久二年(一二〇五)十二月、上皇が春日神社に御幸の際、雅縁の住房を御所に用い、そこで一切経の供養が行われた。導師は貞慶であった(永島編『春日大社文書』一―一五裏書)。

承元四年(一二一〇)九月十九日、上皇は雅縁の二条房に泊まり、そこから笠置に赴き『瑜伽論』供養に臨んだ。導師は貞慶であった。二十日、上皇は瓶原の雅縁の山庄の堂供養に御幸した。導師は貞慶であった。この堂は上皇の祈願所に定められた(『承元四年具注暦』裏書)。

上皇が貞慶に帰依したのは弥勒信仰からであり、『瑜伽論』も弥勒信仰の論書であった。雅縁も弥勒を信仰しており、承元三年、笠置の弥勒を模して、大野に弥勒石像を刻み、瞻空を導師として供養を営み、上皇の臨幸を仰いだ（『興福寺別当次第』）。この瞻空も興福寺の僧で、承元四年、笠置に赴く際、上皇は東小田原にあった瞻空の房に立ち寄っている。建暦二年（一二一二）『宝篋印陀羅尼経』を書写して興福寺北円堂の弥勒仏の像内に納めたことが、その奥書に記されており、瞻空が北円堂の復興にあずかったことが知られる。承元二年には海住山寺の扁額を書いており、貞慶と同じ信仰の持主、あるいは弟子かとも思われる。

このように、貞慶は雅縁の設営した場で、上皇の御幸のもとに宗教活動を行っている。その信仰の中核は弥勒信仰であるが、北円堂の本尊が弥勒である点から見ても、雅縁・貞慶の目的は、北円堂の復興にあったといえる。貞慶の活動は興福寺と離れてのものではなく、むしろ興福寺の主流だったのである。

『承元四年具注暦』裏書九月二十日条の「瓶原別当僧正山庄堂供養云々。導師解脱房上人（貞慶）」という記事は重要である。瓶原にあった別当雅縁の山荘をもとにつくられた堂こそ海住山寺と見られる。従来からいわれているように、貞慶は承元二年から同寺に住んでいたが、伽藍も整い、承元四年、上皇御幸の下に堂供養が営まれたのである。

四　行学兼備の覚真

その二日後、上皇の近臣であった参議民部卿藤原長房は、貞慶の下で出家し、覚真と称した（『公卿補任』）。彼は「天下ノ賢人」と呼ばれた才卿で（『官史記』）、貞慶や明恵に帰依した。明恵に宛てた書状に「真言の師は、皆梵語に暗くて、術なく候なり。御庵室の辺に、人皆婬酒を断ち候か。常に思ひ出されて候」（『高山寺古文書』第二部三号）とあり、覚真が学問に長じ、戒律に厳しかったことがわかる。

貞慶は戒律を盛んにしようとし、これを戒如、覚真に学ばせた。覚真は貞慶の命で建暦二年、興福寺に常喜院をたて、これを戒律の修学所とし、料荘を寄進した。建保元年（一二一三）貞慶が没すると、覚真は海住山寺二世となった。

持戒の学僧であるかに見える覚真について藤原定家は「依二僻韻一、雖レ称二道心由一、其心本自凶悪、不覚之外、無二一得一者也。所謂人非人是也」（『明月記』建暦元・十一・十二条）と酷評している。「僻韻」「道心」はみかけだけで、実は凶悪な心をもった人非人だというのである。この評言はあまりに矯激であるが、覚真が「僻韻」「道心」だけの人ではなく、出家後も京都や奈良に赴き、世俗の活動を続けていたのは事実である。

建保元年、延暦寺との争いから興福寺が強訴のため上洛しようとしたことはすでに述べた。宇治まで赴いた興福寺衆徒の中には、別当雅縁も加わっていた。覚真は京都に上り、後鳥羽上皇と興福寺の間に立って、寺側の妄動をいましめる書状を書いている。宛て先が雅縁である可能性は高い（『仁和寺日次記』十一・十六条、『鎌倉遺文』二〇五四—五九号）。

覚真は貴族出身であるが、行学兼備の僧である。貞慶在世中から経営面で海住山寺を支え、貞慶没後はあとをついで、同寺をさらに興隆させた。

貞応元年（一二二二）覚真が瓶原に大井手という灌漑用水を築き、水不足を救ったという伝えがある。この伝えは三百七十年ものち、文禄四年（一五九五）の『瓶原井手之記』に記されているのみであるが、事実の可能性が高い。根拠の一つは、今述べた覚真の活動から見てあり得ないことではないこと、今一つはすでに平安後期に東大寺領賀茂荘でも井手が造られていることである（『東大寺未成巻文書』一—二二一—二、年月日未詳賀茂荘百姓等申状案）。

五　鎌倉幕府の介入

延暦寺・興福寺の争いに覚真が奔走して八年後の承久三年（一二二一）、幕府との対決を深めた後鳥羽上皇は、討幕の兵を挙げたが敗れた。この乱で南都は中立の立場をとり、幕府勢も奈良近辺に近づいてはいない。乱後武士の狼藉を禁ずる命令が東大寺領二十三ヶ所に出された中に、南山城の玉井荘・賀茂荘が含まれているが（『東大寺要録』承久三・七・二十七官宣旨案）、禁令は東大寺領一般を対象としたもので、別に両荘が武士の侵略を受けていたわけではない。こうして南都周辺は相変わらず平穏に見えたのである。

承久三年八月、後鳥羽方の張本である藤原秀康・秀澄を求めて奈良に赴いた武士を南都の衆徒が殺害したため、六波羅探題が軍勢を奈良に派遣し、南都側は悪徒を捜尋する旨を約束して陳謝した（『吾妻鏡』十・十二条）。平氏に次いで第二の難敵鎌倉幕府を迎え、興福寺がその不入権を維持しうるかどうかが、新しい課題となった。それが表面化するのは嘉禎元年（一二三五）である。

興福寺ではこの年、二つの問題が起こっている。第一は大安寺別当の件で衆徒が蜂起し、前関白九条道家の妻である綸子の春日詣が中止され、道家の子の摂政教実の病気平癒の祈禱もとりやめになり、別当実信は辞任、円実が別当となった（『明月記』二・二十二、二十六条、『興福寺別当次第』）。このときにも、神木進発に供奉せよとの指令が随願寺に出されている（永島編『春日大社文書』二—三三六、文暦二・二・二十四随願寺請文）。

第二の問題は幕府が絡んでくる。嘉禎元年五月、石清水八幡宮領薪荘と興福寺領大住荘との間に用水相論が起こり、薪荘の荘民が大住荘の荘民を殺したので、興福寺衆徒は薪荘を焼き、石清水の神人を殺害した。石清水が強訴のため上洛しようとすると、朝廷は伊賀国大内荘や因幡国を寄進し、石清水を慰留した。

十二月に石清水側が大住荘で春日の神人を射殺したため、興福寺は石清水別当の遠流、下手人の禁獄、興福寺への薪荘の寄進を求め、上洛しようとした。六波羅の兵はこれを防ぎ、衆徒と宇治で対峙した。幕府は下手人の禁獄、石清水の因幡知行停止を条件に、興福寺の鎮静化を求め、それが容れられなければ武士を派遣する旨を興福寺に伝えて威嚇し、衆徒を鎮めた。

ところが朝廷が約束した石清水別当の解任が履行されなかったため、再び興福寺が蜂起した。幕府は従来守護を置かなかった大和に守護をおき、興福寺領の荘園を没収して地頭を置いた。幕府の強硬な政策の前に衆徒は退散し、事態は平静に復した。

大安寺別当の問題、薪・大住荘の問題で興福寺衆徒が蜂起したが、どの場合にも覚真の画策が見られた。第一の事件では円経、覚遍、覚真が共謀して南都を乱そうとしたといわれ（『明月記』二・二十六条）、別当実信は辞任し、第二の事件では衆徒鎮撫のため円経が派遣されたところ、覚真は衆徒説得を約束しながら実は衆徒を扇動し、そのため円経の住房は襲われ、別当円実は辞任に追い込まれた（『明月記』閏六・二十四、十二・二十二条）。

細かな点はさておき、覚真は円経、覚遍、実信ら興福寺の最上層部と共謀したり、敵対したりしている。ところが強訴などの中心は実は衆徒であって、上層僧侶はこれに振りまわされているにすぎない。その点覚真は衆徒との結びつきが強く、衆徒を宥めることも、煽ることもでき、興福寺内で隠然たる勢力を振るっていたのである。

平氏の挑戦を退けた興福寺も、遂に鎌倉幕府には屈伏した点にも注目しなければならない。興福寺の強訴の前に、朝廷の機能は麻痺してしまったが、代わって当事者となった幕府は武力による威嚇で興福寺を圧伏することに成功した。この事件では寺内にも幕府への内通者があらわれたりしたが、この後は寺内の紛争制止に武士が派遣されるなど、幕府の干渉がしだいに強まった。春日の神木が奈良を離れることも、弘安元年（一二七八）まで四十余年の間は、まったく見られなかった。

「依二興福寺大訴閉門一、武士為二開門一、可レ有二下向一」（『感身学正記』）という緊張した状況の中で、一方では嘉禎二年九月、円晴、有厳、覚盛、叡尊が東大寺羂索院に参籠し、自誓受戒した。貞慶に戒律を学んだ戒如、覚真のうち、覚真は興福寺に常喜院をたて、戒如は東大寺で戒行を教えた。覚盛ははじめ貞慶、のち戒如につき、常喜院にいたが、戒師なしに、仏前で誓願して自ら受戒する自誓受戒の法のあることを知って叡尊に教え、四人の自誓受戒となったのである。このことは南都における戒律復興の中で、画期的な意義をもっていた。覚真自身は興福寺の勢力争いにまき込まれていたが、戒律興隆のために、彼が蒔いた種子は、実を結ぼうとしていたのである。

六　自壊する興福寺支配

建長二年（一二五〇）、大和の悪党については、六波羅から興福寺に申し入れても効果があがらないから、今後は武士を遣わして悪党を捕らえ、悪党を隠しおいた所領には地頭をおくようにとの幕府の方針が示されている（『吾妻鏡』二・五条）。悪党を契機として幕府の介入が強められているのである。

文永十一年（一二七四）の蒙古襲来ののち、弘安元年（一二七八）に幕府は兵力として大和の悪党の動員を図ったが、興福寺では悪党のうち国民については承諾し、寺僧（衆徒）については拒否した（『中臣祐賢記』七・四条）。同四年の再度の蒙古襲来の直後、幕府は高麗に出兵するため、九州三か国の御家人とともに、大和・山城の悪徒五十六人を動員する計画を立てたが、今度は興福寺は衆徒・国民ともに免除を求めた（『鎌倉遺文』一四四二二号、『勘仲記』弘安五・十・十六条裏文書）。

蒙古襲来にあたっては、本所領家一円地の住人までも動員の対象とされたことは一般に知られているが、興福寺の支配領域に対しては、悪党の動員という形でそれが進められたのであり、興福寺側は必ずしもそれを歓迎していないようである。

注目されるのは、悪党に衆徒と国民がいることである。衆徒は興福寺僧徒で地頭御家人クラス、国民は春日社神人で有力農民とほぼいってよかろう。興福寺の支配下におかれた大和の武士は、このように特異な形態をとっていたが、彼らこそ「僧兵」を構成した兵力であり、異国との合戦に堪える武力をも具えていたのである。

初期の悪党に関する史料として、弘安八年、悪党の横行に手を焼いた興福寺が、領内の住民に悪党の名前と所行を報告させた二十余通の落書がのこっている。悪党の多くは大和の者であるが、山城にもいる。その中には「寺僧」と明記された者も少なくなく「かみ《（髪）》おそり《（剃）》ながら、神ヲモ神ト云ズ、仏ケヲモ仏ケト云ズ」（永島編『春日大社文書』弘安八・三起請落書文）という所行に及び、興福寺の支配も衆徒国民の悪党化で自壊しはじめているのである。

悪党はしだいに組織化され、それにともなって幕府の介入も著しくなる。正安三年（一三〇一）九月には、七か国の御家人と在京武士が大和に赴き、二上岳に城郭を構えた悪党を追罰している（『興福寺略年代記』）。

同年十月、興福寺の学侶が大和国の悪党の流罪を祈っていたところ、悪党が春日社に乱入、十余面の神鏡を奪い取ったが、衆徒国民は彼らを討ち、神鏡を奪い返した。また嘉元二年（一三〇四）興福寺衆徒が大和国生馬荘の地頭を追いだしたところ、幕府はその張本を配流し、その所領に地頭をおいた。興福寺衆徒はこれに抗議して逐電したが、春日山の木が枯れるという奇跡がおこり、幕府は驚いて地頭を停止した（『興福寺略年代記』）。

延慶二年（一三〇九）藤原一門の実力者であった左大臣西園寺公衡は、興福寺別当覚円の協力を得て、『春日権現験記絵巻』を製作した。前関白鷹司基忠らが詞書を書き、藤氏一門の総力をあげた大作である。そこには平安時代以来、藤原氏を擁護してきた春日明神の霊験譚がならべられているが、とくに新しい二つの事件が目を引くのである。正安三年の悪党事件と嘉元二年の地頭設置事件であり、いずれも春日の神威によって、有利に解決したと説かれているが、強固な興福寺の支配をおびやかすものは、外からの幕府と内部の悪党だったのである。そして霊験譚の楽観的な展望とは違って、実態は興福寺にとってはるかに深刻だったようである。

興福寺の支配下におかれ、しかもその別所的な地位を占めて、平安・鎌倉期の潮流から隔離されていたかに見えた南山城にも、歴史の表舞台に久しぶりに登場するときが訪れる。元弘元年（一三三一）幕府打倒の企てがもれ、後醍醐天皇が笠置に遁れたとき、笠置攻めの鎌倉勢について「武蔵右馬助殿（金沢貞冬）、立㆓宇治㆒、御㆓発向賀茂㆒」（『光明寺残篇』九・二十五条）と記している記事がそれである。

六、貞慶をめぐる人々

鎌倉時代のはじめ、興福寺を中心に南都仏教の興隆に活躍した貞慶について、その周辺の雅縁・覚真らとの関係を考えつつ、私なりの位置づけを試みようと思う。

一　興福寺別当雅縁

鎌倉前期、後鳥羽院政期を中心にした時期に、興福寺別当の地位をほぼ独占したのは、村上源氏出身の雅縁であった。彼は当時権を擅にした内大臣源通親の同母兄である。建久九年（一一九八）十二月、はじめて別当に就任して以来、没する直前の貞応二年（一二二三）二月まで二十四年余の間に、通算四度、延べ十八年も別当の地位にあった。この間の別当の交代は、表2の通りである。

鎌倉初頭における興福寺の大きな課題は、治承四年（一一八〇）平氏に焼かれた伽藍の復興であった。翌養和元年（一一八一）から再建が開始され、造営は諸国に課されたほか、藤氏長者、興福寺、藤原氏の知識等が分担することになった（『玉葉』六・十五条）。建久五年、興福寺供養が盛大に営まれ、一門の公卿らを従えた関白氏長者九条兼実は、誇らかにこれに臨んだ。しかしこれが兼実の権勢の絶頂であり、二年後の建久七年には源通親が兼実を失脚させて政権を掌握した。建久九年正月、後鳥羽天皇は皇子の土御門天皇に譲位し、上皇として院政をはじめたが、天皇の外戚となって、通親の勢威はさらに増した。

同年十二月、藤原氏出身でない雅縁が興福寺別当に任ぜられたのは、恐らく弟通親の権勢を背景としてであろう。異姓の出であるが故になおさら、雅縁・通親の兄弟は、興福寺の興隆のために努力した。正治二年（一二〇〇）三月、後鳥羽上皇の南都御幸を仰いだのも、彼らの尽力によるものであった。

表2　興福寺別当の交代

興福寺別当	就　任	退　任	在任期間
雅縁（初度）	建久九年十二月（一一九八）	承元元年正月（一二〇七）	八年一か月
良円（初度）	承元元年正月	同二年二月	一年余
雅縁（第二度）	承元二年二月	建保元年十一月（一二一三）	五年十か月
信憲	建保元年十二月	同五年十二月	四年余
雅縁（第三度）	建保五年十二月	同六年十二月	一年余
良円（第二度）	建保六年十二月	承久二年正月（一二二〇）	一年余
雅縁（第四度）	承久二年正月	貞応二年二月（一二二三）	三年余

この時、上皇は内大臣通親らを具して奈良に赴き、雅縁の松林院を御所とし、春日神社、東大寺、興福寺に参詣した。この御幸は「希代の勝事」といわれ、興福寺では上皇、藤氏長者である摂政近衛基通のほか、異姓の通親のためにも、とくに祈禱を行った。

御幸は、興福寺の復興を進める上にも、効果があった。復興事業は、実は建久五年の供養をもって、すべてが完了したわけではなかった。御幸ののちに通親が雅縁に宛てた書状には、「三面僧房、御塔事、廻二計略一、所二申沙汰候一也。北円堂者、不日可二造営一之由、被二仰下一て、被レ付二備後国一了。（中略）当寺之興隆、此時得二其状一候歟」とある（『猪隈関白記』正治二・三・二十一、二十二条、永島福太郎編『春日大社文書』一―一五、一六）。興福寺供養後六年たっても、三面僧房、塔、北円堂などは未だ成らず、その造営が急がれていたのである。

上皇の御幸に前後して、造営は大いに促進された。北円堂造営のためには備後、僧房のためには伊賀が寄せられたが、建仁元年（一二〇一）正月、備後守に任ぜられた源雅清（『公卿補任』）は雅縁の甥である。また伊賀国が僧房用途料に付せられると、雅縁は東大寺領である黒田出作新荘・玉滝・鞆田荘等を国領にしようと企てたという（『鎌倉遺文』一一九一、一一九六―一二〇二号）。興福寺造営のための、雅縁らの積極的な行動を見ることができる。

興福寺の興隆に雅縁がもたらした功績は大きい。上皇の御幸は正治二年を最初として、彼の別当在任中に四度を数えた。鳥羽上皇が建立し、のち平家に焼かれた春日東塔を雅縁は再建した。春日社長日一切経転読は、白河法皇の御願で始め行われ、供米・衣服等の用途料として越前河口・細呂宜荘が寄進されたが、預所の未進が多く、執行も供料を下行せず、二十年間も転読が行われなかったのを、雅縁が執行となると、供米・衣服を下行し、転読を再開した。三十年も断絶していた春日御塔の般若会、二十年も断絶していた春日社法華唯識三十講も復興された。これらは雅縁の別当初任時の功績と思われる。その結果、一切経の執行、御塔の検校、河口荘の荘務等は、永く雅縁の門跡に付する旨の後鳥羽院宣が下された。また幕府も興福寺の訴えを容れ、河口荘の地頭を停止した（『古記部類』秋、『鎌倉遺文』二六四〇、二八四九、三〇五六号）。

別当再任時の事業としては、大和国宇多郡大野の弥勒石像の造立が挙げられる。彼は宿願に従い、弥勒信仰の根源として尊崇されていた笠置の石像を模して、大野に弥勒立像を造った。承元三年（一二〇九）三月には小田原の瞻空を導師として供養が行われ、後鳥羽上皇も臨幸した（『興福寺別当次第』巻三）。上皇は六日、南都に御幸、春日社に奉幣、七日は長谷寺および大野に御幸、八日に奈良に還り、興福寺・東大寺で誦経があり、九日、京都に戻った（『百練抄』）。

最初の中こそ雅縁は通親の支援に頼るところが多かったと見られるが、建仁二年に通親が没して後は、後鳥羽上皇の厚い信任に支えられた。承元元年、上皇が白河に造立した最勝四天王院は、「六十六くにのわづらひ」（『源家長日記』）といわれるまでに資力を費したものであり、建暦元年（一二一一）四月、上皇はここで一切経供養を行った。「上世未曾有にて、南北二京、諸国僧群集」といわれ（『仲資王記』二十三日条）、参加した僧は一万五千人に及んだが、導師は雅縁であり（『一代要記』）、雅縁は諸寺諸山の衆僧の最高権威としての地位を認められたのである。

次いで建保元年（一二一三）五月の最勝講の際には、すでに雅縁は七十六歳であり、このような衰老に公請は稀であるにかかわらず、とくに勅定によって証誠に参仕し、牛車の宣旨を下された（『興福寺別当次第』巻二）。

しかしこの頃からの雅縁は、先規を無視した専恣な振舞がしだいに多くなり、寺僧の非難を受けるようになった。同年十月の興福寺維摩会で雅縁は探題を勤めたが、さきに牛車を許された雅縁は、東北院から湯屋辻まで乗車して出仕した。興福寺中の乗車は先例なき事として顰蹙を買い、裹頭の輩に襲われ車は破壊された（同上）。雅縁がやがて再任の別当を辞任したのには、このような事情もあったものと思われる。

雅縁は後鳥羽上皇への追従につとめ、そのためには興福寺の権威や慣例を無視して、俗権に屈するのを躊躇しなかった。承元四年、上皇の熊野詣に雅縁は経供養の導師を勤めたが、顕宗の長者が経供養の導師となるのは先例のないことであり、「万人不ㇾ甘心ㇾ」といわれた（『承元四年具注暦』裏書五・二十二条）。

牛車の一件が原因かどうか、別当を辞任したものの、その地位は魅力的だったようである。建保五年十二月、雅縁は三たび別当に任命されるが、上皇に次のような歌を奉って、喜びの気持ちを示している。

ヨロヅヨトイノルミカゲニウレシクモミタビ花咲ク春ニアヒヌル（『楢葉和歌集』巻七、五二二号）

ところで三度目の別当就任には賄賂を使ったようで、上皇の乳母として隠然たる勢力を持つ卿二位藤原兼子に水田三十町を施入して補任され、「神慮に相叶はず」と非難されている（『興福寺別当次第』巻三）。

それどころか建保六年十二月には順徳天皇（後鳥羽の皇子）の皇女を奈良に迎えて養育しようとして、住房の近くに御所を建てたため、「顕宗長者、為二宮御乳母一之条、専寺之耻辱、他門之謗訕、何事如レ之」と強い非難が起こった。興福寺の大衆は蜂起し、雅縁を諫止しなかったばかりか、むしろこの企ての張本だとして親縁（通親の子、雅縁の甥）ら三人の雅縁近習の僧綱を衆勘に処し、さらに皇女を京都に帰すよう強く要求したため、遂に雅縁は別当を退かざるを得なくなった（同上）。これ以前にも雅縁は娘を上皇の女房として進めて問題になっているが(1)、これらの事実によっても、雅縁が後鳥羽上皇のみならず、その周辺の順徳天皇や卿二位にまで取り入っていたことがわかる。そして辞任に追い込まれたにかかわらず、一年後には四度目の別当に復任しているのであり、あらためて上皇の深い信任が窺われるし、承久の乱後もその地位が揺がなかったのを見ると、雅縁の政治力のほどが推察されるのである。

二　弥勒信仰

貞慶は藤原信西の孫、権右中弁貞憲の息で、叔父覚憲、従兄信憲はいずれも興福寺別当となっている。寿永元年（一一八二）二十八歳で維摩会研学竪義をとげ、その後は季御読経、最勝講、法勝・法成両寺の八講などで活躍し、俊秀を謳われ、将来を嘱望されていたが、建久三年（一一九二）興福寺を去って笠置寺に籠居した。貞慶を深く崇敬していた摂政九条兼実は「仏法滅相」としてこれを悲しんだ（『玉葉』二・八条）。しかし籠居といっても、興福寺との関係は継続しているし、権門への出入も少なくない。とくに貞慶に帰依したのは後鳥羽上皇である。次にその事例を挙げてみる。

㈠貞慶は笠置山に般若台を設け、毎年興福寺から碩学を招き、三日六座の講説問答を行い、これを霊山会といった。正治元年（一一九九）後鳥羽院庁は伊賀国阿閇郡印代・服部両郷内重次名の田畠荒野を般若荘と号し、これを笠置山般若台領として、所当官物以下恒例臨時国役雑事を免除し、霊山会用途料に充てることとした（『太上法皇御受戒記』後附、正治元・六後鳥羽院庁下文案）。

㈡正治二年、貞慶は上皇に招かれ、水無瀬殿で法相の宗旨を説き、質問を受けた。退出後、貞慶は『報恩講式』を草進したが、これを覧た上皇は、『瑜伽論』百巻の書写を発願した（『大乗院日記目録』建保四・十・二十一条）。

㈢元久二年（一二〇五）八月、上皇はその乳母であり、源通親の妻にあたる藤原範子追善の仏事を修した。導師は貞慶であった（『明月記』十二日条）。

㈣同年十二月、上皇が南都に御幸したとき、二条御所（雅縁の房）での一切経供養の導師は貞慶であった（永島編『春日大社文書』一―一五裏書）。

㈤承元二年（一二〇八）九月、交野御堂の供養には上皇も密々御幸したが、導師は貞慶であった（『明月記』五日、『百練抄』七日条）。

㈥承元四年九月、上皇は笠置の『瑜伽論』供養や、雅縁の瓶原山庄堂供養に臨んだ。導師はいずれも貞慶であった。

注目されるのは、上皇と貞慶とのこれらの接点に、しばしば源通親や雅縁が登場することである。㈠では通親が貞慶に宛てて、院庁下文の送達を伝える御教書を出し、院庁下文に副えているが（『太上法皇御受戒記』後附、〈正治元〉七・二十二源通親御教書）、笠置山般若台領としての般若荘の成立には、通親の助力があったことが想像される。㈢は通親の妻の供養であり、㈣は上皇の二度目の南都御幸の際、雅縁の二条御所で行われた一切経供養に関する事実である。

㈥はもっとも重要であるから、『承元四年具注暦』（『大乗院日記具注暦』）裏書によって、今少し詳しく記そう。九月十八日、上皇は東小田原の瞻空の房に入り、その後、笠置に参詣した。翌日の『瑜伽論』供養の結縁のためである。のち興福寺別当雅縁の二条房に宿した。十九日、早旦上皇は春日に御幸、二条房に還った後、笠置に赴き、『瑜伽論』供養に臨んだ上、二条房に戻った。二十日、瓶原の雅縁の山庄堂供養に上皇が臨幸した。導師は院宣によって貞慶が勤め、この堂は上皇の祈願所に定められた。

笠置の『瑜伽論』供養、雅縁の瓶原山庄堂供養に上皇が出席しているが、導師はいずれも貞慶であり、雅縁の二条房が御所に充てられている。やはり貞慶と雅縁とは親密であったと見られ、この雅縁の山庄堂を海住山寺と見る見解が起こるのも当然であろう(3)。

貞慶・雅縁・上皇を結びつけるものは弥勒信仰である。貞慶の弥勒信仰や、笠置が弥勒の霊場であることは今更いうまでもないが、雅縁が宿願によって大野に弥勒石仏を造立し、上皇がその供養に臨んだことは、前節で述べた。上皇が自ら書写したといい、また笠置での供養に臨んだという『瑜伽論』は、弥勒の論書であった。

次により政治的に見れば、笠置寺の霊山会は興福寺と深い関係を持っていたし、その用途料として上皇から寄せられた般若荘を、建仁元年（一二〇一）四月、貞慶は春日神社の供料田として寄進した（『太上法皇御受戒記』後附、貞慶寄進状案）。上皇の南都御幸にあたっては、興福寺別当雅縁の房が宿所とされ、その際の仏事の導師をしばしば貞慶が勤めていることは、㈣や㈥で見たとおりである。貞慶は別当の設営した場で、上皇の御幸を仰いで宗教活動を行っているのだから、その活動は興福寺を離れた単独のものではなく、むしろ興福寺の主流に沿ったものだということになる。

そもそも興福寺の法相宗は、本来から弥勒信仰を持っていたが、ここではとくに北円堂とその本尊の弥勒仏に注目しなければならない。金堂に次ぐ由緒を持つ北円堂は、なぜか鎌倉初頭の再建計画には含まれなかったが、正治二年になって、雅縁や通親の尽力で再建が進められ、そのために備後が寄せられ、雅縁の甥の源雅清が国守に補せられたのは前述のとおりである。しかしこの方法での再建がそのまま継続されたようではない。雅清は建仁三年正月、近江介に転じ（『公卿補任』）、その後は備後が北円堂の再建に充てられた形跡はない。そして承元元年八月には、菩提山上人専心によって、北円堂再建のための勧進が開始された（『鎌倉遺文』一六九三、一六九四号）。その勧進状は貞慶の作とされている。その翌年、承元二年十二月には、弥勒仏をはじめ諸仏の造像が開始されるが、それについて『猪隈関白記』には「興福寺中北円堂、治承炎上之後未㆑造、此間為㆓寺家沙汰㆒造㆑之云々。御仏可㆑為㆓余沙汰㆒之由、先日自㆓寺家㆒申㆑之」（十五日条）とあって、北円堂再建は興福寺自身によって行われ、仏像のみを関白・氏長者近衛家実が担当しており、朝廷は関与していないようである。正治二年に備後を付与するというかたちで始められた北円堂造営は、承元元年ごろから興福寺中心の方式に変わったと見られる。北円堂の建築や彫刻を考察する際には、それを南都復興、あるいは興福寺復興一般に解消することなく、再建にいたるまでの特殊な事情を考慮に入れる必要がある。

協力して北円堂造営の勧進に当たった貞慶と専心との関係を示すものに、建久七年、貞慶が草した『弥勒講式』

（笠置寺蔵）の奥書があり、「建久七年二月十日、於二笠置山般若台一草レ之。依二井山仰一也」と書かれている。『弥勒講式』が菩提山、すなわち専心の依頼によるとすれば、専心も弥勒信仰を持っていたことになる。また北円堂の弥勒仏の胎内に納められた『宝篋印陀羅尼経』には、「建暦二壬申春正月廿七日、奉レ写レ之了。為レ被レ奉レ籠二北円堂御仏一、依二勧進上人仰一書レ之了。金剛仏子瞻空」という奥書があり、弥勒信仰を介して勧進上人専心と瞻空とが結ばれる。

瞻空については専心にも増して貞慶と深い関係があり、且つ弥勒信仰の持主であったことが知られる。瞻空が承元三年、雅縁発願の大野の弥勒石像の導師を勤めたこと、翌四年、『瑜伽論』供養の結縁のため笠置に赴く途中、上皇が瞻空の房に立ち寄ったことはすでに述べた。さらに瞻空と貞慶との関係をさぐると、笠置寺所蔵の『地蔵講式』の奥書に「建久七年二月十七日、於二笠置般若台一草レ之。依二小田原之仰一也。（中略）沙門貞慶」とあり、さきの『弥勒講式』の七日後に草した『地蔵講式』は、小田原瞻空の依頼によるものであった。また承元二年、貞慶が笠置寺から移った海住山寺の寺額には「承元二年戊辰十一月廿七日書レ之。桑門瞻空」とあって、寺額は瞻空の筆であった。

このように見ると、貞慶をはじめ、専心・瞻空・雅縁、さらには後鳥羽上皇までが弥勒信仰をともにするグループを形成しており、それが興福寺北円堂の造営に結集したということができる。北円堂造営において、貞慶・専心・瞻空の果たした役割はすでに述べたが、雅縁は興福寺別当として、造仏始や宝形を据える際（上棟に相当する）には列座している（『猪隈関白記』承元二・十二・十七条、『承元四年具注暦』裏書十一・二十六条）。

また後鳥羽上皇についていえば、上皇が『瑜伽論』書写を発願したことはすでに述べたが、上皇は建暦元年（一二一一）以来六か年を費してこれを完成し、建保四年（一二一六）二月、水無瀬殿で供養を行った上、十月には北円堂に送進し、毎日三十口の僧侶をして転読せしめ、その料所として大和国番条荘以下の諸荘を寄進した。「御願検校大僧正雅縁」とあって、『瑜伽論』をそれにもっともふさわしい北円堂の弥勒仏のもとに納めるための取次を行ったのは雅縁であった（『大乗院日記目録』建保四・二・五、十・二十一条）。

三　貞慶と覚真

承元四年（一二一〇）九月十九日には笠置寺で『瑜伽論』供養が、二十日には雅縁の瓶原山庄の堂供養が、いずれも貞慶を導師として営まれ、後鳥羽上皇が臨幸した。二十二日には上皇の近臣で、恐らくは御幸にも供奉したと思われる民部卿藤原長房が、瓶原海住山寺の貞慶のもとで出家し（『公卿補任』）、覚真と称した。在俗の日の長房は、「世之所レ許、在二長房一」（『玉葉』建久五・九・十七条）と謳われたエリートであり、賢才の誉が高かった。

鎌倉初期における南都仏教復興の大立物には、貞慶と並んで明恵があり、互いに親交があった。覚真は明恵にも深く帰依したから、覚真と貞慶との関係を述べるに先立ち、まず覚真と明恵との関係を考えよう。

『高山寺縁起』によれば、同寺禅堂院持仏堂には明恵の弟子成忍の筆で、明恵自身が銘を加えた上人縄床樹坐禅真影が掲げられていた。ところがその傍に、同じく成忍の筆に成る覚真の真影も安置されており、これは覚真（長房）が在家のころから明恵と深い師檀の契があった上に、高山寺の興隆に功績があったため、とくに明恵が命じたのだという。明恵がそれほどまでに遇した覚真の功績とは何であろうか。

建永元年（一二〇六）後鳥羽上皇の院宣によって栂尾を明恵に賜わり、これを華厳興隆の勝地とし、高山寺と号したのが、同寺の草創である（『高山寺縁起』）。いま高山寺石水院には、上皇の宸筆と伝える「日出先照高山之寺」

の寺額が掲げられており、その裏面には「建永元年丙寅十一月八日、別当民部卿藤原長房卿」とある。この寺額が当初のものかどうかは疑わしいが、高山寺の草創に長房が貢献したことは想像できる。

寛喜二年（一二三〇）閏正月、高山寺の四至堺の決定に関する覚真の功績は、確実な史料で裏付けられる。覚真はまず高山寺の四至を定め、太政官符の下付を求めるよう明恵に勧め、明恵は寺僧や畑人に命じて四至堺を巡見、絵図を作成せしめ（この絵図は現存）、これを覚真、および高山寺を管轄する仁和寺道助法親王に送り、その結果、四至を堺し、牓示を打ち、樵採漁猟を禁ずるという太政官牒が下されたのであり（『高山寺縁起』）、四至の決定については、朝廷との折衝をはじめとして、覚真に負うところが大きく、覚真への明恵の感謝も、これらの点に原因すると思われる。

また承元三年七月には、華厳興隆のため東大寺尊勝院に依怙（経済的利得）を付けるという院宣がありながら実行されなかったため、明恵は長房に事情を尋ねている（『明恵上人和歌集』）。有能な官僚であった長房は、在官中はもとより退官後も朝廷で発言力を維持し、高山寺のために役立っているのである。

明恵は覚真を「雑二形俗塵一、住二心真際一、鎮仰二大師名釈一、恒味二当章文義一」（『金獅子章光顕鈔』上巻巻首）と評している。覚真は単に政治的手腕を振るって明恵を助けただけでなく、仏教に対する関心、造詣も深かったのである。明恵の『解脱門義聴集記』には「我等ガ信ハ信ニハ入ルカ入ラヌカト云事、慈心房ノ常ノ論議也」（巻三）とあって、慈心房覚真が深い宗教的思索を行う人物であったことがわかる。

承元四年、長房は熊野詣の途次、紀伊に滞在中の明恵と対面し、年来懇望していた『花厳金獅子章』の注釈を請うた。明恵は『金獅子章光顕鈔』を著し、請いに応じた（『上山本高山寺明恵上人行状』巻中、『金獅子章光顕鈔』上巻巻首、下巻奥書）。

寛喜元年十一月、明恵に宛てた覚真の書状は、北斗真言に「染普タマ」とあるものの読み方を尋ねたものであるが、「如レ此事、木真言師ハ皆梵語に暗くて、無レ術候也」（『高山寺古文書』第二部三号）と記している。真言師については、明恵の『光言句義釈聴集記』にも「梵字聊カ知リタレバ悉曇真言師、スコシ又修学者ナレバ学生真言師ナンド申ス」（巻上）という覚真の言葉を記している。浅学で傲慢な真言師に対する厳しい批判は、覚真が一廉の学殖と見識を具えていたことを示している。

覚真と貞慶との関係に移ろう。承元二年、貞慶が後鳥羽上皇発願の交野御堂供養の導師を勤めたことは、すでに述べた。そのとき上皇から賜った仏舎利二粒は海住山に安置されたが、この仏舎利を届けた使者は藤原長房であった（『海住山寺文書』承元二・九・九貞慶自筆仏舎利安置状）。貞慶が笠置寺から海住山寺に移ったのは承元二年と伝えるが、この文書は貞慶の海住山寺居住を裏づける最初の史料であり、上皇から仏舎利を賜ったことは、同寺の創立に大きな意味を持っていたものと思われる。そうだとすれば、長房は高山寺のみならず、海住山寺の開創にもかかわったことになる。

二年後の承元四年、長房は貞慶のもとで出家して覚真と号し、建保元年（一二一三）貞慶の没後は海住山寺二世となった。翌年、貞慶の一周忌にあたり、覚真は右の仏舎利を海住山寺の五重塔内に安置した（『海住山寺文書』覚真仏舎利安置状）。

戒律の興盛を図る貞慶は、これを門人の覚真や戒如に学ばせた。建暦二年（一二一二）覚真は貞慶の命で興福寺に常喜院を建て、これを戒律の修行所とし、荘園を寄進して律法を興行した。海住山寺を継いだ覚真は、貞永元年（一二三二）五月、三ヶ条の置文を作成したが、その第一条には「此処可レ学二戒律一之由、先師慇懃教命也」とあり、同寺が貞慶の教命を受けた戒律学習の場であることを規定している。さらに貞慶の素意である四季四度の談義と、覚真が始めた毎月三度の講演を改転することなきよう誡めている（『海住山寺文書』）。覚真がいかに戒律と修学とを重んじたかが知られるのである。

四　覚真の政治的活動

覚真が持戒の学僧であり、その政治的手腕も仏法と寺院の興隆のためにのみ発揮されたという見方を、根底から揺がすような評言が、藤原定家の『明月記』に見られる。すなわちその建暦元年（一二一一）十一月十二日条には「其入道、依二僻韻一、雖レ称二道心由一、其心本自凶悪、不覚之外、無二一得一者也。所謂人非人是也」という非難の激辞が記されているのである。隠棲して風雅に暮らし、道心を持しているかに見えるが、それは表面だけで、実は凶悪な心の人非人だというのである。

建暦元年、後鳥羽上皇の皇女春華門院が没した。その母は九条兼実の娘、宜秋門院である。在俗の頃、上皇に近侍するとともに九条家の家司でもあった覚真は、春華門院の葬儀等に関係した。たまたま入棺役の殿上人が不足し、覚真らが定家の子の為家を推したことが定家を激怒させ、このような強い非難となったのである。この限りでは、覚真が人非人だというよりは、むしろ定家の狷介な人柄の方が印象づけられる。ただ出家したはずの覚真が旧縁に引かれて京都に滞在し、院御所や九条家に出入りし、甲斐々々しく働いていることには注意しておきたい（『明月記』十一・九、十七、十二・二十六、二十九条）。

俗事への介入は、建保元年（一二一三）の興福寺・延暦寺の紛争の際にはさらに著しくなる。興福寺の末寺である清水寺の法師の中に、同寺を延暦寺の末寺にしようとした者がいて、これを怒った興福寺が蜂起した。衆徒は十一月十四日に進発し、十五日には宇治に到着した（『明月記』）。その中には別当雅縁自身も加わっていた（『仁和寺日次記』十六日条）。しかし上皇側の説得によって、十九日に衆徒は退散した。ところでこの一件に関する覚真の書状が五通、断簡ながら伝えられている。宛て先は興福寺側、あるいは雅縁あたりかと思われ、発信の日は十四日から十八日ごろまでと推定される[4]（『鎌倉遺文』二〇五四―二〇五八号）。

発信の目的は、衆徒の進発を阻止すること、進発した以上は木津で留まらせ、宇治まで出向いて官兵と衝突したりするのを回避すること、宇治まで赴いた以上は早く退散させることであった。貞慶のあとを承け、すでに海住山寺の二世となっていた覚真は、この間京都に上り、上皇に近侍して解決に努めた。「按察（藤原光親）只今巳刻帰参」として十六日巳刻に認めた書状がある。これは上皇の近臣である光親が使者として奈良に赴き、帰参したという情報を即刻入手できる場所に覚真がいたことを示している。覚真にとって海住山寺の本寺である興福寺の利害は勿論重要であるが、それとともに、いやそれ以上に上皇を補佐して事態を収拾することに努め、興福寺を宥めたり、威したりしているのである。「相構テ院宣ヲ不ㇾ背して、御定ヲ重クスルしるしの候べく候」などという文言に、覚真の姿勢が端的に示されている。

それから二十余年たって、嘉禎元年（一二三五）に興福寺では二つの騒動が起こった。第一は二月に大安寺別当の件で衆徒が蜂起したことである。第二は寺領山城国大住荘と石清水八幡宮領薪荘との用水相論に端を発した紛争であり、この年五月にはじまり、最終的に解決したのは翌年十一月であった。

第一の紛争の詳細な事情はわからないが、衆徒の蜂起によって、前関白九条道家の室である准后綸子の春日詣は停止され、さらに道家・綸子の子で摂政・藤原氏長者である九条教実の病気平癒のための祈禱、春日若宮の神楽なども中止された（『明月記』二・二十二、二十六条）。遂に別当実信（故摂政近衛基通の子）は辞任し、円実が別当となった。

当時京都の政界で実権を握っていたのは前太政大臣西園寺公経と、その女婿の九条道家である。新別当円実は道家の子で、摂政教実の同母弟である。円実の別当就任後間もなく、教実が病死すると、道家が摂政に還任された。子に代わって父が摂政になるなど、「希代の例」とされたが（『百練抄』三・二十八条）、摂政は父から子へ、また父へと九条家に独占され、近衛家に移されることはなかった。円実が寺務を始めるにあたっては、「衆徒吹螺の音」を停めたとあるが（『明月記』三・八条）、九条家側は自家から別当を送り、興福寺への統制を強め、衆徒の蜂起を抑止しようとしたものといえよう。

新別当の外祖父にあたる西園寺公経は、別当交代の機に乗じ、覚真の知行する興福寺領を奪おうとしたため、その怒りを買った（『明月記』三・十六条）。また衆徒が蜂起したのは、円経・覚遍・覚真らが密々同心して南都を乱そうとした結果だともいう（『明月記』二・二十六条）。覚真はかつて出家後も九条家の家司として行動したのとは違って、逆に興福寺内の主流である九条家派の体制に反逆し、九条家の介入を拒もうとしたのである。

第二は著名な事件であるが、経過が複雑なので、ここでの議論に必要な点だけを述べるに留める。[5] 五月に石清水領薪荘と興福寺領大住荘との間に争いが起こり、石清水側が大住荘民を殺害したため、興福寺側も薪荘を焼き払い、石清水神人を殺した。朝廷では六波羅探題に命じ、大住荘の張本を捕らえさせた。閏六月になって衆徒がまたも蜂起したため、朝廷では円経を奈良に派遣し、これを鎮めようとしたが、衆徒は従わず、円経の住房を切り払った。この間の事情について『明月記』は、「円経法印密々申、去秋憑㆓悪徒等㆒、可㆑被㆓鎮沙汰㆒事、内々申入之処、長房入道、衆徒事、我可㆓語宥㆒由申談、殊令㆑加㆓増悪行㆒、遂如㆑此。偏彼入道所為由、別当辞退、返㆓印鎰㆒、入㆓山寺㆒給了。円経亦以籠居」と記している（十二・二十二条）。騒ぎを鎮めにいった円経が、衆徒に工作しようとしたところ、長房（覚真）は衆徒を宥めることを約束しながら、反って扇動し、そのため別当円実は辞任、円経も籠居に追い込まれたというのである。大安寺別当の件では覚真と結んで南都を乱そうとしたという円経は、今度は鎮圧側に廻っているが、最初は覚真に衆徒対策を相談しながら、結局は裏切られたことになる。

石清水との対立とは別に、興福寺内には派閥争いがあった。嘉禎年間の二つの紛争を通じて、覚真は一貫して衆徒と結び、南都における反体制派として、西園寺公経・九条道家ら京都政界の首脳の支持を背景とした別当円実に敵対している。かつて建暦・建保のころ、九条家や後鳥羽上皇の意を体して行動していた覚真は、その後二十余年の間に大きく変貌したことになる。承久の乱の結果、上皇が隠岐に流されたといった事情もあろうが、恐らくこの間に覚真はしだいに京都政界とのつながりを弱め、興福寺に根を下ろすようになり、自在に宥めたり煽ったりするまでに衆徒との関係を強め、それを基盤として寺内で隠然たる地位を占めるに至ったものと思われる。

覚真の政治的な動きとともに、教学面での貢献をも無視してはならない。彼の深い学殖や、彼が貞慶の意を受けて戒律の興隆に努め、興福寺に常喜院を建立したことはすでに述べたが、その後の展開を一瞥しておきたい。

嘉禎二年九月のはじめ、石清水との紛争は大詰を迎えようとしていた。遂に幕府が調停に乗り出したものの、興福寺はこれに従わず、鎮圧のために武士の派遣が計画され、寺内では徹底抗戦の気勢を挙げていた。そのようなき、円晴・有厳・覚盛・叡尊の四名は東大寺羂索院に参籠、自誓受戒した。それを終えた彼らは興福寺常喜院に戻ったが、あまりに物騒しい状況であったため、東大寺の油蔵辺に移り、終日通夜談じ合ったという（『感身学正記』上）。常喜院で貞慶や戒如について戒律を学んだ覚盛ら四人は、戒師なしに仏前で誓願して自ら受戒する自誓受戒を実践したのであった。覚真が寺内の俗事に埋没していたかたわらでは、戒律興隆のために彼が蒔いた種子は、彼や貞慶の意図をさえ超えて、実を結ぼうとしていたのである。

覚真は参議・民部卿という高官を経験し、学問にも勝れていた。彼が興福寺内で提携したり、敵対したりした円経・覚遍・実信・円実らは、いずれも別当・権別当に昇った寺内の最高首脳であった。経歴から見ても、教養から見ても、覚真はこれらの高僧に遜るところはない。しかし出家が遅かったためか、隠然たる勢力にもかかわらず、覚真は寺内で然るべき地位を与えられることはなかった。

『明月記』の作者は、覚真に限って法名を記さず、一貫して「長房入道」と呼んでいる。「民部卿入道」と記した某人の書状もあり（永島編『春日大社文書』三―六一九）、このような呼び方はかなり一般的だったのではなかろうか。出家してなお俗世で活躍しているならまだしも、寺院に入ってしかも法名を呼ばれないのは興味深い。しかし興福寺における覚真のこのようなあり方こそが、寺内にいながら俗世とのつながりを継続させ、その活動を自由なもの、時には反体制的なものとしたのであろう。彼は公卿の出でありながら、堂衆との間にパイプを持ち、学侶でありながら活動的な行学兼備の人である。かつて賢才を謳われた政治的手腕は、出家によって官位の束縛から解放された上に、寺内の統制をもある程度免除された結果、在俗のころにも増して生彩を放っているように思われる。

覚真が住した海住山寺のある瓶原には、大井手という灌漑用水がある。貞応元年（一二二二）覚真が築造したと伝えられ、その地の人々は今なお彼の徳を讃えつつ、大井手を保全し続けている。ただこの伝承を記した最古の記録は、貞応から三百七十年も後の文禄四年（一五九五）の『瓶原井手之記』であり、私には容易に信じきれないものがあった。[6] しかし衆徒を扇動したり、人非人と呼ばれるまでの覚真の行動的な人柄は、用水の開鑿者にふさわしく思われるし、『東大寺文書』に「去年冬之比、当庄之中、始作レ井堀レ溝」（東大寺未成巻文書一―一二一―二、年月日未詳賀茂荘百姓等申状案）[7] とあって、平安後期には近隣の東大寺領賀茂荘で井手・溝が造られていたことから見ても、伝承は信ずべきものと考えるようになった。

五　貞慶の世俗性

貞慶は「修学碩才名徳人」といわれる（『尊卑分脈』）。このような貞慶を支え、後鳥羽上皇をはじめとする政治的世界との結びつきを作った人物として、私は雅縁と覚真とをとくに重視したい。彼らは弥勒信仰や戒律に深い関心を持つ一方、卓抜した政治的手腕をもつ俗物であった。碩才名徳はこれらの俗物に支えられていた。しかし私は碩才名徳の貞慶が、まったく俗物性に無縁であったかどうか、いささかの疑問を禁じ得ない。

南都の僧侶たちの和歌を中心とした『楢葉和歌集』は、彼らの生活や思想を赤裸々に物語っている。(8) その部類は春・夏・秋・冬・恋・神祇（付賀祝）・釈教（付哀傷）・餞別（付羇旅）となっており、通常の歌集の部類を倣ったためか、一般の歌集ととくに異なるところはない。そのことは寺院生活が貴族生活と共通するところの多いことを反映しているようである。さきに雅縁が別当に就任した際の歌を紹介したが、そこに歌われている喜びは、貴族が高官を得た喜びと全く同質のものであった。歌の多くが、信仰に生きる人々の清明な調べを示していることは確かであろう。しかし女犯を禁じられた僧侶の恋歌の多くが絵空事だとしても、それには二巻ものスペースが与えられている。巻十から十二にわたる雑は、童篇、諸節篇、散篇に分かれるが、いうまでもなく巻十の童篇に瞠目させられる。寺院生活が貴族生活に通ずるどころか、男色が公認され、同性間の懸想や怨みが歌われている。これでは寺院生活は世俗そのものである。それ故に貞慶は興福寺を離れて笠置に入ったことを「ヨヲノガレテ後」（巻八、五四六号）と言っているし、興福寺にいた期間は「イマダヨニ侍ケルコロ（時）」（巻五、四二九号、巻十一、七七六号）ということになる。

しかし世を遁れた貞慶が、完全な脱俗の日々を送ったとも思えない。門閥的にも興福寺内でかなりの名門である貞慶は、興福寺を出て後も、常に本寺との密接な関係を維持してきた。別当雅縁と結んで後鳥羽上皇に働きかける貞慶は極めて世俗的だし、その活動は要するに興福寺復興運動の一環であった。

「表白甚優」（『玉葉』建久二・五・二十二条）と評された貞慶は文才に恵まれ、彼の草した文章の現存するものは少なくないが、その中でも政治性の強いものの一つに、建久九年（一一九八）十一月一日の興福寺牒状がある。一般に「牒状」と呼ばれているが、興福寺と和泉の知行国主平親宗父子との紛争にあたり、源頼朝が衆徒の蜂起を非難し、警告したのに答え、鎌倉に遣わした申状である。[9] そこでは興福寺側の立場が強く主張されており、衆徒の強訴についても、「触二寺社一有二大訴一之時、先言二上長者一、次進二奏状一、其後三綱五師僧綱等次第参上、若猶裁報有レ滞者、及二衆徒之進発一。其儀則擬二聖僧之影向一、荷二道具於肩上一、促二明神也雲駕一、粧二御鏡於榊末一、神官寺僧済々焉扈従、代（氏カ）諸卿大夫皆悉参向。事之儼然、頗異二他門之例一歟」として、種々の手順をふんだ末の最後の手段として、春日神木の上洛がやむを得ないことを述べ、さらにその宗教的意義を説いて、理論的な正当づけを行っている。

元久二年（一二〇五）貞慶が草し、法然の専修念仏の禁遏を求めた興福寺奏状では、確かに専修念仏の本質を鋭く衝き、聖道門の側からの危惧を申し述べている。従来から行われてきたように、その思想性を論議することは重要であろう。しかしこれもまた政治的文書であることは否定できない。専修念仏の九失を挙げた最後に「乱二国土一失」があるが、その中で諸宗は念仏に異心を抱かないが、専修の方では諸宗を嫌い、法会などで同座しないから、それでは「天下海内仏事法事、早可レ被二停止一歟」という危惧を記しているのは、興福寺をはじめとする八宗側の国家的位置の喪失を恐れての発言である。[10] 奏状は専修念仏の宗義の糺改を求めているが、その副進状では法然と弟子の罪科を求めるまでに至り、政治色を濃厚にしている。興福寺牒状は別会五師の名において、奏状は僧綱大法師等の名において出された興福寺の公式文書であり、貞慶は遁世の後といえども、興福寺のすぐれたスポークスマンであった。

貞慶と並んで南都仏教の巨星である明恵についていえば、貞慶のような大寺院とのつながりは見られない。紀伊の武士湯浅氏の出である明恵は、叔父上覚を頼って文覚が中興した神護寺に入り、出家の道を歩んだのであった。仁和寺や東大寺で修学したことはあっても、既成の大寺院との政治的な連関は持たず、世俗を離れて隠遁・内省・持戒の生活を送った。「僻事ノワビシク覚ユル」天性から（『却廃忘記』巻下）『摧邪輪』を著し、法然を批判したが、それは純粋に教理的であり、政治的ではなかった。貞慶と明恵の差は、貴族と武士という出自の差による点も多いであろう。

覚真が明恵に寄せた書状に「御庵室辺ニ、人皆断二婬酒一候か。常被二思出一テ候。明年壬正月可二上洛一候。其時又参上、可二一宿一候也」（『高山寺古文書』第二部三号）とある[11]。婬酒を完全に断った明恵の庵室は、戒律を重んじたはずの覚真から見ても、なつかしく回想され、一宿を望むような厳しいものであった。しかし上級貴族の出である覚真は明恵のもとで一宿はできても、永住することは思いもよらなかったであろう。貞慶にも明恵にも帰依した覚真が、出家にあたっては貞慶の門を選んだのは理由のあることであり、恐らく明恵の周辺には、覚真の入り込む余地はなかったのではなかろうか。

そしてそのような覚真や雅縁と貞慶との距離もまた、外見ほどには大きくなかったと考えるのである。

注

（1）『興福寺別当次第』には「以二息女一、令レ進二院女房一」とあり、『禁秘抄』には「中宮女房按察（雅縁僧正女）」（上、女房）とある。雅縁の娘は後鳥羽上皇の女房とも、順徳天皇の中宮立子（九条良経の娘、兼実の孫、道家の姉）の女房ともされているが、同じ女性であるかどうかはわからない。雅縁は後鳥羽院宣によって門跡相承とされた春日東塔検校職、同社長日一切経転読執行、それに付属する河口荘等を良円（兼実の息）に譲った。しかし承久二年（一二二〇）良円が没したため、雅縁はあらためて円実（道家の子）に譲り、一期ののち知行させることとし、貞応二年（一二二三）没するに先立って後高倉院宣による確認を得た（『鎌倉遺文』二六四〇、三〇五六号）。雅縁の弟源通親は九条兼実と対立したが、雅縁はこのように自分の跡を九条家の出身者に伝えた。これは九条・源（土御門）両家の融和を図り、とくに九条道家を重用した後鳥羽上皇の政治方針に沿ったものであり、娘を九条家出身の中宮に仕えさせたのも、同様の立場からであろう。それとともに興福寺内でももっとも有力な勢力である九条家派との提携を図ったのであり、このような方策が、興福寺における雅縁の命脈を永からしめたといえる。本文で述べたように、嘉禎年間に覚真はこれらの寺内の体制派にさからったのである（一一四頁参照）。

（2）『大日本史料』（第四編之十、八三六頁）に『承元四年具注暦』裏書の九月十八日条を引き「令レ入二瞻実上人御房一御了」とするが、京都大学附属図書館所蔵の信円自筆本を検討したところ、「瞻実」は「瞻空」の誤読である。瞻空については本文で述べたようにいくつかの史料があるほか、その詠歌も『楢葉和歌集』に五首、『続古今和歌集』に一首収められているが、瞻実なる僧は実在しない。

（3）貞慶が笠置寺から観音寺に移り、これを海住山寺と改称したのは承元二年（一二〇八）と伝えられ、『海住山寺文書』承元二年九月九日の貞慶仏舎利安置状や、同年十一月二十七日の瞻空筆の扁額によって、それが裏付けられている（『大和古寺大観』第七巻の田中稔「海住山寺の歴史」等）。一方『承元四年具注暦』裏書には「瓶原別当僧正山庄堂供養云々。導師解脱房上人。被レ定二上皇御祈願所一云々。仍有二御幸一。又導師同依二院宣一参勤云々」とあるが、興福寺別当雅縁の「別当僧正山庄堂」を海住山寺と見たのは平岡定海『東大寺宗性上人之研究並史料』であった（下、六四五頁）。本文で述べたような貞慶と雅縁との密接な関係からすれば、この見解は首肯できる。ただこの『具注暦』裏書の二月二十六日条に「別当僧正瓶原山庄焼失」とあり、二月に焼けた山庄が九月に再建され、堂供養が行われたと見るいささかの可能性は残る。『具注暦』裏書が興福寺前別当信円の記であるにかかわらず、「瓶原別当僧正山庄堂」とのみ記し、海住山寺の称を用いていない点は問題にならない。貞慶は承元二年から海住山寺に住んでいたが、その後伽藍も整い、同四年、上皇の御幸を仰いで堂供養が営まれたものと考えたい。なお本書九三頁参照。

（4）五通の書状のうち、発信日を記しているのは、『鎌倉遺文』二〇五四（十六日巳刻）・二〇五五号（十六日戌刻）である。『明月記』を手掛かりにして、他の三通を検討すると、二〇五六号は十四日の衆徒の進発以前、二〇五七号は十七日ごろ、二〇五八号は十八日ごろと見られ、二〇五六・二〇五四・二〇五五・二〇五七・二〇五八号の順となる。

（5）経過については、黒田俊雄「鎌倉時代の国家機構」（『日本中世の国家と宗教』）、拙著『北条泰時』一五七頁以下等を参照されたい。

（6）この大井手については喜多村俊夫「南山城瓶原の大井手における井手守株」（『日本灌漑水利慣行の史的研究　各論篇』）などで取り上げられているが、所伝を疑った研究は従来まったくない。

（7）勝山清次「加茂の荘園」（『加茂町史』第一巻）によれば、この申状は一一七〇年代後半から八〇年代前半のものという（二六二頁）。

（8）樋口芳麻呂編著『楢葉和歌集と研究』を参考にした。歌のナンバーも同著による。

（9）興福寺牒状は、辻善之助『日本仏教史　中世篇之一』三四頁などに紹介されており有名であるが、私は源頼朝書状と興福寺の申状との先後関係について、自説を述べたことがある（『鎌倉時代政治史研究』一六六頁以下）。

（10）高木豊「鎌倉仏教の歴史過程」（『論集日本仏教史4鎌倉時代』）一三頁。

（11）奥田勲『明恵』によれば、この書状は寛喜元年（一二二九）のものである（一八一頁）。なお海住山寺では建暦三年正月十一日の貞慶起請文に「不可令当山内輙許住尼衆等事」とある（『海住山寺文書』）のをはじめ、女人止住禁制、酒宴停止の規式が多い（注（3）田中前掲一〇頁参照）。

第二章　鎌倉幕府と宗教

一、源頼朝の宗教政策

はじめに

宗教的な面から鎌倉幕府について考えようと思い、まず源頼朝の時代を中心に取り上げてみた。幕府にとってもっとも重要な寺社は、事実上頼朝の新造といってよい鶴岡八幡宮寺であり、一〜三では鶴岡の性格を考察し、幕府の宗教政策一般にも言及した。頼朝の時代といっても、彼が東国経営に専念していた前期と、寿永二、三年（一一八三、八四）以後、全国的な課題に関与するようになった後期とでは、対象とする寺社も異なるし、宗教政策全般についてもかなりの違いがある。ここでは前期に重点を置き、四〜六をこれに充てた。最後に七、八で簡単に後期を展望した。

引用史料は『吾妻鏡』が圧倒的に多い。煩雑を避けるため、同書に関してのみ、出典の記載を省いた場合があるが、おのずから理解していただけるように文章上の配慮を加えている。なお『吾妻鏡』は『鏡』、『鶴岡八幡宮寺諸職次第』は『諸職次第』、『鶴岡八幡宮寺社務職次第』は『社務職次第』、『鶴岡社務記録』は『社務記録』と略記した場合がある。

一　鶴岡と鎮護国家

『吾妻鏡』治承四年（一一八〇）十月六日条には「着二御于相模国一（中略）。楚忽之間、未レ及二営作沙汰一、以二民屋一被レ定二御宿館一」とある。源頼朝は安房から上総・下総・武蔵を経て、この日に相模に着いたのである。鎌倉入りはこの日か、あるいは翌七日であろう。宿館（幕府）の営作はまだ着手されておらず、仮に民家を充てたという。九日から頼朝邸の造作が始まり、十二日からは由比郷の鶴岡宮を小林郷の北山に遷すことが行われ、別当には頼朝の年来の師檀である専光房良暹が、かねてからの約束に従って、走湯山から招かれた。頼朝の鎌倉経営は、居館と八幡宮との造作をもって始められたが、確かにこの二つが、もっとも緊要な施設であった。

続いて『吾妻鏡』十六日条には、鶴岡で法華・仁王・最勝王経等、鎮護国家の三部妙典、それに大般若経・観音経・薬師経・寿命経等の長日勤行が始められ、供僧がそれを奉仕することになったと記している。頼朝が鎌倉入りして十日間ほどの間にこれだけの経典を長日勤行する能力が、鶴岡に具わっていたとはとうてい思えない。

この記事がそのままでは信用できないとしても、注目されるのは、まず良暹という僧が別当に任命され、次いで鎮護国家の経典を勤行するということである。すなわち鶴岡は寺院、それも鎮護国家の機能を負う寺院なのである。

鎮護国家の三部の妙典とされる法華経・仁王経・最勝王経のうち、法華経は鎮護国家の用に限定されない。「法華は仏の真如なり。万法無二の旨を述べ、一乗妙法聞く人の、仏に成らぬはなかりけり」（『梁塵秘抄』巻二）などといわれ、成仏の経典としても広く信仰され、頼朝自身も「法華八軸の持者」であり、毎日法華経を転読して、父義朝の追福に備えていた（『鏡』治承四・七・五、文治元・八・三十条）。一方右の「三部妙典」のほかに大般若経も鎮護国家の経典に加えてよい。従って鶴岡の鎮護国家機能を考える場合、法華経はしばらく措き、仁王経・最勝王経・大般若経について考えることにする。

先の『吾妻鏡』治承四年十月十六日条の記述が疑わしいとしても、続いて十二月十六日条には長日最勝王経講読を始め行ったとある。さらに翌養和元年（一一八二）八月二十九日条には、鶴岡と伊豆（走湯）・箱根両山で毎月一日に大般若経・仁王経の転読を行うことになったが、鶴岡ではすでにその規式が定められており、この日、伊豆・箱根についてもそれを定め、両山に通達したとある。すなわち鶴岡ではすでに大般若経・仁王経の転読が行われており、それが伊豆・箱根にも及んだというのであるが、この記事には問題があり、後にふれる。次いで同年十月六日には長日大般若経および長日最勝講供僧職を定補している。これらの記事に従えば、鶴岡では遷宮後一年ほどの間に、最勝王経・大般若経・仁王経の講読が行われ、そのための供僧がいたことになる。建久年間には鶴岡で二十五人の供僧の制が確立し(1)、その内訳は最勝王経衆・大般若経衆・法華経衆・供養法衆各六名、諸経衆一名であった（『諸職次第』）。

このうち、大般若経に関する史料が比較的多い。文治元年（一一八五）二月十三日、平氏討伐のため、源義経が四国に渡る直前のころ、鎌倉中の僧徒が鶴岡に集められ、大般若経三十部を転読した（『鏡』『社務職次第』）。同三年四月には、後白河法皇の不予にあたり、鶴岡で十四日間にわたり、百部大般若経転読が行われた。鶴岡のほか、勝長寿院・箱根山・走湯山、および相模国中諸寺の供僧が勤行し、北条時政以下の諸大名が布施を沙汰する大規模な仏事であった（『鏡』二、十七日条、『社務職次第』）。

文治四年三月には、梶原景時が「関東御定運」のため、持戒の浄侶に書写させた大般若経を鶴岡に奉納するために法会が営まれた。導師は鶴岡供僧の義慶で、請僧は三十人、頼朝はこれを支援し、六十余名の御家人を率い、結縁のため供養に臨んだ（『鏡』六、十五日条）。

次に最勝王経については、供僧が定められ、講読が行われたことは前述のとおりであるが、最勝講は源頼家の時代、建仁元年（一二〇一）に始行されたという。[2]

問題は仁王講である。前述の『吾妻鏡』養和元年八月二十九日条によれば、鶴岡のみならず、伊豆・箱根でも毎月一日に百座仁王講が行われたことになっている。しかし同書承久三年（一二二一）五月二十六日条には「始二行世上無為祈禱一、於二鶴岡一、有二仁王百講一関東始例」とある。承久の乱に際して「世上無為」のために鶴岡で行われた仁王百講は、関東における始例とされており『鶴岡社務記録』等、鶴岡関係の諸書も、関東での大仁王会の始めとしている。建久年間の経衆にも、最勝王経衆・大般若経衆はあっても仁王経衆は見えず、結局、養和の記事はほかに裏づけがなく、疑わしいと思われる。なお承久三年の講師は、なぜか別当定豪ではなく、重慶が勤め、鶴岡をはじめ、勝長寿院・永福寺・大慈寺等から百口の僧が請じられた。

乱の翌年、貞応元年（一二二二）八月にも大仁王会が行われているが（『社務記録』等）、乱後は幕府が仁王会を行うことが増え、しかもほとんどすべて鶴岡で行われた。[3] 貞永元年（一二三二）閏九月二十六日の仁王会は彗星御祈であり、しばしば天変にあたって仁王会が行われた。

以上、大般若経・最勝王経・仁王経に関する記事の若干を挙げたが、平氏追討、法皇の病気平癒、関東定運、世上無為、彗星等、いずれも鎮護国家に関するものであり、「関東定運」「世上無為」は、そのまま鎮護国家を意味する言葉である。

最勝講や仁王会は、朝廷の主催によって行われるものであり、それを幕府が主催したことは、幕府が国家的性格を持っていたことを意味する。とくに承久三年、関東で大仁王会が始行された意義は大きい。幕府勢が都に攻め入った六月十五日は、鎌倉では諸祈禱の結願の日であって、『吾妻鏡』には「可レ仰二仏力神力之末一レ落レ地矣」と記している。いうまでもなく地に落ちなかったのは、公家ではなく、武家側の仏神の力である。戦勝の知らせを聞いた執権北条義時は「義時ハ果報ハ、王ノ果報ニハ猶マサリマイラセタリケレ」（『慈光寺本承久記』巻下）と揚言したというが、義時は王（後鳥羽上皇）と対等で「果報」を争って勝ったのである。「京」「鎌倉」の両国家の祈禱合戦で、後者が勝利を得たのである。(4)

しかし、その前提は、承久三年以前から存在したのである。幕府は鶴岡に鎮護国家の経典を講じさせ、鎮護国家の機能を担わせてきたのである。寺院に鎮護国家を命ずるのは国家・国王であって、一権門の能くするところではない。

二　幕府の宗教政策の独自性

宗教的な面から、幕府の国家性について、かなり思いきった発言を試みた。幕府とその宗教について、現在論じられている点にもふれつつ、さらに議論を展開したい。

黒田俊雄氏は中世国家について権門体制論を主張するとともに、これと関連して宗教については顕密体制論を説き、国家史、宗教史に深刻な問題を提起した。これに関しては、諸氏によって種々の見解が述べられているが、ここでの私の主張と関連して、もっとも興味を覚えるのは佐々木馨氏の所論である。

黒田氏は幕府が顕密体制の諸宗寺院や国家的仏寺を尊重し、寺社への崇敬を忘れず、禅宗以外の新仏教を弾圧したとし「鎌倉幕府も、その権門としての宗教政策は原則的に公家のそれと異なるものではなかった」「鎌倉幕府は基本的にはあくまでも顕密体制に立脚し、すすんでそれを擁護した権門であった」と述べている(5)。

佐々木氏はこのような黒田氏の所論を「幕府を自立した宗教権の行使体としては認知せず、したがって当然、国家権力としても認めていない」と解して批判を加える。氏は公家的体制仏教が天台宗山門派を中核とする顕密主義を基調とするのに対して、幕府が構築しようとした武家的体制仏教は、真言密教や臨済禅を重用した禅密主義であるとし、さらに天台宗の中でも山門派に反目した寺門派を真言密教に包摂させて捉え、幕府が公家側とまったく異なる宗教政策をとったことを強調する(6)。

ここでは佐々木氏の問題設定を承け、幕府が自立した宗教権の行使体であるか否かを考えてみたい。氏の見解に対して平雅行氏は、幕府と山門との対立的側面のみを強調することに反対し、厖大な史料を挙げて鎌倉における山門僧の活躍を立証した(7)。

平氏の研究の意義を認めるに吝かではないが、私が佐々木氏の議論に疑問を抱くのは、山門派を中核とする「公家的体制仏教」に対して、幕府が真言密教、寺門派、臨済禅などの反山門諸派を糾合して、「武家的体制仏教」を構築したという視角の妥当性についてである。「武家的」とされる真言密教にしても、寺門派にしても、顕密仏教にほかならない。栄西をはじめとする鎌倉初期の臨済禅に関して、佐々木氏は山門派との関係を否定し、真言密教に近づけて理解しているが、結局、どちらにしても臨済禅は顕密仏教に準ずるものだということになる。氏が指摘した栄西・行勇の祈禱活動は、むしろ彼らが顕密仏教の人であることを裏づける材料となるであろう(8)。

真言密教、寺門派、臨済禅等は、要するに山門との政治的折り合いが悪かったにすぎず、「公家的体制仏教」と「武家的体制仏教」、「顕密体制」と「禅密体制」が、別に宗教的に異質であったわけではない。こういう言い方をすると、顕密体制論を支持することになろうが、権門体制論にしても、顕密体制論にしても、律令国家、王朝国家とその宗教の流れから見て、至極当然のことを主張しているのであって、従って建前からは批判しがたく、それでいて実態にはそぐわない場合も生じる理論体系なのである。

ただ私は、幕府が自立した宗教権の行使体であったという佐々木氏の主張を私なりに受け止めたい。どちらかといえば権門体制論に批判的な論者が中世国家を論じる場合、公家国家（政権）と武家国家（政権）との質的差異を主張することがあった。前者の特質を職の体系に、後者の特質を主従制に求めるのはその一例である。しかし宗教についていえば、武家の宗教が公家のそれと異質である可能性はまずないと思う。承久の乱においては、公家も武家も、同様の神仏に戦勝を祈願したのであり、それゆえに宗廟であり、武家の氏神である八幡神は、いずれを加護すべきか、去就に迷ったのである(9)（『八幡愚童訓』）。

幕府が自立した宗教権の行使体であるため（「宗教権」という表現には違和感がある。「独自の宗教政策を行うため」と言い換えよう）には、幕府が保護する宗教が、公家と異質である必要はない。頼朝は既存の顕密体制寺院を尊重したばかりか、新たに鶴岡をはじめとする顕密寺院を開創した。幕府は鎮護国家の寺院を従属させ、鎮護国家の祈禱を命じ、遂に承久の乱において武家の鎮護国家仏教は、公家の鎮護国家仏教と対決し、勝利を収めたのである。前述のように、このような幕府は単なる一権門ではありえず、独自の宗教政策を持っており、すなわち一種の国家権力であったことは疑う余地がないのである。

幕府とその鎮護国家寺院（祈願所）との関係に注目しておこう。文治五年（一一八九）十月二十五日、奥州を従えて鎌倉に帰った翌日、頼朝は鶴岡別当や供僧を幕府に招き、合戦における祈禱の功をねぎらい、沙金・帖絹等を施した。鶴岡に参詣するのでなく、別当を呼びつける頼朝の尊大さは、頼朝と鶴岡別当・供僧との間に主従関係が存在したことを思わせる。

走湯山も鶴岡と同様の立場にあった。建久三年（一一九二）熊谷直実が幕府の裁判に不満を抱き、出家のため上洛しようとしたとき、頼朝は相模・伊豆の御家人や箱根・走湯山等の衆徒に、これを制止するよう命じた。走湯山の住侶である専光房良暹は、直実に書状を寄せ、出家を思いとどまらせた。その書状には「貴殿不レ図赴二出家之道一、可レ有二遁世一之由、有二其聞一。此条雖レ似レ通二冥慮一、頗令レ背二主命一者歟。（中略）今忽入道令二遁世一者、違二仁義之礼一、失二累年本懐一歟」（『鏡』十二・十一条）と記されていた。僧侶が冥慮よりも主命、遁世よりも仁義を重しとしているのであって、政治への宗教の従属は、公家と比べて著しい。

三　神威増益

鶴岡は八幡宮寺であり、神社と寺院の性格を併せ持っていたが、寺院、しかも鎮護国家の寺院としての側面の方が、重要な位置を占めていた。『吾妻鏡』建久二年（一一九一）三月十三日条に「若宮仮殿遷宮。別当法眼并供僧及巫女職掌等皆参」とある。最高の地位である別当の下に、供僧・巫女・職掌の序列が存在していたことがわかる。[10]「神宮御子職掌等、依レ為二祠官一、所二充給一之地、無二指罪科一、乍レ帯二其職一、不レ可二点定一事」（『鏡』仁治元・二・二十五条）とあり、祠官（神官）には御子（巫女）と職掌とがあるが、その地位は別当・供僧よりも低く、とくに職掌と呼ばれる男性神職は、巫女よりも下位に位置づけられていた。「神人号二職掌一」（同上、建仁三・二・四条）とか「職掌者、俗形下部也」（『東宝記』巻七）とあるのによれば、職掌は神人であり、下部であって、地位の低いのも理解できる。職掌が博奕の科によって神職を解かれた例も見られる（『鏡』仁治二・五・二十九条）。

鶴岡にも神主はいた。『諸職次第』に、

一、神主之事、於二御幣散供一役者也。別当供僧中、御幣散供、不レ可レ有二支配一間、任二諸社例一、御幣散供、為レ可レ致二支配一、建久二年十二月、神主定置者也

とある。別当や供僧が御幣を振ったり、神饌の供物を下げたりするのは適当でないため、諸社の例にならい、建久二年に神主を置いて管掌させたのである。神主の職務は「御幣散供」という限定されたものであった。一般には別当・供僧が社務を執行したのであり、『鶴岡八幡宮寺社務職次第』の内容は、実は別当次第であった。僧侶の神前読経は以前から見られたが、鶴岡と石清水とを比べてみよう。いずれも八幡宮寺であり、仏事を営む点では共通している。

長暦三年（一〇三九）および寛治六年（一〇九二）石清水では六十口の僧によって大般若経が供養されたが、六十名のうち七名は京僧（僧綱）、残りが石清水の住僧で、導師は僧綱の中の一人が勤めた（『春記』長暦三・閏十二・二十三、『中右記』寛治六・七・七、二十一条）。石清水の住僧は僧綱に統率されているのである。嘉承元年（一一〇六）白河法皇が石清水で法華八講を行った際、八名の僧はすべて興福寺から招かれた（『中右記』三・八条）。また翌二年、咳病の流行で諸寺社で読経が行われたが、石清水御読経僧証観（園城寺）が辞退したため、「尋二先例一、寺家別当便可二勤仕一也。或又三会已講参也。然者八幡別当法眼光清并已講賢豪二人之間如何」ということであった（『中右記』四・二十三条）。石清水別当は事故の際の臨時代理の候補者の一人にすぎなかった。

このように石清水での仏事では、他の有力寺院の僧が招かれ、しかも主導権を握ることが少なくなかったが、鶴岡では他寺の僧を招請することは少なく、大規模な仏事などで他寺の僧が参加した場合でも、鶴岡の住僧が中心となった。

鶴岡が鎮護国家の寺院であり、僧侶の地位が高かったことは、以上に縷述したとおりであるが、それは鶴岡につ

いて一般に持たれている通念とは異なっている。

治承四年（一一八〇）四月二十七日、平氏追討を命じる以仁王の令旨が、伊豆の頼朝の館に届けられたとき、頼朝はまず石清水八幡宮を遥拝した後、令旨を披閲した。十月の鎌倉入りの際にも、頼朝はまず鶴岡八幡宮を遥拝した。鶴岡はもと先祖の頼義が石清水を由比郷に勧請したものであるが、頼朝が鎌倉に入って最初に着手したのは、これを小林郷に遷すことであった。「八幡大菩薩の氏人」（『鏡』治承四・七・五条）である頼朝は、氏神である八幡神を篤く崇敬していた。

八幡神は源氏の氏神であるだけでなく、ひろく武士の尊崇の対象であった。八幡大菩薩の矢が平将門の頸の骨に命中したという説話をはじめ、前九年の役でも、源平の争乱でも八幡神にかかわる奇瑞が多く語られており、八幡神は戦勝をもたらす武神であった(11)。頼朝をはじめ、武士の素朴で熱烈な鶴岡信仰は、八幡神に対するものであって、鎮護国家の寺院に向けられていたわけではない。

鶴岡はしだいに鎌倉の名所となっていくが、人々は顕密寺院としての鶴岡に参詣したのではない。参詣者の眼に映じた鶴岡観を、端的に示しているのは『東関紀行』の次の一節である。

鶴が岡の若宮は、松柏のみどりいよいよ茂く、蘋蘩のそなへ欠くることなし。陪従を定めて四季の御神楽おこたらず、職掌に仰せて八月の放生会を行はる。崇神のいつくしみ、本社に変らずときこゆ。

鶴岡について記されているのは、神楽・放生会などの神事であり、「蘋蘩のそなへ」「崇神のいつくしみ」である。鶴岡は明らかに神社として崇敬されているのである。

『とはずがたり』でも同様である。「まづ御社へ参りぬ」とあって神社に参詣する。やや批判的ではあるが、放生会のことを記している。気位の高い作者は、流鏑馬については「見ても何かはせむ」として見物せずに帰るが（巻四）、石清水放生会にはない流鏑馬が、気にかかるのである。

参詣者が社参するのも当然である。僧と仏事が優位を占める鶴岡は、建物の配置では「宮」が中心であり、仏教系の堂舎は片隅に位置している[12]。最勝講や仁王会は、僧侶の奉仕によって社殿で営まれる。しかし武士たちを鶴岡に結びつけていたのは、宮と神事なのである。

神事とはなにか。鎌倉入りの翌年、養和元年（一一八一）の元旦、頼朝は鶴岡に参詣するとともに、元旦の奉幣を恒例化することを定めた。文治三年（一一八七）八月からは放生会が、翌四年二月からは臨時祭が恒例化した。放生会の中核には法会があり、経供養が行われたが、舞楽もあり、さらに馬場の儀として競馬・流鏑馬・相撲などの諸芸が奉納された。建久元年以後は八月十五日に法会、十六日に馬場の儀と二日間に分けられるようになり、芸能部分もいっそう充実した。

寿永二年（一一八三）二月二十一日から七日間にわたり、頼朝は志田義広討伐のため社参した。神楽の奉納、奉幣から神領寄進までも行われたが、寄進状には「為二神威増益一」と記されている[13]。翌三年四月二十八日、淡路広田社に神領を寄せた寄進状にも「為レ増二神威一」とある。奉幣、芸能の奉納、神領の寄進、すべては神威を増益するために行われたのである。

鶴岡において、僧侶は神前で読経し、鎮護国家を祈禱するが、俗人は奉幣や芸能の奉納によって神威増益に努める。『御成敗式目』の第一条には、「神者依二人之敬一増レ威、人者依二神之徳一添レ運。然則恒例之祭祀、不レ致二陵夷一、如在之礼奠、勿レ令二怠慢一」という奇妙な文言があるが[14]、以上のように考えると納得できる。神威を増すためには、人は神を崇敬し、祭祀や礼奠を怠ってはならないのである。

四　幕府の祈願所

治承四年（一一八〇）八月に挙兵した頼朝は、以仁王の令旨によって東国支配を認められたと主張している。その令旨は、当時の朝廷を倒し、以仁王自身が即位して新朝廷を樹立することを宣言しており、それを正当性の根拠とする頼朝の東国支配は、当時の朝廷との妥協の可能性をまったく持たなかった。従って頼朝は東国独立国家を形成していった。

寿永二年（一一八三）の平氏の都落ちを契機として、東国と京都との関係は、新しい展開を見せはじめる。とくに寿永二年十月宣旨によって、頼朝の東国支配は朝廷から公認されるとともに、東国独立国家は消滅する。(15) 頼朝は朝廷の下での一権門となり、朝政にも発言するようになる。

宗教政策についていえば、東国独立国家段階では、幕府は主として東国の寺社だけを対象としていたが、朝政を分担する権門ともなれば、それまで未知であった畿内西国の寺社にもかかわるようになる。しかし、ここではさしあたり、東国独立国家の段階について考えることにする。

鶴岡は康平六年（一〇六三）源頼義が潜かに石清水を勧請し、由比郷に創建したのに始まるという。潜かに勧請された鶴岡は、決して大規模であったとは思えないし、まして、その後の源氏の零落によって、見る影もない状態になっていたであろう。頼朝による小林郷への遷宮は、遷宮というよりも新造であった。

鎌倉に碩徳がいなかったため、上総に流されていた定兼を鶴岡の供僧に召し出したほどの人材難であった（『鏡』治承四・十二・四条）。このようなとき、助けとなったのは、走湯・箱根の両権現であった。両権現は頼義がにわかに勧請した鶴岡などと違って、古い由緒を持ち、その地の信仰を集めており、伊豆配流中の頼朝とも深いかかわりを持っていた。そして頼朝が石清水八幡宮寺を念頭に、新しい鶴岡を創造しようとしたとき、両権現の神仏習合のあり方が、モデルとなったと思われる。

走湯山からは良暹が鶴岡別当となったばかりでなく、禅睿のように鶴岡の長日大般若経供僧職に補されたものもいる（『鏡』養和元・十・六条）。舞楽のための舞童も、必要に応じて走湯山・箱根山から派遣されている（同上、文治四・三・十五条等）。このように両山は鶴岡に多くの人材を提供しているが、溯って両山と頼朝との関係を略述しておこう。

まず走湯山は、流罪中の頼朝が伊東祐親の娘や北条政子と通じ、ついに政子と結ばれるまでのロマンスにおいて、頼朝・政子を庇護したことで知られる。頼朝の年来の師檀である良暹が鶴岡別当に任じられたのは前述のとおりである。文陽房覚淵も頼朝が信頼した僧であり、挙兵に先立ち頼朝は覚淵に法華経八百部読誦の表白を唱えさせ、その布施として将来蛭嶋を与える約束をした。頼朝が石橋山に出陣の際、政子は覚淵の坊にかくまわれた。ほかに走湯山には政子の経師である法音尼もいた（『鏡』治承四・七・五、八・十八、十九条）。このように走湯山は挙兵以前から頼朝・政子夫妻との関係が深かった。

鎌倉入りをした頼朝は、やがて平家の大軍を迎え撃つため駿河に進発するが、その途次、走湯山の訴えに応じ、武士の狼藉を禁じる下知状を出している。それには「彼山、是　新皇幷兵衛佐殿御祈禱所也。仍乱悪之輩、不レ可二乱入一」と書かれていた（『鏡』治承四・十・十八条）。前述のように、当時の頼朝は新皇（新天皇、以仁王）の宣旨（令旨）によって東国支配を認められたと主張していた。鶴岡の未整備という事情もあって、走湯山は新皇と兵衛佐（頼朝）との祈禱所として極めて高い宗教的地位を与えられていたと思われる。

次に箱根権現は、当時別当であった行実の父良尋の時代から源氏と親しかった。頼朝の祖父為義は東国の家人が行実の催促に従うようにとの下文を出し、父の義朝も駿河・伊豆の家人について同様の下文を出している。そのため頼朝が伊豆に流されていた間も、行実は頼朝のために祈禱していたという。石橋山の戦に敗れた頼朝は、一時行実のもとにかくまわれたし、駿河に出陣の途中、相模国早河本荘を箱根権現に寄進している（『鏡』治承四・八・二十四、十・十六条）。

伊豆・箱根を合わせて二所と呼び、頼朝はしばしば二所に参詣した。その最初は文治四年（一一八八）正月であり、その際には伊豆の三島社にも参詣し、それが恒例化した（『鏡』二十日条）。しかし頼朝と三島社との関係は、二所ほど親密ではない。三島の神事を経営していたのは北条時政であり、そのためわざわざ伊豆に下向しているのを見ても（『鏡』建久五・十一・一、建久六・十一・十三条）、三島社は伊豆国在庁であった北条氏が崇敬し、祭祀にもあずかる神社であり、頼朝が三島社に参詣したのは、北条氏への敬意からであろう。

鶴岡は源氏の氏神から出発したが、頼朝は母や妻の家をも重んじた。従って鶴岡には、母の家の神である熱田社や、妻の家が祭祀にあずかる三島社を末社として祭っている。鶴岡の傍に熱田が勧請されたのは元暦元年（一一八四）七月二十日と早く、文治五年までには三島も祭られているが、時期は定かではない（『鏡』四・三条）。

古来から鎮座していた二所権現に対して、頼朝が新たに創建したのが勝長寿院と永福寺である。元暦元年十一月、勝長寿院建立のための地曳始が行われ、翌文治元年九月、父義朝の首を京都の東獄門から迎えてここに葬り、十月には園城寺長吏公顕を導師に招いて、供養を行った。「報二謝父徳一」「二親以下尊霊得脱」「先考御追福」「奉レ為二先考一」などとあるように、父義朝の追福が第一であるが、妹である一条殿追善の仏事をも修している。頼朝の菩提寺の性格を持ち、文治二年七月十五日以来、盂蘭盆にあたり万燈会を行う例となった。それは「二親以下尊霊得脱」のためであったが、建久元年（一一九〇）の万燈会は「平氏滅亡衆等の黄泉を照らす」ためとされる。とくに建久三年五月には鶴岡以下諸寺から百僧を集め、後白河法皇の四十九日の仏事を行うなど、追善の対象は拡大していった（『鏡』元暦元・十一・二十六、文治元・九・三、十・二十四、文治二・七・十五、文治四・七・十五、建久元・五・三、七・十五、建久二・九・三、建久三・五・八条）。

永福寺の事始は、文治五年十二月九日、奥州平定の直後に行われた。平泉の大長寿院の二階大堂を見て感銘した頼朝がこれを模したものであり、創建の目的は「数万の怨霊を宥め、三有の苦果を救ふ」ためとされる。翌建久元年には奥州で大河兼任の叛乱があり、頼朝の上洛、飢饉などの事情も加わって営作が遅れ、建久三年十一月に供養が行われた。導師は勝長寿院の場合と同様公顕であり、請僧・施物等すべて勝長寿院に準じた（『鏡』建久二・二・十五、建久三・十一・二十五条）。

奥州合戦の結果、多年にわたる戦乱に終止符が打たれ、平和が到来し、幕府の体制も確立した。このときにあたり、戦没者のために鎮魂を行うとともに、幕府の威容を示すのが永福寺創建の目的であった。従って「雲軒月殿、絶妙無二比類一」（『鏡』建久三・十一・二十条）とか「余堂の踔躒して、感嘆及びがたし」（『海道記』）といわれるように、豪華で、贅を尽くした寺院であったと思われる。

走湯山・箱根山は古来地域の信仰を集め、鶴岡の形成を助けた。勝長寿院と永福寺は新たに創建され、前者は頼朝の菩提寺の性格を持ち、後者は鎮魂と幕府の勢威の誇示という意味を持っていた。鶴岡を含めてこれら五つの寺院が幕府の祈願所であったが、明らかに鎮護国家を標榜したのは鶴岡であり、これらの筆頭に位置づけられていた。重事に際しては、これらの寺院が共同して鎮護国家の修法を行うことがあったが、その中心となったのは鶴岡であった。

五　伊勢神宮

東国独立国家の段階、すなわち頼朝がまだ謀叛人の状況に置かれていた段階から、すでに一部の中央権門寺社との間で、個別的な交渉が行われていた。その典型は皇室の宗廟である伊勢神宮であった。

下総国相馬御厨は千葉氏が開発したが、頼朝の父義朝は千葉氏の内紛に介入し、天養二年（一一四五）これを神宮に寄進したことがある（『櫟木文書』天養二・三・十一源義朝寄進状案）。また平治元年（一一五九）には安房国丸御厨を寄進している（『鏡』治承四・九・十一条）。

平治の乱に敗れた頼朝が、永暦元年（一一六〇）三月、伊豆に流されるとき、神宮の夢告を受けたため、頼朝はとりわけ神宮を信仰したとの記載が『吾妻鏡』に二度も出てくる（養和元・十・二十、元暦元・五・三条）。頼朝が伊豆に流されることに決まったのは三月であり（『清獬眼抄』）、「夢告」の内容も審らかではないが、頼朝を支援する勢力が、神宮内にいたのではなかろうか。

挙兵後ほどない治承四年（一一八〇）九月十一日、丸御厨に臨んだ頼朝は、宿望達成の暁には安房国内で御厨を新立し、寄進する旨、自筆の願書を記している。そして翌養和元年（一一八一）三月六日、伊勢の大中臣能親は、頼朝に仕える中八維平に書状を寄せ、源氏に味方した熊野衆徒の狼藉を訴えている(16)。これらの事実から見て、挙兵当初から頼朝は神宮と交渉を持っていた可能性が強い。

三月の墨俣合戦で、頼朝の叔父行家は平氏方に大敗し、三河に留まっていた。五月、行家は神宮に告文と幣物を送ったが、神宮からは受け取りを拒否する返書が届いた。その内容は「昨年冬以来の東国の兵乱に際して、勅命に従い、鎮定を祈ってきた。しかるに神主・禰宜らが朝廷に背き、源氏に同意し、源氏のために祈請しているとの讒奏があり、院宣によってたびたび真偽を尋問されたので、源氏のための祈禱などしていないという請文を出した。こういう状態だから告文は受け取れないし、今度のことも朝廷に報告する。さもなくば後日勅勘を受ける恐れがあるからである。神宮のことは、公家の裁定なしに勝手なことはできない」というものであった[17]。

事態を大きく変化させたのは、十月に権禰宜度会生倫が鎌倉を訪れたことである。生倫は、平氏の申し入れによって、九月に朝廷では東国平定の祈禱を行い、金鎧を神宮に奉納するため、祭主大中臣親隆と神祇少副定隆の父子を勅使として遣わしたところ、途中で定隆が頓死したことなど[18]を述べ、平氏の滅亡を予言した。頼朝は祈願が成就すれば、御厨を寄進することを約束した。

生倫はしばらく鎌倉に滞在した後、翌寿永元年(一一八二)二月八日、伊勢に帰った。頼朝は神馬・砂金などを神宮に奉納し、告文を奉った(『鏡』養和元・十・二十、寿永元・正・二十八、二・二条等)。

その告文では内・外宮への神領の加増、先に熊野僧徒が破壊した神宝の調進、東国神宮領の安堵を約束し、神宮の加護を求めている。

伊勢神宮は海上交通を利用して、東国に多くの神領を所有していた。それゆえに東国に拠点を持つ源氏とは早くから交渉があった。治承・寿永の内乱が起こると、東国の所領を確保するため、頼朝と友好関係を結ぶ必要があった。幸いその地理的条件によって、京都の干渉を受けずに東国に赴くことができた。だから前述のように、挙兵当初から頼朝と交渉があったと見られる。行家宛ての神宮返書に「神主・禰宜等、背二朝家一、同二意源氏一、致二彼祈請一之由、讒奏出来」とあるが、源氏(頼朝)のために祈請した神主・禰宜は実在したと思われ、あながち「讒奏」とはいえないのである。

その返書には「神宮事（中略）不レ蒙二公家裁定一者、不レ致二沙汰一之例也」とも書かれている。皇室の宗廟という立場からすれば、神宮が公家の裁定に従わねばならないのは当然である。その公家は、この年閏二月に平清盛が没し、後白河法皇の院政が復活した[19]ものの、なお平氏の圧力を強く受けていた。右の「譏奏」の主体も恐らく平氏であろう。それに神宮の鎮座する伊勢が、平氏の根拠地であることも重要である。しかもこの体制の下で、当時の頼朝は「朝敵」だったのである。

だから神宮内部でも、頼朝との結びつきを強め、東国の神領を確保しようという意見と、公家（平氏）の裁定に従おうという意見とが対立していた。

東国独立国家を作った頼朝は、ようやくその枠を越えて中央の政治に発言しようとする野心を抱くようになった。養和元年七月ごろ法皇に密奏し、源平が和睦し、並んで朝廷に仕えることを提案したのは（『玉葉』八・一条）、その最初の働きかけである。この寿永元年二月の神宮への告文でも、単に神宮の問題だけでなく、頼朝の政治方針をも述べている。上洛して朝敵（平氏）を防ぎ、法皇の院政を復活させ、神事を崇めるというのである。前述のようにすでに院政は復活しているのであるが、平氏の干渉を完全に排除しようというのであり、先の法皇への密奏と違って、平氏との妥協という立場は見られない。

『吾妻鏡』に見える頼朝の告文と、『延慶本平家物語』『玉葉』から窺われる行家のそれとを比べると、主張に大きな開きがあるようには思えないが、神宮が行家を拒み、頼朝を容れたのは、両者の優劣に対する神宮の判断もあったであろうし、頼朝と結びついた度会生倫の働きも大きかったであろう。この交渉を通じて、神宮は東国の神領を確保できたし、頼朝も神宮の宗教的加護を期待するとともに、その政治方針を中央に提示する糸口をつかむことができたのである。

しかし神宮の混迷はなお続くのである。神宮は頼朝の幣物を受領し、懇祈を行うことを約束したが、平家の後聞を恐れてか返書を出さなかったという（『鏡』寿永元・三・二十条）。

さらに十一月ごろになると、内・外宮の禰宜が関東に同意していると平家に訴えられ、神宮では「祠官悩乱」という状態になった。生倫からこのことを注進された頼朝は、これを宥め、祈禱を続けるならば、東国の神領は保全するといっている（『玉葉』寿永元・十一・十七、『鏡』寿永元・十二・一、二条）。朝廷では処罰の可否を論じたものの、結局は沙汰やみとなった。平氏にはあくまでも神宮を追及する余力がなかったのである。[20]

平氏の都落ち後は、元暦元年（一一八四）正月三日、武蔵大河土御厨が寄進され、三月十四日、遠江都田御厨が安堵、五月三日、武蔵飯倉御厨、安房東条御厨が寄進されるなど、東国の伊勢神領はしだいに増加していった。

六　園城寺

頼朝と親密な今一つの権門寺社は園城寺である。『吾妻鏡』元暦元年（一一八四）十一月二十三日および建保二年（一二一四）五月七日条には、清和源氏と園城寺との密接な関係が記されている。すなわち源頼義が前九年の役で安倍貞任を討つにあたり、園城寺に詣で、新羅明神に祈り、その効験で平定に成功した。そのため息子の快誉を園城寺の僧とし、別の息子の義光を新羅明神の氏人とした。義光の兄の義家は、園城寺僧行観の加持で娘の眼病が快癒したのを謝し、子孫を永久に行観の門徒とすることを約束した等である。

このすべてが史実かどうかは別として、頼義以来、清和源氏と園城寺とが親密であったことは確かである。[21]とくに義光系の新羅源氏は、園城寺との関係が深かった。

治承四年（一一八〇）以来の源平争乱では、平氏打倒を図った以仁王や源頼政は五月に園城寺に逃れた。園城寺は彼らをかくまいきれなかったが、六月、平氏は園城寺の僧綱を罷免し、末寺・荘園や、寺僧の私領を没収した。さらに十一月、新羅源氏の山本義経らが平氏に反抗して蜂起し、十二月、園城寺もこれに応じたため、平氏は園城寺を攻め、堂舎を焼いた。このように園城寺は常に源氏に味方し、平氏に敵対的で、平氏の攻撃を受けていた。

園城寺の日胤は千葉常胤の子で頼朝の祈禱師であった。治承四年五月、挙兵に先立ち頼朝は日胤に願書を送った。日胤は石清水に千日参籠を志し、六百日目に霊夢を感じ、所願成就を信じたが、以仁王が園城寺に逃れたのを知ると、頼朝の願書を弟子の日恵に託し、自身は以仁王の陣に加わり討死した。日恵は師の行業を承け、千日の所願を果たし、翌養和元年（一一八一）五月八日、鎌倉に参着した。『吾妻鏡』所収のこの説話は、日数などまったく辻褄が合わないが、園城寺と頼朝や千葉氏とのつながりを示す点では注目される。

とくに重要なのは、寿永元年（一一八二）九月二十日、頼朝の招きで園城寺の円暁が鎌倉に下ったことである。円暁が遅参したため間に合わなかったが、長男頼家誕生のお祈りに招かれたというのだから、頼朝は篤く帰依していたのであろう。円暁は後三条天皇の皇子である輔仁親王の孫であり、母は源為義の娘だという[22]。暫定的な別当であった走湯山の良暹に代わり、二十三日、円暁が別当に任じられ、二十六日には宮寺別当坊が上棟された。鶴岡は新しい歩みを始めた。

前述のように文治元年（一一八五）二月には平家追討のため、同三年四月には後白河法皇の病気平癒を祈って、それぞれ大般若経の転読が盛大に行われたが、その中心となったのは円暁だと思われる。中央から招かれた格式の高い僧侶は、鎌倉初期における鎌倉の仏教界で指導的な役割を果たした。初期鎌倉の仏教の形成において、園城寺が持つ意義は大きいのである。しかも円暁の東下は、平氏が朝廷でなお発言権を確保し、幕府の勢力が独立東国の内部に留まっていた時期になされ、かなりの危険をも伴うものだったのである。

円暁は鎌倉下向の途次伊勢神宮に参籠し、祭主大中臣親隆は家人に命じて円暁を送らせている。神宮は親頼朝的であり、神宮を経由するのが、京都から鎌倉に赴く安全なルートであったことがわかる。また親隆は前年、養和元年九月、東国平定のため金鎧を奉納する勅使として、子の定隆とともに神宮に派遣され、途中で定隆の死に遭い、その立場上からも体制派（平氏方）に属すると見られたのに、円暁の東下を助けているのを見ると、親隆の態度が変わったことも窺われる。

このような諸事情を前提として、元暦元年十月、園城寺は源氏との多年にわたる親密な関係を説いて、頼朝に平家没官領の寄進を求め、頼朝もこれに応じて近江国横山と若狭国玉置領とを寄進したのである（『鏡』十一・二十三、十二・一条）。建久元年（一一九〇）に頼朝が上洛した際にも、先祖の義家が帰依し、髪を埋めたという園城寺青龍院に剣や砂金を施入しており、頼朝自身の鬢髪も青龍院に納められたという（同上、建久元・十二・八、建保二・五・七条）。

元暦元年五月十二日、頼朝が日来祈禱を頼んでいた園城寺長吏房覚が危篤となると、頼朝は使を遣わして見舞っている。とくに前述のように文治元年の勝長寿院、建久三年の永福寺供養に導師として園城寺長吏公顕を招いたことは、両寺建立の意義から見ても重要である。公顕は「二品御帰依僧」と呼ばれ、頼朝は年来祈禱を命じ、憂いにつけ、喜びにつけて信を通じることを約束するほどの間柄であった（『鏡』文治元・十・二十四、文治四・二・四、建久元・三・二十、建久三・十一・二十五条）。

このように源氏、頼朝と園城寺との関係は多年にわたっており、頼朝は歴代長吏に祈禱を依頼している。園城寺と幕府との関係に関連して、ふたたび佐々木馨氏の研究を検討したい。

氏は山門と対立する幕府が、寺門派を天台宗から切り離すべく、東寺・高野山・仁和寺とともに「真言密教」系信仰圏の中に政策的に取り込んだとし、「山門派と寺門派の異常な確執を思う時、寺門派は天台宗教の一派というよりは、それとは袂を分ち、東寺系の真言密教と融合していたとみる方がより現実的な歴史分析ではないだろうか」という(23)。しかし、寺門派が山門派と対立しているがゆえに、幕府の政策によって、天台宗でなくなり、真言密教と融合した（融合させられた）という論理は理解しがたい。

寺門派と真言密教とが武家的体制仏教を構成する要素だとしても、両者を「真言密教系」として一括するのも、納得しがたい点の一つである。氏の主張の重要な根拠は、鶴岡別当が寺門派十名、東寺系七名で独占されているということである。しかし、それにしても寺門派の方が多数であり、とくに当初は寺門派が独占しており、東寺系の定豪がはじめて六代目の別当になったのは、かなり時代の下がる承久二年（一二二〇）である。それはこれまで述べてきたように、園城寺と源氏との多年にわたる深い交渉が前提になっており、その点では真言密教のとても及ぶところではない。園城寺を真言密教の中に埋没させることは許されないのである。

七　幕府の転換

これまで東国独立国家の段階を中心に、頼朝といくつかの寺社との関係を述べてきた。次に頼朝が中央との関係を持つようになる新しい段階について記すことにする。

従来この時期については、寿永二年（一一八三）十月宣旨をめぐる議論が盛んであり、先にそのような叙述を行ったが、十月宣旨は東国内の問題に限られていた幕府の政策が、全国的な問題にまで及ぶようになる時期の一つの象徴的な事件にすぎず、実際は寿永二年七月の平家都落ちから翌元暦元年（一一八四）二月の一の谷合戦までの全期間を視野におかねばならない。むしろその意味では一の谷合戦の方が重要であろう。

寿永二年七月、平家が都落ちし、源義仲が上洛すると、早速、後白河法皇は中原康貞を鎌倉の頼朝のもとに遣わした。頼朝は康貞に託して三ヶ条の奏請を行った。これは朝政に関して頼朝が正式に行った最初の発言である。その第一条に「一、可レ被レ行二勧賞於神社仏寺一事」とあり、平氏の没落は仏神の罰によるのであるから、社寺に勧賞を与え、所領を安堵すべきことを奏上している（『玉葉』十・四条）。

しかし、その後も頼朝は義仲を討ち、さらに平氏を福原から追わねばならなかった。この元暦元年二月の一の谷の合戦の結果、政局は安定し、頼朝は朝政について発言し、これまで不案内であった畿内西国の課題にも対処することになった。一の谷の勝報を受けて十日後の二月二十五日、頼朝は朝務に関する四ヶ条の言上を行っている。その第三、四条が社寺に関する事柄であり、社寺領の保全、諸社の修理、神事の勤行、僧徒の武装解除などの内容を含んでいる（『鏡』）。後年に至るまでの社寺に対する幕府の基本的態度は、はじめて国政に発言したこの時期にすでに示されているといってよい。

ここで東国独立国家の消滅という点に関連して述べておきたい。独立国家が消滅し、幕府が院政下の権門となったとしても、幕府は東国に関する実質上の支配を独自に行っており、それは権門の家政といった次元を超えた内容のものであった[24]。もちろん、それは朝廷から東国支配権を与えられたことによるのではなく、東国独立国家を持続してきたことに由来している。承久の乱に際して仁王会を始行し、朝廷との戦いに勝ったという事実は、このような視角を取り入れなければ説明できない。ここでは詳しく展開することはできないが、幕府は諸国守護権と東国支配権を朝廷から承認された権門であり、しかも、この二つの権限には、いずれも超権門的契機が内蔵されていたのである。
また、これと関連して、幕府の祈願所における鎮護国家の対象となる「国家」には、日本国を意味する場合と、幕府のみを意味する場合とがあったことを記しておく。

八　鶴岡の炎上と再建

建久二年（一一九一）三月四日、小町大路辺からの失火によって、幕府も鶴岡も類焼した。治承四年（一一八〇）頼朝が鎌倉入りしたときと同様、政権にとってもっとも緊要の建造物である幕府と鶴岡の再建が急がれた。新しい幕府が造営され、頼朝がそこに移ったのは七月二十八日である。鶴岡八幡宮ならびに若宮および末社等の遷宮は、十一月二十一日である。

鶴岡は当初から「鶴岡若宮」と呼ばれていた（『鏡』治承四・十・十六条）。それは本宮である石清水に対する称呼であった。しかし建久二年の再建について『吾妻鏡』は「鶴岡若宮上之地、始為㆑奉㆑勧㆓請八幡宮㆒、被㆑営㆓作宝殿㆒」（四・二十六条）と記している。『社務職次第』『社務記録』を合わせて考えると、本来の若宮の社殿の上の地に石清水八幡宮の神体を勧請し、これを上宮と称したのであり、『吾妻鏡』の十一月二十一日条に「鶴岡八幡宮幷若宮及末社」とある「鶴岡八幡宮」は上宮を指すと考えられる。この上宮が、この後、鶴岡の中心となる。

右の記事に「始為㆑奉㆑勧㆓請八幡宮㆒」とあるのに注意したい。これを治承四年十月十二日条に「康平六年秋八月、潜勧㆓請石清水㆒」とあるのと対比すると、康平六年（一〇六三）源頼義が「潜かに」石清水を勧請したのに対し、建久二年、頼朝は朝廷や石清水の了承を得て「始めて」公然と石清水八幡宮を勧請したのである。鶴岡は正式に本宮である石清水の分社として位置づけられたのである。

その前年、建久元年、頼朝は上洛して後白河法皇と対面し、日本国総追捕使として諸国守護権を確認され、治天の君が支配する日本国における幕府（頼朝）の位置が明確化された。この上洛の際、頼朝は二度も石清水に参詣し、氏神である八幡神に対する崇敬を示しているが、たまたま建久二年の火災で鶴岡が再建されるにあたり、あらためて石清水を勧請し、宗廟でもある石清水との本末関係を明らかにした。石清水と鶴岡との関係は、朝廷（後白河法皇）と幕府（頼朝）との関係に対応するものであった。

遷宮にあたり、京都から楽人右近将監多好方が招かれ、「宮人曲」を唱えた。宮人曲は神楽だと思われる。さらに頼朝は鶴岡若宮陪従大江久家らを上洛させ、好方・好節父子から神楽の秘曲を学ばせた。建久二年十二月に上洛した久家が鎌倉に帰ったのは同四年十月であり、好方父子によれば譜代の輩にしか授けない秘曲も、すべて授けたという。好方が宮人の曲を唱えると「頗有㆓神感之瑞相㆒」とあるように、神楽は神感を招き、神威を増益させ、祭祀には重要な役割を果たすのである（『鏡』建久二・十一・二十一、十二・十九、建久四・七・十八、十・七条）。なお『社務記録』によれば、遷宮と同時に楽所を置いている。

鶴岡の神楽のため、頼朝は都から第一人者を招くとともに、鶴岡の陪従を上洛させ、秘曲を学ばせている。京都の最高の芸能を摂取する一方、楽所を置き楽人を配している。円暁を鶴岡別当に迎えたこと、公顕を勝長寿院・永福寺供養の導師に招いたこと、再建にあたって正式に石清水を勧請したこと、そして京都の神楽を学んだこと、これらがいずれも鶴岡の飛躍の大きな契機となっている。鎌倉は中央との結びつきを強め、その系列下に置かれる一方、独自のものを形成しつつ発展していったのである。

芸能としては舞楽にもふれなければならない。三月三日の法会舞楽に、従来は伊豆・箱根両山の児童を召していたが、建久四年には鶴岡の別当・供僧の門弟や、御家人の子息の中から舞童を選んでいる（『鏡』一二・七、三・三条）。鶴岡は伊豆・箱根山に頼らず、自前の舞童を用意することになったのである。

伊豆・箱根両山は当初は供僧や舞童を鶴岡に提供し、その形成に貢献したが、今やその役割を終えた。鶴岡は、一方では京都との結び付きを強め、一方では独自の人材を養成しつつ、土着のものからしだいに離れ、武家の中心的寺社としての位置を固めていった。土着性を脱却し、京都の系列下に自らを置き、権力の集中を図るのは、建久年間の幕府が歩みつつあった途でもあった。

おわりに

本節では、まず鶴岡八幡宮寺が帯びる鎮護国家寺院としての側面を指摘し、鶴岡にそのような役割を負わせた鎌倉幕府が、宗教政策の面から見て国家的性格を持っていたことを明らかにした。しかし一般の人々は鶴岡を寺院よりも神社として尊崇したのであり、ここでは僧侶は神前で読経し、鎮護国家を祈るが、俗人は奉幣や芸能の奉納によって、神威増益に努めるとし、さらに『御成敗式目』の「神者依㆓人之敬㆒増㆑威」という言葉の意味を述べた。

次に東国独立国家の段階における宗教政策を考えた。幕府の祈願所として、鶴岡のほかに走湯山（伊豆山）・箱根山など古来の社寺や、頼朝が新造した勝長寿院・永福寺を取り上げ、これらの中でも鶴岡が中心的な位置を占めていたことを明らかにした。また、この段階から幕府と親密であった中央社寺として、伊勢神宮と園城寺についてふれた。

平家都落ちから一の谷合戦のころを契機として、頼朝は朝廷との交渉を進め、全国的な課題にも発言するようになるが、この時期の発言には、後年の幕府の社寺政策の原型が見られるとした。また建久二年（一一九一）に鶴岡が焼失した後の再建の中で、幕府は京都の文化を取り入れ、鶴岡自体の文化をも作り上げていくが、かつて鶴岡の形成に資した走湯山・箱根山などの土着性を切り捨てていったことを指摘した。

中世国家論を展開するつもりはなかったが、考察を進めていくと、結局それに抵触する結果となり、幕府の国家的性格に関して一部自説を修正した。権門体制論のようにこの時代の国家を集権的に捉える立場と、東国政権論のように分裂性を主張する立場とがあり、その二者択一よりも総合が大切だと論じてきたが、今回の考察でもさらにその意を強くした。かつて政治だけを取り扱って見えなかった側面が、宗教や社寺などを取り上げた結果、見えてきた場合があり、その点は嬉しく思った。

注

（1）供僧二十五坊の成立については『鎌倉市史』社寺編、一〇〇頁参照。
（2）『社務記録』は建仁元年六月二十五日、『社務職次第』は十一月とする。
（3）鶴岡大仁王会とその意義については、松尾剛次『中世都市鎌倉の風景』九二頁以下、『中世の都市と非人』五六頁以下参照。鶴岡のほか、安貞元年（一二二七）十一月には常陸鹿島宮で仁王経を講じている（『鏡』二十二日条）。なお、奥州藤原氏の下でも仁王会が行われていたことは興味深い（同上、文治五・九・十七条）。
（4）本書三三八頁参照。
（5）黒田俊雄『日本中世の国家と宗教』四六〇頁以下。
（6）佐々木馨『中世国家の宗教構造』四一頁以下、九四頁以下。『中世仏教と鎌倉幕府』八頁以下、七二頁以下、一三八頁以下。
（7）平雅行「鎌倉仏教論」（『岩波講座　日本通史』8）二八五頁以下、「鎌倉幕府の宗教政策について」（小松和彦・

都出比呂志編『日本古代の葬制と社会関係の基礎的研究』）、「鎌倉山門派の成立と展開」（『大阪大学大学院文学研究科紀要』四〇）等。

（8）臨済禅に関する佐々木氏の見解は『中世国家の宗教構造』一二四頁以下、『中世仏教と鎌倉幕府』八三頁以下。

（9）注（4）に同じ。

（10）この「神宮」は（鶴岡）神宮寺を意味する。

（11）本書三二七―三二九頁参照。

（12）松尾『中世都市鎌倉の風景』七四頁以下、『中世の都市と非人』四八頁以下。

（13）『吾妻鏡』養和元・閏二・二十一、二十七条。寿永二・二・二十七源頼朝寄進状（『平安遺文』四〇七一―三号）。『吾妻鏡』のこの記事が寿永二・二・二十一、二十七条に相当することは、石井進「志田義広の蜂起は果して養和元年の事実か」（『中世の窓』一一）参照。また、この寄進状の真偽については議論があり、私も『日本中世政治史研究』（一六〇頁以下）で取り上げ、信頼できるものとしたが、林譲「源頼朝の花押について」（『東京大学史料編纂所研究紀要』六）は、これを建久三年（一一九二）ごろに執筆されたとする興味深い説を述べている。

（14）これに類似した文言として、寿永三年三月感神院所司等解（『神田孝平氏所蔵文書』）に「神明者、依二人之帰依一、増二其威光一、人倫者、依二神之加護一、保二其寿福一」とある。なお、牟礼仁『中世神道説形成論考』一〇三頁参照。

（15）拙著『鎌倉時代政治史研究』七頁以下、拙稿「将門記所収の将門書状をめぐって」（岸俊男教授退官記念会編『日本政治社会史研究』中）三六三頁。

（16）治承四年（一一八〇）十月、富士川の合戦で敗れた平氏は十二月から攻勢に転じ、近江の源氏を破って美濃に兵を進め、墨俣で源行家率いる源氏勢と決戦を行うべく準備を進めていた。このころ熊野はしだいに反平氏的となり、翌養和元年（一一八一）正月、熊野衆徒は平氏方の守護する志摩を攻め、伊勢神宮の別宮である伊雑宮を襲い、神殿を破壊し、ついには内・外宮まで危うくなったが、伊勢での平氏方の指揮官である関信兼は、衆徒を敗走させた。このころ内・外宮の神主は、熊野衆徒の脅威が続いているから、神宮神人の美濃発向を免除してほしいと信兼に要請している（『神宮雑書』治承五・一二皇太神宮神主牒案）。平氏の兵士役は、神宮神人にも課されていたのである。一方、行家側には二千余人の熊野衆徒が参加したという（『玉葉』治承五・閏二・二十二条）。これは新宮出身の行家が熊野と結びついていたことによる。結局、三月の墨俣合戦で平氏方は大勝した。拙稿「源平合戦と紀州」（『和歌山県史』原始・古代）六九八頁以下、拙著『源平争乱と平家物語』二七一頁以下参照。

(17) これに関して『吾妻鏡』寿永元・五・十九、二十九条には、治承五・五・十九三河国目代大中臣以通送状、治承五・五・二十九太神宮政所権神主返状などを収めている。しかし治承五年（一一八一）は寿永元年ではなく養和元年に相当するから、この記事は養和元年の同日条に移されるべきである。関連記事は『玉葉』治承五・六・六、九・七条にあり、この主張を裏づける。なお『玉葉』（国書刊行会本）六・六条の「七月廿日比」は「去月廿日比」の誤り。また行家の告文の内容については、『玉葉』九・七条にふれているほか、『延慶本平家物語』巻六―二十四に全文を収めている。

(18) この件については『吾妻鏡』養和元・十・二十条のほか、『玉葉』九・十六、二十一、『吉記』九・二十、『百練抄』九・十三条等に見える。なお生倫が鎌倉に赴いた理由について、『吾妻鏡』には「為レ致二御祈禱一」とある。祈禱のため、頼朝が招いたものだろうか。その場合、頼朝があらかじめ生倫を知っていた可能性が強い。

(19) 拙稿「平氏政権の諸段階」（安田元久先生退任記念論集刊行委員会編『中世日本の諸相』上）五四一頁。

(20) 養和元年（一一八一）九月に熊野が平氏に背くと、平氏は十月、平為盛を追討使として派遣することとしたが、結局、実行された様子はない（『玉葉』九・二十八、十・十、十一、十三条）。なお前掲注(16)拙稿「源平合戦と紀州」七〇三頁、拙著『源平争乱と平家物語』二七六頁参照。

(21) この問題は拙稿「源平の争乱」（『新修 大津市史』2）で取り上げている。そこでは頼義が康平六年（一〇六三）鴿尾八幡宮で流鏑馬を行ったという伝えを、年代的に早すぎるとして疑ったが（二八頁）、治暦二年（一〇六六）に没した藤原明衡の『新猿楽記』に流鏑馬のことが出ているから、年代的に問題はなく、むしろ園城寺の寺伝を典拠とする点で、史料にやや問題はあるが、頼義の流鏑馬は、流鏑馬の古い例ということができる。なお、拙著『源平争乱と平家物語』二一一頁以下、高橋昌明「鶴岡八幡宮流鏑馬行事の成立」（『新しい歴史学のために』二二四）参照。

(22) 『吾妻鏡』は円暁の母を義家の娘とするが、『社務職次第』は為義の娘とする。年代的に見て後者の方が妥当である。

(23) 佐々木『中世仏教と鎌倉幕府』一四〇頁以下。
(24) 五味文彦「初期鎌倉幕府の二つの性格」(『日本歴史』三四五)。五味氏の説明の方が、拙著『日本中世国家史論考』二九三頁以下の私見よりも明解である。修正したい。

二、鎌倉大仏の造立

鎌倉大仏はその造立の事情について、なお不明な点が残っているばかりでなく、美術的、宗教的、さらには歴史的意義についても、その重要性にかかわらず、比較的低い評価しか与えられていない。ここではまず基本的事実を解明した上、大仏造立の宗教的、政治的背景を考察し、さらに当時の鎌倉における宗教界の状況を、幕府の政治とも関連づけて考えてみたい。

一　鎌倉大仏の基本的事実

鎌倉大仏については、基本的な事実になお未解決の点があるので、まずそれらを取り上げたい。

『吾妻鏡』暦仁元年（一二三八）三月二十三日条に「今日、相模国深沢里大仏堂事始也。僧浄光令ㇾ勧二進尊卑緇素一、企二此営作一云々」とあるのが、鎌倉大仏に関する最初の記事であり、浄光の勧進による大仏堂の事始が行われたとしている。五年後の寛元元年（一二四三）には、八丈余の阿弥陀像が完成し、供養が行われている（『吾妻鏡』六・十六条）。この間、仁治三年（一二四二）に鎌倉を訪れた際の紀行文である『東関紀行』によって、阿弥陀大仏が木像であったことも知られる。

寛元元年の供養から九年後、『吾妻鏡』の建長四年（一二五二）八月十七日条には「深沢里奉レ鋳二始金銅八丈釈迦如来像一」とある。さきの木像と違って金銅像であり、阿弥陀ではなく釈迦と記されている。このとき鋳始められた金銅像が、現存の鎌倉大仏に当たると考えられているが、㈠先の木像も、現存の大仏も阿弥陀仏であるのに、『吾妻鏡』の建長四年の記事のみ「釈迦如来像」とあること、㈡先の木像と後の金銅像との関係、㈢金銅像の完成時期などの問題が残されている。

第一点、すなわち阿弥陀か釈迦かについては、金銅像を「釈迦如来像」としたのは『吾妻鏡』の誤記であり、阿弥陀が正しいと見るのが、妥当な解決法であろう。

第三の金銅像の完成時期について清水真澄氏は、金銅像の鋳造に従った丹治久友の名を刻んだ鐘銘のうち、文応元年（一二六〇）十一月二十二日の川越市養寿院のものには、単に「鋳師丹治久友」とあるのに対し、文永元年（一二六四）卯月五日の東大寺真言院、同年八月二日の金峯山寺蔵王堂のものには「新大仏寺大工丹治久友」「鎌倉新大仏鋳物師丹治久友」とあることから、金銅像の完成を文応元―文永元年の間と見ている。[1] 一応もっともではあるが、論拠はやや弱いように思われる。

『授手印決答受決鈔』によれば、浄土宗鎮西派の然阿良忠は、下総から鎌倉に移った際、「大仏浄光聖」に会って生活の援助を求めたが、浄光は「志雖レ切、大営未レ遂、故可レ不レ如レ志」として、良忠らの食料と一字の坊だけを提供したという。浄光が思うような援助ができない理由として挙げた「大営未遂」は、大仏の未完成を意味するのであろう。ところで良忠が鎌倉に移ったのは、正嘉二年（一二五八）末か翌正元元年（一二五九）ころとされている。[2] この結論は清水説を補強することになる。さて『吾妻鏡』が金銅像の完成を記さないのは確かに不審であり、記事が見えないのは、『吾妻鏡』の欠巻によるのではないかと思われる。清水説を前提にして欠巻年代を考えると、弘長二年（一二六二）、文永元年（四月五日以前）の可能性が強まる。

金銅像の制作過程を示す史料はまったくないが、右の記事はいささかの参考になる。寛元元年に木像の供養が行われて後も、浄光は「大仏浄光聖」と呼ばれており、しかもそれが「大営未遂」であるから、木像に続いて金銅像についても、浄光が勧進に当たったことになる。

また建長三年の『大般若経』奥書（大阪府和泉市池辺弘氏所蔵）に、

奉レ納　相洲新大仏一切経也　勧進上人浄光

建長三年辛亥十二月七日奉レ写了　右筆隆然

とある。(3)建長三年といえば、金銅像の鋳造が始まる前年である。この時期に浄光が「相洲新大仏」のための勧進を行っているが、当時木像はすでに完成しているから、この勧進は金銅像のためのものということになり、木像、金銅像を通じて浄光が勧進したことが、さらに確認される。

最初に提起した三つの問題点のうち第二点、木像と金銅像との関係については、寛元元年に完成した木像が、宝治元年（一二四七）に大風で倒壊し、建長四年から金銅像が鋳造されたという説と、大風による倒壊を否定し、木像は最初から金銅像の原型として造られたという説とがある（後者はさらにいくつかの説に分かれるが、ここでは立ち入らない）。これまでの私の考察では、木像と金銅像の制作に継続性を認めており、いくらか後説に傾くことになるが、この点を解明する一つの史料を紹介したい。

仁治三年三月三日の追加（『追加法』二〇〇）は珍らしい史料でもないが、なぜか従来大仏をめぐる議論には利用されなかった。幕府が鎌倉中の僧徒の従類の帯刀を禁じたもので、「件輩剣刀者、仰二付小舎人一、随二見合一、抜二取之一、可レ施二入大仏一之由、被二仰下一之」とあり、刀剣を没収して大仏に施入することにしている。施入された刀剣を利用するには、木像より金銅像の方がふさわしい(4)。仁治三年といえば、木像が完成する前年で、木像は三分の二程度しか出来上がっていなかった（『東関紀行』）。そのころすでに銅像の制作が企画されていたのであるから、大風による木像の倒壊が、金銅像制作の契機であったとは考えられない。

最後に文永五年の日蓮の書状には、建長寺・寿福寺・極楽寺・多宝寺・浄光明寺等と並んで大仏殿を挙げており、大仏殿には別当が置かれていた（『日蓮聖人遺文』一―五二一、五八）。この点から見れば、大仏殿は一つの寺院であるかに見える。阿弥陀大仏を安置した大仏殿以外に堂宇が存在した証拠はなく、「大仏殿」が正式の名称であって、それ以外に寺号を持ってはいなかった。

二　鎌倉幕府の関与

大仏は念仏僧浄光の勧進で造られたというが、実は鎌倉幕府の関与が大きかったことは明白である。その点を種々の側面から検討してみよう。

まず造立費であるが、第一に事始の翌年、延応元年（一二三九）九月の浄光申状（『一条家本古今集秘抄』裏文書）には、

新大仏勧進上人浄光跪言上

可レ賜二重人別一文御下知於北陸西国一事

（中略）所レ祈者、東土利益之本尊也。已預二東土助成之下知一。所レ念者、西方極楽之教主也。盍レ遂二西方勧進之

中懐㆒。（中略）始㆑自㆓東海東山㆒、至㆓于山陰山陽㆒、広蒙㆓成敗㆒、適可㆓勧進㆒。雖㆓西海之波上㆒、勿㆑漏之。覃㆓北陸之雲外㆒、必達㆑望。重為㆑賜㆓御下知㆒、跪以猶令㆓上啓㆒（下略）

とある。勧進上人浄光が、北陸、西国（西海）に対して人別一文を差出すよう下知して欲しいと、幕府に要請しているのである。

この申状に見る限り、北陸・西海だけが対象になっているが、実はすでに、恐らくは勧進の開始とほぼ同時に、東土（東海・東山道）に、ついで山陰・山陽道に幕府の下知が出されており、このたびさらに北陸・西海道にも及ぼそうとするものであり、要するに幕府は勧進への助成を全国的に下知したのである。従って勧進は幕府の全面的な支援の下に行われており、勧進といっても強制に近い。

第二に仁治二年（一二四一）には、囚人逐電の科として、預人の御家人から過怠料を徴収し、新大仏殿の造営に寄進している（『吾妻鏡』四・二十九条）。

囚人逃失の罪科については、寛喜三年（一二三一）逃亡者が謀叛人などの重科である場合を除き、寺社修理等の過怠を行うことが規定され、天福元年（一二三三）には囚人を預かっていた大番衆や在京輩に清水寺橋の修理を課することになっており（『追加法』三四、六一）、さらに仁治二年に至って新大仏殿造営が登場したのである。

第三に人倫売買銭の寄進がある。幕府ははじめ朝廷の禁令を受けて、人身売買を禁じていたが、寛喜三年の飢饉の際には一時黙認した。しかし飢饉が鎮静すると、延応元年以来、あらためて禁止を確認し、寛元三年（一二四五）には、

一、人倫売買直物事　寛元三　二　十六

於㆓御制以前事㆒者、本主可㆑被㆓糺返㆒。至㆓御制以後沽却㆒者、不㆑可㆑糺㆓返直物㆒。本主分直物者、可㆑被㆑付㆓

祇園清水寺橋用途㆒。又於㆓其身㆒者、不㆑可㆑返㆓給本主㆒、可㆑被㆓放免㆒也（『追加法』二四四）

という追加を出した。御制、すなわち延応元年の禁令以前の売買については、本主（売主）が買主に直物を返して身柄を受け戻すが、それ以後の売買は違法であるから、本主が支弁する直物は買主に返されず、祇園・清水寺橋の用途に充てられ、売買された人身も本主には戻されず、放免されるのである。(5)

建長七年（一二五五）の追加に「人倫売買銭事、被㆑寄㆓進大仏㆒畢」（『追加法』三〇四）とあるのは、寛元三年令で祇園・清水寺橋用途に充てられることになっていた人倫売買銭が、その後、建長までの間に大仏に寄進されることになったのを意味しており（すべてがそうなったかは疑問だが）、これも過怠料に属する。囚人逃失の罪科については寛喜三年令が基本になっており、時に応じて種々の対象に過怠料が寄せられ、清水寺橋用途に充てていたのを大仏殿造営料に充てたのと同様である。

過怠料の規定は、『御成敗式目』では十五、三十五、四十七条に見え、何れも寺社の修理を課しているが、他に橋の修理もあり、さらに清水寺橋・祇園橋・大仏殿等と対象を具体的に示すようになるのである（上記のほか『追加法』六九など）。

第四に費用の捻出とはいえないかも知れないが、前述の仁治三年の追加では、侍所の小舎人に命じて、鎌倉中僧徒従類の帯する刀剣を没収させ、大仏に施入することとしている。

第五に後年のことであるが、鎌倉末期、元徳二年（一三三〇）関東大仏造営料唐船が元に派遣されている(6)（『金沢文庫文書』〈元徳元〉十二・三崇顕書状）。寺院造営のための貿易船の派遣は、鎌倉幕府関係に限定しても、徳治元年（一三〇六）の称名寺を最初として、勝長寿院、建長寺等に関するものが知られている。幕府はこれらを公許しただけでなく、御家人に警固を命じたりしている。

以上、鎌倉大仏造営費の財源を概観したが、浄光の勧進自体が幕府の下知状を帯したものである上に、過怠料、刀剣の没収、造営料唐船の発遣等、すべてにわたって、幕府の全面的な援助を指摘することができる。これは中世の勧進にしばしば見られるところであり、かの重源の東大寺再建の場合、東大寺造営の勅旨を受け、「朕之勧進」云々と書かれた宣旨を帯して諸国を勧進したのであり、それが国家的事業であったことは明白である（『南無阿弥陀仏作善集』、『東大寺続要録』造仏篇）。鎌倉大仏の場合、浄光の発意が先行するとしても、一人一文の助成を命じた幕府の下知は、課税に似ており、その支援はより徹底しているとさえいえる。

従って勧進は公的事業の民間請負といってもよいが、権力が関与する前提に、聖の自発的な勧進が存在していた。すなわちこの時代には、寺社や橋の修造は、民間の勧進によることが多く、権力が果たす役割は補助的、二次的に過ぎなかったのである。「清水寺橋鴨川　同《保延五》六月十五日癸酉供養之。洛中貴賤知識造レ之」（『濫觴抄』巻下）とあり、「永治二年（一一四二）始、祇園四条橋、為二勧進聖沙汰一亘レ之」（『社家条々記録』、『八坂神社記録』上所収）とあるように、平安後期以来これらの橋の修造は勧進によって行われており、重源や忍性も多くの橋を造っている。(7) しかも「何れか清水へ参る道、京極くだりに五条まで、石橋よ」（『梁塵秘抄』巻二）と歌われたように、清水寺橋は石橋で、石橋を造る技術さえ持っていたのである。鎌倉幕府が関与するのは、幕府と関係の深い場合に限られている。清水寺橋が六波羅探題に接するという軍事的重要性から、幕府は橋の修造に熱心だったのである。

貿易船の派遣についても同様である。関東大仏造営料唐船は名越善光寺長老が大勧進となっており、幕府はこれに許可や保護を与えたのである。永く日本と中国との間に正式の国交が行われていない事情も、このような貿易形態を生ませたのであろう。貿易船の派遣も一種の勧進であり、この「大勧進」には勧進元、すなわち興行主、世話人の意味が含まれている。概していえば、私的、宗教的な金品募集行為と、権力側の支援・保護との接点に勧進があったといえよう。

木像大仏の供養は寛元元年六月十六日に営まれたが、この供養を通じても、大仏の公共的性格を指摘することができるので、一、二付け加えておきたい。供養の導師は卿僧正良信であったが、彼は元来比叡山にあり、関東に下向した僧で、勝長寿院別当となり、北条政子の周関仏事、後鳥羽上皇追福供養の導師、執権北条経時出家の戒師などを勤め、幕府の護持僧の一人に挙げられており（『吾妻鏡』寛元元・六・十六、元仁元・八・八、嘉禄二・七・十一、寛元二・六・四、寛元三・六・三、寛元四・四・十九、安貞元・十二・十三条）、幕府権力と密接に結びついていた。供養が行われた寛元元年六月十六日という日にも注意を払わねばならない。その前日、十五日は故執権北条泰時の一周忌であり、彼が創建した山内粟船御堂で仏事が営まれ、孫の経時・時頼、弟の朝時・政村をはじめ、北条一門の人々が出席した（『吾妻鏡』）。その翌日に大仏供養が行われたのは、木像の建立を援けた泰時の追福の意味があったと思われるのである。

三　金銅八丈の阿弥陀仏

高橋秀栄氏が「金沢文庫保管『大仏旨趣』について」（『金沢文庫研究』二七一）で紹介した『大仏旨趣』という史料に接して、私は感動と興奮を禁じ得なかった。

その内容を見ると、「次願主聖人ノ此程ノ大伽藍ヲ建立セ□ト思食候ケ□最初ノ御心ハ」ではじまり、大仏と大仏殿を造立する趣旨を述べ、人々に一針一草の縁を結び、一仏浄土に迎えられるように勧めている。文中に「願主聖人」「勧進聖人」とあるのは浄光であろう。

片仮名まじりのこの文章は、読み聞かせるための文体であり、所々に返点を施しているのも、正しく読むためであり、これらの特徴から見て、この史料は勧進状と考えられる。縦一六センチ、横一二センチ、七紙という体裁も勧進聖の携帯の便を考慮したものであろう。

丈六ノ仏ナドヲ思食立ダニモ、無縁ノ御身ニテハ、無計大願ニテコソ候ベキニ、八丈ノ仏ナドヲ思食立候ケル事ハ、計知非ト凡夫ノ境界ニハ云事ヲ承候ヘバ、於八幡之社壇ニ、五更ノ暁、感メ一ノ霊夢ヲ、自其以来、思立テ此大願ヲ始御。而八幡大丼ト申ハアミダノ三尊也。故アミダ仏ノ御勧ニ依テ、アミダ仏ヲ造ルコソ候ナレ。[8]

東大寺の大仏は聖武天皇の御願で造られた。当時は時代も上世で、国も豊かであった。いま末法の世に、しかも東国のような辺国では、丈六仏を思い立つのさえ大願であるのに、どうして八丈の大仏を造ろうなどと企てたのか。その発願の契機として、浄光が鶴岡八幡宮の社壇で感じた霊夢を挙げるのである。

東大寺の大仏は盧舎那仏である。しかしその後盧舎那仏が造られることは少なく、釈迦に代えられるのが常であった。しかるに鎌倉大仏はなぜ阿弥陀なのか。念仏僧が造ったからだといってしまえばそれまでだが、『大仏旨趣』はその理由を説明している。

「八幡大丼ト申ハアミダノ三尊也」とあるが、本地垂迹説では、八幡は阿弥陀の垂迹である。八幡の夢告で造像を思い立った浄光は、阿弥陀仏に勧められたのだから、阿弥陀大仏を造らねばならない。すなわち「アミダ仏ノ御勧ニ依テ、アミダ仏ヲ造ル」のである。

阿弥陀大仏は鎌倉武士の信仰の中核である鶴岡八幡と並び、あるいは本地仏であるだけに八幡をも超えて、鎌倉の宗教的頂点に位置づけられることになる。このような思想は、念仏が幕府権力と結んで繁栄していく一因となったと思われる。

仏法ハ依王法ニ一、ここハ依仏法ニ一事ナレバ、我朝ノ勝事、奇特ノ霊地モ都ノ辺ニコソ多ク候へ。然大井何様ニ覧思食
テカ遥凌東ノ風ヲ一、□聖人ニ一、大仏ヲ此国ニ建立セラレ候事、此所ノ令然一、ミダ利生ノ処也ケリト被思連一

王法・仏法は相依の関係にあるのだから、霊地は当然朝廷のある都の近辺に多い。しかるに八幡大菩薩は大仏建立の地として、なぜ坂東を卜されたのか。これは前述のように「辺国」に大仏を造ったのを問題にしているのと同じ発問である。また「今聖人ハ任八幡大井ノ夢告ニ一、八丈仏像ヲ安ズ東関之境ニ二」とも記されている。「辺国」「東風」「東関之境」などの言葉で、東国に大仏を建立する意義が、くり返し述べられているのである。

前掲の延応元年（一二三九）の浄光申状にも、「所レ祈者、東土利益之本尊也」「漸仰二大菩薩之冥助一」など、『大仏旨趣』と共通する思想が見受けられる。「大菩薩之冥助」という表現も、漫然と用いられているのではなく、八幡の夢告で造像を発願した浄光の体験を背景にしているし、また大仏は八幡と並び、「東土利益之本尊」、東国の本尊として位置づけられているのである。

『大仏旨趣』にもあるように、鎌倉大仏が典拠として仰いだのは東大寺大仏であった。両者の対比に関連して思い出されるのは、『吾妻鏡』が北条泰時による『御成敗式目』の制定を意義づけて、「是則可レ比二淡海公律令一歟。彼者海内亀鏡、是者関東鴻宝也」と記していることである（貞永元・八・十条）。海内（日本国）の亀鏡である『大宝律令』と、関東の鴻宝である『御成敗式目』との関係は、海内の本尊である東大寺大仏と、東土の本尊である鎌倉大仏の関係と相等しい。

『大仏旨趣』では「都辺」こそ仏法の中心になるのが当然だと見て、東国を「辺国」として卑下しているように見える。『式目』制定時の泰時の八月八日付消息に「京辺には定めて物をもしらぬゑびす共が書きあつめたる事よなど、わらはるる方も候はんずらんと、はゞかり覚え候へば」とあるのと同様の表現である。しかし泰時の消息で

述べられている真意は決して東夷の謙下などではなく、従来の律令法・公家法が武士の社会には適合しないとして、武家の道理に基づく立法によって、土民安堵までも実現しようとする強い自負であった。一方、『大仏旨趣』で述べられているのも、「辺国」である東国こそが、七道諸国六十余州の中でも、八幡大菩薩の意による弥陀利生の地であるという強い自負なのである。北条泰時と浄光、『吾妻鏡』・泰時消息と『大仏旨趣』との間には、朝廷と「京辺」「都辺」の文化に対する「東夷」「辺国」の自己主張として、思想の上でも、レトリックの上でも驚くべき共通性が認められるのである。

「関東」の自己主張は「海内」に対してなされたのであった。従って関東大仏は東大寺大仏に対立して造られたのであって、やや関東に先行してスタートしたが、所詮は権門九条道家の造像にすぎない東福寺大仏などを意識してはいなかった。

関東大仏が東大寺大仏に対抗しようとする限り、それは木像ではあり得ず、東大寺同様に金銅像でなければならなかった。木像は暫時の仮設であり、当初から究極的には金銅像の制作が企図されていたのだと思う。

しかし「関東」の反対語は「関西」であって「海内」ではない。「関東」は独立している反面、「海内」に包摂され、従属する一面をも持っており、このような二面性が、少なくとも泰時の段階までの公武関係を特徴づけていた。(9)従って「この阿弥陀（関東大仏）は八丈の御長なれば、かの大仏（東大寺大仏）のなかばよりもすすめり」（『東関紀行』）という両大仏の像高の差は、そのまま海内と関東との差を象徴していたのである。

鎌倉大仏はなぜ八丈なのだろうか。『大仏旨趣』で、末世の辺国では丈六仏でさえ大願だのに、どうして八丈仏を発願したのかを、八幡大菩薩の夢告と関連づけて説明していることはすでに述べた。「今ノ聖人ハ、八幡大井ノ夢告ニ任セテ、八丈ノ仏像ヲ東関之境ニ安ンズ」という件りも、八丈の仏像を「東関之境」に安置した契機を、八幡大菩薩の夢告に求めている。[10] この箇所を読むと、像高が八丈であるのは、八幡の夢告によるもので、八幡だから八丈なのだ、という理解が生まれてくる。これは単なる語呂合わせで、像高を八丈にした原因など、問題にするのが愚かだという批判もあるかもしれない。しかし私には「八」という数字が、坂東武者にとって特別な意味を持っていたように思われてならないのである。

伊豆流罪中、法華経一千部のうち八百部を転読した頼朝は、治承四年（一一八〇）七月、挙兵に先立って、走湯山の文陽房覚淵に仏陀への啓白を作らせたが、それには「君者、忝　八幡大菩薩氏人、法華八軸持者也。稟二八幡太郎遺跡一、如レ旧相二従東八ヶ国勇士一、令レ対二治八逆凶徒八条入道相国一族一給之条、在二掌裏一。是併可レ依二此経八百部読誦之加被一」と「八」の字が連ねられており、頼朝は感嘆欽仰したという（『吾妻鏡』五日条）。「八逆凶徒八条入道相国」は別として、幕府ないし坂東で「八」は吉数として喜ばれており、それ故に八幡の夢告で、八丈の仏を造ることになったのではなかろうか。

以上、『大仏旨趣』を手掛かりとして、金銅八丈の阿弥陀大仏が造立された意義を考えてみた。

四　体制派寺院

阿弥陀大仏を安置する大仏殿以外に付属する堂舎はなく、「大仏殿」が正式の名称であることはすでに述べた。しかし前述の事情で創建された大仏殿は、幕府の下で、「官寺」としての処遇を与えられた。

文永五年（一二六八）蒙古の牒状が到着して九か月後、日蓮は幕府の要路や諸大寺に書状を寄せ、邪宗を捨てて法華経に帰依することを求めた。四名の要人はさておき、寺院は建長寺、寿福寺、極楽寺、大仏殿、長楽寺、多宝寺、浄光明寺の七寺である（与平左衛門尉頼綱書、『日蓮聖人遺文』一―五四）。建長・寿福寺は禅、極楽・多宝寺は律、浄光明・長楽寺・大仏殿は念仏ということになる。鎌倉初期以来の永福寺、勝長寿院、鶴岡八幡宮寺など顕密寺院の繁栄は続いていたが（弘安元・九・六妙法比丘尼御返事、『日蓮聖人遺文』二―一三〇五）、文永年間には禅・律・念仏の前記諸寺が、体制派寺院に列していたのである。

この七寺の中では、正治二年（一二〇〇）北条政子が栄西を開山として創建した寿福寺が、とくに古い由緒を持っている。しかし貞応二年（一二二三）、仁治三年（一二四二）に鎌倉を訪れた『海道記』『東関紀行』の作者は、寿福寺について何も記していない。旅人の目を引くような寺院ではなかったのである。それが鎌倉末、元亨三年（一三二三）の北条貞時十三年忌には、建長、円覚寺に次いで二百六十人の僧衆を参加させている（『円覚寺文書』北条貞時十三年忌供養記）。このように寺院の地位が向上するに至った時期は明らかでない。しかし鎌倉中期までは唯一の禅刹としてユニークな寺院であり、それ故に宝治元年（一二四七）には蘭渓道隆が大歇了心を訪うて寿福寺に入っている。また正嘉元年（一二五七）には円爾弁円が止住し、鐘鼓魚板一時に響を改めたというが（『元亨釈書』巻七）、禅宗が繁栄しはじめたこのころが転換期であろう。

長楽寺は『吾妻鏡』文応元年（一二六〇）四月二十九日条に「鎌倉中大焼亡。自二長楽寺前一、至二亀谷人屋一」とある。これより先、『大日経縁起』の跋には「文暦二年（一二三五）七月廿日、於二長楽寺一書写了交合了」とあるが（『金沢文庫古文書』十一、識語編二、一五二二頁）、当寺のこととは断定できない。

建長、極楽、多宝、浄光明の諸寺は、いずれも時頼の時代（執権辞任以後をも含めて）の創建であり、寿福寺の繁栄も時頼以後だし、大仏殿も泰時の時代から時頼の時代まで工事が継続している。

嘉元三年（一三〇五）に成立した『雑談集』には「律僧・禅僧の世間に多くなり侍る事、わずかに五十余年也」

と記しており、時頼の宝治（一二四七―九）、建長（一二四九―五六）期が転換期であったと見ている。やや早く流布しはじめた念仏に律・禅も加わり、新しい諸宗派が興隆し、新寺院が建立され、従来の顕密諸宗とならんで体制化していったのは、時頼の時代からなのである。勝長寿院・永福寺・鶴岡八幡宮寺と建長寺・極楽寺・大仏殿等々との対比を通じて、鎌倉殿独裁期と得宗専制期との体制派寺院の変動を知ることができる。そして泰時の執権政治期に木造阿弥陀仏でスタートした大仏造立事業は、時頼の得宗専制期に金銅像として完結したのである(11)。

五　念仏と律

大仏に先立って、念仏聖による勧進として知られるのは、貞永元年（一二三二）往阿弥陀仏による和賀江島の築造である。この事業によって鎌倉の港湾機能が著しく改善され、鎌倉が東アジア通商圏の一環に組み込まれ、中国文化の輸入にも有利な条件を獲得するようになったのは、周知のとおりである。着工と竣工にあたって、平盛綱・尾藤景綱・諏方盛重ら得宗被官が臨んでいることは、執権北条泰時の関与を意味しており、「武州（泰時）殊御歓喜、令二合力一給」とあるとおりである（『吾妻鏡』七・十二、十五、八・九条）。

その前年、寛喜三年（一二三一）往阿弥陀仏は筑前宗像社に近い鐘御崎に嶋を築き、風波の難を凌ごうとした。従来宗像社では葦屋津新宮浜に漂流した寄物を修理用途に充てていたが、築島に伴い、それが禁止されたため、幕府を通じて朝廷に上奏した結果、同国曲村の田地四十町が社領に充てられることになった（『鎌倉遺文』四〇〇八、四一二一号）。宗像社が将軍家領、関東御祈願所であったこともあって、築島には幕府も関係していたと見られ、築島の専門家である往阿弥陀仏は幕府とのつながりを深め、和賀江島を築くことになったのであろう。

鎌倉時代でも当初は念仏僧が勧進に大きな位置を占めていた。勧進は金品の寄附を募ることを意味するが、本来は人々に勧めて仏道に導くことであり、中でも念仏勧進は重要で、念仏による結縁が行われたのである。浄光や往阿弥陀仏も念仏僧であるが、もっとも著名な勧進聖である重源も同様であった。東大寺復興のためのその勧進は、人々に阿弥号を授け、念仏道場としての別所を設け、来迎を模した迎講を行うなど、念仏流布の諸活動との関連の下に行われているのである。また橋を架け、用材運搬のために港湾を整備するなど、後年の勧進の原型は、重源において完備しているといってよい。

しかし鎌倉時代も後半になると、律僧が勧進に大きな位置を占めるようになり、諸寺大勧進職も、律僧の就任が多くなる。このような傾向と関係があるのだろうか、弘安七年（一二八四）に忍性は永福寺・五大堂・大仏の別当に補せられている（『性公大徳譜』）。徳治二年（一三〇七）以前に、和賀江島が律宗寺院である極楽寺の管掌下に置かれていたことは確かであるが（『金沢文庫文書』徳治二・六・十八問注所執事連署奉書案）、文永二年（一二六五）に日蓮が忍性を非難し、「飯嶋の津にて六浦の関米を取て」（『聖愚問答鈔』巻上）と記しているのを見ると、当時早くも和賀江島が忍性の手中に帰していたことがわかる。このように大仏にしても、和賀江島にしても、念仏僧が勧進で造築した成果が、律僧の手に移る傾向が指摘されるのである。

鎌倉では念仏と律との同化、協力が顕著である。文永八年の旱魃の際、忍性が祈雨の祈禱を行って失敗し、日蓮から手きびしく揶揄された際には、忍性とともに「法然上人之孫弟」である良忠や道教らが日蓮を幕府に訴えた（『日蓮聖人遺文』一―八四）。日蓮を共同の敵として、律僧と念仏僧との提携が成立しているのである。また日蓮の消息に「両火房は百万反の念仏をすゝめて、人々の内をせきて、法華経のたねをたゝんとはかるときくなり」（同上、二―一二六六）とあるように、両火房（良観房忍性）が百万反の念仏を勧めたともされているのである。

念仏と律との本来のあり方からすれば、このような現象は奇異に映る。法然の専修念仏の立場では、浄土往生のためには持戒は無用ということになるが、これに対して南都仏教の貞慶や明恵は戒律を強調し、両者は激しく対立していたはずだからである。

鎌倉の念仏は結局律に従属したように見えるが、それを促進したのは、弘長二年（一二六二）忍性の師の叡尊が鎌倉に下向したことであった[12]。金沢実時の招きによって鎌倉に下った叡尊は、北条時頼をはじめ、多くの人々に帰依され、戒を授けているが、私が注意したいのは他宗の僧侶に対する教化である。

『関東往還記』には、数輩の禅僧が叡尊を訪れ、布薩を共にしたいと望んだが、叡尊は許さなかったとか、寿福寺の僧が小袖などを進めたが受け取らなかったとか、建長寺の禅僧たちが叡尊から菩薩戒を受けたとかの記事がある（弘長二・二・晦、三・二、七・十八条）。禅僧たちは叡尊に協力的だったのである。

重要なのは念仏僧の場合である。新善光寺の別当で、「念仏者の主領」である道教は、叡尊との対面を望み、近辺に寄宿した（『関東往還記』七・十九条）。授菩薩戒弟子交名（『西大寺叡尊像納入文書』）に「念空道教房」の名が見えることから、彼が叡尊に菩薩戒を授けられたことがわかる。のち道教が忍性とともに、日蓮を訴えたことはすでに述べたが、道教と律との関係は、叡尊の下向時に溯るのである。

『関東往還記』五月三日条には「有二古迹講一、念仏者侍従人道誓阿数日聴聞之間、改二日来之邪義一、可レ専二断悪修善一之由、立二数十ヶ条之誓一、進二長老一（叡尊）。於レ今者、抛二偏執一、以二正法一、可レ化二俗衆一之由、慇懃誓約」とある。熱烈な専修念仏の信者であったと思われる誓阿は、叡尊の講筵に列した結果、邪義・偏執を抛擲し、断悪修善を専らにし、正法に帰することを叡尊に誓ったというのである。

念仏は比較的早く鎌倉で流布したが、さらに建長六年（一二五四）には蘭渓道隆が、弘長元年には忍性が鎌倉に入った。日蓮の鎌倉入りは建長五年で、やや早い。得宗専制期を迎えた時頼時代の都市鎌倉とその文化は活況を呈し、宗教人にとって教説流布に魅力的な土地であった。しかし幕府の眼には、僧侶が執論の鋒を争い、名利の門に趨り、在俗の輩が梟悪化するものと映じ、これを仏法の凌夷、国土の凋弊として危惧し、叡尊を請じて道俗の化導を期待したのである（『関東往還記前記』弘長元・十二・二十八条）。幕府にとって叡尊は、ひとり正法を行って化導に努め、徳行常篇を超える高僧であった（同上および『関東往還記』弘長二・五・十七条）。

叡尊の弟子が著した『関東往還記』に依拠せざるを得ない史料的制約はあるが、禅僧・念仏僧が叡尊に慴伏したことは、叡尊招聘が成功であったことを意味している。左馬権頭長綱は叡尊下向の成果を「関東諸人、皆趣㆓断悪修善之道㆒、悉廻㆓理世撫民之計㆒」（『関東往還記』六・八条）と評している。さきの誓阿の場合に徴しても、「断悪修善」「理世撫民」は、専修念仏の反社会的側面を抑圧し、幕府の政策を助ける意味が強いと思われる。

このように考えると、叡尊と律は、当初から諸宗、諸僧に対する優越的地位を幕府に保障されていたことになる。叡尊の衣鉢を継ぐ忍性が後年顕栄を極め、「生仏の良観聖人」（弘安元・九・六妙法比丘尼御返事、『日蓮聖人遺文』二一三〇五）とまで崇められる原因は、すでに叡尊によって準備されていたのである。

このような状況の中で、念仏寺院の律宗寺院化が進む。東国における律宗の二大拠点である極楽寺も、称名寺も、もとは念仏寺院であった。称名寺を創めた金沢実時は、弘長二年、叡尊を鎌倉に招くにあたり、同寺の不断念仏衆を停止して叡尊を迎えようとした。叡尊は自分の住所に充てるため、念仏を停止するのを望まないとして辞退したが（『関東往還記』二・二十七条）、のち文永四年には、忍性の推挙で下野の薬師寺から審海が迎えられ、律院に改められた。忍性が坂東で最初に本拠を構えた常陸三村の清涼院も、当初は念仏寺院であった。念仏のベースの上に律が栄えていったのである。

幕府は嘉禎元年（一二三五）、弘長元年の二度にわたり、念仏者取締令を出している。内容はほぼ同じであり、魚鳥を食い、女人を招き寄せ、党類を結び、酒宴を好む類を鎌倉から追放する一方、道心堅固の輩は禁制の限にあらずとするものであった（『追加法』七五、三八六）。念仏者を「道心堅固之輩」と「濫行者」とに選別し、後者を放逐するのであり、それは念仏者に対する持戒の要求である。幕府の支配下で念仏が生き続けるには、この条件を充たさねばならなかった。叡尊招聘の使者が叡尊のもとを訪れたのは、二度目の念仏者取締令が出されて、数か月後のことであった（『金剛仏子叡尊感身学正記』弘長元・十・八条）。

誓阿が叡尊に接して「偏執を抛」ったとある点も重要である。偏執（専修）の放棄もまた幕府体制下における念仏者の条件である。その結果、浄土宗の中でも諸行本願義が鎌倉ではとくに栄えることになる。称名念仏のみを往生の本願とするのは、仏の慈悲を狭めることになり、念仏・諸行のいずれに対しても浄土往生が約束されているとするのである。

叡尊から受戒した新善光寺の道教は諸行本願義の中心的人物であり、その弟子の性仏（道空）は明恵の『摧邪輪』に附順して『選択集』を難じた（『浄土伝燈総系譜』巻下）。浄光明寺の開山となった真阿も諸行本願義であり、永仁四年（一二九六）正月二十三日真阿譲状には「当寺（浄光明寺）者、根本慕二善導大師之遺誡一、持戒念仏寺也」（『浄光明寺文書』）とあり、法然の『選択集』は善導の教説の不当な解釈だとし、持戒念仏を主張しており、法然離れが著しい。このようなあり方の念仏が、律と連合したり、律に包摂されていくのは当然であろう。

道教とともに日蓮を訴えた念仏者の中でも、良忠は鎮西義で道教とは立場を異にする。勧進で大仏を造立した浄光は、良忠と親しかったのだから鎮西義かと思われる。この流派は口称念仏を主張しつつも、諸行往生をも肯定するのだから、やはり律と協調していけるのである。

鎌倉で念仏が生きていく条件は、専修を捨てて戒律を守ることであった。しかし念仏寺院が律院となり、念仏の信者が律に帰依しても、念仏が捨てられ、衰微していくことを意味しない。もと念仏の信者で、のち忍性に帰依した北条重時は、律と念仏との有効な使い分けを提唱している。

一、人の年齢により振舞ふべき次第、（中略）三十より四十、五十までは、君をまぼり、民を育み、身を納、ことわりを心得て、じんぎをたゞしくして、内には五戒をたもち、政道をむねとすべし。（中略）さて六十にならば、何事をもうちすてゝ、一遍に後生一大事をねがふて、念仏すべし（『極楽寺殿御消息』）

三十歳から五十歳までは、仁義や五戒が重要で、それは儒教や律によって保たれる。律は鎮護国家的性格を持ち、聖朝安穏を祈る。[13] 叡尊の東下が理世撫民に有効であったことはすでに述べたが、その具体的な事例も存在する。播磨の訴訟人が叡尊の古迹講を聴聞した結果、宿訴を黙し、所帯の文書を焼いて出家したのである（『関東往還記』五・十二条）。下総のある地頭が領家と相論し、対決した際、いさぎよく相手の主張の理を認めて、「アラ負ケヤ」といったところ、裁判に当たっていた執権北条泰時は「返々イミ敷聞ヘ候。正直ノ人ニテヲハスルニコソ」と涙ぐんで地頭をほめ、領家も地頭の年貢未進を軽減したという逸話が『沙石集』に見える（巻三―二「問注ニ我ト劣タル人事」）。「父子兄弟親類骨肉、アダヲムスビ、タテヲツキ、問注対決シ、境ヲ論ジ、処分ヲ諍フ事、年々ニ随テ世ニ多ク聞ユ」（『沙石集』巻九―四「芳心アル人ノ事」）といわれるように、問注対決の著増した世の中で、自らの非を認め、相手と融和していくことは、幕府が期待した理想であり、そのための道俗の化導を叡尊に期待したのであるが、播磨の訴訟人の場合、その理想が現実化したのである。律宗にはこのような政治的有効性があり、それ故に朝廷や幕府と結びついて発展していったものといえよう。

律に先立って鎌倉で流布していた念仏は、平安以来の仏教の大きな潮流であり、鎌倉武士の中にも来世に不安を抱き、浄土往生を願う人は少なくなかった。しかしこの系統では来世に価値を認め、現世を穢土と見、戒律を否定し、一向専修の立場をとるなど、権力者の受容しがたい性格が内蔵されていた。他面「おそろしき哉や地獄のくるしみ」（『極楽寺殿御消息』）という不安は尽きないから、六十歳以上の老年は引退して念仏にすがることになる。律と念仏をその効用に応じて巧みに使いわけ、現世においても来世においても利益を享受しようというのが、重時のとった方法であるが、それはより一般化して、鎌倉幕府体制下の律と念仏とのあり方と見ることもできる。あるいはまた日本人の信仰のあり方の一端ともいえるかもしれない。

注

（1）清水真澄『鎌倉大仏』一一一—三頁。鐘銘は坪井良平『日本古鐘銘集成』九〇、九四頁参照。

（2）恵谷隆戒『然阿良忠上人伝の新研究』四四頁。

（3）赤松俊秀「新発見の相州新大仏一切経（奥書）」（『日本歴史』一五五）。なお田沢坦「鎌倉大仏に関する史料集成稿」（『美術研究』二一七）は、関係史料を集めており、便利である。

（4）後述のように、浄光は一人一文の銭を集める計画をしている。荒木宏『技術者のみた奈良と鎌倉の大仏』は、この銅銭を銅造大仏の地金に用いたと解している（一〇七頁以下）。清水氏は浄光の言上状が木造大仏造立のためのものだという理由で、荒木説は成り立たないとする（前掲八一頁）。しかし本文で述べたように、当初から金銅像制作の計画があったと考えた場合、この批判は当たらない。ただ荒木氏がいうように、洪鐘を鋳る材料に銅銭を用いた例は確かにあるが、寺院造営のために貿易船を派遣し、中国から輸入した銭貨が、すべて鋳つぶされたとは考えられず、やはり貨幣として造営費に充当されたと見られる。当時寺院の造営費には銭貨が充てられることが多く、鎌倉大仏と同じころ、京都で創建された東福寺の造営費は、諸堂・諸仏合わせて十三万八千五百貫文であった（建長三・十二大仏師院信注進状、および大工左衛門大夫弘光注進状。いずれも『東福寺誌』九二—三頁所収）。西園寺公経の沙汰した唐船が、銭貨十貫文をもたらしたというから（『故一品記』仁治三・七・四条）、いかに銭貨輸入が寺院造営に有効であったかがわかる。銭貨と違って、刀剣の方は鋳つぶしたと考えられる。
(5) この解釈は、牧英正『日本法史における人身売買の研究』九九頁以下参照。
(6) 派遣の年代については、百瀬今朝雄「元徳元年の中宮御懐妊」(『金沢文庫研究』二七四)参照。
(7) 清水寺橋、祇園四条橋と勧進については、中ノ堂一信「中世的勧進の形成過程」(日本史研究会史料研究部会編『中世の権力と民衆』)四二七頁以下、網野善彦『無縁・公界・楽』一六六頁以下参照。
(8) 引用は原文の体裁を残したが、句読点・濁点は適宜加えた。
(9) 東国国家論と権門体制論は、この二面性の一方を強調する理論であり、両者の統合が必要なことは、拙著『日本中世国家史論考』二八七頁以下、三四三頁以下参照。
(10) 高橋前掲稿は「東関之境」を「鎌倉の出入口ともいうべき領域」と解し、「相模国深沢里」を指すと見ている。これは「境」を「境界」の意にとったのであるが、この場合の「境」は「境域」を意味し、「東関之境」は関東、東国の意味である。
(11) 私は鎌倉幕府の歴史を鎌倉殿独裁政治(北条政子の死まで)、執権政治(泰時・経時期)、得宗専制政治(時頼以後)の三期に区分し、合議的な執権政治は、得宗専制が鎌倉殿独裁にとってかわるまでの過渡期の例外的現象と見ている(『鎌倉時代政治史研究』一八頁)。過渡的な執権政治は、鎌倉殿独裁政治よりも、得宗専制政治に接続している。仏教などの文化について見ても、泰時の執権政治期のそれは、時頼時代の先駆となり、源氏三代期には対立する性格のものである。
(12) 叡尊の下向については、吉田文夫「西大寺叡尊の東国下向」(中尾堯・今井雅晴編『重源　叡尊　忍性』)がある。
(13) 大石雅章「非人救済と聖朝安穏」(黒田俊雄編『仏教と日本人2国家と天皇』)一六二頁以下参照。

三、鎌倉大仏再論

一　鎌倉大仏の造立過程

まず鎌倉大仏が、どういう過程を経て造られたかということからはじめましょう。暦仁元年（一二三八）三月、僧浄光の勧進で、大仏堂造営の事始が行われました（『吾妻鏡』二十三日条）。ついで仁治三年（一二四二）、京都から鎌倉を訪れた人が書いた『東関紀行』の記事によって、大仏が木造八丈の阿弥陀像であり、工事もすでに三分の二ばかり進んでいたことがわかります。

ところが『吾妻鏡』建長四年（一二五二）八月十七日条には「奉㆑鋳㆓始金銅八丈釈迦如来像㆒」とあり、金銅像の鋳造が開始されています。しかし、木像か金銅像か、阿弥陀像か釈迦像かという点で、さきの『東関紀行』の記事との間に食い違いがあり、木像に代えて金銅像が鋳造されたことになります。この金銅像が現存の鎌倉大仏だと見られ、それは建長四年に鋳造し始められたことになりますが、残念ながら、いつ完成されたかはわかりません。それについて弘長二年（一二六二）とする説が起こっています。

清水真澄さんの説によれば、金銅大仏の鋳造にかかわった丹治久友という鋳物師が、文応元年（一二六〇）十一月二十二日銘の川越市養寿院の梵鐘には「鋳師丹治久友」とあるのに対し、文永元年（一二六四）四月五日の東大寺真言院、同八月二日の金峯山寺蔵王堂の梵鐘では「新大仏寺大工丹治久友」「鎌倉新大仏鋳物師丹治久友」となっているところから、「新大仏」、すなわち鎌倉大仏は文応元年から文永元年の間に完成したとのことです（『鎌倉大仏』一一一―三頁）。

ところで鎌倉大仏の完成は、鎌倉幕府にとって重要な事件であり、幕府が編纂した『吾妻鏡』に記載されるのが当然ですが、なぜかまったく記述がありません。私はこれが『吾妻鏡』の欠巻によるものだと考えました。『吾妻鏡』の記事は、治承四年（一一八〇）四月から文永三年七月に及んでいますが、途中で記事が欠けている部分があります。すなわち鎌倉大仏が完成した時期の『吾妻鏡』の記事が欠けていると考えたのです。清水さんの説に依拠して、文応元年―文永元年の間の『吾妻鏡』の欠巻の時期を見ますと、弘長二年または文永元年ということになりますが、清水説では鎌倉大仏完成の下限は文永元年四月五日です。従って私は鎌倉大仏の完成を弘長二年、または文永元年（四月五日以前）と考えました。

これを受けて、大仏完成の時期をさらにしぼり込まれたのが馬淵和雄さんです。馬淵さんは、弘長二年という年が、都市鎌倉の仏教にとって、いかに大切であるかを強調されます。とくに叡尊が弘長二年二月、北条時頼に招かれて鎌倉に着き、七、八月まで鎌倉に滞在し、律宗の布教に努めたことを重視されます。さらに種々の面から考察を進めた上で、馬淵さんは弘長二年十月下旬から十一月前半に鎌倉大仏が完成したと推定されました（『鎌倉大仏の中世史』九九頁以下、二三〇頁）。十、十一月とまで限定できるかどうかについては、なお問題が残り、細部に至るまで馬淵説に賛同するわけではありませんが、大仏の成立を弘長二年とするのは、妥当ではないかと思われます。

ただこの結論を導くまでの論証に問題がないわけではありません。清水説についていえば、「新大仏（寺）」という言葉の有無が、果たして決め手になるのだろうかという疑問があります。私の見解にしても、大仏完成の記事を提示するのではなく、欠落した部分に記事があったはずだとする論法は、正道ではありません。ただこれに代わる、より妥当な論証法が見つからないのです。

二　東大寺大仏と鎌倉大仏

1　勧進の意義

鎌倉大仏は東大寺大仏を意識し、東大寺大仏に対抗して造られました。二つの大仏は、いずれも勧進によって造立された点で共通しています。『続日本紀』天平十五年（七四三）十月辛巳条には、東大寺盧舎那仏造立に関する有名な聖武天皇の詔が収められています。すなわち「夫有二天下之富一者朕也。有二天下之勢一者朕也。以二此富勢一造二此尊像一。事也易レ成、心也難レ至」とあり、また「如更有乙人情下願持二一枝草一把土一助中造像上者甲、恣聴レ之」とあります。この詔は、聖武天皇の富や勢を強調しているのではありません。天皇の富と勢だけで大仏を造れば、容易に成就するが、それでは真心が通じないから、たとえ一枝の草、一把の土でも提供して、造立を助けようとする者がおれば、それを受け入れようといっているのです。すなわち勧進による大仏造立を強調しているのであります。勧進による造立は、当初から大仏造立の基本的姿勢であり、詔が出て四日後には、行基が弟子を率いて勧進を始めます。

次に鎌倉時代の東大寺再建ですが、治承四年（一一八〇）の暮れ、平家によって大仏をはじめとして、東大寺が焼かれます。翌養和元年（一一八一）六月、造東大寺知識詔書が作成され、大仏復興の第一歩が踏み出されます。

「知識」とは僧侶の勧進に応じて、財物などを提供し、仏事に結縁することをいいますが、鎌倉の再建にあたっても、やはり勧進が基本方針となり、詔に基づき、重源が勧進に当たることになりました。「知識」の力を借りて、大仏を造るという点では、天平の場合も、治承（養和）の場合も同じであります。源平争乱の最中で、徴税などの手段で再建費を集めるのが困難であったために、やむを得ず勧進が行われたのではありません。

さて鎌倉大仏の場合、念仏僧浄光が勧進に当たることになります。延応元年（一二三九）九月、浄光が、幕府に言上した文書に「所レ祈者、東土利益之本尊也。已預二東土助成之下知一。所レ念者、西方極楽之教主也。盍レ遂二西方勧進之中懐一」とあります（『一条家本古今集秘抄』裏文書）。「いま造ろうとしている大仏は、東土（東国）にご利益を与えてくださるご本尊である。だからすでに東国に対して造立を助けるようにとの命令を幕府から出していただいた。またこの大仏は阿弥陀仏であるから、西方極楽浄土の教主である。どうか西国に対しても勧進の願いを果たせるようにしていただきたい」として、これまで勧進活動を許されていた東国（東海道・東山道）だけでなく、西国（西海道）、さらには北陸道でも勧進を認め、一人あたり銭一文を納めるように命じてほしいというのです。このように大仏造立には幕府の援助が加えられているのです。

東大寺の大仏は、朝廷が中心になって、朝廷の命で行基や重源が勧進に当たり、鎌倉大仏の場合、念仏聖浄光のプライベートな勧進活動を幕府が援助しました。いずれにせよ公的事業を民間に委託するのが勧進であり、権力が先に立っても、個人が先に立っても、たいした違いではありません。浄光の発意によるとしても、鎌倉大仏の造立は幕府の事業であります。

2　東大寺復興と勧進

鎌倉時代に行われた東大寺復興事業では三度の供養が行われています。文治元年（一一八五）八月、建久六年（一一九五）三月、建仁三年（一二〇三）十一月の三度です。

文治元年八月の供養が大仏開眼供養であることに異論はありません。次に二度目の建久六年の供養は、ふつう大仏殿の落慶供養といわれています。しかし大仏殿の上棟は建久元年十月に行われていますが、実は大仏殿がいつ完成したかはわからないのです。また三度目の建仁三年の供養を「惣供養」などといっていますが、そのころ七重塔、講堂、僧房などはまだ造られていません。建仁三年十月に南大門の金剛力士像が完成し、東大寺の復興事業が一応完成したから、供養が行われたというのも誤りです。逆に十一月末の供養に間に合うように七月二十四日から十月三日まで、約七十日の突貫工事で金剛力士像が造られたのです。第一回目の供養の中心となったのは後白河法皇、二度目は九条兼実で、源頼朝も援助していると見られます。三度目は後鳥羽上皇で、これらの権力者がそれぞれの政治的な事情で、やりたいときに供養を行っているのです。大仏、大仏殿、金剛力士像ができたという、工事の進捗事情に応じて供養が行われたのではありません。

第一回目の文治元年八月の供養は、「雑人如㆓恒砂㆒」（『玉葉』三十日条）とか「不㆑知㆓幾万億㆒」（『醍醐雑事記』巻十、二十八日条）といわれるまでに、多数の群衆が参集し、異常な興奮と宗教的陶酔の中で営まれました。後白河法皇は、かつて天平の大仏開眼の際に用いられた筆を正倉院から持ち出し、自らそれを手に持って大仏に眼を入れました。その筆に十二筋の綱をつけ、人々はその綱に取りすがって結縁しました。感動して泣き出す人もあり、その場で髪を切って出家する人もいました。

二度目の供養は、十年後の建久六年に行われました。建久三年に後白河が没して後は、関白九条兼実が政権を握り、鎌倉の源頼朝も助言していました。第一回目とはうって変わり、武士が甲冑を連ねて警固し、雑人の出入を許さず、異常に厳重な警戒の中で、儀式は厳粛に営まれました。供養の当日は近づけないため、事前に参詣しようというので、供養前の二、三日は大変混雑しました。

頼朝がどうしていたかが気になります。『吾妻鏡』には、頼朝が二十八騎の随兵を従えて、大仏殿内に入り、供養に出席したように記していますが（三・十二条）、他の記録には頼朝が供養に出席していたことを記したものはありません。『東大寺続要録』には、注目すべき記事が見られます。「頼朝は南大門内の西腋の岡の上で桟敷を構えて見物していた」とし、さらに「岡の上の桟敷で見物していたのは女房だけで、頼朝は宿所の東南院にいた」ともいいます（同日条）。私はこれらの記事の方が信頼できると思います。

武士は差別されていて、供養に出席を許されなかったのだという説があります。私はそうではなく、頼朝は怖かったのだと思います。暗殺を恐れたのではないかと思います。頼朝といえども供養の席に武装して臨むことはできませんから危険を避け、供養に出席しなかったのでしょう。

二つの供養を見て、後白河と兼実・頼朝との違いがわかります。後白河は供養に庶民を巻き込み、彼らに結縁の場を提供しました。兼実・頼朝の場合、庶民は結縁から閉ざされてしまいます。

先年の南大門の金剛力士像の解体修理によって、金剛力士像に結縁していた人々が多数いたことがわかりました。しかし、人々は何よりも大仏に結縁することを望み、勧進に応じたのであり、それが、文治元年の供養における群衆の興奮となってあらわれたのです。そうすると大仏が完成すると、結縁の対象はなくなり、勧進熱は冷めてまいります。

大仏開眼供養の翌年、文治二年三月、周防国が東大寺に寄進され、重源が国務を行うことになりました。周防の寄進は、大仏殿の造営を達成するためであり、この結果、東大寺復興事業の経済的基盤は安定しますが、勧進が占める比重は減少します。

その上、勧進・結縁という、本来自発的な行為が、強制的な徴税の色彩を強めます。先ほど述べました浄光の言上でも、勧進と称しながら、実は一人あたり一文ずつの課税を請うているのです。復興を促進するため、重源は頼朝に近づき協力を求めます。文治四年三月、重源が初めて頼朝に寄せた書状に「衆庶縦雖㆑無㆓結縁志㆒、定奉㆑和㆓順御権威重㆒歟」（『吾妻鏡』十日条）とあります。結縁の志がない者でも、頼朝の権威に従って勧進に応じてくるというのです。勧進・結縁の本来の趣旨からすれば、堕落といわざるを得ません。

3　鎌倉大仏と律僧

鎌倉大仏造立のために勧進が行われたことは、すでにお話ししましたが、大仏に対する庶民の熱烈な信仰を示す史料は見られません。

庶民を信仰に動員したという点では、弘長二年（一二六二）の叡尊の鎌倉下向が大きいと思います。この年二月末、叡尊は幕府に招請されて鎌倉に下ってまいりまして、八月はじめまで滞在いたします。叡尊の鎌倉下向については、弟子の性海が記した『関東往還記』がありますが、叡尊に帰依し、受戒する人々が極めて多く、「結縁衆数万人」（七・晦条）などと書かれています。幕府は叡尊のもとに大衆を動員することに成功したのです。

ここで叡尊が鎌倉に下向するに至った背景を考えてみたいと思います。弘長元年十月以来、再三にわたって、金沢実時らによって、鎌倉に叡尊を招聘しようとする動きがありました。それには北条時頼も同意していたようですが、その理由として「如㆓伝承㆒者、西大寺長老（叡尊）独行㆓正法㆒之間、道俗預㆓化導㆒、因果之道已顕、貴賤蒙㆓恩益㆒、解脱之縁漸萌」（『関東往還記前記』）とあり、叡尊の高徳と、西大寺を中心とする活躍ぶりが、実時らに知られていたことがわかります。それでは実時に叡尊のことを伝えたのは誰か。私は叡尊の弟子で、建長四年（一二五二）関東に下り、常陸の三村寺を拠点として布教に努めた忍性であろうと思います。忍性は常陸にいながら、鎌倉とも接触を持ち、北条重時・金沢実時らの帰依を得たようです。弘長元年には鎌倉に入り、新清涼寺釈迦堂に住し、翌年、ここに叡尊を迎えます。実時の使者として、叡尊の東下の実現に努めた定舜も、三村寺の僧でした。

念仏僧によって設けられた寺院や施設が、後に律の支配に移行する現象が、鎌倉ではしばしば見られ、また叡尊が大いに念仏僧を教化し、律に帰依させたことは、すでに述べたことがあります（本書一七〇頁参照）。しかし念仏に対する律の働きかけは、叡尊の東下以前に、すでに忍性らによって進められていたものと思われます。

三村寺そのものが、もとは浄土系の寺院で、律院に改められたらしく、また叡尊招聘のために定舜とともに派遣された見阿は、恐らく律に帰依するに至った念仏僧ではないかと思われます。

弘長元年二月、幕府は念仏者取締令を出し、道心堅固の者はよいが、女人を招き寄せ、魚鳥を食い、酒宴を好む類は鎌倉から追放することとしました。律のもとに念仏を同化させるとともに、過激で、反体制的で、同化できない分子を排除したのです。その上で、十月以来、叡尊招聘に努め、遂に翌二年二月には、懇請に応じて叡尊は鎌倉に向かうのです。実時は自身が創めた称名寺に叡尊を迎え入れようとし、同寺には年来不断念仏衆を置いてきたが、すでにやめさせたから、そこに住まわれてはと提案しました。叡尊は「私の住所に充てるために、日ごろからの念仏をやめさせるのは、望ましくない」といって辞退しました。叡尊の考えとは別に、時頼・実時らは、念仏を抑圧し、律に同化させる意向を持っており、叡尊を招いたのも、律を中心として、念仏・禅をそれに従属させ、幕府を支える体制仏教を作ろうとする意図からでした。

そのような体制仏教の頂点に位置づけられるのが、金銅鎌倉大仏であり、その造立は、弘長二年の叡尊の鎌倉下向と密接に関係すると見られています（馬淵『鎌倉大仏の中世史』参照）。

しかし叡尊の鎌倉滞在と大仏との関係を示す記事は、『関東往還記』五月一日条に「依二諸人之所望一、従二今日一、又被レ講二古迹一。又儲レ食。行二向両処之悲田一、与レ食。幷授二十善戒一（忍性向二浜悲田一、頼玄向二大仏悲田一）」とあるものだけです。

この記事には、叡尊が古迹、恐らくは仏典を講義したこと、弟子の忍性と頼玄は、それぞれ浜と大仏の悲田に赴いて、食を施すとともに、十善戒を授けたことが記されています。奈良時代には貧窮者・孤児などを救済する施設として悲田（院）が置かれましたが、中世の律もこれに倣ったのでしょう。

忍性は居住の所々に療病・悲田の二院を建てたといわれます。浜・大仏の悲田も、忍性が所々に建てた悲田院に含まれるのでしょう。そして頼全も三村寺の忍性の同志であり、念仏を律に同化させる活動を続けてきたものと思われます。忍性と頼全が浜と大仏の悲田に赴いたことの意味は、さらに考えてみる必要があります。

浜とは鎌倉の前浜でしょう。前浜の東南端の和賀江島は、貞永元年（一二三二）念仏僧往阿弥陀仏の勧進によって築造されました。しかし後年、和賀江島を含む前浜は、極楽寺の管理下に置かれ、極楽寺が和賀江島の升米の徴収権、前浜の殺生禁断権などを持っていたことが、貞和五年（一三四九）二月十一日の足利尊氏の書状によってわかります（『極楽律寺要文録』）。

この極楽寺にしても、もとは念仏寺院でしたが、文永四年（一二六七）忍性が入って律宗寺院になったとされています。しかし『極楽寺縁起』には「宗観と号する長老、即ち律宗に帰依して当院中に住す」とあります。宗観はもと念仏僧ですが、律宗に帰依するようになったとのことで、忍性の入寺以前から、極楽寺が律寺となっていたことがわかります。

大仏も暦仁元年（一二三八）念仏僧浄光の勧進に始まりますが、のち弘安七年（一二八四）には忍性が別当に補任されます。それ以前から律寺となっていたものと思われます。

しかし、文永以後のことに言及するまでもなく、弘長二年当時、浜と大仏に「悲田」が置かれていたことは、それらがすでに念仏から律の管下に移っていたことをうかがわせるものです。律への念仏の従属は、弘長二年の叡尊の鎌倉下向によってもたらされたと考えていましたが、それより以前から、忍性をはじめ、常陸三村寺に拠る律僧たちによって進められており、叡尊はその総仕上げを行ったと見るべきでしょう。

叡尊の鎌倉での活躍ぶりは『関東往還記』に詳しく記されていますが、例えば五月三日条には、念仏者誓阿が、数日にわたり叡尊の講義を聴聞した上で、これまでの邪義を改め、断悪修善を専らにする旨、数十ヶ条の誓約を進めたといいます。恐らく誓阿は専修念仏の熱烈な信者であったのでしょう。また七月十九日条によれば、念仏者の主領であった新善光寺別当道教は、叡尊との対面を望み、叡尊の宿所の近辺に寄宿しました。なお禅僧たちも叡尊から受戒するなど、協力的でした。

誓阿は「偏執」を抛つことを叡尊に誓ったといわれます。鎌倉で念仏が生きていく条件は偏執（専修）の放棄なのです。称名念仏のみを往生の本願とするのでは、仏の慈悲を狭めることになり、念仏・諸行のいずれにも、浄土往生が約束されているとする諸行本願義が鎌倉では栄えます。勧進によって大仏を造立した浄光は、口称念仏を主張しつつも、諸行往生をも肯定する鎮西義の立場に立つものと見られ、やはり律との協調が可能です。

律のもとに念仏・禅を従属させ、体制仏教を確立させる、そのシンボルとして金銅大仏が造られる、その供養を行うために叡尊を招く、という馬淵さんの見通しは、まず誤っていないでしょう。そうだとすれば金銅大仏の供養は、叡尊が鎌倉に滞在していた弘長二年三月から七月までの間でなければなりません。ところが、この間の叡尊の事績を克明に記した『関東往還記』には、前述の悲田の件を除いて大仏に関する記事がまったく見られないのです。金銅大仏の完成が弘長二年であることは動かないと思いますから、叡尊が健康上の理由で奈良に帰った同年八月以後と見るべきなのでしょうか。私が金銅仏の完成を弘長二年または文永元年としたのと同様の論法をまたも使うことになり、感心できませんが、それ以外に方法はありません。

馬淵さんは金銅大仏の完成を弘長二年十月下旬、十一月前半ごろとされ、「鎌倉大仏完成のとき、流血があった。それは、大仏を前面に押し立てて覇権をとなえる得宗政権が反対勢力を打ち破ろうとした、一連の抗争であったと想像する」と述べておられます（前掲書、二三〇頁）。弘長二年九月二十九日藤原忠俊所領譲状案に「かまくらニひそめく事あて」（『肥前国分寺文書』）とある「ひそめく事」をその「抗争」だとされるのです。しかし何らかの紛争があったとしても、それが馬淵さんのいわれるような性格のものであったかどうかはわかりませんし、大仏完成と同時に流血があったなどという論証はなされていません。

さらに馬淵さんは弘長二年十一月、左方燈籠作手物官中原光氏が「近年、配下の鋳物師が関東・北陸道に逃げ下った」と蔵人所に訴えているところから、（『真継家文書』弘長二年十二月蔵人所牒写）この時期、関東で多数の鋳物師を必要としているのは、金銅鎌倉大仏しかないと推定されます。しかし、鋳物師の逃亡を管理者が訴えた時期と、大仏完成の時期とが同じでなければならないという論理はわかりません。概して、馬淵さんの弘長二年十、十一月大仏完成説は容易に成り立ちがたいようです。

今のところ、鎌倉大仏は弘長二年八月から年末の間に完成したということにしておきたいと思います。

弘長二年八月、叡尊は鎌倉から奈良の西大寺に帰ります。十一月八日、得宗被官である安東蓮聖が使者となって、

北条時頼からの手紙が届けられます。それには、

御上洛之後、無㆓別御事㆒之由、伝承候。悦思給処、仙洞未無㆓御参㆒候ヤラン、不審候。抑慥便宜候之間、宗鏡録一部百巻、紺青緑青各五百両令㆑進候。毎㆑事期㆓後信㆒候。恐々謹言

十月五日　　沙弥道崇

西大寺方丈

（『感身学正記』弘長二・十一・八条）

とありました。

「道崇」は時頼の法名です。仙洞、すなわち後嵯峨上皇のところにまだいらっしゃらないようですが、案じていますということで、訪ねるようにとの勧めです。馬淵さんは「上皇が未だにお伺いしていないようですが、どうしてでしょうか」（前掲書、一一七頁）と解しておられますが、上皇が叡尊を訪ねるということは考えられません。叡尊が奈良に帰るとき、時頼は上皇を訪ねるよう勧めたのですが、叡尊は実行していなかったのです。

西大寺所蔵の『西大勅謚興正菩薩行実年譜』は、元禄年間（一六八八―一七〇四）ごろに編纂されたものですが、いささかこの間の事情を記しています。すなわち後嵯峨上皇は叡尊の徳を聞き、叡尊から受戒しようとして宮中に招いたのですが、叡尊は辞退し、遂に詔三度に及び、辞退しきれず参院したということです。

4　鎌倉大仏と名越氏

塩澤寛樹さんは大仏ができた後、大仏殿が造られたとされます。大仏殿が文献にはじめて出てくるのは、文永五年（一二六八）十月十一日の日蓮の数通の書状（『日蓮聖人遺文』第一巻五二号以下）です。大仏が造られたのが弘長

二年（一二六二）ですから、弘長二年から文永五年までの間に大仏殿ができたというのが塩澤説です（「鎌倉大仏殿の成立とその性格」、『MUSEUM』五四三）。

しかし「大仏殿」という言葉は建造物の名称ではなく、大仏を本尊とする寺院全体を指しているのです。文永五年十月十一日の執権北条時宗宛ての日蓮の書状に「建長寺・寿福寺・極楽寺・多宝寺・浄光明寺・大仏殿等の御帰依を止めたまへ」とあるのを見てもわかるように、「大仏殿」は建長寺や寿福寺と並ぶ寺院の名称なのです。大仏殿だけの寺院なのでしょう。

建治三年（一二七七）または元年十一月二十日の兵衛志殿御返事（『日蓮遺文』二六六号）に「両火房を御信用ある人は、いみじきと御らむあるか。なごへの一門の善覚寺・長楽寺・大仏殿立させ給て、其一門のならせ給事をみよ」とある「大仏殿」も同様です。この書状で、「両火房」は良観、すなわち忍性です。「なごへ」は北条一門の名越氏です。「善覚寺」は善光寺のことでしょう。名越氏が良観を信用して善光寺や大仏殿を建てたため、不幸になったといっているようです。

同じく建治三年六月二十五日の四条頼基陳状（『日蓮遺文』二四九号）に「良観房が讒訴に依て、釈迦如来の御使日蓮聖人を流罪奉しかば、聖人の申給しが如く、百日が内に合戦出来て、若干の武者滅亡せし中に、名越の公達横死にあはせ給ぬ。是偏に良観房が失ひ奉たるに候はずや」とあります。

文永八年、日蓮は忍性によって幕府に訴えられ、佐渡に流されます。翌九年二月の二月騒動で、名越時章・教時兄弟が討たれますが、日蓮は名越氏が念仏・律に帰依した結果蒙った悲運と見て、この事件を重視していたようです。

日蓮が名越一門の建立として挙げている寺の中で、長楽寺については手がかりがありませんが、善光寺について考えてみます。寛元四年（一二四六）三月、信濃国善光寺の供養が盛大に営まれました（『吾妻鏡』十三日条）。この供養では、前年に没した名越朝時の遺言で、その子息たちが大檀越となりました。その中心となったのは、朝時の長男光時だと思われますが、この供養から程なく、北条時頼が執権に就任した際、光時は前将軍九条頼経と結んで、謀叛を図りました。このとき、光時の弟時章らは時頼に野心なき旨を誓って事なきを得ましたが、光時は伊豆に流されました。

鎌倉武士は善光寺を信仰し、治承三年（一一七九）善光寺が焼失すると、文治三年（一一八七）源頼朝は信濃国の荘園・公領に再興の助成を命じています。北条泰時は不断念仏用途として水田を寄進し、建長五年には北条重時を檀那として、善光寺が修造され、供養が行われました。北条時頼も不断経衆・不断念仏衆の粮料として水田を寄進しています（『吾妻鏡』文治三・七・二十七、延応元・七・十五、建長五・四・二十六、弘長三・三・十七条）。

信濃の善光寺にならって、鎌倉にも善光寺（新善光寺）が造られました。仁治三年（一二四二）北条泰時が没した時、新善光寺の智導上人が知識として念仏を勧めたというのが、この寺の初見ですが（『鎌倉年代記裏書』）、念仏寺院であったことがわかります。名越時章の名越山荘が新善光寺の辺にあったといい（『吾妻鏡』正嘉二・五・五条）、そのほかにも「名越善光寺」という表現が見えることから（貫達人・川副武胤『鎌倉廃寺事典』一〇一頁）、善光寺は名越にあり、名越氏、恐らくは名越朝時の創建によるものと思われます。弘長二年、叡尊が鎌倉に下ったとき、念仏者の主領である新善光寺別当道教が対面を求めました。この新善光寺のように、念仏・律が一体化したような寺院こそ、日蓮の糾弾の対象だったのです。

善光寺が名越朝時によって創建されたとしても、日蓮の書状に言うように、大仏殿までも名越氏によって建てられたとするのは、如何なものでしょうか。日蓮が言おうとしているのは、寛元四年に光時・時幸、文永九年に時章・教時と相次いで名越一門の人々が討たれたり、流されたりしているが、このような不幸は、邪教である念仏に帰依したためだということです。大仏はあくまでも幕府の全面的な援助で建てられたのであり、念仏に帰依する名越氏は、大仏造立に協力しているとしても、名越氏が中心になって、大仏（殿）が造られたかのように考えることはできないと思います。

三　東福寺の大仏

東大寺の大仏に対抗して、鎌倉大仏が造られましたが、同じころ京都では東福寺の大仏が造られています。嘉禎二年（一二三六）摂政九条道家は、摂関家代々の法性寺の地に大伽藍を建て、五丈の釈迦像を安置し、国家の安寧、君臣の寿福を祈ろうとし、東大寺・興福寺をあわせた寺院という意味で、東福寺と名づけることを発願しました（『聖一国師年譜』）。「国家の安寧」が鎮護国家の寺である東大寺、「君臣の寿福」が天皇の外戚として国政にあずかる藤原一門の氏寺である興福寺にかかわると思います。現在の東福寺三門は室町初期、応永十二年（一四〇五）の再建ですが、東福寺が禅寺であるのに、この三門は禅宗様式というよりも、大仏様で、東大寺南大門にも似た感じがいたします。やがて禅僧である円爾弁円が住持に招かれ、禅寺の色彩を強めていきますが、本来は東大寺・興福寺を合わせた寺院だったのです。

発願の翌年、嘉禎三年三月、道家は摂政を辞任します。十月、道家らは四天王寺に詣でて道家は十万巻の阿弥陀経を供養し、妻の綸子は万燈会を行いましたが、これらは東福寺の完成を祈るものでありました。聖徳太子の創建にかかる四天王寺に参詣したのは、太子の跡を受け継いで君王を補佐し、仏法を興隆し、また十七条憲法を政治の要枢とする考えに基づくものであります（『願文集』四所収嘉禎三・九、九条道家願文、『百練抄』十・二条）。

道家とともに参詣したのは宜秋門院（道家の叔母、後鳥羽天皇の中宮）、東一条院（道家の姉、順徳天皇の中宮）、准后藤原綸子（道家の妻）、右大臣二条良実（道家の子）で、他に前太政大臣西園寺公経（道家の妻綸子の父）も参加したという記録もあります。いずれも九条家一門ないしゆかりの人々です。当時の将軍九条頼経は道家の息子であり、鎌倉幕府は旅行の調度を進めています（『吾妻鏡』九・十五、十・二十五条）。

道家の娘竴子（藻壁門院）は早世していましたが、故後堀河天皇の中宮で、四条天皇の母でした。天皇の外祖父であり、将軍の父であるという地位についたのは、藤原氏でも道家が初めてでした。東福寺が東大寺プラス興福寺だということですが、藤原氏の氏寺である興福寺をモデルとするのはよいとして、律令国家の最高の寺院である東大寺を模するのは、専横に過ぎると思いますが、それも天皇や将軍と道家との関係から来る驕りでしょう。

後堀河天皇は藤原定家に命じて『新勅撰和歌集』を編纂させていました。ところが文暦元年（一二三四）歌集が完成する以前に後堀河が没しました。しかし道家は、定家が後堀河に提出していた草稿を探し出し、自邸で息子の摂政教実や定家と協議し、草稿に若干の和歌を加除しました。翌嘉禎元年、定家の息子の為家が、その清書本を道家に進上しました。道家はこれを『新勅撰集』の完成として喜びました。下命者である後堀河が没するという特殊な事情の中で、道家は定家らに協力させ、勅撰和歌集を完成させたのです。やはり道家が天皇の職務を代行したことになります。

東福寺の話に戻りますと、宋から帰国して九州にいた円爾弁円は、寛元元年（一二四三）道家に招かれて上洛し、東福寺の住持となりますが、道家は自ら「聖一和尚」の四字を書いて円爾に与えました。これは唐の代宗の例に倣ったとされ、『元亨釈書』には「于レ時国政自レ吾出。故与二此号一」（巻七）としています。当時の国政を執行していたのは、入道前摂政道家であり、国政の執行者であるが故に、高僧に称号を与える権限を持っているというのであり、ここでも道家は法皇気取りなのです。

「国政吾より出づ」というのも誇張ではありません。承久の乱後も院政が続いており、普通は治天の君が政権を握っています。しかし文暦元年、後堀河上皇が亡くなったとき、四条天皇は四歳でした。その結果、外祖父である道家が実権を握り、摂関の地位も道家自身のほか、子の教実、女婿の近衛兼経が交替で占めたのです。そのような立場から東大寺・興福寺を合わせた大寺院である東福寺を造ろうという発想が生まれるのです。

九条家、ないし道家が権門であることは間違いありませんが、国家的寺院である東大寺に擬して東福寺を建てようとした道家は、権門を超えた超権門的な性格を持っているのでしょうか。東福寺の造営を祈って九条一門の人々は四天王寺に参詣しましたが、参詣したのは、九条家の関係者だけでした。東福寺は九条家だけの財力で建てられており、国家的な援助が行われた形跡はありません。道家は東大寺プラス興福寺を意識したようですが、実際は第二興福寺に過ぎませんでした。

京都の三千院に鎌倉時代の救世観音半跏像があります。像内に納められていた寛元四年十月二十日の中原行範造像願文によって、観音像の制作時期が判明しましたが、それにも増して願文の内容は興味深いものでした（三千院門跡発行『京都大原三千院の名宝』六一頁に写真と釈文があります）。

この救世観音が造られた寛元四年、九条家は大きな悲運に見舞われました。三月、鎌倉幕府の執権北条経時は病気のため、弟の時頼に執権を譲りました。この時にあたり、名越光時が前将軍九条頼経に接近し、評定衆後藤基綱・千葉秀胤らを誘い、執権の地位を奪おうとしたとのことで、六月十三日、光時は伊豆に流され、秀胤は上総に追われました。道家の周辺が騒がしくなったのは、六月九日ごろからです（『岡屋関白記』九、十六日条）。頼経が京都の道家と結び武士に命じて時頼を討とうとした、あるいは僧侶に命じて調伏を行わせたなどの疑いが生じました。十日、道家は告文を記し、頼経に同意したことはなく、北条経時を調伏したこともないと神仏に誓っています(『九条家文書』)。頼経は京都に追われることになり、七月十一日、鎌倉を出発しました。十六日、道家が春日神社に納めた願文には、わが子である頼経にふれて「かの威光の余慶あらバ、この家門の繁昌もあるべし。もしその運つきむ時ハ、又我一族滅亡せしめむ歟」と記し、また「この有為変化の身ハ、夢のごとし、まぼろしのごとし。水の上のあはに似たり」と述べています(『鎌倉遺文』六七二三号)。道家の権勢は、結局将軍頼経の威光に依存しているのであり、頼経の運が尽きるとき、九条家も容易に滅亡するという、水の泡のようなはかなさを思い知らされたのであります。九月四日、遂に道家は西山に籠居します。道家が掌握してきた関東申次は朝幕間の連絡に当たる重職ですが、十月十三日、幕府は道家に代えて西園寺実氏を推薦しました。

このような事態の中で、中原行範は四天王寺の本尊像を模して救世観音像を造り、所願成就を祈ったのです。行範は道家・実経父子に仕え、「専一者」と呼ばれる腹心の侍で、寛元二年には道家の命によって、修学に赴く円爾を東福寺から上野の長楽寺まで護送しています(『民経記』寛喜三・四・二十五条、『後嵯峨院北面歴名』、『聖一国師年譜』)。

五ヶ条から成る行範の所願の第一条には、

一、彼虚名無実事、霊夢之上、説者已慥也。任二実正一、可レ被二聞食披一事、可二露顕一事

とあります。道家にかけられた嫌疑が無実であり、晴らさねばならないと言っています。さきに六月二十六日に記された道家の敬白文にも、「鄙僧偸挿二弐心一、欲レ危二国家一云々。偏是求二吹毛之疵一、為二讒口之便一」(『九条家文書』)とあり、疑惑が讒言によるものであることを主張しています。次いで第二条に、

一、造寺以下御大事等、如二所存一、無二相違一、可二果遂一事

とあるのは、東福寺造営などを指します。七月十六日の道家願文にも「東福寺を始として、又氏寺の破損を修理せん事をいとなミ、其外諸寺諸山の破壊無実の所をきくごとに、人の勧進にもくミし、身の力をもあはすること、数をしらず」と、道家が三宝を信じ、寺院の造営に努めてきたことを述べていますが、その筆頭には東福寺を挙げており、九条道家がいかに東福寺造営に力を注いでいたかが窺われます。「造寺以下御大事」は何よりも東福寺造営であり、その達成が祈願されているのです。

九条家の危機の中で、道家腹心の行範は、救世観音像を造り、これらの祈願を行いました。あるいは表面に立つことに憚りのある道家の秘命を受けてのことかもしれません。このような事情を考えると、東福寺は国家的寺院でなく、九条家の寺院であるとの意をますます強めるのです。

さて九条家の権勢がにわかに地に墜ちた寛元四年ごろ、東福寺はどのような状況だったのでしょうか。

延応元年（一二三九）には大仏殿の上棟が行われました（『百練抄』八・五条、『聖一国師年譜』）。寛元元年、総社（鎮守）成就宮の遷宮が行われました（『帝王編年記』三・十五条）。そして『民経記』寛元四年二月十八日条には「東福寺大仏御汗流出」とあります。

道家が失脚した九月ころには、大仏も大仏殿もできていたと見るべきでしょうか。建長二年（一二五〇）十一月の道家の初度惣処分状（『九条家文書』）によれば、三間四面の仏殿（大仏殿）には五丈の釈迦（大仏）坐像、二丈五尺の観音像、弥勒像、一丈二尺の四天王像各一体が安置されているほか、法堂、僧堂、方丈などの伽藍も整っています。しかし、前述のように、中原行範は東福寺の造営を強く祈願していますし、道家も「未作事等甚多。為二家長一人、仰二合円爾上人一、漸々可レ被レ励二土木一。及二子孫一、営二父願一、是旧規也」と記しており、未作が多いから、子

孫が道家の遺志を継いで、東福寺を完成させることを望んでいます。

東大寺・興福寺を合わせた寺院として出発した東福寺ですが、道家が宋から帰国した円爾に帰依し、寛元元年、東福寺の住持として招くに及び、禅寺としての一面を持つようになりました。同四年、道家は円爾の居所として普門寺（普門院）を建てましたが、この普門院は禅寺としての東福寺の拠点となりました。

道家が危難に襲われたのは、その後まもなくのことと思われます。願文には「天下の衆口にいはく、禅宗を興行して、東福寺にをかんとするによりて、この災難身にきたる歟と云々。又ある人夢想にいはく、此事によりて、大明神、弟子をまもりたもふことをこたるべしと云々」とあります。道家が禅宗を興行し、禅僧を東福寺の住持としたことが、災難を蒙った原因であり、氏神の春日大明神も道家を加護しなくなったというのです。これに対して道家は「法相を擁護したまふ祖神の冥慮にもそむくならバ、東福寺の流行はやく思をたつべし」とし、道家の禅への帰依が、法相（興福寺）を擁護する春日の神の冥慮に背くならば、東福寺の興立も断念するといい、思いつめた心境で春日の神意を問うています。

寛元四年、前将軍九条頼経が京に追われ、その父道家が失脚いたしましたが、建長四年には、さらに頼経の子の将軍頼嗣が廃されて、またも京に追われます。幕府はいっそう九条家への疑惑を強め、九条家から将軍を迎えるのをやめ、後嵯峨上皇の皇子宗尊親王が新将軍として東下いたします。

建長三年十二月二十六日、了行法師らが謀叛のため捕らわれ、翌日殺されました。翌四年二月二十日、二階堂行方・武藤景頼が上洛し、将軍頼嗣の辞任、後嵯峨上皇の皇子の将軍としての下向について、朝廷に申し入れました。その書状は執権北条時頼自身がしたため、連署の重時が加判したもので、他の人々にはまったく知らされていませんでした。幕府の希望が容れられ、後嵯峨の皇子宗尊親王が鎌倉に入ったのは四月一日でした。三日には前将軍頼嗣は鎌倉を出発、帰洛の途につきました。

寛元四年に頼経が追放された、いわゆる宮騒動、さらに翌年の宝治合戦で、頼経と結んだ三浦・千葉両氏が北条時頼の前に敗北しました。その両氏の残党が、京都にいる九条道家・頼経父子と連絡し、幕府打倒を図ったのが、建長三年の了行の事件です。了行は千葉氏の出で、九条大御堂の住僧であり、九条家とも関係を持ち、建長二、三年ごろ、火災で焼けた閑院内裏の造営にあたり、九条道家の命を、造営を担当する千葉氏に伝える役割を果たしたとされています。なおこの事件については、石井進「日蓮遺文紙背文書の世界」（小川信編『中世古文書の世界』一〇七頁以下）、野口実「了行とその周辺」（『東方学報』七三）、村井章介「執権政治の変質」（『日本史研究』二六一）を参照してください。

了行について『歴代皇紀』巻四には「九条大御堂住僧了行房、称二勧進一、進二謀反廻文一、結構露顕之間、召二取之一」と記しています。了行が勧進と称して、謀叛の廻状をまわしたというのです。何のための「勧進」でしょうか。近藤成一さんによれば、了行は閑院内裏の造営を終えた後、東福寺の完成を期して、諸国を勧進して鎌倉に入ったが、ちょうど建長寺の造営を始めた北条時頼は、東福寺に対抗心を持っていたため、了行に立腹し、将軍頼嗣追放を決意したとのことです（『モンゴルの襲来』一五頁）。かなり大胆なご意見で、いくつかの疑問がありますが、これまで述べてきた点との関連で言えば、九条家の寺院に過ぎない東福寺の造営に、一般の人々を対象とする勧進はなじみませんし、建長寺造営に取り掛かった時頼に、東福寺に対抗する意識などなかったと思います。

この騒ぎの中で、建長四年二月二十一日、九条道家が急に亡くなります。『吾妻鏡』に「有二説等一」（二十七日条）とあるのは、死因に疑惑が持たれていたことを示しています。頼経・頼嗣父子が陰謀を理由に相次いで鎌倉を追われ、九条家に対する幕府の不信は高まりました。『鎌倉年代記裏書』には「光明峰寺禅定殿下（道家）御一族僧俗、多蒙二勅勘一。但二条殿（良実）御父子、脱二其殃一給了」（建長三・十二・二十七条）とあります。道家の一族の僧俗の多くが勅勘を蒙ったが、道家の子孫の中でも、二条良実とその子は災いを免れたという点で注目されるのは、建長四年七月、右大臣九条忠家（道家の孫、教実の子）が解任され、内大臣二条道良（良実の子）が右大臣に登ったことです。この結果、九条・一条両家の公卿は皆無となり、その状態は正元元年（一二五九）正月、一条家経（実経の子）が権中納言となるまで六年半も続き、文永二年（一二六五）閏四月になって実経が関白に戻ります。九条家の場合もっと深刻で、後嵯峨法皇が没した翌年、文永十年五月、忠家が関白になるまで、実に二十一年間にわたり、公卿を欠くのですから、確かに後嵯峨の勅勘を蒙ったといってよいでしょう。宮騒動の際には、若い忠家は生き残っていますが、今度は壊滅状態に追い込まれたのです。

東福寺の供養が行われたのは、道家が没して三年後の建長七年でした。この間、道家が「未作事等甚多」とした状況が解消され、伽藍が完成されたのでしょうか。私は疑問を抱きます。供養を営んだのは道家が「家をつぐべき器也。心底直にして二親に孝順する思ふかし」としてもっともかわいがっていた一条実経でした（『鎌倉遺文』六七二三号）。しかしその実経にしても宮騒動で関白を退いて久しく、九条・一条両家に公卿がいないというさみしい状態だったのです。供養が盛大であったはずはありません。

さて二条良実は道家の覚えが悪く、嘉禄二年（一二二六）十一歳で元服の際も道家は、心操不当のため、これまで良実を棄て置いたが、外舅西園寺公経の勧めもあって元服を許したと述べています（『明月記』十二・一条）。仁治三年（一二四二）、幕府の推戴で後嵯峨天皇が践祚してまもなく、公経の援助で良実は関白となりますが、道家はこれに不満で、将来は必ず弟の一条実経に、さらにその後は九条忠家に摂関を譲るように命じています。寛元二年に西園寺公経が亡くなり、良実の庇護者はいなくなりますが、同四年、後嵯峨が後深草天皇に譲位したのを機会に、道家は後嵯峨や女婿近衛兼経の反対、良実の抵抗を押し切って関白良実をやめさせ、実経を関白とし、良実は籠居してしまいます。しかしこれが道家の最後の横車であり、やがて道家は政治生命を失ってしまうことは、先ほどお話ししたとおりです。しかし寛元四年七月ごろ、失脚の際にも「我跡をつぐべきハ、今の摂政ならびに内大臣なり」（『鎌倉遺文』六七二三号）とし、後継者として実経・忠家を挙げ、良実のことはいっていません。

道家の処分状が残っているのは建長二年十一月からです。それによれば、先年重病の際、あわてて処分を書いたが、良実が「家門の孤害、子孫の障難」であることが明白となったので、旧状を焼き、処分状を書き改め、「於㆓前関白（良実）子孫㆒者、縦雖㆑有㆓其仁㆒、莫㆑交㆓此家領㆒」として、良実の子孫を家領の相続から排除しています（『九条家文書』）。遂に道家は良実を勘当いたします。そのことを記した九条道家遺誡では、良実が謀略を構え、自分を幕府に密告し、寛元四年の天下の転変を招き、翌宝治元年（一二四七）の三浦泰村の反逆の際にも、無実を後嵯峨上皇に奏達し、上皇が信じないとなると、今度は幕府に伝えたと、非を挙げています。そして自分と妻の綸子が死んでも、葬儀に連なるのを許さないし（「素服の列に入るべからず」）、天皇・上皇も、私の子孫と思ってくださるなという、きびしい内容で、満身の怒りを籠めて書かれています（『九条家文書』）。この九条道家遺誡の年月日は未詳で、『鎌倉遺文』（六〇四四号）は仁治三年に入れています。しかし文中に「定頼卿」とあり、藤原定頼が公卿となるのは建長三年正月ですから、この遺誡はそれ以後と見られます。

一方、建長三年二月、北条時頼は良実に「向後御心安可㆑存」という書状をしたためています（『吾妻鏡』十日条）。これは良実が父の勘当を受けようとしている中で、良実への支持を表明し、提携を申し入れたものと思われます。零落したとはいえ、道家は時頼・良実への敵意を抱いて対立を続けているのです。そのような状況の中で了行の事件も起こったのですし、九条家が京都政界での地位を失うのも当然だと思われます。

四　三つの大仏

日本の中世国家について、公家、武家、寺社などの諸権門が、互いに機能を分担し、補完しあい、全体として人民を支配するのだというのが権門体制論であります。この立場では、鎌倉幕府（武家）は軍事権門として捉えられます。権門体制論は中世国家を集権的なものとして考えていますが、これに対して権力の分裂を主張するいくつかの立場があります。その中でもっとも有力なのが、鎌倉幕府の東国支配を一つの国家と見る東国国家（政権）論であります。権門体制論と東国国家論とは、中世国家の理解に関するもっとも有力な見解として対立してまいりました。

私は権門体制論と東国国家論との二者択一よりも、総合が必要であることを強調してまいりました。権門体制論の立場で、幕府が朝廷のもとで、諸国守護権（国家的軍事・警察権）を掌握した軍事権門であるとするとともに、東国政権としての鎌倉幕府の独立性についても指摘してまいりました。

東国では二本所間の訴訟について、幕府が裁判権を持っていたとし、幕府が本所同士の争いを裁きうる高次の権力であったとする佐藤進一さんの主張は、東国政権論の有力な根拠を示したものであります。そのほかにも種々の視角からこの問題が論じられていますが、ここではイデオロギー面の問題を考えてみます。幕府の保護した寺社の中で、最も高い地位を占めた鶴岡八幡宮は、神仏習合の鶴岡八幡宮寺であり、そこでは鎮護国家の祈禱が行われていました。幕府は『御成敗式目』を編纂しましたが、それは八世紀に編纂され、日本国の法典である『大宝律令』に対して、東国の法典という意味をもっていました。同じく八世紀に日本国の歴史として編纂された『日本書紀』

は漢文、編年体で書かれ、それ以来漢文、編年体の歴史は、国家権力が編纂した歴史書の条件でありますが、鎌倉幕府が編纂した『吾妻鏡』はこの条件を満たしているし、このような史書は、これまでには摂関家をはじめ、いかなる権門も編纂したことがありません。

将軍九条頼嗣を都に追い、新たに後嵯峨上皇の皇子宗尊親王を将軍に迎えた建長四年（一二五二）は、東国国家としての鎌倉幕府の自立にとって、重要な節目であったと思います。かつて承久元年（一二一九）将軍源実朝が殺されたとき、幕府は後鳥羽上皇の皇子を鎌倉に迎えようとして、拒否されました。宗尊を鎌倉に迎えることができたのは、宗尊が幕府によって推戴され、従って極度に幕府に協調的であった後嵯峨の皇子であることが、大きくはたらいていると思います。幕府は親王の下向に欣喜雀躍し、『吾妻鏡』に「此君（宗尊）仙洞（後嵯峨）御鍾愛之一宮也。東関諸人懇望、不二等閑一之間、為二二位中将殿（頼嗣）御替一御下向、非二武家眉目一乎」（建長四・八・六条）と記しています。上皇の皇子を幕府が迎えたことの画期的な意義が語られているのです。また建長五年、後嵯峨の命により、宗尊の侍読として鎌倉に下った藤原茂範は「倩観二東関棣々之礼一、已同二西都巍々之威儀一」として、鎌倉の威儀が京都に遜色がなく、明経、陰陽、顕密の碩徳など、人材に富むことを指摘しています（『金沢蠹余残篇』）。建長から弘長に至る時期は、得宗尊制政治の初期であり、北条時頼によって政治が主導されましたが、宗教面においても、鎌倉が京都に対抗するような内実を整えていった時期でもありました。

寛元四年（一二四六）宋僧蘭渓道隆が来日し、北条時頼は道隆を鎌倉に迎え、ここに純粋な中国の禅が伝えられました。建長元年には建長寺が着工され、同五年に完成し、落慶供養が営まれました。年号を寺号に帯び、都の延暦寺に対抗するとともに、日本における禅のメッカの役割を果たし、新しい禅は鎌倉から京都に伝えられました。

西大寺流の律は、念仏や禅を従えて、幕府の体制的仏教を形成しました。東大寺大仏に対して、建長四年には金銅の鎌倉大仏の鋳造が始められ、十年を費やして弘長二年（一二六二）に完成しますが、鶴岡八幡宮の本地仏としての阿弥陀大仏は、律を中核とする鎌倉仏教の本尊としての位置を占めました。奈良に起こった西大寺流の律は、鎌倉を経て宮廷に入っていきました。禅にせよ、律にせよ、鎌倉が日本文化の発信地の役割を果たし始めました。

このような東国とその文化の独立性とともに、東大寺大仏と鎌倉大仏との像高の差にも注目しておきたいと思います。仁治三年（一二四二）に鎌倉を訪れた『東関紀行』の著者が見たのは、まだ木造であったころの大仏でした。彼は八丈の阿弥陀仏（鎌倉大仏）を十丈余の東大寺盧舎那仏と比べ、「なかばよりもすすめり」といっています。鎌倉大仏は東大寺大仏の半分以上あるというのです。これが奈良と鎌倉、王朝国家と鎌倉幕府との差なのでしょうか。幕府は朝廷の下での国家的軍事・警察の担当者であり、後者が前者を凌駕することはありませんでした。

なお京都の東福寺大仏は五丈の釈迦像ですから、鎌倉大仏よりもさらに小さいのです。それよりも、奈良・鎌倉の大仏と京都の大仏との間には、本質的な違いがあります。東福寺の大仏は権門九条家の大仏であり、京都・鎌倉の大仏が帯びる「国家性」を備えていないのです。鎌倉大仏は東大寺大仏を意識して造られました。しかし、ほぼ同時期に造られたとはいえ、鎌倉大仏は東福寺をまったく意識しておりません。

四、紀伊の律寺

橋本市隅田の（利生）護国寺は、同地の豪族隅田氏の氏寺として知られ、南北朝時代の本堂も現存する。『和歌山県史　中世史料一』でこの寺の文書の復刻を担当した時のことである。西大寺綱維高任（綱維は一般の僧を監督、指導する僧）の書状というのがあって、七月一日の日付はあるが、年代がわからない。書状に年代が書かれていないのは不思議ではないが「相二当開山菩薩第三百五拾年御忌来八月一候」とヒントがあるのに、年代を確定できないのが気に入らない。

同寺には江戸前期に作成された『利生護国寺縁起』があり、行基の創建としている。右の文の「開山菩薩」を行基と考えてみたが、行基が没したのは天平二十一年（七四九）二月二日、それから三百五十年だと承徳二年（一〇九八）で平安後期である。どう見てもこの書状が、そんなに古いとは思えない。命日だって二月と八月とでは、まったく合わない。

この書状は本寺から末寺に宛てたものと見られ、書状には「隣国近国之律寺被二相催一、御出仕候者、可レ為二律法弘通基一」とある。利生護国寺は今も真言律宗に属する。これらの点から、鎌倉時代に大和の西大寺を復興し、律宗を中興した叡尊が「開山菩薩」ではないかと考えてみた。叡尊は正応三年（一二九〇）八月二十五日に没しており、忌日の点はぴったりである。正応三年から三百五十年だと、江戸前期、寛永十六年（一六三九）であり、文書を見ても、まずそのころと考えてよかろう。こうして私は高任の書状を寛永十六年のものとしたのである。叡尊没後三百五十年にあたり、追福のため、舞楽・曼荼羅供を行うべく、西大寺は隣国近辺の末寺の結集を呼びかけたのである。

叡尊の自伝『感身学正記』によれば、建治三年（一二七七）十月四日、叡尊は隅田荘慈光寺で二百四十人に菩薩戒を授けている。慈光寺は橋本市隅田の時光寺のことと見られる。

次いで弘安五年（一二八二）十月七、八日にも、粉河寺に赴く途中、隅田・相賀でそれぞれ一泊したようである。相賀は隅田の西隣である。これらのことから考えて、叡尊が利生護国寺を中興した可能性は高い。

隅田に赴くよりも早く、文永六年（一二六九）十月上旬、叡尊は備後入道妙蓮に招かれ、金剛宝寺（紀三井寺）で梵網十重を講じた。妙蓮は俗名を宣親といい、もと紀国造であったが、当時は国造を退いて金剛宝寺におり、国造は子の淑文がつとめていた。叡尊は紀国造が祭祀する日前宮の神宮寺領十九郷の殺生禁断、神宮寺および諸堂三十余所の堂内における酒宴停止などを誓わせ、国造淑文らに菩薩戒を授けた（紀三井寺・日前宮は和歌山市内）。

永仁六年（一二九八）四月、叡尊の弟子忍性の申請で、西大寺以下三十余の律宗寺院が、将軍の祈願所とされたが、その中に紀伊では金剛寺、利生護国院（利生護国寺）、それに尼寺として妙楽寺が挙げられている。金剛寺の所在は不明であるが、妙楽寺は橋本市東家に現存する。鎌倉時代は相賀荘内にあったと思われる。隅田に慈光寺、利生護国寺、相賀に妙楽寺と叡尊ゆかりの寺の存在が確認でき、この辺りが叡尊と関係の深い土地であったことがわかる。

紀伊における律宗の弘通を見る史料として、南北朝時代、明徳二年（一三九一）の西大寺末寺帳があり、忍性が

開いた鎌倉の極楽寺に所蔵されている。そこには紀伊の西大寺末寺として、

金剛寺　利生護国寺
福林寺《トヨ田》　岡輪寺《新宮》
西福寺　観音寺
光明院　宝金剛寺
宝光寺　遍照光院《高野》

を挙げている。宝金剛寺は金剛宝寺のことであろう。同寺と利生護国寺のほか、叡尊に関係のある寺には、新宮市の岡輪寺がある。今は宗応寺と称しているが、叡尊来寺の伝えもある。もと熊野速玉大社の神宮寺であった点、日前神宮寺の場合と通じるものがある。叡尊の足跡は伊都・那賀・名草郡など紀北に留まらず、熊野地方にまで及んだことになるが、所伝の真偽は不明である。福林寺は紀の川市豊田の福琳寺、それに高野の遍照光院も、いずれも所在は明らかにできるものの、西大寺との所縁はわからない。

海南市下津町地蔵峰寺の本尊石造地蔵菩薩坐像の光背には、

勧進聖楊柳山沙門心静
元亨三年癸亥十月廿四日
大工薩摩権守行経

の銘文がある。伊行経は鎌倉末、南北朝期の石工であるが、伊派の石工と西大寺系の律宗とは深い関係を持っていたのであり、元亨三年（一三二三）にはすでに地蔵峰寺は律宗寺院であったと思われる。心静は宝光寺の中興である心浄と同一人物と見られるが、その宝光寺は前掲の西大寺末寺帳に出ている。同寺は現存しないが、もとは現在

の和歌山市内にあり、本堂は永仁三年に建てられたという。叡尊の後を受けて、名草郡あたりで心静が活躍し、宝光寺や地蔵峰寺を建てたのであろう。

叡尊は弘長二年（一二六二）鎌倉に下り、北条時頼らの帰依を得た。忍性は鎌倉に住むこと四十年、とくに北条重時は彼を極楽寺に迎えた。

叡尊が隅田荘などで活躍したのは、同荘の豪族隅田氏が北条氏の被官であったことがあずかっていると思われる。北条氏は弘安三年までには紀伊の守護となっている。隅田氏が北条氏の被官となったことが明らかなのは建長六年（一二五四）からである（『吾妻鏡』十・六条）。隅田氏が鎌倉末に六波羅検断として活躍し、遂に元弘三年（一三三三）探題北条仲時に殉じて近江の番場で自害したのも、北条氏と主従関係を持ったためである。そして紀伊守護となり、隅田氏の主人となったのは、深く忍性に帰依した重時の系統であった。

『利生護国寺文書』に弘安八年十月六日の願心寄進状がある。隅田一族の願心が利生護国寺に荒野・田畠を寄進した時のものである。この寄進状によって、同寺が当時隅田一族の氏寺であったことがわかるが、また利生護国寺の名称は叡尊の思想を示しており、同寺が弘安八年以前に叡尊によって創建されたことを推測させる。

『利生護国寺縁起』には、北条時頼が諸国を廻り、同寺を訪れ、凋弊をいたみ、修理を加え、土地を寄進したとある。妙楽寺にも時頼修復の寺伝があるという。こうして時頼廻国伝説との関連で、寺院の中興が語られているのを見ても、紀伊における律宗の弘通に、北条氏があずかって力があったことは疑えない。

五、延朗と松尾神主

一　延朗伝の修正

延朗は但馬国養父郡の人で、源義家の四世の子孫、父は源義信である。十四歳で園城寺の永証から天台を学び、十五歳で出家し、二十九歳で比叡山東塔山王院観厳から両部灌頂を、養全から密院灌頂を受けた。平治元年（一一五九）平治の乱で源義朝は平清盛に敗れた。同じ清和源氏の一族である延朗の坊も清盛勢に囲まれたが、延朗は法華を誦して奇蹟的に脱出し、奥州松島に逃れた。安元二年（一一七六）には松尾の南に最福寺を建てた。源義経は丹波国篠村荘を延朗に寄進した。延朗は承元二年（一二〇八）正月十二日、七十九歳で没した。

ここに記した延朗の略伝は、すべて鎌倉末期に成立した『元亨釈書』（巻十二）に拠っているが、その記述の真偽を検討するに足りる史料はほとんど存在しない。最福寺は戦国末に廃絶し、華厳寺（鈴虫寺）は最福寺の敷地の一部に建てられたといわれ、隣接する西光寺（延朗堂）には延朗の木像を伝えると聞く。その最福寺も鎌倉末の正慶二年（一三三三）四月、後醍醐天皇方と戦っていた六波羅探題勢に焼かれたことが、『太平記』（巻八）に見られるものの、それ以前のことはまったくわからない。『太平記』によれば、輪蔵には七千余巻の経論が納められ、めずらしい枝ぶりの樹、面白い形の石のある池のほとりに、都率天の内院にあるという四十九の宮殿に模して堂宇が並んでいたという。『元亨釈書』に池を掘って、そのほとりに殿舎を建てたとあるのと符合する。

ところがここに述べた通説の真偽を検討するに足りる一通の文書がある。仁和寺所蔵の『諸録要勘抄』巻下の紙背の貞永元年（一二三二）九月十二日の尼妙法願文がそれである。妙法は延朗の弟子で、師僧の十三年忌にあたり、二階三間四面の堂舎一宇を建立し、内部に金色大日如来像以下五体の仏像を安置したのである。この文書によって、延朗が松尾社の南に最福寺を建立したこともはじめて確認できるのである。

それよりも重要なのは、貞永元年が延朗の十三年忌だという記述である。これによれば延朗の没年は承久二年（一二二〇）となり、『元亨釈書』の承元二年説は誤ということになる。没年から逆算して大治五年（一一三〇）とされてきた生年も、康治元年（一一四二）に改められる。生年も没年も、ともに十二年下げられるのである。

その結果、右に記した延朗伝に不都合な点も生じる。『尊卑分脈』によれば、延朗は天養元年（一一四四）十五歳で出家したことになるが、これも通説の没年から計算した結果に過ぎず、延朗は天養元年には三歳の幼児である。十五歳に出家したとすれば、出家は保元元年（一一五六）に改められねばならない。

延朗が清盛勢の囲みを破って奥州に逃れた話も、不自然な点があるが、当時十八歳の青年僧に、寄手を眠らせて脱出する法力が備わっていたとも思えず、説話全体が虚構だと考えられる。

二　松尾神主相頼の功績

『元亨釈書』には松尾社と延朗の関係を示す説話が収められているが、その一つに松尾神主相頼・頼康父子に関するものがある。相頼が眼病を患い、失明して延朗に助けを求めた際、延朗は相頼の五羽の鷹を放ち去ることを命じた。相頼が子の頼康に命じて五羽の鷹を逃させたところ、相頼の眼疾は癒えたというのである。この話は、松尾神主が武士的な性格を持っていたことと、延朗が放生につとめたことを示しているが、相頼・頼康父子については、『東文書』『松尾神社文書』によって、かなり正確な史実を辿ることができるのである。

正治二年（一二〇〇）梶原景時が御家人たちの排斥を受けて討たれたころ、「相頼齢八旬之上、病床多年」とあり、相頼は八十歳ぐらいで、多年病床にあったという（『東文書』嘉禎四・十・十九、六波羅下知状）。そうだとすれば、相頼の生年は保安二年（一一二一）ごろで、延朗よりも二十歳ほど年長であったことになる。

相頼は六ヶ所の松尾社領を興立した功績があり、神社への貢献は「古今当社無双」といわれたが（『東文書』建久九・十二・二十後鳥羽院庁下文）、次に知られる限りその内容を記す。

第一に信濃国今溝荘は永万年間（一一六五―六）相頼が宣旨を得て立荘した（書陵部所蔵『漂到琉球国記裏文書』仁治元・十松尾社前神主秦相久陳状）。

第二に摂津国山本荘は左近衛権中将藤原泰通の私領であったが、治承元年（一一七七）相頼が買い取って松尾社領とし、荘務は相頼が行うことになった（『平安遺文』三八〇三、『鎌倉遺文』一〇二〇号）。「山本庄者、左近衛中将経通朝臣之私領也。而相頼法師、以二准米二千石一、所二買領一也」とあり、藤原経通の私領を相頼が買領したとしている（『東文書』嘉禎四・十・十九、六波羅下知状）。しかし『公卿補任』嘉禎二年（一二三六）条によれば、経通は延応元年（一二三九）六十四歳で没しているから、治承元年当時は二歳であり、相頼は経通でなく、その父泰通から買い取ったのであろう。実際、治承元年当時、泰通は左中将であった。

第三に建久八年（一一九七）二月二十四日松尾大神宮政所下文（『東文書』）に、丹波国桑田荘について「雖レ為二往古神領一、為二町々一也。而沙弥証阿之時、一円成二沙汰一天、所レ申二下宣旨一也」とある。「町々」は散在を意味すると思われ、往古からの神領であるが、散在していたのを、証阿、すなわち相頼が一円化し、宣旨を申し下し、立荘したというのである。貞和二年（一三四六）五月日松尾禰宜相衡言上状（『東文書』）に「寿□□年十一月五日　桑田庄、為当社領」とあり、寿永元年、または二年の立荘と見られる。

第四に丹波国雀部荘は相頼ではなく、その父頼親神主によって立荘された（『東文書』建久九・十二・二十後鳥羽院庁下文）。しかし相頼の時代に鎌倉幕府によって地頭が置かれ、その事情にも興味深い点があるのでふれておく。

源平合戦の結果、各地に地頭が置かれたが、それを防ぐため相頼は幕府に運動したのである。

平氏の全盛時代、雀部荘の下司が平氏の関係者であった可能性は高い。このような場合、平氏が滅ぶと、代わりに鎌倉幕府の地頭が置かれるのが普通である。しかし相頼の奔走で幕府による地頭の設置は避けられ、地頭職は松尾社に帰した。ただその代りに梶原景時を松尾社の代官（下司）として迎えることになった。幕府への運動にあたり、相頼が有力武将である景時の世話になったためであろう。

景時は平氏時代からの先例を守り、給田二町、名田八町を領知するだけで、荘園の管理には干渉せず、そのため松尾社との間に紛争は起こらなかった。ところが正治二年（一二〇〇）梶原景時が滅ぼされ、それに代わって景時討伐に功績のあった飯田清重が幕府によって地頭に任じられた（『東文書』嘉禎四・十・十九、六波羅下知状）。

飯田氏は駿河の武士である。地頭職を与えられた理由は「高橋合戦の忠」だという。鎌倉を追われた景時は上洛を企てたが、途中駿河の高橋でその地の武士に討たれたのである。『吾妻鏡』には飯田五郎らが景時と戦ったことが見え、とくに五郎の手の者が梶原景茂（景時の子）の郎等二人を討ちとったとある（正・二十三条）。しかし飯田五郎家重と飯田大五郎清重との関係はよくわからない。

梶原景時から飯田清重への交代は松尾社には痛手であった。景時は地頭である松尾社の代官として、松尾社から任命された下司であるが、清重は幕府から任命された地頭であって、松尾社は任免権を持たない。下司（景時）がにわかに地頭（清重）に改められ、神社は大きな損失を蒙ったのである。そのころ相頼は老齢で病床にあり、有効な対策を講ずることができなかった。果たして後年清重の子の大宅光信と松尾社との間で争論が発生することになる。

三　松尾社家の内紛

次に相頼の子の頼康について述べよう。松尾社の神主（惣官）職は前神主の譲りによって補せられるものであり、相頼は頼康に神主職を譲った。治承元年（一一七七）六月には相頼は「前神主」と記されているから、このころすでに頼康が神主になっていたことになる。従って神主相頼が延朗の勧めで鷹を逃したという『元亨釈書』の所伝は、それ以前のことととなる。ただ神主職を退いて後も、相頼が荘園経営などで活躍したことは、前述のとおりである。

寿永二年（一一八三）二月日建礼門院庁下文案（『田中忠三郎氏所蔵文書』）によれば、このとき頼康は、その所領である丹波国佐伯郷内時武名を高倉院法華堂領に寄進した。頼康は前年からこの工作を進めていたが、最終的に国司から不輸の承認をも得たのである。高倉上皇は養和元年（一一八一）に没し、法華堂（納骨堂）はその中宮である建礼門院が管理していた。建礼門院は平清盛の娘で、当時平氏の総帥であった宗盛の妹である。また寄進を承認した丹波守は平清邦と見られる。かれは清盛と親しい藤原邦綱の子で、清盛の猶子となった人物である（『山槐記』治承三・十二・十六条）。この所領寄進は、頼康が当時権勢を誇っていた平氏への接近を企ててのことと思われるが、五か月後には平氏一門とともに、建礼門院も都落ちし、頼康の意図は裏目に出たことになる。

建久八年（一一九七）ごろ、かなりの高齢であった相頼は、子息たちに所領を分割譲与し、譲状を作成した（『鎌倉遺文』八九八、八九九号）。松尾社領には神主職に付随する荘園と、頼親・相頼ら荘園の設立に当たった者の譲与によって知行される荘園とがあり、雀部荘・山本荘などは後者に属していた。相頼は桑田荘・雀部荘を櫟谷禰宜相久に、山本荘を相久の母因幡に譲与した。神主であった頼康はこの譲与に不満であり、荘園が神主の地位に付随すべきことを主張したが、一応は父の意を尊重して引き下がった（『東文書』建久九・十二・二十後鳥羽院庁下文）。しかしその後相頼・頼康父子の関係はさらに悪化し、相頼は頼康に一旦譲った所領までも奪い返して頼康を勘当し、正治元年（一一九九）、二年ごろには末子の相久を嫡子に立て、家督を相続させた（『漂到琉球国記裏文書』仁治元・十松尾社前神主秦相久陳状）。このことは、後年松尾社家に内紛が生じる原因となった。

第三章　鎌倉時代の王朝と文学

一、後鳥羽上皇の政治と文学

一　勅撰和歌集

和歌は貴族社会における社交の具だという。和歌の表現や用語は類型的で、類似したものが多く、和歌は暗記と教養に基づく古典主義的文芸であるように思えてならない。和歌独得の技巧や、古典からの引用は、貴族が共有する教養を前提としており、それなしでは和歌の制作はおろか、理解や鑑賞さえ困難である。和歌は貴族のアイデンティティであり、貴族文化を庶民から遮断する障壁の役割を果たしている。そうだとすれば、和歌を歴史的な観点から研究すれば、その成果は公家政治史の研究に有効なのではなかろうかと考えたこともある。勅撰和歌集は治世の文化的記念碑だなどと聞きかじるにつけて、さらにその意を強めたのであった。

しかし具体的に勅撰集にふれてみると、右のような私の関心が、まことに浅薄な思い入れに過ぎないことに気づいたのである。

勅撰和歌集は、『古今集』に始まるが、『古今集』の編纂はそれほど重要な事件だったのだろうか。まず私を失望させたのは、撰者の官位の低さである。大内記紀友則、御書所預紀貫之、前甲斐少目凡河内躬恒、右衛門府生壬生忠岑というメンバーだが、大内記は官位相当からいえば正六位上の官である。紀貫之が従五位下となったのは、

『古今集』撰進から十二年ものちの延喜十七年（九一七）正月、彼が到達した最高の官位は木工権頭、従五位上に過ぎず（『古今和歌集目録』）、他の撰者たちもこれを超えてはいないという惨状である。次の『後撰集』の編纂に当たった梨壺の五人にしても、摂津権掾、河内権少掾、近江少掾、御書所預、学生など、『古今集』同様の卑官、地下の人々ばかりである。

『古今集』よりも早く、九世紀の前半に編纂された漢詩（文）集の場合、やや趣を異にしている。『文華秀麗集』の編纂には藤原冬嗣のように廟堂で最高といってよい地位の人物が携わっているし、『経国集』の編纂にも正三位中納言良岑安世、従四位上参議南淵弘貞らが関係している。『凌雲集』の序の冒頭には、「文章者経国之大業、不朽之盛事」という魏の文帝の文が引用されており、詩は内容によって分類されず、平城上皇、嵯峨天皇以下官位順に配列されている。『経国集』は内容による分類を行いながらも、作者の官位による配列を採っている。勅撰詩集は、勅撰和歌集に比べて政治性が濃厚である。

もっとも『拾遺集』以後の勅撰集の撰者は、決して卑官とはいえない。成立当時の官職でいえば、『後拾遺集』の藤原通俊は正四位上参議、『詞花集』の藤原顕輔は正三位左京大夫であり、とくに通俊は白河天皇に重用され「才建二和漢一、深達二政理一」（『本朝世紀』康和元・八・十六条）と讃えられている。『拾遺集』に至っては花山法皇の親撰である。しかし『拾遺集』は天皇が撰者に下命するという勅撰集の正規の手続きを取っておらず、法皇の私撰の性格が強い。また『後拾遺集』について、藤原清輔の『袋草紙』には「私撰之後、取二御気色一」（巻二）と記している。撰者通俊が私撰集を装って編集しておき、白河天皇の機嫌をとって勅撰集にしてもらったというのである。その清輔も『続詞花集』を編み、二条天皇を頼んで勅撰集にしようとしたが、天皇が没したため果たさなかった。このように勅撰・私撰の別はしだいに曖昧となっているのである。『和歌色葉』に「如二後拾遺・続詞花・千載集一者、皆各雖二私集一、経達為二勅撰一」とあり、『千載集』もまた『後拾遺集』『続詞花集』と同様、私撰の性格が強い。とくに『千載集』の場合、撰者が遁世者であるのは、勅撰集の原理に背くといってもよい。

勅撰集の下命者が『後拾遺集』までは一般に天皇、『金葉集』以後の院政期に入ると上皇であるからといって、政権の掌握者が下命者であるとは必ずしもいえない。『金葉集』の白河、『千載集』の後白河両上皇はよいとしても、『詞花集』の下命者である崇徳上皇は、父の鳥羽上皇に退位を強いられて、まったく権力を持たず、いかなる政治的施策をも行っていない。もっと古く、『拾遺集』の花山法皇にしても、政治から疎外され、仏道と風流にふけるのみであった。勅撰といっても、下命者が政権の掌握者とは限らず、従って勅撰集を治世の記念碑と解することなど、到底できないのである。

『拾遺集』『後拾遺集』以後は、撰者が一名となるのは、私撰の傾向が強まることと関係があるのだろう。しかし最初の二つの勅撰集についていえば、『古今集』の撰者は四名、『後撰集』は別当を含めて六名であり、当然会合の場所としての撰和歌所が必要である。『古今集』の場合、「承香殿のひんがしなる所にてえらばしめたまふ」(『紀貫之集』巻十)、「御書所にめされて候ける」(『大鏡』巻六)とあるが、内裏の承香殿の東に御書所があり、宮中の書籍を保管した。撰者の一人である紀貫之が御書所預であるのも、御書所で撰集が進められたからであろう。もっとも撰和歌所という称があったかどうかは疑わしく、次の『後撰集』と違って別当が置かれた形跡もない。撰歌の場所として御書所が提供されていても、機関としての撰和歌所は存在しなかったと思われる。ただ天皇の私生活の場である内裏の中で撰集が行われたことには注目しておきたい。

結局、『千載集』以前の勅撰集の中で、私が政治性をもっとも強く感じたのは、天暦の『後撰集』であった。天暦五年(九五一)十月、村上天皇の宸筆の宣旨によって、蔵人左少将藤原伊尹が撰和歌所別当に任命された(『本朝文粋』巻十二、源順、侍中亜将為二撰和歌所別当一御筆宣旨奉行文）。撰者の梨壺の五人は地下であっても、別当伊尹は当時二十八歳の若年ながら蔵人左少将の要職にあり、左大臣実頼を伯父とし、右大臣師輔を父とするエリートであった。天皇自身が師輔の女婿で、伊尹の義弟であった。

しかし政治性の内容が問題である。『後撰集』には実頼・師輔兄弟の歌が多い。撰和歌所は昭陽舎（梨壺）、すなわち後宮に置かれた。梨壺は天暦二年までは、村上天皇が「いみじうをぢ《怖》まうさせ」給うた女御安子の宿所であり、安子は梨壺女御と呼ばれた（『大鏡』巻三、『日本紀略』天暦二・四・十一条）。のちに梨壺は安子の兄伊尹の宿所となっている（『九条殿記』殿上菊合、天暦七・十・二十八条）。そのような事情で、梨壺に撰和歌所が置かれたのであろう。『後撰集』は勅撰とはいいながら、天皇の治世よりも藤原一族の繁栄を記念する事業だったのである。勅撰集の下命者である天皇自身が私的性格を強めつつあったのだから、それはそれなりに当時の天皇制を正確に反映しているのかもしれない。

二　物語と日記

勅撰集が決して国家的事業でも、治世の記念碑でもないと記したが、平安前期の国風暗黒の時代（なんと奇妙な表現だろう）から国風文化、国文学の絢爛たる開花という常識には疑問を感じている。もとより国文学の研究は、今日著しく発達しており、以下はその成果に疎い者の妄言かもしれないが、思うところを率直に述べて、御示教を仰ぐのも無益ではあるまい。

私が疑問を抱いているのは『源氏物語』の蛍の巻の「日本紀などは、たゞ片そばぞかし」と、『土佐日記』の

「をとこもすなる日記といふものを、をむなもしてみんとてするなり」との評価についてである。いずれも新しい文学の出発を告げる宣言とされているが、その場合、「日本紀」や「をとこの日記」に対する否定的評価が強すぎるように思われるのである。

「日本紀などは、たゞ片そばぞかし。これら（物語）にこそ道〳〵しく、くはしき事はあらめ」とは、光源氏の発言である。この「日本紀」は『日本書紀』に限らず、『書紀』をはじめとする六国史を指すものと考えられるが、右の一文は、正史の年代記的記述を「片そば」として退け、物語こそが人情の機微、事態の本質に迫りうるのだとする物語文学の優越の主張と理解されてきた。

しかし物語の展開を見ていくと、長雨の降り続くころ、女房たちが絵物語のすさびで日を過ごしているところへ、光源氏が来て彼女たちを冷やかすのである。「こゝらのなかに、まことはいと少なからむを、かつ知る〳〵、かゝるすゞろ事に心を移し、はかられ給ひて、あつかはしき五月雨髪の乱るゝをも知らで書き給ふよ」――「まこと」の少ない「すゞろ事」だと物語をさんざんこきおろし、夢中になって髪を振り乱しながら、そんな物語を書き写している女性をからかった上で、「こちなくもきこえおとしてけるかな」と物語をけなし過ぎたことを反省し、「これらにこそ道〳〵しく、くはしき事はあらめ」と物語の長所を挙げる。しかしさらに「姫君の御前にて、この世馴れたる物語など、な読み聞かせ給ひそ」、教育上よろしくないから、姫君には読み聞かせるなといっている。物語の全面的な讃美などでは決してなく、「すゞろ事」である物語をきびしく批判しているのである。「女こそものうるさがらず、人に欺かれむと生れたるものなれ」とあるように、女性は絵空事である物語に欺かれたがると述べているが、『三宝絵』にも「物語と言ひて女の御心をやる物なり」とあって、物語は所詮婦女子の愛読するものであって、大夫にはふさわしいものとはされていないのである。

日本紀と物語との関係は、漢才と和魂との関係にも通じる。それでは和魂とは何であろうか。明法博士清原善澄は「道ノ才ハ並无クシテ、古ノ博士ニモ不劣ヌ者」といわれるすぐれた学者であった。家に強盗が入ったとき、善澄は板敷の下に隠れて難を遁れたが、賊が出ていくと表に出て、「顔を見たぞ。検非違使の別当に言い付けて捕らえてやる」と叫んだため、戻ってきた盗人に殺された。『今昔物語集』はこの説話を載せ、「善澄、才ハ微妙カリケレドモ、露、和魂无カリケル者ニテ、此ル心幼キ事ヲ云テ死ヌル也」（巻二十九、明法博士善澄被レ致二強盗一語第二十）として、漢才を具えながら和魂を持たなかった善澄を批判している。大和魂といっても、後世に本居宣長が「朝日ににほふ山桜花」にたとえ、清らかで、いさぎよい日本精神と解したような立派なものではなく、単なる機転、処世の知慧に過ぎなかったのである。

とはいえ、そのような和魂が王朝貴族の間で尊ばれたことは否定できず、「からの文をもひろくまなび、やまとごゝろもかしこかりける」（『今鏡』巻三）とあるように、和魂・漢才を併せ持つことは、貴族の理想像であった。しかし和魂と漢才とではいずれが重視されたのであろうか。

光源氏はその子夕霧が元服すると、四位に叙せられるのを辞退し、大学寮の学生として学問に励ませる。権門の子として、戯れ遊びながら、思うままに官位も昇進し、他人の追従を受けても、ひとたび庇護者を失い、権勢が衰えると、たちまち侮りを被るようになる。そういう際の拠り所として学問が必要であり、「才を本としてこそ、大和魂の世に用ひらるゝ方も強う侍らめ」（『源氏物語』乙女）としている。大和魂を支える学才（漢才）を重視し、大和魂よりも優越する地位を与えているのである。

「をとこもすなる日記といふものを、をむなもしてみんとてするなり」という一文は、漢文で書かれ、記録を主とする男性の日記に対して、かなで書かれ、心情の表出を主とする女性の日記文学の登場を示すものとして理解されている。

かな日記が文体の上でも、従って内容の上でも、漢文日記と大きく異なるのは事実である。そして漢文の私日記の最初とされる『宇多天皇御記』は、現存部分についていえば、仁和三年（八八七）に始まっており、承平五年（九三五）ごろ最初のかな日記である『土佐日記』が成立するまでには、半世紀の隔たりがある。しかし、かな日記が漢文日記を克服して登場したかのような理解は感心できない。『土佐日記』に虚構や仮託が見られるとしても、日次記の体裁はとられているし、記録性も濃厚である。所詮日記の特色は記録性にあり、その点でこそ文学の他ジャンルと区別されるのである。漢文であれ、仮名であれ、九世紀末から十世紀にかけて、日記の時代が訪れたことが大切であり、かな日記もその流れの一つに過ぎないのである。

日記は国家編纂の正史に代わるものであった。六国史（日本紀）についていえば、『三代実録』が延喜元年（九〇一）に奏進されたが、その後もこれに続く『新国史』の編纂のため、承平六年（九三六）から安和二年（九六九）まで撰国史所が置かれていた。このような国家による修史事業の終焉に代わって、私家、私人による修史としての日記が、漢文・かなを問わず記されはじめたのである。六国史などの編年体史書も日記と呼ばれたが、編年体で日を追って記述される点で史書と日記との間には関連があり、日記には和漢の文体とか、記主の性別などを越えて共通するものがある。国家的土地所有としての班田制に代わって貴族による私的大土地所有としての荘園制が展開し、貴族の家々で私的経済や家政が発達してくるのに応じ、修史の主体も国家から私人に移って日記が成立したのである。

日記の中でも中心的な位置を占めたのは漢文、男性のそれであり、和文、女性の日記は傍流に位置づけられていた。慈円の『愚管抄』には、公家の必読文献を列記しているが、本朝の典籍に限っていえば、まず六国史と律令格式などを、次に「寛平遺誡（宇多天皇）、二代御記（醍醐・村上天皇）、九条殿（師輔）ノ遺誡、又名誉ノ職者ノ人ノ家々ノ日記」を挙げている（巻七）。年代的にも、文化の系譜の上でも、日記は六国史や律令格式を継承しており、それは律令政治から王朝政治への推移に対応するものである。『花園院宸記』正中元年（一三二四）十二月晦日条には、花園上皇がこれまでに読了した書目を列記しているが、その中で「本朝書弁記録」としては、六国史（『本朝世紀』を加える）、律令などのほかに、『一条院御記』『三代御記』から『後三条院御記』に至る天皇の日記、『人左記』から『宇治左大臣記』に至る公家の日記が挙げられている。その観点は『愚管抄』を継承しており、これらの書物こそが貴族の基本的教養であった。かな日記がその中に含まれないのはいうまでもない。『三代御記』以下の漢文日記は、六国史を継承して公家文化の主たる部分、表の部分を代表し、かな日記は従属的な位置に置かれていたのである。

三　後鳥羽上皇と源通親

序論めいた部分が長くなりすぎたが、物語文学、日記文学の登場に対する過度の評価は、それ以前を国風暗黒の時代とする観点などとあいまって、主として国文学の展開の立場からなされたものであった。しかしそれらは決して貴族文化の主流ではなかったのである。勅撰和歌集の編集といっても、国家的事業でも、治世の記念碑でもなく、政治との結び付きも顕著ではなかった。そんなことは常識だといわれたらそれまでだが、文化の国風化の過大評価への疑問から、このような主張を綴ってみたのである。

ところが和歌や勅撰和歌集について、私のような見方で臨むとき、後鳥羽上皇と『新古今和歌集』は極めて異質であることに気づくのである。まず仮名序に和歌の効用を述べて「色にふけり、心をのぶるなかだちとし、よをさめ、民をやはらぐるみちとせり」と記している。恐らくは『古今集』序の「おとこ女のなかをもやはらげ、たけきもの丶ふのこころをもなぐさむ」をふまえているのであろうが、和らげ、慰める対象が民であるのと猛き武人であるのとでは、まったく意味が違ってくる。後者は文字どおり心を和らげる意味しか持たないが、前者は政治を意味するのである。『新古今集』の仮名序は和歌が恋愛とともに政治に有効であるとしているが、真名序には「理世撫民之鴻徽、賞心楽事之亀鑑」とあって、政治性はさらに明白である。ここでは和歌は政治的文芸なのである。

後鳥羽には在位中の和歌はまったく残っていない。最初の和歌は、『源家長日記』によれば、「御くらゐさらせ給ても三とせの春（中略）弥生の廿日ごろ」、花見のため、大内に御幸した時に御供の内大臣源通親と贈答したものである。「御くらゐさらせ給ても三とせの春」については、正治元年（一一九九）春とする説と、翌二年の春とする説とがある。(1) ところで『新古今集』の撰集過程を見ると、建仁元年（一二〇一）七月に和歌所が置かれ、元久二年（一二〇五）三月には撰集が一応完成するのであり、最初の歌作から数えて五、六年に過ぎず、急速で精力的な進行ぶりは驚くべきものがあるが、正治から元久に至るこの時期は、後鳥羽上皇をめぐる政治の上でも、重要な意味を持っていた。

後鳥羽の在位中、建久七年（一一九六）には大きな政変があった。権大納言源通親の讒言によって、当時政権を握っていた関白九条兼実は突如罷免され、娘の中宮任子は内裏を退出し、弟慈円も天台座主・護持僧を辞任した。関白には近衛基通が就任し、一門で政治上、宗教上の最高の地位を掌握していた九条家は、一挙にしてすべてを失ったのである。

兼実に代わって権勢を握ったのは通親である。建久九年、後鳥羽は皇子の土御門天皇に譲位した。土御門は通親の養女在子の所生であったから、通親は外戚の座を獲得し、さらに翌正治元年には内大臣に昇り、源博陸（関白）と呼ばれて威を振るった（『玉葉』建久九・正・七条）[2]。

譲位は後鳥羽自身の希望でもあったようだ。『増鏡』には「よろづ所せき御有様よりは、中〳〵やすらかに、御幸など御心のまゝ、ならんとにや」（巻一）とあり、御幸など自由に振舞えるという点を譲位の理由として挙げている。『愚管抄』も、譲位について通親の働きかけを重視する一方で「コノ院モ、今ハヤウ〳〵意ニマカセナバヤトヲボシメスニヨリテ、カク行テケリ」（巻六、後鳥羽）として、自由な行動を求める後鳥羽の意志を譲位の動機としているのは、それが通親に批判的な立場からの証言であるだけに説得力がある。

それだけに譲位後の後鳥羽上皇の自由な振舞いには目を見はるものがあった。譲位後半月ほど後には早くも「近日京中並辺地日夜御歴覧」とあるし（『明月記』建久九・正・二十七条）、さらに御幸が頻繁なため、朝家の大事である即位の期日が迫るのに、奏達が困難だとの嘆きが起こっている（『三長記』建久九・二・六条）。

自由奔放な振舞いは御幸だけではない。正治二年二月には院中で修正を模して御遊が行われた。鬼の役になった者を打つふりだけをするのが例であるが、上皇は意に染まない源顕兼を本当に杖で打った。これを見た通親は「於㆑今者、吾力不㆑及」と語ったという（『明月記』九日条）。事は院中の馬鹿騒ぎに過ぎないが、この狂乱ぶりも、通親からの上皇の政治的自立と無関係ではないのである。上皇の奔放な行動、通親からの自立、離脱の背景を知る注目すべき記事が『愚管抄』に見られる。

建仁二年十月廿一日ニ、通親公等ウセニケリ。頓死ノ体ナリ。フカシギノ事ト人モ思ヘリケリ。承明門院ヲゾ母ウセテ後ハアイシマイラセケル。カ、リケル程ニ、院ハ範季ガムスメヲオボシメシテ三位セサセテ、美福門院ノ例ニモニテアリケルニ、王子モアマタ出キタル。御アニヲ東宮ニスエマイラセントオボシメシタル御ケシキナレバ、通親ノ公申サタシテ立坊アリテ、正治二年四月十四日ニ東宮ニ立テ（巻六、土御門）

正治二年八月、通親の妻範子の没後、通親は承明門院在子を愛したという。在子は範子が前夫との間にもうけた子で、通親と血のつながりはないが、養女であり、それに後鳥羽上皇の妃である。そのため上皇の寵は藤原範季の娘重子（修明門院）に移り、建久八年九月、重子は皇子守成を生んでいる。このことが通親の焦りを呼び、翌九年正月、後鳥羽の退位、在子所生の土御門天皇の践祚の一因となったことは考えられる。ただ通親と在子との関係は、『愚管抄』によれば、範子の没後となっているが、もっと早めて範子の在世中からと見た方が、全体の辻褄が合う。通親が後鳥羽上皇を制御できなくなり、上皇が放恣な振舞いに出たのも当然である。そしてこのような状況の中で、上皇は和歌に関心を持ち始めるのである。

注目されるのは、『愚管抄』が重子を美福門院藤原得子になぞらえていることである。これは『愚管抄』だけに見られる記述であるが、建久九年十二月、重子が従三位に叙せられたことが、保延二年（一一三六）四月、得子が従三位に叙せられた例に従ったことをいうのであろう。『愚管抄』巻四（崇徳）の「鳥羽院ハ長実中納言ガムスメヲコトニ最愛ニヲボシメシテ、ハジメハ三位セサセテヲハシマシケルヲ、東宮ニタテ、」という文と右の「院ハ範季ガムスメヲオボシメシテ三位セサセテ、美福門院ノ例ニモニテアリケルニ（中略）御アニヲ東宮ニスエマイラセントオボシメシタル御ケシキナレバ」という文を比べると、文章の構成までが似ているが、似ているのは三位の件だけでなく、立坊の件まで同様である。少なくとも『愚管抄』はそのような意識で文章を綴っているのである。重子所生の守成（順徳天皇）の立坊は、得子所生の体仁（近衛天皇）の立坊に対比されているのである。

鳥羽上皇は中宮藤原璋子（待賢門院）と祖父白河法皇との不倫が原因で、藤原得子を寵愛するようになり、璋子所生の崇徳天皇の下に、得子所生の体仁を皇太弟とし、永治元年（一一四一）崇徳に体仁（近衛天皇）への譲位を強いた。後鳥羽上皇は妃源在子と源通親との不倫が原因で、藤原重子を寵愛するようになり、在子所生の土御門天皇の下に、重子所生の守成を皇太弟とし、承元四年（一二一〇）土御門に守成（順徳天皇）への譲位を強いている。二つのシチュエーションは酷似しており、慈円が修明門院や順徳天皇から、美福門院・近衛天皇の昔を連想しても、決して不思議ではない。

通親との不愉快な関係にもかかわらず、後鳥羽は通親を重用し続けた。通親の影響から完全に離れるのは困難だったのだろう。通親の子の通光が従二位に叙せられたのは、通親が没する二日前であった（『猪隈関白記』建仁二・十・十九条）。一方、すでに通親の在世中から、上皇は九条家の復権など、通親にとって気の進まない施策をも進めている。その動きは正治元年六月ごろから見られるが、それから通親が没する建仁二年十月までの三年余の政治は、在子をめぐって奇妙な関係にある後鳥羽と通親との協調と対立の中で展開していったのである。

建久七年の政変の際、内大臣兼左大将であった良経は、官職こそ奪われなかったものの、籠居の身となった。建久九年正月、その良経は左大将を止められ、近衛家実（基通の子）がこれに代わった。これは後鳥羽から土御門への譲位に伴うもので、譲位には左右の近衛大将が必ず供奉するが、籠居中の良経は不適任だというのである。さらに右大将大炊御門頼実を大臣にし、その後任の右大将に通親がなるだろう、次に良経は内大臣を罷免され、通親が大臣になるだろうと予測されていた（『玉葉』建久九・正・七条）。予想どおり十一月、頼実は右大臣となり、翌正治元年正月、通親は右大将となった。ところが六月、左大臣花山院兼雅の辞任に伴い、良経は左大臣に昇り、その後任の内大臣に通親が就任した。『業資王記』に「九条殿御息内府殿《良経》（中略）日来籠居。今可レ有二出仕一之故歟」とあり、良経は正式に勅勘を解かれたのである（二十二日条裏書）。九条家の家司であった藤原定家も「心中欣悦、無レ物レ取レ喩」（『明月記』二十二日条）と悦びを隠しきれない。良経罷免の予想に反したこの結末は、土御門天皇の外戚として大臣の地位を得ようとする通親と、通親に対して九条家の復権を図る後鳥羽との妥協によるものであろう。

翌正治二年二月、籠居していた慈円は、院御所に召され、如法北斗法を修した（『玉葉』五日条）。『明月記』に「天下事、不思議多」（正・二十九条）とあるのは、慈円の起用が意外であったことを示している。そのころ良経も、建久七年以来五年ぶりに参院し、上皇に拝謁しており、『玉葉』には「披二五廻之春霞一、拝二一人之天顔一。拭二感涙一、催二懐旧一」（二・十八条）と感激ぶりを記している。建仁元年二月、慈円は没した弁雅に代わって天台座主に補せられた。当時の慈円は「無双桐物」と呼ばれるほどに、後鳥羽上皇の信任が厚かった（『建仁元年熊野山御幸記』四・二十六条）。こうして正治元年から建仁元年にかけて、九条家の復権は大いに進められた。

話は溯るが正治二年四月、守成の立太子が行われた。通親にとって好ましくないことだが、認めざるを得なかった。しかし通親は自ら東宮傅となり、子の通光も春宮権亮となっている。ここでも上皇と通親との妥協が見られたのである。

このような対立と妥協は、建仁二年十月、通親の死によって終止符が打たれた。通親によって関白、氏長者に祭り上げられていた近衛基通はそれらを失い、九条良経がそれに代わったのは十一、十二月のことであった。建久七年政変がもたらした事態は、ここに完全に終わりを告げた。『愚管抄』に「世ノカハリシ、我ガ御心ヨリ、ヲコラズト云コトヲ、人ニモシラレントヤオボシメシケン」（巻六、土御門）とあるように、上皇は建久七年政変が自己の本意でなかったことを明らかにした上で、独裁への途を歩みはじめたのである。

四　『正治初度百首』

後鳥羽上皇の和歌に関する活動を、右に述べた政治の動きと重ね合わせてみよう。上皇がはじめて和歌を詠んだ確証のあるのが正治元年（一一九九）三月にせよ、翌二年三月にせよ、予想外に遅く、上皇が二十―二十一歳の春であった。ところがその後は正治二年八月の『初度百首』、十二月の『二度百首』、建仁元年（一二〇一）以来の『三度百首』（『千五百番歌合』）、七月の和歌所設置と、上皇の和歌への関心は、異様なまでに急速に高まっていく。

『初度百首』の歌人の選考事情を、主として『明月記』に拠って考察してみよう。藤原定家の義弟である西園寺公経は、定家を加えることを上皇に働きかけ、上皇も好意的であったが、内大臣源通親の差し金で事態は一変し、老歌人中心の人選となった。これは通親が家人である六条季経の賂を受けたためと定家は見ている（七・十五、十八条）。定家の御子左家は六条家と対立し、御子左家は九条家、六条家は通親（土御門家）と結びついており、定家は六条季経を「ゑせ歌読」（四・六条）と罵ったりしている。公経を通じての働きかけも旨くいかず、定家の父俊成は、女婿にあたる源通具を介して、通具の父通親に意を通ずるが、通親は追加不能とにべなく拒否する。結局俊成は仮名の状をしたため、上皇に直訴するという非常手段に出る。歌壇の長老で、上皇の和歌の師である俊成にしてはじめてなし得た方策であるが、上皇は俊成の請いを容れ、定家ら三名を加えることを決断したのである。

定家は歌人に加えられる以前の段階で、「此百首事、凡非㆓叡慮之撰㆒云々。只権門物狂也。可㆓弾指㆒」（七・二十六条）と権門（源通親）に対する不満を記している。『初度百首』の人選は上皇と通親との交渉、相互牽制の中で進められ、確かに最初は通親が主体であるように見えたが、最終的な決定は上皇によってなされたのであり、その点は当時の政治上の決定と通じるものがある。

定家は自分の関心のあることしか記さないが、『初度百首』には後鳥羽上皇のほか、三宮（異母兄の惟明親王）、前斎院（伯母の式子内親王）、御室（伯父の守覚法親王）、後京極摂政（九条良経、当時左大臣）、内大臣源通親、それに慈円ら二十三名を網羅しており、このような権門の参加は和歌史上画期的である。当初は通親と六条家の歌人だけで企画された平凡なものに過ぎなかったが、それをこのように豪華なスケールに発展させたのは、上皇の構想としか考えられない。それはすべての貴族が上皇を支持する体制を樹立しようとする上皇の政治方針の現れでもあり[3]、しだいに通親の制約を脱しつつあった上皇の政治的な動きに照応している。

ところで『初度百首』への参加によって、定家の和歌は、上皇に高く評価され、直ちに内昇殿を許され、定家は「為二道面目幽玄一、為二後代美談一」（『明月記』八・二十六条）と感激の辞を記している。

ここで腑に落ちないのは、定家はすでに治承三年（一一七九）三月に内昇殿を許され（『明月記』寛喜三・三・十一条）、文治元年十一月、少将源雅行を殿上で打擲して除籍されたものの（『玉葉』二十五日条）、翌二年三月には俊成の嘆願で許されており（『村山長挙氏所蔵文書』三・六釈阿申文）、今あらためて内昇殿を許されたのは何を意味するのかという点である。『源家長日記』がその間の事情を記している。

> かくて還昇せられて後、よのかはることありて、かきこもられ侍き。今は近衛殿関白せさせ給ふ故也。今の摂政殿もとのやうに出仕せさせ給ひしかば、この中将もおなじく出仕せられし程のことなり。あはれにおぼしめしけるにや、かくて還昇せらる

『愚管抄』の記述と同様に、ここでも建久七年の政変は「よのかはること」であった。政変で九条兼実が退き、近衛基通が関白となると、九条家の家司の定家までが、兼実・良経と同様に籠居を余儀なくされた。正治二年二月、

良経が出仕を許されると、定家も出仕するようになったが、八月になって定家は還昇を許されたのである。公家の主従の関係が意外に緊密であったこと、建久七年の政変の影響が深刻であったことがわかる。正治二年二月の良経の出仕は、建久七年体制に風穴を明けたものであり、『初度百首』に臨む上皇の姿勢は、またその延長上にあったのである。政治的に言えば、定家を歌人に加えたこと以上に、良経と慈円を加えた意味の方がはるかに大きかったであろう。

十一月十六日、豊明節会のため、夜参内した定家は、蔵人一人を従え、五節所の前を徘徊する摂政近衛基通に出会う。あたりに人なく、恐ろしかったが、何事も起こらなかった。定家によれば、基通は「悪気の人」ではないが、このような場合、放言、打擲を被るのは常の習であり、事なきを得たのは幸いであったと恐怖の状況を書きとめている（『明月記』）。九条・近衛の確執は、家司までもまき込んでいたのである。

定家の還昇にしても、上皇としては適当な時期を考えており、たまたま詠歌が気にいって、それを実行したのであろう。『源家長日記』に「あはれにおぼしめしけるにや、かくて還昇せらる」とあるのは、それを物語っている。

しかしこのような見方は、自負心の強い定家の本意とするところではない。定家は「此事（還昇）凡存外。日来更不二申入一。大驚奇。夜部歌之中、有二地下述懐一。忽有二憐愍一歟。於二昇殿一者、更非レ可レ驚、又非二懇望一。今詠二進百首一、即被レ仰之条、為二道面目幽玄一、為二後代美談一也」（『明月記』八・二十六条）と記している。申し入れたのでも、懇望したのでもなく、和歌を詠進した結果の還昇だから、歌道の面目幽玄であるなどと自讃しているが、詠進した歌の中に「地下述懐」があり、上皇が憐愍をかけたのだろうかということも記さざるを得なかったのである。

五　熊野御幸

正治二年（一二〇〇）冬の『二度百首』は、『初度百首』に比べて小規模で、歌人も十一名に過ぎない。初度と重なる歌人は、上皇のほか慈円、藤原範光だけで、他の歌人の官位は概して低い。初度の補充の性格を持つように思われる。

歌人の豪華さの点で、翌建仁元年（一二〇一）以来の『三度百首』（『千五百番歌合』）は『初度百首』を凌いでいる。同年六月、百首歌が詠進され、翌二年九月、判者たちに加判の命が下り、三年はじめごろ、歌合の形で判進されたと見られている。歌人は上皇・良経・通親・慈円ら三十名、公卿八名を含み、判者十名という空前の規模である（判者のうち、季経入道・師光入道は歌人に選ばれていない）。初度と重なる歌人は十六名、二度と重なる歌人は七名で（いずれも上皇を含む）、上皇と慈円は三度とも名を連ねている。他にこのたびはじめて加えられた十一名があり、三度にわたる百首和歌の集大成の観がある。

この間、建仁元年七月には和歌所が置かれたが、寄人は十一名で、のち三名が加わり、他に藤原清範・源家長も関係していた。このうち良経・通親・慈円・俊成・定家・家隆・寂蓮・隆信は『初度百首』と、慈円・雅経・具親・長明・家長は『二度百首』と重なっている。『三度百首』とのみ重なっているのは、通具・有家である。『初度百首』の際、通親と結んでいた季経・経家のうち、経家は『二度百首』以後姿を消し、季経は『三度百首』の判者となっているが、右に述べたように、三十名の歌人には含まれていない。一方、俊成の奔走で『初度百首』に加えられた定家・家隆は、『三度百首』、和歌所寄人のいずれにも入っている。和歌の世界では、上皇の路線は、通親を

表1　百首和歌、和歌所の歌人

人名	初	二	三	和
惟明	○		○	
越前		○	○	
雅経		○	○	○
家長		○	○	○
家隆	○		○	○
季経	○		○	
季能			○	
季保		○		
宮内卿		○	○	
具親		○	○	○
経家	○			
顕昭			○	
兼宗			○	
公経			○	
公継			○	
讃岐	○		○	
慈円	○	○	○	○
式子	○			
師光	○		○	
寂蓮	○		○	○
秀能				○
守覚	○			
俊成	○		○	○
俊成女			○	
小侍従	○		○	
信清	○			
静空	○			
清範				○
丹後	○		○	
忠良	○		○	
長明		○		○
通具			○	○
通光			○	
通親	○		○	○
定家	○		○	○
範光	○	○		
保季			○	
有家			○	○
隆実		○		
隆信	○		○	○
隆房	○			
良経	○		○	○
良平			○	

歌人の名は音読、五十音順に配列した（上皇を除く）。
初：初度百首、二：二度百首、三：三度百首、和：和歌所

完全に圧倒したといえる。

正治二年十一月、上皇は通算三度目の熊野御幸を行った。上皇が御幸の途次に催した歌会の際に書かれた熊野懐紙によって、源通親・西園寺公経・藤原範光・同長房・源家長・藤原家隆・同雅経・源具親・寂蓮・藤原隆実・源季景の十一名の詠草が確認される。[4]『初度百首』の参加者四名、『二度百首』の参加者五名、『三度百首』の参加者七名、和歌所寄人六名である。

翌建仁元年十月には、四度目の熊野御幸が行われた。正治二、建仁元年両度の熊野御幸は、和歌史上重要な意義を持つもので、建仁元年には藤原定家も供奉し、『熊野道之間愚記』と称する詳細な記録を残している。[5]『明月記』の八月九日条によれば、共人は源通親・坊門信清・藤原仲経・同保家・同定家・坊門隆清・藤原親兼・同長房・坊門忠信・源有雅であるが、『熊野道之間愚記』の十月五日条によって藤原宗頼・西園寺公経・藤原

範光・源通光・源定通・藤原忠経・源通方、七日条によって藤原信綱・源家長・藤原清範らも参加していたことがわかる。

『熊野御幸略記』によって、熊野御幸中の詠草が確認されるのは、右の二十名のうち通親・公経・範光・通光・定家・定通・長房・通方・信綱・家長・清範の十一名であり、定通・長房・通方・信綱を除く七名が、百首和歌や和歌所に関係している。正治二、建仁元年両度の熊野御幸に、上皇はお気に入りの歌人を交替で供奉させたのではなかろうか。その中には家隆・寂蓮・定家のように専門歌人ともいえる人々も含まれている。次いで建仁二年十一月の熊野御幸の際にも、御供として和歌所の寄人を催したことを思わせる記事があるが(『明月記』建仁二・八・十五条)、詳細は明らかでない。

熊野懐紙は、正治二年度は藤代、切目、滝尻など五ヶ所での三十一葉、建仁元年度は湯浅での三葉が現存している。[6] しかし懐紙が現存しなくても、詠まれた和歌が残っている場合がある。『後鳥羽院御集』『熊野道之間愚記』『拾遺愚草』『熊野御幸略記』に見える和歌を加えると、正治二年度は住吉社での和歌を追加して六ヶ所六十五首、建仁元年度は住吉、信達(厩戸)、湯浅、切部(切目)、滝尻、近露、発心門、本宮、新宮、那智の十ヶ所で七十二首が確認できる。[7]

歌人の参加と道中での歌会は、正治二、建仁元年両度(あるいは建仁二年度も)の熊野御幸のみの特色である。一般に御幸のつど、王子で歌会が行われたかのように理解されているが、他の熊野御幸で歌会が行われた形跡はない。建保四年(一二一六)八月二十日、湯浅宿のそれが唯一の例外である(『後鳥羽院御集』『明日香井和歌集』)。熊野御幸に関する詳細な記録としては、藤原頼資の『後鳥羽院・修明門院熊野御幸記』(建保五年)があるが、それにも歌会の記事はまったく見られない。熊野懐紙が正治二、建仁元年のものしか遺存しないのが不思議がられているが、歌会が催されないのに懐紙が残されるはずはなく、他の年代の熊野懐紙が発見される可能性は、まずないと断じてよかろう。

正治元、二年のころはじめて和歌を作って以来、三度にわたる百首和歌、あるいは和歌所の設置と、上皇の和歌への関心は急激に高まっていった。熊野御幸もまた和歌に対する関心の発展と見られる一面があり、多くの歌人が供奉を命じられた。このような上皇の執心が、『新古今集』の編纂へと展開していったのである。

六　和歌所と『新古今和歌集』

和歌所の寄人は建仁元年（一二〇一）七月の設置当初は十一人で、殿上人を原則とした。『明月記』には和歌所の図があるが、地下の座は平板敷で、殿上人の座とは峻別されており、しかも「未レ聞二其人一」として、人選は保留されており（『明月記』二十七日条）、やや遅れて鴨長明、藤原秀能の二人が寄人に加えられた。地下中心であった和歌の伝統からすれば、殿上人を原則とする和歌所は、和歌の社会的地位を著しく高めたといえよう。

当時の公卿の序別を見ると、摂政近衛基通、太政大臣大炊御門頼実、左大臣九条良経、右大臣近衛家実、内大臣源通親の順になるが、和歌所寄人となっているのは良経と通親だけである。基通・家実父子は和歌を作った形跡がないから論外だが、頼実の歌は通親と比べてさほど遜色がないほど多く勅撰集に採られている（『勅撰作者部類』）。それにも拘わらず、頼実は三つの百首和歌や和歌所のどれにも関係していない。

これは正治元年（一一九九）六月、良経が内大臣から左大臣に昇った際の人事で、頼実が兼宣旨なしに右大臣から太政大臣に棚上げされたのを不満として、自ら閉門したためだと思われる（『明月記』二十四日条）。この状態は三年以上続いたらしく、建仁二年十一月になっても、頼実は太政大臣を辞退したことを理由に、朔旦冬至の賀表への加判を拒んでいる（『猪隈関白記』閏十・二十八、十一・一条）。しかし十二月になると、さきに没した源通親の後任として東宮傅となっているから（『公卿補任』）、このころ閉門を解いたものと思われる。建仁三年十一月、和歌所で藤原俊成の九十歳の賀宴が行われた際、頼実は読師を勤めたりしており(8)（『後京極摂政藤良経公記別記』二十三日条、『源家長日記』）、彼も遅れて和歌所寄人に加えられたようである。そうだとすれば、和歌所は和歌に堪能な上層公卿を網羅したことになる。

寄人の筆頭は左大臣良経であり、内大臣通親がこれに次ぐ。良経は「いみじき歌の聖」（『増鏡』巻一）といわれ、上皇に「秀哥あまり多くて、両三首などは書きのせがたし」（『後鳥羽院御口伝』）といわれたほどの歌人である。『新古今集』の撰集にあたっては、撰者たちの上進した歌を上皇自ら取捨選択したが、良経が「とりもちて行なはせ給」（『増鏡』巻一）とあるように、良経の関与は極めて大きい。『新古今集』の仮名序は良経の作であり、採られた歌も西行、慈円に次いで多く七十九首を数えている(9)。

和歌の力量以上に活躍しているのが通親である。通親は良経とともに『初度百首』『三度百首』、和歌所などすべてに加わっており、さらに熊野御幸にも供奉している。和歌所は院御所二条殿に置かれた。建久九年（一一九八）四月、上皇は譲位後程なく大炊殿からここに移ったが、建仁三年十二月に焼失するまで院政は主として二条殿で行われた。二条殿は通親の造営によるもので、造営にあたり通親は伊予を賜わったが、自分の知行国である因幡・伊予のほか、院分国である美濃・丹波をも造営に充て、天下の僧俗は漏れる者なく協力し、「□《頗欤》如二勧進一」といわれた(10)（『仙洞御移徙部類記』六、「三中記」建久九・四・二十一条）。

和歌所には二条殿の弘御所北面が充てられた（『明月記』建仁元・七・二十七条）。和歌所は天暦の和歌所の復活であるが、二人の大臣を筆頭に殿上人を原則とするのだから、天暦の梨壺の五人とは比較にならない。和歌所の寄人は、良経・通親の両巨頭、天台座主で九条一門の長老である慈円、歌壇の耆宿俊成ら各界の重鎮の下に実力派の歌人を配している。建仁元年十一月、十一名の寄人の中から、これらの重鎮を除いた六名に『新古今集』撰集が命じられた。

『新古今集』はその名も示すように、延喜の『古今集』、天暦の『後撰集』への回帰の意識が強く、真名序では「訪二延喜天暦二朝之遺美一」、仮名序では「古今、後撰のあとをあらためず」と述べている。序によれば、『古今集』の撰者は四名、『後撰集』の撰者は五名いたのに倣い、『新古今集』も五名の撰者を定めたとし、『拾遺集』以下は単独の撰者によるが故に漏脱があったと批判しているが、それは私撰化した勅撰集に対する批判と見てよい。『新古今集』序のいう五名の撰者とは源通具・藤原有家・定家・家隆・雅経をいうが、私がさきに撰者六名といったのは、『源家長日記』によって、これに寂蓮を加えたのである。寂蓮が撰集完了を待たずに没したため五名となったのだから、人数の点では勘定が合っているようだが、事情はやや複雑である。『新古今集』序は『後撰集』の撰者を五名とするが、実は『後撰集』の場合、梨壺の五人の上に藤原伊尹がおり、正確には六名のはずである。『後撰集』が右大臣師輔の子伊尹と源順ら五人の歌人という体裁をとったのを『新古今集』は完全に模倣し、内大臣通親の子通具と有家以下五名というかたちで出発したのである。このように土御門家重視のかたちをとる反面、九条良経には撰者とは別に特別の権限を与えている。

後鳥羽上皇を中心とするこのような歌壇の構成は、当時の政治の忠実な反映であった。通親の影響を離脱する中で、上皇は幼いころから親しみ、「あさからぬことに思召」（『源家長日記』）、九条家を代表する良経を重用し、良経・通親の均衡の上に政治を運営したのである。『愚管抄』に「ツネニ院ノ御所ニハ和歌会、詩会ナドニ、通親モ良経モ左大臣、内大臣トテ、水無瀬殿ナドニテ行アヒ〳〵シツツ、正治二年ノ程ハスギケル」（巻六、土御門）とあるが、通親・良経の両大臣を車の両輪とする運営は、和歌会・詩会だけのことではなく、政治もそのとおりであった。摂政に近衛基通がいても、彼は通親にかつぎ出された傀儡に過ぎず、「摂籙臣ハジマリテ後、コレ程ニ不中用ナル器量ノ人ハイマダナシ」（『愚管抄』巻五、後鳥羽）と酷評され、無能とされた人物である。

元久二年三月、『新古今集』が撰進された。撰進後も上皇による切り継ぎが行われたからとて、元久撰進の意義を軽視すべきではない。後年、上皇が隠岐で記した跋にも「いにしへ元久のころほひ（中略）、えらびさだめてよりこのかた」と、元久の撰進を重視しているのである。

注目されるのは、撰進の翌日、竟宴が行われたことである。竟宴への出席を求められた定家は、不審に耐えなかった。延喜の『古今集』にしても、天暦の『後撰集』にしても、竟宴があったとは聞いていない。竟宴とは『日本紀』を講じた後で行うものだと述べている（『明月記』三・二十条）。竟宴が済んだ後でさえ、竟宴などなぜ行ったのか、先例のない、卒爾のことで、すべて調わず、竟宴和歌を詠む歌人の人選も当を得ていないと記している（『明月記』二十七日条）。定家は先例重視の思考の枠を出ていないが、上皇はさすがに院政期のデスポットらしく、制法の拘束を離れて、和歌の地位を『日本紀』同等にまで上昇させようとしたのである。仮名序を摂政良経に書かせたのも、そのためであった。上皇において和歌ははじめて政治的文芸に高められたのである。

従って上皇は延喜・天暦の先例を追うとともに、先例を越える一面をも持っていた。『新古今集』の序には、複数の撰者という点で、『新古今集』は『古今集』『後撰集』に倣っているが、上皇自身が撰集の最終的決定を行ったのは、唐土は知らず、本朝では空前だとしている。後白河法皇が自ら筆をとって新造大仏の開眼を行い、後鳥羽上皇が自ら櫂をとって盗賊逮捕を指揮したように（『古今著聞集』巻十二—四三六）、制法を破って自身が行動する点も、またデスポットの特色であった。

近衛・九条・土御門など権門諸家の対立を越えて、上皇を翼賛する体制を作ろうとする上皇の意志は、上皇の下に良経・通親を併存させた。しかし建仁二年、通親の死によって上皇は独裁への道を歩みはじめ、建永元年（一二〇六）の良経の死は、それに拍車をかけた。

最後に『新古今集』が回帰を図った延喜・天暦とは何であろうか。班田収授、戸籍、銭貨鋳造等の律令制の基本的諸政策や、その文化事業としての修史（六国史）法典（格式）編纂は、ここで終わりを告げた。それはまた『延喜式』と『類聚国史』に見られる分類と集大成の時代でもあった。しかしその反面、摂関政治、荘園制などの新しい政治、社会の体制はここに始まるのである。律令体制のオメガであるとともに、中世に続く貴族政治のアルファでもあるこの時期の二面性は、『延喜式』において典型的にあらわれているといってよい。それは律令国家の記念碑的事業である一方、後世における公事、年中行事、すなわち政治の典拠ともされたのである。

延喜・天暦を讃えたのは、摂関政治期の不遇な文人たちであり、かつて文物が栄え、文人が優遇された時期と見たのだといわれる。しかし私は延喜・天暦を聖世視する思想は、もっと大きな視野に立っており、しかも具体的な政策よりも（その内容は乏しい）文化・文物の面であったと思う。中世の貴族にとって延喜・天暦は、彼らの貴族政治とその文化の原点であったのである。彼らにとって歴史は延喜にはじまるのであり、それ以前の、たとえば天平文化は、彼らと無縁であった。中世の復古は延喜・天暦を理想化して、延喜・天暦への回帰を求めるが、それ以前への復古を求めない。藤原俊成は「歌の本体にはたゞ古今集を仰ぎ信ずべき事なり。万葉集より後、古今集のゑらばるゝことは、代々おほくへだゝり、年〳〵かずつもりて、歌のすがた、詞づかひも、ことの外にかはれるべし」（『古来風躰抄』）と述べている。『万葉集』は疎遠なものであり、『古今集』こそが歌の本体となる古典だという意識は、単に和歌だけに限られたものではなかったのである。

延喜・天暦への憧憬は、文物への讃美であり、摂関が置かれず、天皇親政が行われた時代として政治的に讃美するのは、ややのちの時代の、別系統の思想であった。従って『新古今集』に見られる延喜・天暦への回帰を、皇権回復の承久の乱と短絡すべきではない。承久の乱に連なる動きは、『新古今集』の一応の完成後、上皇の和歌への烈しい情熱がさめた後に起こってくるのである。

注

(1) 前者は樋口芳麻呂『後鳥羽院』二六頁以下、後者は久保田淳「新古今集の美意識」（『藤原定家とその時代』）一六八頁以下。

(2) 『小朝拝部類』所収の正治三年正月一日の記は、九条兼実の日記と見られるが（橋本義彦『源通親』一六〇頁）、その中にも「世称二源博陸一」とある。なおこの記では数度にわたり、通親に「賊臣」という激越な表現を用いており、通親に対して攻撃的な『玉葉』全体の中でも、異様である。あるいは通親の不倫を兼実が知ったためであろうか。

(3) 拙著『鎌倉時代政治史研究』一九頁。

(4) 熊野懐紙のうち「山路眺望・暮里神楽」（三葉）「古谿冬朝・寒夜待春」（二葉）「行路氷・暮炭竈」（四葉）は年代未詳であるが、正治二年のものと考えられる。古谷稔「熊野懐紙を中心とする鎌倉初期書道の研究」（『墨美』一六九）、木下政雄「熊野懐紙」（和歌山県立博物館編『熊野もうで』）参照。

(5) この日記については、本書二四八頁以下参照。

(6) 陽明文庫所蔵後鳥羽上皇自筆熊野懐紙（深山紅葉、海辺冬月）には「藤代王子和歌会建仁元年十月九日当座」の付札があるが、『熊野道之間愚記』十月九日条によれば、湯浅での作である。

(7) 『和歌山県史』古代史料二、九〇七―四一頁には、正治二、建仁元年の熊野御幸の途次に詠まれたすべての和歌を収めた。

（8）　元久元年八月、五辻新御所での歌会に和歌所別当以下が参上した中にも、頼実が加わっている（『明月記』十五日条）。

（9）　良経が『新古今集』撰集において重要な役割を果たしたことは、『明月記』元久二・三・二十四、二十七、四・十五条などで知られる。真名序は藤原親経の作であるが、良経が覧ており（『明月記』二・二十一条）、『拾芥抄』巻上末第廿九には、真名序は良経の仰を受けて親経が、仮名序は良経が書いたとある。仮名・真名序のいずれも良経の思想、ひいては上皇の思想を示すものと見てよかろう。

（10）　前掲注（3）拙著八三―四頁。

二、院政期の熊野御幸

一　牟婁温湯・玉津島から金峯山・熊野へ

奈良時代以前、宮都が飛鳥・藤原にあったころから、天皇は紀伊国に行幸している（上皇が随行することもあった）。『日本書紀』斉明天皇四年（六五八）十月甲子条には「幸㆓紀温湯㆒」とあり、奈良時代を通じて、このような行幸が行われたが、行き先は牟婁温湯や玉津島である。行幸の目的は、儒教思想に基づき、治世の実情を視察することであって、行幸地の民衆には租税免除などの恩恵が施された。遊覧性をも伴ったこの種の行幸は、平安遷都後十年、延暦二十三年（八〇四）十月の桓武天皇の玉津島行幸を最後になくなる。

これに代わって平安時代になると、信仰を目的とし、金峯山・熊野への旅行が行われるようになる。天皇は平安京を離れることがなくなり、これらの遠隔地に旅行するのは上皇・法皇であり、目的は社寺参詣である。桓武の玉津島行幸から百年ほどたって、昌泰三年（九〇〇）七月の宇多法皇の金峯山参詣が、この種の御幸の最初である（『扶桑略記』）。

熊野について言えば、延喜七年（九〇七）十月の宇多法皇が最初で（同上）、花山法皇がこれに続く。花山法皇は、正暦三年（九九二）から四年にかけて、かなり長期間、熊野で参籠したと見られる（今井源衛『花山院の生涯』）。長保元年（九九九）再び熊野御幸を企てたが、一条天皇の強い反対で実現しなかった。法皇が「上下所二相従一之人、不二幾何一。因致二路次往還之煩一哉」（『権記』十一・十三条）などといっているように、沿道の住民の負担が、その原因の一つと見られる。「行歩難レ堪、不レ向二紀路一、密々乗レ船為レ参、可レ経二伊勢一」（同上）ともあり、紀伊から歩いていく方法と、伊勢から船で行く方法とがあり、後者の方が困難が少なかったようである。

二　白河法皇の熊野御幸

平安中期までの熊野御幸は宇多・花山両法皇だけで、規模も小さなものであった。しかし、平安後期から鎌倉初期にかけて、いわゆる院政時代百三十年の間には、白河・鳥羽・後白河・後鳥羽の四上皇による熊野御幸が頻繁に行われる。その回数は、若干の出入りがあるが、宮地直一氏によれば、白河九度、鳥羽二十一度、後白河三十四度、後鳥羽二十八度、計九十二度に及ぶ（『熊野三山の史的研究』）。しかも四上皇は、いずれも政権を把握した治天の君であるから、参詣の規模も大きくなっていく。

『愚管抄』に「白河院ノ御時、御クマノモウデトイフコトハジマリテ」（巻四、崇徳）とあり、白河上皇の熊野御幸は、この後盛んになる熊野御幸に先鞭をつけるものであった。その第一回目の熊野御幸は、上皇が院政を始めて四年後の寛治四年（一〇九〇）に行われた。その背景を考えてみる。

白河上皇は熊野だけでなく、高野や金峯山にも参詣しているが、熊野・金峯山はかつての宇多法皇の足跡と同じである。寛治四年の白河の初度熊野御幸について『百練抄』には「上皇参二詣熊野山一。参議保実、為二勅使一、問二旅窓一。延喜例」とある（正・二十二条）。延喜七年の宇多法皇の熊野御幸では、勅使右中将藤原仲平を派遣して法皇を慰問し、さらに参議源昇を法皇に随従させるはずであったが、馬に踏まれて昇の足が腫れたため、代わりに仲平が随従したという（『扶桑略記』十・二、三条）。寛治四年の際には、上皇の出発にあたり、勅使参議藤原保実が派遣されたが、これは延喜七年の先例に従ったとされている。その二年後、寛治六年七月、上皇は金峯山に御幸したが、これも「延喜五年之例」とある（『百練抄』二日条）。宇多法皇の金峯山御幸は、昌泰三年が最初であるが、なぜか二度目の延喜五年が先例となっている。

熊野御幸の先例として重視されたのは、宇多法皇であり、花山法皇ではなかった。皇子の醍醐天皇が勅使を派遣した宇多の場合と違って、花山法皇は、ごく少数が従うだけで、単独行動に近く、熊野に行ったという正確な記録さえ現存していない。

寛平の治といわれる宇多天皇の治世、延喜の治といわれる醍醐天皇の治世は、摂政・関白が置かれず、天皇親政の時代であった。それ以後、藤原氏の摂関政治を経て、白河上皇が院政を始めたが、院政は王家が藤原氏から政権を奪い返す意味を持っており、寛平・延喜への復古を通じて、政治を革新しようとするものであった。白河が宇多に倣って遠隔地の寺社に参詣しているのは、そういう思想的な意味があったと思われる。

貴族の熊野詣は、院政期より少し以前から盛んになっていた。その前提として、熊野の僧侶が京都に来て、熊野の信仰を流布させたことに注目したい。このような活動は、当時他の寺社でも、行っていたと思われる。『中右記』寛治七年三月十八日条には、熊野の修行者たちが、互いに喧嘩した挙句、五名が宮中に乱入したことを記しているが、「熊野之修行者」に「世称二先達一」との注記が認められる。それ以前に寛治四年にも「熊野先達の悪事」が話題になっている（『後二条師通記』十一・十一条）。多くの熊野の僧が京都をはじめ各地に赴き、熊野の霊験を説いていたであろうが、トラブルも少なくなかったのである。

熊野詣の指導者、案内者として先達を欠くことはできないが、『水左記』の承暦四年（一〇八〇）十一月二十六日条によれば、左大将藤原師通が熊野詣にあたり、快深という僧を先達にしている。先達の早い例である。京都から熊野に赴く途中には、多くの神社がある。熊野御幸にあたっては、沿道の石清水、住吉、日前・国懸等の神社に奉幣し、帰京すると、稲荷社にお礼の奉幣をしたようである。院政期より少し早く、永保元年（一〇八一）に熊野に参詣した中宮少進藤原為房は、これらのすべてに奉幣している（『大御記』九・二十一、二十二、二十六、十・十三条）。摂関政治の末期から熊野詣の方式が整いつつあり、上皇たちの熊野詣は、それに倣ったと考えられる。

長円という僧が、白河上皇に熊野権現の縁由・霊験を説いたことが、上皇に熊野詣を決意させた誘因とされており、初度御幸では、長円の「同行」である園城寺僧増誉が先達を勤めた（『熊野権現金剛蔵王宝殿造功日記』）。増誉は大峯や葛城で修行し、熊野参詣十三度に及んだという（『諸門跡伝』）。永保元年（一〇八一）白河の在位中から護持僧を勤めており、信任が厚かった（『護持僧次第』）。

この寛治四年の熊野御幸は、種々の点で注目される。第一に、このとき紀伊国の田畠百余町が熊野山に寄進されている（『百練抄』二月日条）。第二に熊野別当長快に法橋という僧位が与えられた。中央の寺院の僧に与えられる僧位が熊野別当に与えられたのである（『中右記』二・二十六条）。第三に先達を勤めた増誉は、熊野三山検校職に補された（『僧官補任』）。熊野別当は現地の僧が勤めて実務を行い、実権を持っていたが、その上に検校が置かれ、中央の僧が就任した。こうして法橋の僧位を持つ僧が別当となり、その上に検校まで置かれ、熊野の地位が向上したともいえるが、それだけ中央の統制下に置かれることになった。このののち熊野三山検校職は、園城寺長吏が兼ねる例となった。

寛治四年（一〇九〇）の初度の熊野御幸に対して、第二度は永久四年（一一一六）で、この間二十六年の間隔がある。白河は応徳三年（一〇八六）皇子の善仁親王（堀河天皇）に譲位し、院政を始め、嘉承二年（一一〇七）堀河の没後は、その皇子で五歳の鳥羽天皇を立て、終始政権を掌握した。この間、白河は常に異母弟の輔仁親王を恐れ、遂に永久元年（一一一三）には輔仁の護持僧仁寛に鳥羽天皇を犯す計画があったということで、輔仁を閉門に追い込んだ。このような政治事情が、白河に二度目の熊野御幸を実施する余裕を与えなかったのであろう。

永久四年の二度目の熊野御幸から六度目の保安元年（一一二〇）までは、五年連続で熊野に赴いている。「御熊野詣営々之間、不レ遑二他事一」（『中右記』元永元・九・九条）、「毎年御熊野詣、実不可思義事也」（『殿暦』元永元・九・二十八条）などの批判が貴族間から出ているほどで、いかに白河が熊野詣に夢中であったかがわかる。

保安四年（一一二三）正月、白河法皇は孫の鳥羽天皇を退位させ、曾孫の崇徳天皇を即位させる。そして第七度目の天治二年（一一二五）から九度目、白河として最後の大治三年（一一二八）の熊野御幸までは、三院の御幸となる。三院とは白河法皇、孫の鳥羽上皇、それに鳥羽の中宮である待賢門院をいう。

白河法皇と待賢門院（藤原璋子）との年齢は四十八年も隔たっている。幼いころ、璋子は白河の懐に足を入れて寝ていたという。それほど白河は璋子をかわいがっていたが、その愛情は璋子が鳥羽の妃となった後も続いた。鳥羽と璋子との間に生まれた崇徳は、実は白河の子だと噂され、鳥羽にとって崇徳は子ではなく、叔父だということになり、鳥羽は崇徳を「叔父子」と呼んだという。白河が崇徳の早急な即位を望み、まだ二十一歳の鳥羽を退位させたのも、このような事情があったと思われる。

鳥羽が退位した翌年、天治元年（一一二四）十一月には中宮の璋子も女院となり、待賢門院と呼ばれるようになる。翌天治二年七月から、白河がなくなる直前の大治四年六月まで、約四年の間に数十回に及ぶ三院御幸が行われる。御幸先は京都近辺が多いが、前述のように、熊野にも三度行っている。夫婦に夫の祖父が同行する、二人の男性と一人の女性、しかも女性はいずれの男性とも関係があるという奇妙な御幸である。

夫婦で熊野に参詣することが好ましいかどうかは疑問であるが、白河法皇は大胆な先例を作ったことになる。この先例は、のちに受け継がれ、白河法皇の没後は、鳥羽上皇と待賢門院・美福門院、後白河法皇と建春門院、後鳥羽上皇と修明門院など、后妃同伴の熊野御幸が多くなり、しかも后妃の中でも最愛の女性を伴っている。

一般の貴族は在職中でも熊野詣をするが、天皇の場合、退位して上皇となって後である。后妃も現役を退いて女院となってから、夫の上皇のお供をして参詣することが多い。ただし仁安二年（一一六七）の後白河上皇の御幸には、現役の女御で、後白河の寵愛のあつかった平滋子（建春門院）が従っている（『兵範記』九・二十一条）。

熊野は女性に対して開放的であり、女性同士の参詣も行われた。久安五年（一一四九）女院となって程ない美福門院は、皇女の暲子内親王を伴って参詣している（『本朝世紀』十一・九条）。

三　後白河法皇の熊野御幸

鳥羽上皇の熊野御幸については、とくに述べることはないが、後白河法皇になると、若干の変化が見られる。その一つは、熊野御幸に先立って、精進屋に籠って精進潔斎を行うが、従来はふつう鳥羽が精進屋に充てられたのに、後白河法皇は院御所であった法住寺殿、あるいはその鎮守である新熊野社を精進屋としているのである。後白河は熊野に三十四回参詣しているが、新熊野参詣は百五十余回に及んでいる。のち後鳥羽上皇の時代になると、精進屋はふたたび鳥羽になるので、法住寺殿・新熊野を用いたのは、後白河の時代の特色である。

御幸に楽人・舞人を伴ったり、神前で法楽の神楽を奏したりするのは珍らしいことではないが、後白河のように自身が今様を歌った例は珍らしい。後白河が今様を好み、今様を集めて『梁塵秘抄』を編纂したことは有名であるが、『梁塵秘抄口伝集』には、今様に関する後白河の自叙伝のようなことが記されている。それによれば、初度の永暦元年（一一六〇）をはじめ、三度の熊野御幸で、後白河が今様を歌っている。今様好きの臣下を連れて行き合唱したりしている。

参詣途上の王子などで神を拝んでいると、エクスタシーの状態になり、自然に歌が出てくる、そして神をも感動させるといったことが記されており、後白河の芸術家的資質がうかがわれる。今様を歌ったのが三度だけであったかどうかについては、さらに検討する必要がある。

四　新熊野の創建

寛治四年（一〇九〇）白河上皇の初度の熊野御幸の先達であった増誉は、それより六年前、応徳元年（一〇八四）白河房で大威徳法を修している（『後二条師通記』十・一条）。この増誉の「白河房」は、聖護院のようであるが（杉山信三『院の御所と御堂』）、増誉が先達の賞として熊野三山検校に任じられると、聖護院はその法務を行う寺となった。さらに『中右記』康和五年（一一〇三）三月十一日条に「僧正増誉、於二白川辺一、祭二熊野新宮御霊一」とある。これは熊野三山の一つの新宮を勧請したというのではなく、熊野を勧請して「熊野新宮」、すなわち新しい熊野宮を作り、聖護院の鎮守としたのである。実際この社は「今熊野」とも呼ばれており（『兵範記』久寿二・十二・十七条）、現在の熊野神社がこれである。『寺門伝記補録』巻中に増誉について「至レ得二熊野三山検校職一、創二聖護院㆒、請㆓三所権現㆒、為㆓修験道鎮護㆒」とあるのは、聖護院と、三所権現を請じた「熊野新宮」との関係を的確に説明している。嘉保二年（一〇九五）以来、白河上皇によって白河泉殿（南殿）が造営され、のちには白河北殿も建てられるが、聖護院や熊野新宮は、北殿の東に位置し、白河殿と深い関係を持つことになる。

後白河上皇は法住寺殿を造営し、永暦二年（一一六一）ここに移り、ここで院政を行った。その前年、永暦元年には新熊野、新日吉を造営している（『百練抄』十・十六条）。熊野・日吉を勧請し、法住寺殿の鎮守としたのである。

『平家物語』によれば、鹿ケ谷事件で鬼海島に流された平康頼・藤原成経は、島内に熊野三所権現を勧請し、毎日熊野詣を実施し、今様などを奉納し、速やかに帰洛できるよう祈ったという。康頼は流される以前に、すでに十八度も熊野に参詣したことがあり、島内の熊野詣でも先達となったとされている（『延慶本平家物語』巻二―二十九）。康頼は今様では後白河法皇が「具して謡ふもの」「めでたき声」としてとくに目をかけていたことを思うと（『梁塵秘抄口伝集』）、彼の身に熊野信仰が沁みており、離島に熊野を勧請することもありえたと思われる。

五　『熊野道之間愚記』

後鳥羽上皇の熊野御幸については、これに供奉した藤原定家が、建仁元年（一二〇一）十月五日から二十七日まで、二十三日間にわたる克明な日記を記しており、しかも自筆の原本が三井記念美術館に所蔵されている。

この日記は『熊野御幸記』という名称で国宝に指定されているが、『後鳥羽院熊野御幸記』『建仁元年熊野山御幸記』などとも呼ばれている。しかし、いずれも後世に付けられた名称である。

定家の日記、『明月記』の一部と見る人もいて、刊本『明月記』にも収められている。しかし私は、簡単に『明月記』の一部と見ることには賛成できない。『明月記』は定家が毎日書き続けた日次記であるが、『熊野御幸記』は建仁元年（一二〇一）十月、後鳥羽上皇の熊野御幸に定家が従った際の記録だけを別に書き記した別記であって、『明月記』とは別の名称で呼びたいと思う。

新城常三氏は『神道大系』（文学編五　参詣記、一九八四年三月）でこれを復刻した際、『熊野行幸日記』という名称を付けた。それは自筆本の表題に「熊野行幸日記」とあったことによる。しかしこれは後世の整理のときに付けられた題であり、定家自身が記したタイトルでは『熊野道之間愚記』とあるので、私はこの名称を用いたい。

この書物は、これまで多くの人々によって復刻、刊行されている。いま述べた新城氏のもののほか永島福太郎・小田基彦氏の『熊野那智大社文書』五（『史料纂集』、一九七七年三月刊）、三井文庫編『開館三周年記念館蔵名品展図録』（全巻の写真をも付ける。一九八七年九月刊）、『那智叢書』六（荻野三七彦氏）、『大日本史料』第四編之七、『群書類従』紀行部、『続群書類従』帝王部、国書刊行会刊『明月記』等がある。尚古会からは複製本が刊行され、復刻をも付けている。このように先学により多数の読解が試みられており、しかも荻野・永島・新城氏らは、古文書の読解について練達の士であるにもかかわらず、なお問題がある。

この中で最も優れていると思われる新城氏のものにも、例えば次のような誤りがある。

（十月）六日、（中略）自レ是停二御馬一、歩入二御新造《平松》御所一、各入二宿所一（中略）今日宿二大泉庄《雑事》一、九条殿、宇多庄

傍線部を新城氏は「今日宿二大泉庄一」と読んでいるが、この日の宿所は平松であり、大泉ではない。「今日宿雑事、大泉庄九条殿・宇多庄」が正しく、大泉・宇多両荘が宿雑事を負担したという意味である。『和泉市史』第一巻では、「平松王子に泊まり、雑事饗応は付近の有力な荘園である大泉荘・宇多荘などが負担した」（二一七頁）と

いう正しい解釈と「平松王子を通り、大泉荘で宿泊した」（五三八頁）という誤った解釈とが並存している。

実は私も先行業績をも参考にして『和歌山県史』古代史料二（一九八九年三月刊）九二二頁以下で私なりの復刻を試みた。それでもいくつかの誤りがあり、十月五日条では誤解・誤読が重なった。「御共人」の「春宮権大夫宗頼、在私共、非供奉、」は、「春宮権大夫（宗頼）宗行在私共、非供奉、」とすべきであろう。

この記録が難解であるのは、文字の難読に加えて、内容を十分に理解しなければ、正確に読解できない点にあり、諸家が難渋したのもそのためであった。しかし最近の明月記研究会編「建仁元年『熊野御幸記』を読む」（『明月記研究』一一、二〇〇七年十二月）は、ほとんど完璧な復刻を完成したものとして敬意を表したい。

熊野御幸の途上で後鳥羽上皇は和歌会を催したが、上皇をはじめ供奉した貴族たちが和歌を詠んで、懐紙に書き記したのが熊野懐紙であり、正治二年（一二〇〇）のものが西本願寺所蔵の十一葉をはじめ三十一葉、翌建仁元年のものが三葉、合計三十四葉伝えられ、上皇をはじめ、著名人の和歌とともに筆跡がわかるので、珍重されてきた。しかし私は懐紙が残っていなくても、後世の書写であっても、すべての和歌を、詞書などを含めてなるべく本来のかたちで収集しようと考えた。私は後鳥羽上皇の『後鳥羽院御集』や藤原定家の『拾遺愚草』、それに紀州藩主徳川頼宣の求めで熊野御幸関係の記録を集めて編纂し、熊野坐神社（本宮）に納められた『熊野御幸略記』などから、正治二年・建仁元年の熊野御幸の際に詠まれたすべての和歌を集め、正治二年の和歌六十五首、建仁元年の和歌七十二首、合計百三十七首を収集することができた。それらは『和歌山県史』古代史料二（九〇七頁以下）に収められている。

その後、泉屋博古館所蔵の藤原定家自筆の熊野懐紙一葉（峯月照松、浜月似雪）が紹介され、熊野懐紙は全体で三十五葉となった。これは建仁元年十月十四日、近露王子での作と見られるが、『熊野道之間愚記』所収のものと同一の和歌であり、全体の歌数は変わらない。正治二年・建仁元年以外の熊野懐紙が発見される可能性はないと断言した私見は維持されている。

ただ新しい研究成果を見落している恐れもあるので、ご叱正をお願いする。

三、式子内親王をめぐる呪詛と託宣

一　式子の斎院退下

嘉応元年（一一六九）七月、式子内親王は賀茂斎院を退下した。これに関する史料としては、『皇帝紀抄』『帝王編年記』など、後世に編纂された年代記が遺されているだけであった。ところが新たに発見された京都大学総合博物館所蔵の『兵範記』嘉応元年七、八月巻（断簡）には、信頼すべき記事が記されていた。すなわち同記七月二十四日条裏書には、当時の式子の年齢が二十一歳であったことが記載されており、それによって生年が久安五年（一一四九）であることが判明した。[1] 従来この著名な歌人の生年は不明であり、事実よりは数年若く推定されていたのである。こうして式子の経歴に関するもっとも基本的な事実が解明された結果、式子の理解に及ぼす影響は大きいと思われる。

式子が斎院を退いた理由は、『皇帝紀抄』巻七には「依レ病退下」と記されているが、同書は根本史料とはいえず、記述も簡単であるため、病気は口実であり、他に真因があるのではないかという見方も行われていた。しかし『兵範記』断簡には『斎王俄御悩』（七・二十三条）、「斎王昨日未刻以後御悩」（二十四日条）などとあって、退下の原因が病気であることを明記し、恣意的な臆測を封じている。とはいえ、病気だけが原因であることを疑わせるのは、

「御悩事、全不二承及一。如二代々□一、御患之時、先院司、付二奏状於職事一、々々奏聞、就二状趣一、有二議定一。或被レ行二御卜一、有二次第事等一、及二御退出一歟。如二今仰一者、已率尓、不レ能二左右一候事也」（二十二日条）という記述である。俄かに病気でやめたいと言い出して、正式の手続きをも踏まずに退出したのだから、やはり病気以外に何か事情があったのではないかと疑われるのである。

式子内親王は後白河天皇の皇女、母は藤原季成の女成子（高倉三位）である。斎王としての式子を背後から支えていたと思われる祖父の季成は、四年前の永万元年（一一六五）二月に没し、翌仁安元年（一一六六）四月には、叔父の公光が権中納言・左衛門督を解任され、復任することはなかった。

後白河上皇と二条天皇との父子が対立する中で、永万元年六月、二条はわずか二歳の皇子、六条天皇を皇位につけた後、七月に没した。六条の皇位は不安であり、二条の弟で、六条の叔父にあたる憲仁親王が、平氏の支援を背景として皇位を窺っていた。そのような時、憲仁の兄の以仁王が十二月に元服したのは、新しい皇位候補者の出現として、憲仁派を脅かした。翌仁安元年十月、憲仁が皇太子に立てられたのは、次の皇位を約束し、以仁との差を決定的とする意味を持っていた。以仁は式子の同母弟であるが、姉弟の叔父にあたる公光は、以仁の元服のために働き、そのために憲仁の母であり、後白河の寵を受ける平滋子、さらにはその義兄である平清盛らの憎しみを買った結果、解官されたものとみられる。

『尊卑分脈』に「無二子孫相続一」（第一篇、一〇三頁）とあるように、公光の解官後、この系統はまったく衰微してしまう。このように有力な支援者を失ったことが、式子の斎院退下の大きな原因であったことは疑いなかろう。[2]しかし、この問題について、付け加えるような新しい知見を私は持っていない。

二　八条院三位と八条院姫宮

式子の生年に関する私見は、その史料的根拠と合わせて、すでに昭和六十二年（一九八七）に発表しており、国文学界でもしだいに承認されていったが、平成十五年（二〇〇三）京都大学総合博物館の春季企画展「日記が開く歴史の扉」で、新紹介の『兵範記』断簡が展示された結果、改めて話題となった。このときにあたり、式子に関して雑誌『古代文化』に何か執筆してはとの御慫慂をいただいたのは光栄であった。しかし二十一歳で斎院を退いた女性が、その時期の歴史で大きな役割を果たすとは考えられず、何を書くべきかについて悩んでいた。そのとき思い出したのは、後白河法皇の没後、「社を造って祀れ」との法皇の託宣を唱えたため、配流される者が現れ、式子もこれに連座し、洛中を追放されそうになった事件である。託宣という奇怪な事件は、憂愁の佳人とされる式子のイメージと齟齬し、困惑したのを記憶しているが、調べてみると、式子の周辺には託宣や呪詛がかなり多いことに気づき、小文を書いてみることにした。実は、式子はその生涯のうち、呪詛・託宣にかかわり、それ故に悲運に見舞われること、三度に及んでいるのである。なお呪詛と託宣とはいうまでもなく別であるが、実際は密接な関係を持っている。

後白河院政末期から後鳥羽親政期（建久三年三月—九年正月）を経て、後鳥羽院政初期までの間で、式子に関係がある呪詛・託宣事件は次のとおりである。なお直接には式子と関係のないものも含まれる。

(1) 建久元年（一一九〇）—二年ごろ、式子は叔母八条院の八条殿に居住していたが、八条院領などのことで、八条院姫宮（三条宮姫宮ともいう。以仁王の娘、式子の姪。八条院の猶子とされた）および八条院を呪詛し、そのため八

〈式子内親王関係系図〉

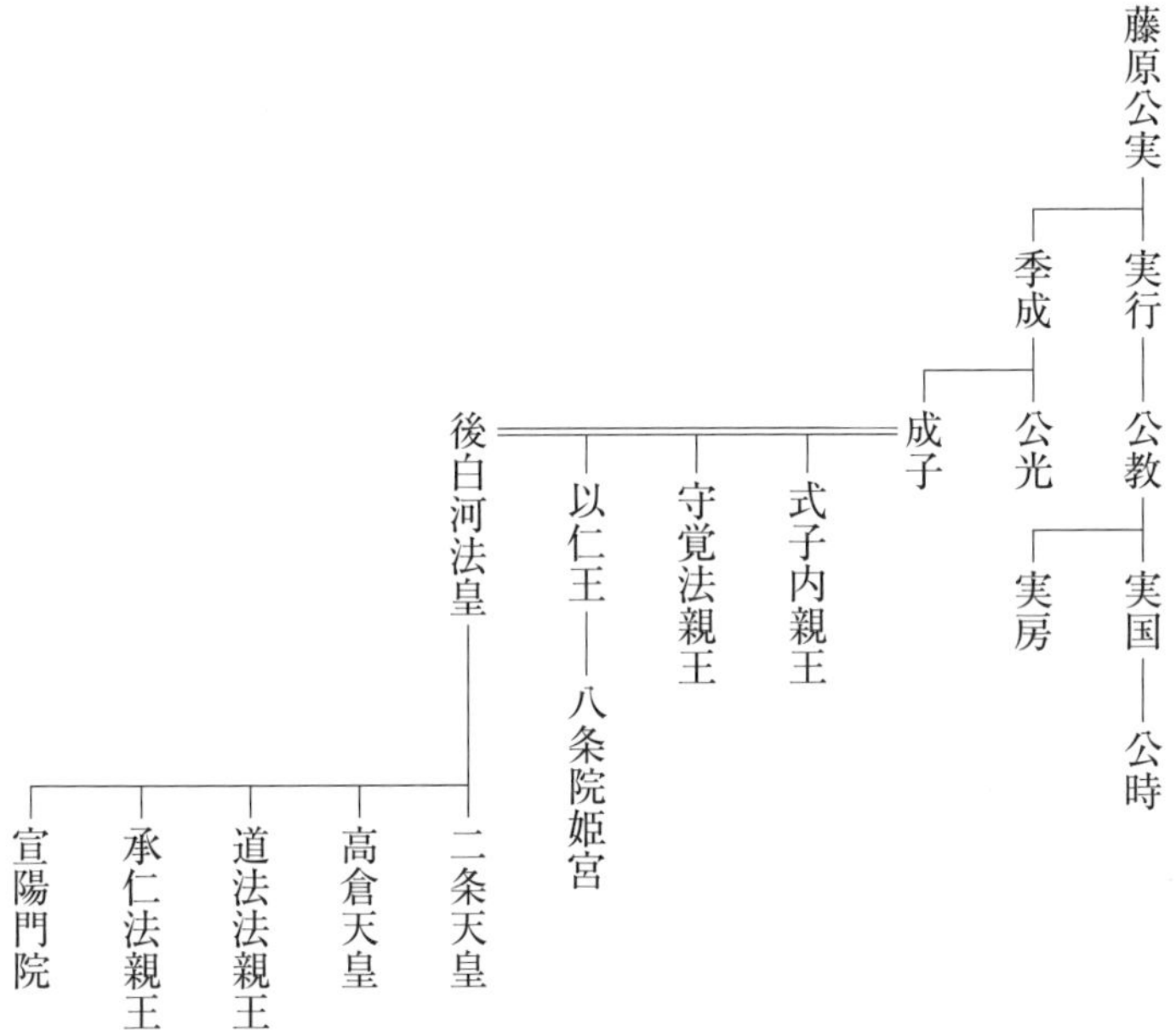

条院が病気になったという風聞が立ち、式子は八条殿を出て、押小路殿で出家した。[3]

（2）建久三年正月、後白河法皇危篤の際、八条院と八条院三位（以仁王の妃、八条院姫宮の母。式子の義妹）が法皇を呪詛したと、法皇の寵妃丹後局が吹聴した。[4]

（3）建久三年二月、重病の法皇は巫女の説（日吉の託宣）に応じ、右中将藤原忠経を日吉社に遣わし、臨時祭を行い、病気平癒を祈った（『玉葉』正・三十、二・十三条、『宮寺縁事抄』仏神事次第、御神楽次第、陪従不参事）。

（4）建久七年、三条公時の家人橘兼中の妻に後白河法皇の霊が憑き、自分を祀り、社を造り、国を寄せよといい、丹後局も支持したが、結局兼中夫妻は流された。式子も兼中らに同意したとして、洛中を追放されそうになったが、評議の結果、取りやめになった（『愚管抄』巻六、土御門、『皇帝紀抄』巻七）。

（5）正治二年（一二〇〇）十月、皇太弟守成親王

を式子の猶子にする動きがあり、丹後局は式子を呪詛した（『明月記』十・一、建仁二・八・二十二条）。結局、猶子は実現しなかった。

式子内親王は建仁元年（一二〇一）正月二十五日に没したから[5]、以下は没後であるが、関連する事項である。

（6）建仁二年五月、昇子内親王（後鳥羽上皇皇女、母は九条兼実の女任子）の眼病は八条院姫宮の呪詛によるかといわれ、その噂を権門（後鳥羽の乳母藤原兼子か）の周辺の人々が吹聴したという（『明月記』六、十、十一、十三、十九、二十八、八・二十二条）。

（7）建仁二年二月から八月にかけて、九条良輔（兼実の子、母は前掲の八条院三位）の病気の記事が『明月記』に見られる。昇子の病気とともに八条院姫宮の呪詛によるという（『明月記』二・四、四・一、八・二十二条）。

（8）建仁二年八月、仁和寺守覚法親王（式子の同母弟）が重病となり、入滅した。弟子の道法法親王（守覚の異母弟）の方人の呪詛によるといわれた（『明月記』二十二、『猪隈関白記』二十六条）。

（9）建永元年（一二〇六）五月ごろ、後白河法皇の近習であった源仲国の妻が、後白河の託宣と称し、後白河の廟を建て、神領を寄進し、田楽・猿楽などを奉納せよと唱え、丹後局がこれを支持した。後鳥羽上皇は託宣を虚偽とし、仲国を解官し、仲国夫妻を摂津の仲山寺に追いこめた（『猪隈関白記』四・二十一、五・二十裏書、『三長記』四・二十一、五・十、二十三、『明月記』正治二・十二・十五、建永元・五・二十条、『愚管抄』巻六、土御門）。

この九件を通じて、式子をめぐる人間関係、呪詛・託宣の性格を明らかにしたいと思う。このうち（3）はのちに（9）の事件の先例のように取り上げられているが、（9）が丹後局の周辺で構築されたのとは違って、本当に日吉の巫女による託宣と見てよかろう。当時日吉社は貴族の信仰を集めていたが、この託宣は誰かの造作とは思われない。また（8）は式子の肉親の法親王が呪詛で殺されたことになるが、式子自身と関係があったとは思えない。

この二件を除く残りの七件のうち、八条院三位とその娘の八条院姫宮との関係するものが（1）（2）（6）（7）である。まずこの面から考えてみよう。

八条院三位は以仁王の寵を受け、道尊と八条院姫宮とを生んだ。八条院が以仁王を猶子としたことは周知のとおりであるが、三位は幼時から八条院の母美福門院にかわいがられ、八条院の「無双の寵臣」「院中第一の者」と呼ばれた。(6) また八条院は八条院姫宮を猶子としていつくしんでいた。

高倉三位（藤原成子）所生の後白河の皇子は、以仁だけでなく、兄の守覚法親王も八条院の養子となっていた。さらに同母姉の式子が八条院のもとに世話になっていた時期は、文治元年（一一八五）正月から建久元年正月のころと見られ、八条北、烏丸東にあった八条殿の東洞院面、すなわち御所の東面に式子は住んでいた。(7) しかし八条殿には以前から八条院三位・八条院姫宮の母子が居住し、八条院の寵を受けていた。そこに式子が入っていくと、紛糾が生じる。（1）に関する史料には「依レ思ニ御付属事一」とある。「付属」とは譲与である。八条院が猶子であるというので、建久元—二年ごろ、式子は八条院領の相続をめぐって、式子が八条院と姫宮とを呪詛し、八条院が病気となったというので、建久元—二年ごろ、式子は八条殿を出て、押小路殿で出家した。これは呪詛に関係して式子が蒙った最初の悲運であった。庇護者である叔母の八条院を呪詛した疑いをかけられては、式子は八条殿を出て行かざるを得ない。この後、式子が八条殿を訪れたのは、約十年後の正治元年であった（『明月記』九・六条）。和解したのであろうか。

式子が出家した押小路殿は、元暦元年（一一八四）四月、後白河法皇が白川金剛勝院御所を修造、移徙した院御所であり、鴨川東の押小路末にあった（『玉葉』『吉記』十六日条）。八条殿を出た式子は、父後白河の保護下に入ったのである。後白河は式子の出家に賛成でなかったというが、式子に出家するような非がないと見たのではなかろうか。従って後白河は式子を出家に追い込んだ八条院、八条院姫宮、さらには八条院三位の態度に不満を抱き、彼女たちと対立した可能性があり、八条院と三位とが後白河を呪詛したという説は、このことにも関係するのかもしれない。ただ、後白河と妹の八条院とは概して親しく、この噂を吹聴したのが後白河の寵妃丹後局という点からすれば、後白河の危篤にあたり、自分の地位を守り、八条院を陥れようとする丹後局の策謀とも考えられる。

当時の式子は父の後白河が没するまでの約二年間は、父と同居していたようであり、遺産として大炊殿（大炊御門殿）、白川常光院と二、三の荘園を譲られている。先に文治元年には式子は准后宣下を受けており、後白河はあまり幸福とはいえない皇女のために一応の配慮を加えているのである（『明月記』建久三・三・十四、『山槐記』文治元・八・十、十四条）。

以下はしばらく式子から離れるが、八条院と八条院姫宮をめぐる動きを見ることにする。

富裕な八条院のもとには、八条院三位・姫宮の母子や式子だけでなく、多くの人々が寄宿していた。文治元年九月、九条兼実がもと以仁王の妃であった八条院三位との間に生んだ良輔は、翌二年二月、八条院の養子とされ、八条院のもとで成長した。建久五年、良輔は八条殿で元服し、加冠は左大臣三条実房が勤めた（『玉葉』文治元・九・二十、文治二・二・四、『仲資王記』建久五・四・二十三条、『歴代皇紀』巻四）。

建久六年八月、兼実の娘で、後鳥羽天皇の中宮であった任子は、皇女昇子を生んだ。十二月に昇子は八条院の猶子とされ、八条院のもとで養育されることになった。なお翌七年十一月、源通親の画策によって、兼実ら九条家一門が追放された政変の際、任子は内裏から八条殿に退出した（『三長記』建久六・八・十三、十二・五、建久七・十一・二十三条）。

建久七年正月、一時危篤の状態となった八条院は、関白兼実に自筆の書状を寄せ、八条院姫宮を親王にする宣旨を下されるよう、後鳥羽天皇への奏聞を求めた。八条院三位を妾とする兼実は、姫宮の義父にあたることになる。しかし父が親王でないのに、子が親王になった例はなく、その上、父の以仁王が刑人として除名されていることもあって、兼実は親王宣下に賛成でなかった。兼実は姫宮の伯父守覚法親王が八条殿にいたのを訪ねて相談し、守覚は左大臣三条実房の意見を内々で尋ねたところ、賛同できないということであった。実房の意向を知った兼実は、もはや他の公卿たちの意見を尋ねる必要はないと考え、結局、親王宣下は握りつぶされた。「父非二親王一之人、蒙二此宣旨一（親王宣旨）之例、未二曾有一也」（『玉葉』十五日条）という兼実の主張は正論であり、姫宮の伯父である守覚でさえ、親王宣下を支持していない。兼実は八条院とは親しく、しばしば出入りしており、またその「寵臣」である三位との間に一子を儲けたほどの間柄である。にもかかわらず、親王宣下に冷淡であったのは、親王候補の本人である姫宮に好意を持っていなかったためであろう。

同時に八条院は兼実に所領の処分案を示した。八条院領の大半は、任子が生んだ後鳥羽の皇女昇子に譲り、一部を良輔らにも分与するが、八条院領は、すでに八条院姫宮に処分しているので、姫宮の一期の後に昇子が相続することとされた（『玉葉』建久七・正・十二、十四、十五、十六条）。

建仁二年、昇子や良輔が病気となるが、これは八条院姫宮の呪詛によるといわれた。八条院領は姫宮が相続し、生涯知行した上で、将来は昇子・良輔が伝領することになっている。姫宮は生涯の領有を保障されてはいるものの、昇子や良輔の存在に不安を感じ、呪詛したのであろう。

このように八条院の内部では、八条院領と八条院姫宮とをめぐって、激しく呪詛が交わされていた。しかし、元久元年（一二〇四）一月、姫宮は母の三位にも、養母の八条院にも先立って三十五歳で没し、呪詛騒ぎは終息した。姫宮の死に八条院の悲歎は甚だしかったが、藤原定家は「此人、邪気叫喚、狂乱雖二連日事一、不レ被レ去二其所一」

「本性極不レ直、虚誕讒言之外無レ他」（二十七日条）と口を極めて、姫宮の人柄を非難している。姫宮は二年前に出家したが、死因は難産だといわれた。難産で没したという点にも、姫宮の凄絶な生き様を感じるが、子供を平産して、あらためて八条院領の相続でも主張したら、また一悶着が起きたことだろう。建暦元年（一二一一）六月、八条院が没すると、春華門院、すなわち昇子は八条院領の大半を伝領した。(8) その春華門院も十一月に没し、八条院領は順徳天皇に譲られ、父の後鳥羽上皇が管領した。

三　後鳥羽親政・院政期と呪詛・託宣

次に八条院家の家政にとどまらず、より大きな国政にかかわる問題として、上記の(4)(5)を取り上げよう。

建久三年（一一九二）に後白河が没して後、院政は行われず、関白九条兼実が政治の実権を握った。兼実と後白河との関係は円満であったとはいえず、兼実は「愚身、於二仙洞一、疎遠無双、殆被レ処二謀反之首一」（『玉葉』正・三条）とまで述懐している。寵妃丹後局をはじめとする院近臣との関係は、とくに不和であった。後白河が危篤となると、近侍する北面の人々は競って荘園を立て、とくに院分国である播磨・備前では、丹後局や承仁法親王（法皇の皇子）があわてて大荘を立てた。後白河の死によって、既得権が失われるのを避けようとしたのであるが、兼実はこれらの新荘を停廃した。建久五年には後白河が没した三月を忌月にしようとする意見が出たが、兼実は、その必要なしとして反対し、宣陽門院に仕える人々からは、不忠と罵られた（『玉葉』建久五・二・十六、十七、三・一条、『愚管抄』巻六、後鳥羽）。宣陽門院覲子は後白河の晩年の皇女で、母は丹後局である。宣陽門院御所は反兼実の策源地であり、その中心は丹後局であった。そこには権大納言源通親が出入りして、兼実に反撃する機会を窺っていた。

建久七年には三条公時の家人である橘兼中夫妻が、自分を祀り、社を造れという後白河の託宣を唱え、丹後局も支持した。兼中夫妻は「狂惑」ということで流罪に処せられたが、式子もそれに坐して都を追われそうになった。託宣問題は式子に第二の悲運をもたらした。

式子がどの程度この事件に関与していたかはわからないが、後白河の皇女で、父の世話を受けてきた式子は、丹後局と同様に社の新造に賛成だったと思われる。もっとも丹後局や宣陽門院のように、熱烈に後白河の往時にあこがれていたとは思われず、不運にも巻き込まれたのが真実であろう。

このような託宣は、九条兼実の執政下で、従来の後白河側近たちが不満を抱きつつ逼塞していた状況でこそ現れるのである。建久七年十一月、丹後局ら後白河旧側近派と結んだ源通親の画策によって、兼実は罷免され、弟の慈円は天台座主を辞し、娘の中宮任子も宮中を追われた。託宣事件について、『愚管抄』巻六（土御門）は建久七年、『皇帝紀抄』巻七は同八年とするが、兼実全盛期でなければ起こりえない事件であり、とくに兼実失脚後に後白河派が配流されるようなことは考えられず、建久七年の事件と見るべきであろう。

兼実の失脚は式子にも影響を及ぼした。建久三年、後白河は逝去の際に大炊殿を式子に譲与した。大炊殿は立派な邸第ではあったが、実際には式子はそこに住むことができなかった。文治四年（一一八八）以来、後白河は大炊殿を九条兼実に貸与していたのである。全盛期の兼実は容易にこれを明け渡そうとはせず、結局式子が吉田経房の勘解由小路殿から大炊殿に移ったのは、建久七年十二月、兼実が失脚した後であった（『玉葉』文治四・八・四条、『伏見宮御記録』利四十八『諸院宮御移徙部類記』所収『経高卿記』建久七・十二・二十条）

兼実が失脚した大きな原因は、兼実の娘の中宮任子が皇女昇子を生んだのに対し、源通親の養女在子が皇子為仁を生んだことにあった。兼実の失脚後は、しばらく通親が権勢を振るい、建久九年には為仁、すなわち土御門天皇を即位させ、天皇の外祖父となった。しかし退位して院政を執った後鳥羽上皇がしだいに発言を強め、通親の意に任せないことが多くなった。その大きな原因は通親と在子との不倫にあったと思う。人もあろうに、自分の養女であり、後鳥羽の妃である在子のような女性を寝取っては、後鳥羽を抑えきれなくなるのは当然である。後鳥羽の寵は在子から藤原重子に移り、重子との間に生まれた皇子守成（順徳天皇）を兄の土御門よりもかわいがるようになり、正治二年（一二〇〇）四月には、通親は自身が傅となるという条件で、守成を皇太弟に立てることを認めざるを得なくなった。

変化の兆候は前年から起こっていた。正治元年六月、後鳥羽は兼実の息子で籠居を余儀なくされていた内大臣良経を突如左大臣に昇進させ、翌二年二月にはやはり籠居中の慈円を院御所に召し、修法を行わせた。そのころ良経も建久七年以来、五年ぶりに参院し、後鳥羽に拝謁した。六月に任子が女院とされ、宜秋門院の院号を与えられたことも重要である。それまで日陰者の扱いであった任子が、正式に中宮の地位から去るにせよ、名誉を回復し、女院としての尊敬と待遇を与えられることになったからである。こうして正治元年から二年にかけて、後鳥羽はしだいに通親に譲歩を迫り、九条家の人々の復権を進めていったのである(9)。

後鳥羽は九条家を登用したが、通親や、彼と結びついてきた近衛家を排除したわけではない。正治二年には、摂政と右大臣は近衛基通・家実父子が占め、左大臣に九条良経、内大臣は源通親で、この三家が鼎立している。後白河院政期には、近衛と九条とは対立し、九条兼実らは野党的態度を執り、必ずしも院政に協力的とはいえなかったが、後鳥羽はこのような状態を克服し、近衛、九条、それに通親の土御門家などの諸権門が、互いに対立することなく、一丸となって院政を補佐するような状況を作り出そうとしていたのである。

そのころ後鳥羽は和歌への関心を高めたが、その最初の現れは、正治二年七月から十一月ごろにかけて、歌人たちに百首ずつの和歌を詠進させたことであり、二十三名の歌人が参加した。後鳥羽自身をはじめ、良経・通親の政界の両巨頭、宗教界から慈円を加えた豪華なメンバーであり、それは諸権門に支えられた院政という後鳥羽の政治理想の表れでも合った。注目されるのは、その中に式子が加えられていることである。歌人としての力量からいえば、それは当然であり、『新古今和歌集』に五十首にも及ぶ和歌が採られているのを見ても、後鳥羽が式子の和歌を評価していたことは明らかである。しかし、政治的に言えば、後鳥羽の政策は、通親、ひいては後白河路線を是正して進められたものであり、後白河旧側近の間には、後鳥羽院政に対する不満も見られたのである。そのような状況下で、かつて後白河のための社つくりに同調したとして、処罰されそうになった式子を百首和歌に参加させたのは、後鳥羽の強い決断によると考えられる。このとき大炊殿に式子を訪ね、その歌を見せられた藤原定家は「皆以神妙」と讃えている（『明月記』九・五条）。

次いで正治二年十月には、皇太弟守成を式子の猶子にしようとする動きが見られるが、これも後鳥羽からの提案と思われ、後鳥羽の乳母として権力を持っていた藤原兼子が動いている（『明月記』十・一、十二・十四条）。後鳥羽は土御門天皇よりも守成親王をかわいがり、皇太弟として将来の皇位を約束しているのだから、その守成を猶子とすることは、式子のために明るい将来を切り開くことになる。

同じころ、九月十一日、重子は守成の弟雅成を出産した。十月八日の御行始の日、雅成は宣陽門院の御所である六条殿に移り、宣陽門院の養子となった。宣陽門院覲子は丹後局が生んだ後白河皇女で、式子の異母妹である。女院になれなかった不運な式子と違って、覲子は建久二年、十一歳で女院号を宣下された。皇后でも国母でもないのに、院号宣下がなされた前例はなかったのを、丹後局が強引に推進したのである（『猪隈関白記』正治二・九・十一、十・八、『玉葉』建久二・六・二十六条)。また後白河から広大な長講堂領を譲与され、後白河の院御所であり、終焉の場所でもあった六条殿に住んでいた。このように同じ皇女ではあっても、式子と覲子との間には大きな隔たりがあり、後白河の没後においても、宣陽門院に与えられた特権を守り抜くのが、丹後局の最大の関心事であった。後鳥羽が雅成を宣陽門院の養子としたのは、長講堂領を自分の管領下に置こうとする意図による点が大きいであろう。後しかし式子の場合と同様、むしろそれ以上に、後白河側近との融和を図るのが大きな動機であり、そのために後鳥羽は二人の皇子を、同時に後白河の二人の皇女の養子にしようとしたのである。

式子の側で猶子問題の実現に努めたのは、式子の家司である藤原定家と三条公時とであり、とくに公時の奔走が著しい。彼はこの年閏二月、吉田経房が没したのに代わって、式子を後見するようになっていた。

実は公時は、これよりさき建久七年、後白河託宣事件で流された橘兼中の主人である。しかし公時はこの事件に関係していないと思われる。公時に対する処分はまったく話題にならなかったし、また兼中は隠岐に流されたが、当時隠岐は公時の知行国であった可能性が強く(10)、そのような国が配地に選ばれたのも、公時が無関係だったことを裏づけている。この事件で、式子は関与の疑いを持たれた。当時の式子の後見は吉田経房であったが、もし公時が事件に関与していたならば、後年彼が式子を後見することは許されなかったであろう。

後三条、白河のころ活躍した藤原公実の子実行・通季・実能はそれぞれ三条・西園寺・徳大寺家の祖となったが、式子の祖父季成の系統は断絶した。前述のように、公光の解官は、この系統には決定的なダメージとなったようである。季成邸は「三条北、高倉西」にあり、実行邸は「三条南、高倉東」、すなわち前者の東南にあったが、相互に特別の関係はない。実行の流と季成の流とは明らかに別で、三条家というのは前者であり、季成の系統は、たとえ邸が三条高倉にあっても、私は三条家とは呼ばない。ところが実行の曾孫の三条公時が晩年の式子を後見し、式子の中陰も公時が奉行した。また一周忌は、式子の邸であった大炊御門殿で、三条実房（実行の孫、公時の叔父）が中心となって、その一門の人々によって営まれた(11)。三条家と季成流とは別であるにせよ、三条家は何らかのかたちで式子にかかわっていたと思われる。

実は三条実房は何度か式子を訪ねている。すなわち実房の日記である『愚昧記』によれば、①安元三年（一一七七）正月一日条には「□児戴餅事」の頭書があり、本文中に「参二前斎院一」とあって、小児の戴餅に関する記事が見え、二、三日条にも同様の記事が見られる。②十日条に「二女参二吉田一。仍奉二車・共人等於斎院一」、③二月二十四日条に「参二斎院一。依レ聞二小児病悩之由一也」、④十二月九日条に「参二向斎院一。是二女魚味之故也」とある。これらを通じて、実房の次女である幼児が、式子のもとで恐らくは猶子として養育されており、それ故に実房が式子の世話をしたと考えられ、式子と三条家との関係が窺われる。

実房は三条家の家長として式子に接しており、公時にしても、ふつう前任の後見である吉田経房の女婿という点ばかりが強調されがちであるが、むしろ三条家の立場で後見したものと思われる。

雅成が宣陽門院の猶子となる件は、直ちに実現したのに対し、式子と守成の方は難航し、結局は実現しないままに終わったようである。その原因の一つは前年以来の式子の病気である。また式子がかつて後白河の託宣問題に関係したこともマイナス要因になったであろう。しかしさらに大きな原因があったと思われる。

そのころ公時は、藤原定家と会った際、「去比、仲国妻二品縁者奉レ託二後白川院一、世間事、種々雑言、懇望述懐等称レ之。其事、粗世間風聞」と語っている（『明月記』正治二・十二・十五条）。二品、すなわち丹後局の縁者である源仲国の妻が、後白河院の託宣として、「懇望述懐」（「述懐」は世間に対する恨み言）を唱えたというが、猶子の実現に奔走中の公時・定家が、式子の御所大炊殿で語る話題が、猶子の件にかかわっていないはずはなく、後白河の託宣なるものが、猶子問題に関連していると見てよかろう。さらに上記の（5）に「斎院奉レ迎二春宮一給。此故、丹二品呪詛之由、又宮中謂レ之」（『明月記』建仁二・八・二十二条）とあることを考え合わせると、後白河の託宣と丹後局の呪詛とは密接な関係にあると思われる。この件に関して「此事極有レ怖。折節浅猿。偏是天魔所為也。此吉事、定難レ被レ遂」（正治二・十二・七条）、「吉事之間折節、魔性所為」（十四日条）と『明月記』は記しており、猶子という吉事がはかばかしく運ばない原因は、「魔性」「天魔」にあるとして、呪詛の存在を暗示しているのである。簡潔に言おう。式子が東宮守成を猶子にしようとしたことに不満を抱く丹後局が、後白河の託宣の形で批判したり、式子を呪詛したりしたという噂があったのである。

　雅成を宣陽門院の猶子にという話を丹後局は一応は喜んだ。しかし、守成が式子の猶子になることを知るに及んで立腹した。姉の式子は准后、妹の覲子は女院であり、妹の方がはるかに富裕でもある。しかるに式子が将来の皇位を約束されている守成を養子に迎え、覲子が弟の養母に甘んじなければならないのは、丹後局には許せないのであり、それが呪詛に走った原因であろう。

「斎院奉レ迎二春宮一給。此故、丹二品呪詛之由、又宮中謂レ之」という『明月記』の記述は、もっと注意深く読まれる必要がある。『明月記』の記事から見て、呪詛が行われたと見られるのは正治二年十二月であるが、約一か月後の翌年（一二〇一）正月二十五日に式子は没したのである。露骨な書き方こそしていないものの、丹後局は式子を呪詛しただけでなく、その呪詛で式子が殺されたという認識が、人々の間にはあったのではなかろうか。呪詛によって式子が蒙った第三の、そして最後、最大の悲運であった。

四 呪詛・託宣の衰退

式子が没して五年後の建永元年（一二〇六）、またも刑部権大輔源仲国夫妻による後白河法皇託宣事件が表面化する。最初に掲げた(9)である。相変わらずこの動きは続いているのだから、これまでとの関連上、取り上げることとする。

仲国の妻が、後白河の託宣と称して、後白河の廟を建て、石清水同様に尊崇し、仲国を神主とし、神領を寄進し、廟庭で田楽・猿楽などの雑芸を奉納せよと唱えたのである。

仲国は後白河が没した時、素服を与えられた。官位の高い人が多い中で、素服を与えられた三名の上北面の中の一人である（『心記』建久三・三・十八条）。妻は丹後局の縁者で、弟や子は丹後局が生んだ後白河皇女の宣陽門院に仕えている。典型的な後白河側近である。

仲国夫妻らのいう後白河の託宣は約十年にわたって継続しており、正治二年（一二〇〇）にはそれに関連して式子が呪詛されたのである。そして溯れば、すでに建久七年（一一九六）には橘兼中夫妻が託宣を唱え、丹後局や式子が支持した同種の事件が起こっている。建久の事件は九条兼実の全盛期に起こり、後白河旧側近派が勢力回復を意図したものであった。

建永元年の託宣事件も、同様の性格を持っている。多年にわたるこの動きが、建永元年になってとくに盛り上がったのは、この年三月に兼実の息子の摂政良経が頓死したためである。後鳥羽と源通親とは対立を孕みつつも協調していたが、建仁二年（一二〇二）十月、通親が没するにおよび、後鳥羽の独裁をさえぎるものはいなくなった。

十一月、後鳥羽は摂政近衛基通の藤氏氏長者を止めて、左大臣良経を氏長者とし、内覧の宣旨を下し、さらに十二月には、摂政基通を罷免し、良経を摂政とした。かつて建久七年には、通親が画策して関白兼実を追放し、代わりに後白河の寵臣でもあった基通を担ぎ出したのであるが、それから六年を経て建久七年政変の路線は完全に覆ったことになる。頼みの綱であった通親の死によって、旧後白河派の退潮は著しかった。

このような時、良経が三十八歳で急死したことは、後白河派を勇気づけた。摂政には良経に代わって近衛基通の子の家実が任命された。後鳥羽によって摂政の地位を追われた基通は、一時は出家しようとまで考えたが、家実の摂政就任によって、大殿として権を振るえるのを期待したという。そして仲国の妻らは、良経の死が後白河の祟りであるとか、後鳥羽の仕打ちを怒って後白河が怨霊となったなどと言いふらし、丹後局を通じて、後白河のために廟を建てることを後鳥羽に求め、公卿の評議が行われるに至った。

四月二十一日、院御所での議定では、公卿のうちで廟の建立に反対したのは、春宮大夫徳大寺公継だけであった。良経の急死に接した公卿たちは、後白河の怨霊を恐れたのだろうか。廟建立の請願が却下されたのは、公卿の議定に抗した後鳥羽の決断によるものである。五月一日、後鳥羽は結論保留のまま熊野詣に進発し、熊野で祈請を行った上、不快の神意を得、帰洛ののち仲国を解官、仲国夫妻を洛中から追放し、結局は摂津の仲山寺に押し込めた。

兼実の弟、良経の叔父にあたる慈円は、前太政大臣大炊御門頼実に宛てて「後白河法皇が後鳥羽上皇の仕打ちを怒り、怨霊になったなどということはあり得ないことである。野犴・天狗など、人に取り付いているものの言うことを信じるから、こういうことになったのだ。故法皇は下賤の者を側近く召し寄せられ、『狂い者』と呼ばれているミコ・カウナギ・舞・猿楽・銅細工などが、法皇のもとに出入りしていたが、その連中が仲国の妻の言葉に調子を合わせているのだ。もし廟を造るなら、まず上皇は真心を込めて神仏に祈られ、その真実の御心をお知りになるべきだ」という手紙を出した。託宣などではなく、神仏の真実の冥感によるべきだという、宗教者にふさわしい意見を伝えたのである。頼実は後鳥羽上皇の乳母として権勢を誇る藤原兼子の夫であり、前太政大臣という散位でありながら、前記の議定を主宰する役割をつとめている。慈円は頼実を通じて自分の意見を後鳥羽に伝え、後鳥羽への協力の意思を示したのではなかろうか。果たして後鳥羽は「我モサ思フ。メデタク申タル物カナ」と慈円の主張を讃えて相談した。この事件に関する『愚管抄』の記述は、やや自画自賛めいているが、「アヤウキ事ニテ、モシカカルサカシキ人モナクバ、サバフシギモトゲラレテ」として、自分のような賢人がいなければ、託宣のような不思議も実現する危惧があったと述べている（『愚管抄』巻六、土御門）。慈円がこのように積極的に行動しているのは、良経の死によって、九条家が不安な状態になった中で、一門の長老として、丹後局をはじめとする旧後白河派の蠢動を抑え、後鳥羽を支持することによって、九条家の地位を守ろうとしたためであろう。

『明月記』建仁二年八月二十二日条には、(6)(1)(2)(5)(7)(8)の順に呪詛を列挙した上で「近代生老病死、只悉有㆓呪詛之聞㆒。非㆓呪詛㆒者、無㆓病死之恐㆒之由、人存歟。是皆業報耳」と記している。最近は呪詛が流行し、呪詛でなければ、病んだり、死んだりすることはないかのように、人々は思っている。しかし、生老病死は、呪詛などによるのでなく、業報によるのだとして、俗信を批判し、冷徹な仏教的人生観を語っている。後白河の怨霊を否定し、「誠シク御祈請候テ、真実ノ冥感ヲキコシメスベク候」と述べた慈円の主張にも通じるものがある。藤原定家は家司として式子にも仕えているが、本来は九条家の家司である。建久七年に九条兼実が失脚すると、定家も籠居を余儀なくされ、正治二年に良経が出仕を許されると、定家も出仕するようになった（本書二一九頁参照）。その政治的、宗教的立場は九条家と共通している。

『明月記』は呪詛を列挙した最後に、仁和寺内部の呪詛に言及している。仁和寺守覚法親王の病気が、弟子である道法法親王方の人の呪詛によるという噂が寺内で行われていることを記し、「末代之極也。御祈偏祭・祓也。仁和寺法師又称〻之云々。悲哉、々々」と結んでいる。仏教界の中枢であるべき仁和寺においてさえ、呪詛が行われ、呪詛を破るべき祈禱にしても、祭・祓のような神事が行われていることを指摘し、「末代の極み」として、仏教界を厳しく批判している。呪詛が原因かどうかは知らないが、定家がこの記を書いて三日後に守覚は没したのである（『猪隈関白記』二十六日条）。

慈円・定家のような九条家系の人々とは違って、後白河法皇は今様や猿楽を愛好し、白拍子を院御所に招き、芸能に長じた人物を側近として登用した。後白河は巫女・覡・舞人・猿楽者・銅細工人らとの接触があったが、これらの芸人・職人の間では、迷信・俗信が盛んであり、後白河自身も俗信を受け入れ易い、偏執的な、物狂いの性格を持っていた。政治的派閥が直ちに宗教観の違いに結びつくとはいえないが、丹後局をはじめとする後白河旧臣たちが、怨霊を主張し、託宣を唱え、呪詛を実行したのも、後白河の性向と無関係とはいえない。

建久三年、重病の後白河法皇は、巫女の説に従い、病気平癒を祈るため、日吉社で臨時祭を行い、東遊を献じた。最初に掲げた(3)である。日吉の託宣は、後白河の遊芸好きを見越しているようであり、九条兼実は「巫女の狂言」と言い切っている（『玉葉』二・十三条）。兼実によれば、病気が危急の際には、平癒祈願の使者をこそ立てるべきであり、芸能の奉納は平癒後の報賽のために行うものであって、祈禱のための東遊など神慮に叶わないというのである。結局、一か月後に後白河は没してしまった。十四年後の建永元年の託宣騒ぎの際、九条家の家司でもある頭弁三条長兼は「後白河法皇は巫女の言葉に従い、日吉臨時祭を行ったが、その甲斐もなく崩御された。巫女の言葉でさえ信を措きがたいのだから、狂女のいうことなど問題にならない」と記している（『三長記』五・十条）。仲国の妻は「狂女」と決め付けられているのである。後白河旧臣派が託宣を強調し、九条家系の人々は理路整然と反対している。後鳥羽上皇がより信任していたのは、後者の人々であった。

さて託宣騒ぎの張本人である源仲国夫妻の処分であるが、後鳥羽は慈円に「流刑にすべきだろうか」と諮問した。実際、遠流に処すべしという意見も出ていた。しかし慈円は「彼らが本心からそんなことをいっているのなら、流刑にもすべきでしょうが、狐や天狗が取り憑いて病気になっているだけであり、片隅にでも追いこめておけばよく、そうすれば狐は引っ込んでおとなしくなります」と答えた。上皇は「イミジク申タリ」と言って、慈円の進言どおり夫妻を追いこめたので、彼らは摂津の仲山寺に住んだ。

この事件において後鳥羽は、旧後白河派のいう託宣などに惑わされず、これまで執ってきた政治路線を改めることはなかった。託宣騒ぎが起きると、乗せられ易い無責任な公卿たちが多かったのは確かであるが、大局的に見れば、後白河側近派などといっても、実際はほぼ解体し、丹後局らごく少数が残っているだけであった。三条長兼はこの事件を摂政近衛家実と丹後局の共同謀議と見ている。幸いに家実の日記が残っているが、記述は極めて冷静で、託宣に関与している気配はなく、共同謀議を疑ったのは、長兼の思い過ごしであろう。父の基通とは違って、家実は旧後白河派の一環を担ってはいず、後鳥羽院政の下で、摂関の職務を忠実に勤めていた。後鳥羽院政はすでに九条家に加えて、近衛家までも従えた権力として確立されつつあったし、後白河の側近たちも徐々に切り崩されていたのである。丹後局は「シラケシラケトシテヤミニケリ」とあり、後白河の託宣騒ぎは、この後は起こらなかった。

仲国らが処罰されて五か月後の建永元年十月、仲国の三人の子は放免され、出仕を許された。『愚管抄』によれば、仲国も許され、後鳥羽の乳母である藤原兼子の後見として仕えたという。翌承元元年（一二〇七）十一月、仲国は後鳥羽上皇の御願の白川最勝四天王院の供養にあたって、従四位上に叙せられている（『明月記』建永元・十・十一、承元元・六・二十二、十一・二十九条）。仲山寺での謹慎は短かったのである。建保三年（一二一五）五、六月、後鳥羽が高陽院で三七日の逆修を営んだ際、進物を献上した人と国名が列記された中に、「刑部大輔入道仲国、知行薩摩国」とあり、当時薩摩の知行国主であったことがわかる（『伏見宮御記録』利五十八、後鳥羽上皇逆修人々進物注文、『鎌倉遺文』二一六二号）。仲国は兼子を介して後鳥羽の側近となったのである。

建久七年の橘兼中事件と建永元年の源仲国事件とは、いずれも後白河法皇の託宣に関しており、類似の事件である。前者で兼中夫妻はそれぞれ隠岐・安房に流されたが、後者では仲国は短期間謹慎しただけで、結局は後鳥羽に仕えて栄達した。この差はどうして生じたのであろうか。

後白河の死によって、政権を掌握した当時の兼実は、旧後白河派の反撃を恐れ、強い緊張状態に置かれていた。建久七年、危惧は現実のものとなったが、不安定な状況に置かれていただけに、後白河のために社を造れというような動きが起こり、それに丹後局が絡んでいるとなると、兼実は神経質になって、強圧的に対処せざるを得なかったのである。十年後の後鳥羽の権力は、かつての兼実に比べてはるかに安定しており、旧後白河側近も弱体化していた。仲国は本来有能な人物でもあったと思われるが、後鳥羽はもと後白河派であった仲国を自己の近臣に取り込んだ。仲国が深い関係を持ってきた丹後局と、新しい主人となった藤原兼子とは、いずれも鎌倉初期の有能な女流実力者であるが、後白河の寵妃である前者と、後鳥羽の乳母である後者とでは、政治的にはまったく対立する立場にあった。丹後局の縁者を妻とし、自身も後白河の側近であった仲国までが、兼子に仕えるようになるのは、丹後局からすれば呪詛でもしたくなるような裏切りであるが、もはや彼女の政治力も衰えきっていたのである。建永元年の託宣事件を最後に、後白河近臣グループはほぼ壊滅し、丹後局の政治生命も終わったといえる。

おわりに

式子内親王をめぐる呪詛と託宣に関連して、彼女に悲運をもたらした三つの事件を取り上げた。第一は建久初年、式子が庇護者である八条院を呪詛したとの嫌疑を受け、八条殿を離れ、出家せざるを得なくなった事件であり、これには八条院領の伝領をめぐる紛争が絡んでいた。第二は八条院に代わり、式子の庇護者となった後白河法皇の没後、建久七年（一一九六）、法皇のために社を造れという後白河の託宣が行われ、首謀者は流罪となったが、式子もこれに連座し、都を追放されそうになった事件である。そして第三に後鳥羽上皇は、後白河の皇女たちへの配慮を示し、皇太弟守成を式子の養子にし、守成の弟雅成を式子の妹宣陽門院覲子の養子にしようとした。覲子の生母である丹後局は、これに立腹して式子を呪詛し、その呪詛によって、建仁元年（一二〇一）に式子は生涯を終えたと噂された。第一の事件は権門としての八条院の内部問題であるが、第二・第三の事件はより大きな朝政の問題にかかわっている。

この時期の託宣の中には、後白河の没後、弱体化した旧側近たちが、勢力回復を意図して企てたものがあり、式子もその波に巻き込まれたが、式子が没して五年後の建永元年（一二〇六）に起こった託宣事件を最後に、そのような動きは終息した。丹後局ら後白河旧側近の勢力は衰え、中には新たに後鳥羽の側近として編成されるものも現れた。

後鳥羽は朝廷の内部で近衛・九条両摂関家をはじめとする諸権門が対立していた状態を克服し、旧後白河派をも徐々に解体させ、その上に独裁権力を樹立していった。それればかりか、鎌倉幕府との関係をも円滑にし、友好関係を通じて幕府を従えようとした。鎌倉では建仁三年、北条氏が源頼家を廃し、実朝を鎌倉殿に擁立し、執権政治を発足させたが、翌元久元年（一二〇四）、後鳥羽は近臣坊門信清の娘を実朝の妻として鎌倉に下すなど、自身の主導によって公武融和を進めていった。

注

（1）上横手雅敬編『人車記　四』四七六頁、京都大学総合博物館編『日記が開く歴史の扉』五四、八八頁。

（2）馬場あき子『式子内親王』四二頁以下参照。

（3）『明月記』建仁二・八・二十二条。なお今村みゑ子「定家と式子内親王」（『文学』六―四）参照。

（4）『玉葉』建久三・正・三十、『明月記』建仁二・八・二十二条。後者は呪詛に関する重要史料であり、度々引用するが、その本文の読みが従来とはかなり改められた。それは『冷泉家時雨亭叢書　明月記　1』の刊行により、藤原定家自筆原本の影印刊行がなされ、従来の国書刊行会刊本の誤りが修正されたこと、また明月記研究会の諸氏の努力によって、影印本に基づく正しい復刻が行われたことによる。その成果が有効に現れたのが、この日の記事である（「『明月記』〈建仁二年八月〉を読む」、『明月記研究』1所収）。とくに重要なのは「示二二品謳歌一」「示二二品呪詛之由一」を「丹二品謳歌」「丹二品呪詛之由」と改めたことであり、これによって「丹二品」（丹後局）の行動が明らかにされた。従来は「二品」と読んで丹後局と解するのが多かったが、それでは文意をとりにくい。

（5）『明月記』建仁二・正・二十五条の、式子一周忌の記事により、式子が一年前の同日に没したことがわかる。なお従来刊本で「御正月」と読まれてきたのは、影印本により「御正日」と改められる。

（6）『願文集』正治二年七月日八条院三位願文、『玉葉』治承四・五・十五、文治元・九・二十条、『愚管抄』巻六（順徳）。八条院三位願文に「及二五旬族（余カ）之暮歯一」とあり、八条院三位の年齢が、仁平元年（一一五一）生まれの以仁王や久安五年（一一四九）生まれの九条兼実に近かったことがわかる。

（7）『玉葉』承安四・二・二十三、『吉記』文治元・正・三、『山槐記』同・八・十四条。今村前掲稿参照。

（8）『明月記』元久元・二・二十七条、『仲資王記』建暦元・六・二十六条。なお八条院姫宮が知行した明証のある荘園として、和泉国宇多荘がある（『熊野道之間愚記』建仁元・十・六条）。同荘は安元二・二、八条院領目録（『内閣文庫蔵山科家古文書』）に見える「和泉国宇多勅旨」に由来する。

（9）本書二二五頁以下参照。『玉葉』正治二・六・二十八条。

（10）『明月記』正治元・九・二十四条に隠岐守は「公時給」とある。

（11）『角川日本地名大辞典　26』五三、五九頁。『明月記』建仁元・四・二十六、同二・正・二十五条。

四、『十訓抄』の編者について

『十訓抄』の編者については多くの説があるが、定説を見るに至っていない。これから述べる私の見解も、解決になりそうにはないが、それでもこの問題についての考え方を提示する意味はあると思っている。

一　三つの史料

『十訓抄』の編者を求める手がかりとされているのは次の三つの史料である。すなわち、

（1）『十訓抄』序

建長四年の冬、神無月のなかばのころ、おのづから暇のあき、心閑かなる折節にあたりつつ、草の庵を東山のふもとにしめて、蓮の台を西土の雲にのぞむ翁、念仏のひまにこれをしるし終はること、しかりとなむいへり。

（2）妙覚寺本奥書

或人云、六波羅二﨟左衛門入道作云々。　長時・時茂等奉公。

しなり。

（3）『正徹物語』

拾訓抄は為長卿の作かと覚ゆる也。歌仙、有職、能書にてありし也。官の庁にて侍りしかば、文を以て先とせ

このうち（3）の史料的価値にはかなりの疑問がある。まず正徹の著作である『正徹物語』は、室町時代、文安五年（一四四八）、または宝徳二年（一四五〇）の成立とされ、（1）に従って『十訓抄』の成立を建長四年（一二五二）とすれば、その間約二百年の隔たりがある。次に同書が『十訓抄』の編者とする菅原為長は、すでに寛元四年（一二四六）に没しており、建長四年には存命していなかった。それに「為長卿の作かと覚ゆる也」という表現にしても、断定的でなく、自信を持って為長を編者としているのではない。さらに為長について検討すると、「歌仙」「有職」「能書」はよいとして、「官の庁にて侍りしかば」には問題がある。太政官庁の人としてふさわしいのは、大臣、大納言、弁、少納言、史、外記等であろうが、為長がこれらの官職についたことはまったくない。為長に関する正徹の知識が不正確であることがわかる。

それにもかかわらず、正徹が為長を『十訓抄』の編者に擬したのは、後世に伝えられた為長の名声によると思われる。為長は土御門、順徳、後堀河、四条、後嵯峨の五代にわたり侍読を勤め、撰進した年号を採用されること九度に及び、「朝之重器、国之元老」「当代大才（中略）、文道棟梁」などと呼ばれた碩学であった（『菅儒侍読臣之年譜』、『編紀』、『公卿補任』寛元四年、『岡屋関白記』寛元四・三・二十八条）。『正徹物語』から三十年ほど後、一条兼良が著した『樵談治要』には、為長が北条政子に請われ、『貞観政要』を仮名書きにしたことを記しているが、このような逸話も室町時代には知られていたのかもしれない。正徹は特別の裏づけもなく、著名な為長を編者だと主張したのであろう。以上のように考えると為長説には、さほど意味があるとは思えない。

二　妙覚寺本奥書から見た編者

次に(1)と(2)についていえば、いずれも史料的価値は高いと思われる。ただ(1)に従って建長四年（一二五二）十月、東山の麓に草庵を営む翁を編者と見ても、それはほとんど編者解明の手がかりにはなりえず、結局、(2)に該当する人物を探し出し、(1)を補助史料とするほかないと思われる。なお(2)に依拠して編者を求めた研究には、

①湯浅宗業説
永井義憲「十訓抄の作者」「十訓抄　再考」「十訓抄と北条重時の家訓」（『日本仏教文学研究』一—三）
②佐治重家説
石井進「改めて問われる『十訓抄』の価値と編者」（『新編日本古典文学全集』51、月報42）
③後藤基綱説
浅見和彦「十訓抄編者攷」（『説話論集』七）

などがある。

さて妙覚寺本奥書によって、編者を探してみよう。まず「六波羅二﨟左衛門入道」の解釈には二通りある。石井氏は「二﨟」について、「二郎の当て字ではなく、六波羅内部での序列、順位としての﨟次二位を示す」といっており、五味文彦氏も「六波羅探題に仕える二﨟の奉行人」としている（『書物の中世史』三九八頁）。これらの説にうなずける点は確かにあるが、それでは六波羅探題内での﨟次二位の職員とは、一体何を指すのであろうか、そして

佐治重家はこれに該当するのであろうか。これらの点が明らかでないので、話の進めようがない。

今一つの考え方は「六波羅」を家名、名字のようなものと見ることである。例えば「六波羅修理亮」（北条時氏）、「六波羅越後守」（北条時盛）、「六波羅陸奥左近大夫将監」（北条時茂）、「六ハらむまのかうの殿」（金沢貞顕）などの例がある（『吾妻鏡』安貞元・七・四、仁治元・二・七、弘長三・十二・十六条、『鎌倉遺文』二四三三九号）。しかし、これらの人々はいずれも六波羅の首長である探題ばかりであり、『十訓抄』の編者である「六波羅二﨟左衛門入道」が、もと六波羅探題であったとは考え難い。やや無理もあるが、この「六波羅二﨟左衛門入道」を六波羅関係者をひろく含むと見て、「二﨟左衛門」は「次郎左衛門」の意と考えることにする。

『吾妻鏡』などを見ると、官職の変更などがない限り、武士の通称は一定化する傾向がある。「左衛門尉」は極めて多いが、妙覚寺本奥書に従って「二郎左衛門尉」に限定すれば、該当する人物は限られてくる。佐治重家も後藤基綱も、この条件を充足できない。

「長時・時茂等奉公」については、北条長時が宝治元年（一二四七）七月から康元元年（一二五六）三月まで、時茂が康元元年四月から文永七年（一二七〇）正月までいずれも六波羅北方に在任していた。従って『十訓抄』が成立したのは宝治元年から文永七年までの間ということになる。ただ『十訓抄』は文永をまたず、建長四年には成立していたのだからこの点も考えなければならない。とりあえず宝治・文永の間を考慮の対象とする。

次に六波羅関係者としては、探題をはじめとして、評定衆、引付頭人、引付衆、検断頭人、奉行人、それに在京人らが挙げられる。従って宝治元年―文永七年の間で、六波羅関係の前記の諸職にあり、さらに二郎（次郎）左衛門尉であった人物を探すことにしよう。その場合、森幸夫氏の労作『六波羅探題の研究』には多大の便宜を受けたが、以上の条件を充足する人物と思われるのは、大田政直・波多野盛高・佐々木泰清の三名であった。

まず大田政直である。『葉黄記』宝治元年五月九日条に新日吉社小五月会の記事があり、七番の流鏑馬のうち第五番を「太田二郎左衛門尉政直」が勤仕している。この流鏑馬は探題をはじめ、六波羅の要人が勤仕したというのが森氏の見解であり、政直はそれに該当する。また建治元年（一二七五）五月の六条八幡宮造営注文（『田中穣氏旧蔵典籍古文書』）が御家人を「鎌倉中」「在京」「諸国」に分ける中で、「大田次郎左衛門尉跡」は「在京」に含まれ、造営料十貫を負担している。政直自身はそれ以前に没していたことになる。五味氏「在京人とその位置」（『史学雑誌』八三—八）も在京人に数えており、妥当であろう。

次に波多野盛高である。前掲建治元年の六条八幡宮造営注文に「在京」として「波多野弥藤二左衛門尉跡四貫」とある。福田豊彦氏はこれを波多野盛高に比定しているが、彼も建治元年以前に没していた。越前国志比荘地頭で、道元の檀越であった義重は従兄弟であり（『尊卑分脈』）、森氏は六波羅評定衆としている。五味氏も義重の系統を在京人としている。なお海老名尚・福田豊彦「田中穣氏旧蔵典籍古文書　六条八幡宮造営注文について」（『国立歴史民俗博物館研究報告』四五）参照。

次に佐々木泰清である。『葉黄記』宝治元年五月九日条に新日吉社小五月会で「佐々木隠岐次郎左衛門尉泰清」が流鏑馬を勤仕したことが見える。また『経俊卿記』正嘉元年（一二五七）五月十一日条の同様の記事に見える「隠岐大夫判官源泰清」も同じ人物である。新日吉社小五月会流鏑馬を再度勤仕したという根拠で、森氏は泰清が六波羅評定衆であったと推定している（前掲書五九頁）。しかし泰清の足跡を追うと、鎌倉での生活が多く、時に守護としての任地であった出雲・隠岐にいたこともあり、弘安十年（一二八七）六月二十八日、出雲で没している（『佐々木系図』）。在京が確認されるのは、二度の流鏑馬の時だけであり、問題の建長四年十月前後を見ると、七月二十三日には将軍宗尊親王の方違、十一月十一日の将軍新御所移徙に従っており、到底京都東山の麓に草庵を構えるような境遇ではなかった。また正嘉元年の新日吉社小五月会前後を見ても、同年十月一日の大慈寺供養の際、寺門の警固に当たっており、鎌倉在住が確認される（以上、『吾妻鏡』）。『十訓抄』の編者としては不適格である。ついでながら新日吉社小五月会の流鏑馬は、探題をはじめ、六波羅の要人が勤仕したと、森氏はいうが、佐々木泰清のような例外もあった。正嘉元年の小五月会流鏑馬では加治右衛門尉氏綱が同様ではないかと思われる。加治氏綱は泰清とは別系統の佐々木氏であるが、終始鎌倉で行動し、京都で活躍した形跡はない。このように六波羅の関係者のほかに、臨時に鎌倉から上洛して流鏑馬を勤仕する御家人もいたのではなかろうか。

以上の考察により、一応大田政直、波多野盛高を『十訓抄』編者の候補として挙げることはできる。しかし、いずれも『十訓抄』を著すほどの文筆の才を証明することができない上に、出家した証拠もなく、出家しなかった可能性の方が強い。

建治の六条八幡宮造営注文には「在京」の中に「源次郎左衛門入道」という、人名に関する限り完璧な適格者が見出される。しかしこの人物の素性について、何も知りえない以上、如何ともし難い。

三　湯浅氏と京都

以上の考察で触れなかった重要人物がいる。永井氏が『十訓抄』の編者に擬した湯浅宗業である。私は従来の説では永井説にもっとも魅力を感じている。湯浅氏は紀伊国の御家人であるが、『十訓抄』の編者が東山や六波羅とゆかりがあるらしいことを考慮に入れ、京都との関係に重点をおいて、湯浅氏の歴史を概観してみよう。

平治元年（一一五九）平治の乱の際、湯浅宗重が熊野参詣途上の平清盛を助けた話は著名であるが、治承三年

（一一七九）秋ごろ、後白河法皇の命を受けた清盛が、延暦寺の堂衆を鎮めるため、兵を派遣したとき、宗重はその指揮に当たっている（『延慶本平家物語』巻三―六、この事件の年代については冨倉徳次郎『平家物語全注釈』上、三五二頁参照）。「平家々人之中、為レ宗者」（『崎山家文書』文治二・五・七源頼朝下文案）とされた宗重は、文治元年（一一八五）平家の滅亡後、平忠房をかくまって、源頼朝の命を受けた熊野の湛増らと戦ったが、結局降伏した。翌二年五月、宗重は本領を安堵されて御家人となるとともに、守護の催促に従うのを免除され、不慮の際には一条能保のもとに馳せ参ずるよう命じられた（同上、文治二・五・五源頼朝下文案）。能保は頼朝の妹婿であり、鎌倉と京都との連絡に当たる京都守護の任にあった。湯浅氏は京都守護直属の軍事力として、御家人の中でも特殊な立場に立つことになった。

暦仁元年（一二三八）五月、洛中警衛のため、幕府が辻々に篝屋を設置したとき、湯浅氏には八条辻が割り当てられ、一族が交代して勤仕したのは、湯浅氏が京都と深い関係を持っていたことを示している。「八条櫛笥篝屋役」とあり、勤務場所が判明する（『鎌倉遺文』五二四四、五三一八、一二一八三号）。

湯浅氏が京都における「相伝之私領」として押小路堀河の屋敷地を所有していたことも注目される。文永三年（一二六六）ごろから、湯浅入道智眼（宗業）は、この地の返還を求めて訴えている。というのは、湯浅氏は紀伊国阿氏河荘の地頭であるが、同荘の本家である円満院門跡桜井宮（覚仁法親王、後鳥羽天皇皇子）は、壇所に使用するため、智眼の母住心から、この屋敷地を借用したのである。「彼地依レ為二内裏之便宜一」とあるが、内裏は二条南、西洞院西に位置する閑院であり、その西北にある押小路堀河の地は、壇所として便利であったと思われる（同上一〇四〇九、一〇四一〇、一〇四五三号）。桜井宮は宝治元年（一二四七）五月、閑院において五壇法を修しており（『五壇法記』）、このとき押小路堀河の地を借りたのであろう。ところが文永三年四月、桜井宮が没して後、この地が返還されず、訴訟となったのである。この当事者の智眼（宗業）こそが、『十訓抄』の編者に擬せられている、その人であることは、いうまでもない。それにしても、湯浅氏は京都の一等地に屋敷地を持っていたのである。以上の考察によって、湯浅氏が京都と縁の深い武士であったことがわかる。

四　湯浅宗業について

『十訓抄』の著者に擬せられている湯浅宗業の経歴などについては永井氏の研究に詳しいが、ここに一つの資料を紹介したいと思う。高山寺に所蔵され、重要文化財に指定されている『星尾寺縁起』がそれである。星尾寺は宗業が創建した寺院であり、一見同寺の縁起のように見えるところから、このような名称が付せられたようだが、古文書学的にいえば、弘長四年（一二六四）二月日智眼（宗業）置文とでもいうのが適当であり、実際、永享十二年（一四四〇）八月七日の星尾寺文書目録に「湯浅智眼置文」とあるのがこれである可能性がある（『高山寺古文書』第一部二〇九号）。『鎌倉遺文』には収載されていないが、菅原範夫『高山寺蔵本星尾寺縁起　一巻』（高山寺典籍文書綜合調査団編『高山寺典籍文書の研究』）に翻字・解説がなされている。この置文の中で智眼は、一族出身の明恵に帰依し、父宗光から相続した星尾の屋敷を三宝に寄進し、星尾寺を建立した事情を記し、子孫たちに三宝に帰依し、寺を守り、仏法興隆を心がけることを求めている。智眼が六十九歳のときに作成されたもので、約四千字に及んでおり、地方武士の熱烈な信仰とともに、文筆の能力をも物語る貴重な文献である。早く松本保千代氏が『湯浅党と明恵』で紹介し、私も感銘して「殺生と持戒のはざまに」（『風翔ける鎌倉武士』『日本史の舞台』三所収）「明恵に帰依した紀伊の武士」（『日本史の快楽』）でとりあげたが、私の二篇は学術論文ではない。以下、主としてこの置文に依拠して、宗業の生涯を素描してみよう。

宗業は建久七年（一一九六）宗光の子として生まれた。寛喜二年（一二三〇）三十五歳の時から毎日一部の法華経・仁王経を読み、毎月十八日には、宿所の持仏堂で観音経千巻を僧侶に読誦させてきた。湯浅一族の人々は明恵に帰依していたが、宗業の帰依はとくに深かった。寛喜四年、明恵の臨終にあたって、宗業は在俗者ではただ一人、明恵の病床に侍することを許され、智眼誠心の法名を与えられた。宗業が父から譲られた星尾の屋敷には、明恵も住んでいたことがある。建仁三年（一二〇三）明恵が釈迦を慕ってインドに渡ろうとしたところ、春日明神が託宣を下して渡航を止めさせたのは、この屋敷での出来事であった。そのようなところに俗人が住むのは恐れ多いと考えた宗業は、文暦元年（一二三四）両親の菩提を弔うため、三宝に寄進し、星尾寺を建立した。しかし定まった住侶も居らず、領内の僧が朝夕のお勤めをするだけであった。宗業は気にかけつつも、六波羅探題での公務などに追われるまま、約三十年が過ぎた。

弘長二年（一二六二）正月、宗業は池御房から、明恵自身が春日明神降託の体験を記した「勧進帳」を借覧し、その記述に従い、明恵の門人二、三名を招いて大明神講説戒を行うと、異香を嗅ぐという奇瑞が起こった。宗業はこれこそ春日明神降臨のしるしと、一層信心を深めた。同年七月、京都で急病に罹り、存命し難く思われたので、宗業は出家した。このときには六波羅殿（北条時茂）から見舞いの御使を両三度賜わった。しかし宗業は仏神の助で蘇り、八月、療治のため暇を貰い、紀州に下向した。星尾寺にさらに土地を寄進した宗業は、幕府に寺領を保障してもらうため、十一月、京都を出発、鎌倉に下り、北条時頼らに会い、目的を果たした。弘長四年、宗業はこの置文を記し「子孫たちは置文を守り、三宝に帰依し、お寺をおろそかにしてはならない。世事に忙しくとも、常に仏法の興隆を心がけて怠らなければ、仏神のご加護が与えられよう」と記した。

宗業の熱烈な信仰心が窺われる興味深い文章である。ついでながら、宗業が押小路堀河の地に関する訴訟を提起するのはこの前後のことである。

ところでこの内容をさきの妙覚寺本奥書と対比すると、確かに宗業は六波羅に出仕し、探題の時茂から再三にわたり、見舞いの使者を差し向けられるほど親密な関係にあり、「二郎左衛門入道」(『崎山家文書』の湯浅一門系図。『高野山文書』文応元・十二・六北条時茂書状にも「湯浅二郎左衛門尉宗業」とある)と称していて、「六波羅二﨟左衛門入道」にふさわしく、出家もしている。肝心の文筆の才もある。宗業を「六波羅二﨟左衛門入道」と同一人と見ることに問題はない。大田政直、波多野盛高に見られたような条件の不備はまったく存在しない。最初に『十訓抄』の編者を考える上での三つの史料を掲げたが、(2)の「六波羅二﨟左衛門入道」を湯浅宗業とする永井氏の見解は承認されると思う。

にもかかわらず『十訓抄』の編者を湯浅宗業と見た場合、ある種の違和感を禁じえないのである。『十訓抄』の編者に関する諸説は、菅原為長のように公家に求める説と、湯浅宗業・佐治重家・後藤基綱のように武家に求める説とに大別されようが、『十訓抄』から得られる全体的な印象は、やはり公家系の作品ということになるのではなかろうか。

『十訓抄』の説話の多くは公家関係のものである。しかし、僅かながら武士を主題とした説話も見られる。その一、二を見よう。

第一に、源義家が堀河右府のもとで囲碁を打っていたところへ犯人が逃げ込んできたが、義家の名を聞いて、たちまち刀を投げ出して捕らわれた。すると近辺の小家に隠れていた義家の郎党が四、五十人出てきて犯人を連れ去った。この郎党たちは日ごろは人に姿を見せることはなかったという(巻一—三四)。人前に姿を現さず、密に義家を警固する郎党の存在は、義家の恐ろしさ、不気味さを示している。

今一つの例話。六条顕季と源義光（義家の弟）が東国の知行地を争い、理は顕季にあったが、白河院は顕季を召し寄せて「あの土地は義光にとらせよ」と言い、「お前にはあの土地がなくても困ることはない。国もあれば、官もある。しかし義光はあの土地に命を賭けているのだ。義光はえびすのようなもので、心もなきものである。お前にいつどんな禍をしかけるかわからない」と顕季を説得する。忠告に従い、顕季が義光に去文を与えると、義光は畳紙に自分の名を書いて、顕季に差し出し、臣従の意思を示した。その後、顕季が外出する時には、どこからともなく義光の随兵が数名現れて、顕季を警固したという（巻九―二）。

この説話には、武士の特性が見事に描かれている。一所懸命の土地に対する執着、その土地を守るためには手段を選ばないこと、恩義に対して奉公で報いることなどであるが、それらは公家が持ち合わせていないものであり、武士に畏怖を感じる点でもあった。

義家は『中右記』には「天下第一武勇之士」と記されている（承徳二・十・二十三条）。しかし同じ『中右記』でも別の箇所では、「義家朝臣、年来為二武士長者一、多殺二無レ罪人一云々。積悪之余、遂及二子孫一歟」（天仁元・正・二十九条）とあって、罪なき人々への殺戮を繰り返した積悪の報いで、子の義親は、平正盛に追討される羽目になったとして、手厳しい批判が加えられている。「同じき源氏と申せども、八幡太郎は恐ろしや」（『梁塵秘抄』巻二）という今様があるが、実際に義家の粗暴は人々に恐れられていたのである。溯るが、清和源氏の先祖にあたる源頼親は「殺人上手」と評されている（『御堂関白記』寛仁元・三・十一条）。ためらうことなく人を殺す、野蛮で、恐ろしい武士、公家間に武士に対するこのような評価が行われていたが、『十訓抄』に「義光はえびすのやうなるもの、心もなきものなり」とある白河院の言葉は、明らかに前代からの武士観の継承である。義光に逆らえば殺されるかもしれないとして、反社会的な武士の恐ろしさを白河院は顕季に教えたのである。同様の説話は『古事談』にも収められていて白河院の言葉は「武士若しくは腹黒などや出来せんずらん」である（巻一—七五）。比べてみると『十訓抄』の方が過激である。「えびすのやうなるもの、心もなきもの」という批判には、公家が自分たちとはまったく異質なものとして武士を峻別する意識が含まれており、武士である湯浅宗業が源義光を評する表現とは思えないのである。

永井氏は『十訓抄』と『北条重時家訓』とを比較し、その思想の共通性を指摘し、六波羅探題北条重時に仕え、その教訓を受けた湯浅宗業が『十訓抄』を執筆したとしている。

重時が六波羅探題として在任したのは寛喜二年（一二三〇）三月から宝治元年（一二四七）七月、帰東して連署に就任するまで十七年に及び、後任の六波羅には子の長時が上洛した。長時・時茂兄弟と宗業との関係はすでに述べたとおりであり、宗業が二歳年下の重時と六波羅において緊密な関係にあったと想像するのは自然だと思われる。ただ永井氏の丹念な作業には敬意を表するものの、重時・宗業の思想の共通性は、同時代に生きた武士としての共通性以上のものではないという考えを捨てるには至らなかった。それどころか、『十訓抄』の世界と『北条重時家訓』の世界とでは、異質のものを感じた。例えば『北条重時家訓』には、次のような箇所がある。

馬ニテ歩カン時ハ、カチバシリニハ、中間・雑色ナンドヲ召具スベシ。若是等無カラン時ハ、若党ノ下人ノサハヤカナランヲ具スベシ。又夜ル歩カンニハ、必ズ若党ヲ具スベシ。但差タル大事ナラズバ、夜歩キスベカラズ。縦夜ルアリク事アラバ、聊モヲボツカナクヲモハム処ニハ、手ガロキ若党ニ大刀ヲモモタスベシ。穴賢、中間躰ノ者ニハ大刀モタスベカラズ（『六波羅殿御家訓』二十一条）

外出の際の心得が、実に細密に記されている。鎌倉武士は常に襲撃、暗殺の危険にさらされて、対策を講じておかねばならず、それは幕府中枢に位置を占める重時のような最上層武士といえども例外ではなかったのである。そしてこのような文章を記しうるのは武士以外ではありえないと思われる。公家から見た武士の姿だと評した『十訓抄』との距離は、比べられないほどに大きい。

なお『十訓抄』にも確かに仏教的色彩はある。しかし『十訓抄』の仏教は教養的であり、宗業、すなわち智眼の置文に見える真摯な求道との間には大きな隔たりがある。これも『十訓抄』の編者を宗業とすることを躊躇させる点である。

このように考えると『十訓抄』の編者は、公家系の人と思われ、疑問があるにもかかわらず、菅原為長説が跡を絶たないのも無理からぬものがあるといえよう。また武士であっても、公家的教養を帯びた人物であるならば、『十訓抄』の著作は可能ではないかという考えもありうる。佐治重家、後藤基綱説が生まれるのはそのためであろう。実際、重家説を唱えた石井進氏は、必ずしも重家と断定しているのではなく、重家のような人物だといっているにすぎないのである。しかしこの系列に人を求めるならば、湯浅宗業に勝る候補者はいないであろう。

公家系でふれておきたいのは、五味文彦「説話集と家」（『書物の中世史』）に見える菅原宗長説である。五味氏は建長四年（一二五二）に成立した『十訓抄』と、建長六年に成立した『古今著聞集』とを対比し、後者が前者を意識して著されたとする。後者の編者が橘成季であるのに対し、内容から見て前者は詩文を芸とする菅原氏の編と見る。さらに菅原氏の中から適任者を求め、為長の孫宗長を編者とする結論に達する。『十訓抄』は氏の家の芸の継承を重視しているとし、詩文を氏の家の芸とする菅原氏の著作だとしている。菅原氏に編者を求めながら、『正徹物語』を重要な根拠としていない点は、評価される。問題は菅原氏による編著という結論を導き出す過程、家の説話集という視点にあり、その点になお納得しきれないものが残るのである。そして宗長の関東下向を指摘しているのは、妙覚寺本奥書への配慮かららしいが、宗長が六波羅二﨟左衛門入道だとでもいうのだろうか。宗長説に六波羅二﨟左衛門入道への配慮など不要であり、そんなことをすれば、支離滅裂になってしまう。

五　妙覚寺本奥書の疑問

編者が公家系へと傾くと、武家の編者を示唆した妙覚寺本奥書の価値はどうなるのであろうか。もともと妙覚寺本奥書には疑問があった。一部の写本にしか見られないし、妙覚寺がどのような寺かも不明であり、究極的にこの史料の信憑性を保障するものはないのである。結局、『十訓抄』の成立を考える上で、絶対的に信頼できるのは「建長四年の冬」云々という序文だけなのである。ところでこれまでこの(1)『十訓抄』序と(2)妙覚寺本奥書との整合性が自明と考えられてきたが、むしろ両者の齟齬が気にならないものでもない。

すなわち(2)に「長時・時茂等奉公」とあるのと、(1)の「建長四年（一二五二）の冬、神無月のなかばのころ」とを対比すると、宝治元年（一二四七）から康元元年（一二五六）まで六波羅北方の任にあった長時は確かにこの条件に当てはまるが、長時の後を襲って六波羅北方となった時茂の在任は、康元元年から文永七年（一二七〇）であって、不都合である。

(1)には「草の庵を東山のふもとにしめて、蓮の台を西土の雲にのぞむ翁、念仏のひまにこれをしるし終はる」とある。永井氏が「仕官の身でありながら閑暇を得てこの書を述作」としているのは、時茂の六波羅就任が康元元年であり、宗業がそれ以前、建長四年に出家していては、時茂に奉公できなくなる難点を打開しようとした説であろうが、序文の解釈としては無理がある。

やはり編者は出家して東山山麓に草庵を営む老翁であろう。しかし建長四年当時五十七歳であった宗業は、必ずしもこのイメージに適合しない。そもそも宗業の出家は十年後の弘長二年（一二六二）であることも明らかになっているのである。六波羅二﨟左衛門入道は宗業だとしても、宗業は編者ではなさそうである。

要するに従来注意を払ってこなかったが、（1）と（2）の間には矛盾があり、両者が同一人物を指し示しているとはいえないのである。（2）から編者を求めるならば、湯浅宗業はもっともふさわしい人物である。しかしそれでは（1）との間に矛盾を生じるし、『十訓抄』の全体のトーンに合わない。

もともと問題のあった（2）は湯浅宗業の何らかの述作の奥書であった可能性はある。しかし決して『十訓抄』の奥書ではないと思う。

『十訓抄』の編者を考える史料として、（3）を無益として退けたが、今（2）をも退けることになった。この問題を考える手がかりは、今や（1）だけであり、しかも（1）から編者を探し出すことは、絶望に近い。はなはだ破壊的な結論に立ち至ったが、それでも（2）や（3）を信頼して無益な詮索を続けるよりは良いのではないかと考える。根拠になる史料の史料批判を省略して、史料をあれこれ操作しても無意味なのである。

五、源頼朝像をめぐって

一　神護寺頼朝像に関する新説

神護寺には藤原隆信の筆と伝える源頼朝・平重盛・藤原光能の画像が所蔵されている。今でこそ博物館などに出陳される機会が増え、とくに一九九三年には東京国立博物館で三幅が同時に展示されたが、以前はこれらに接するのは容易ではなかった。一九六〇年ごろ、今は恒例となっている五月初めの神護寺の虫払いが始められたころ、恩師の赤松俊秀先生が森暢氏と一緒に指導・解説を行っておられたのにお招きいただき、あこがれの頼朝像に対面したのを思い出す。私の専門からいえば、頼朝がきわめて重要な人物であることはいうまでもないが、その上に画像のもたらす迫力はまことに強烈であった。そしてそれは『玉葉』にいう「威勢厳粛」という表現に完全に符合しているように思えて、深い感動を覚えたものであった。

一九九五年、米倉迪夫氏は労作『源頼朝像』を著した。「この人物は、本当に、源頼朝なのか?」と帯に書かれているように、刺激的な内容の書物であり、康永四年（一三四五）四月二十三日足利直義願文写（東山御文庫所蔵）を典拠として、頼朝・重盛像はこの年、直義が神護寺に奉納したもので、実は足利直義・尊氏像だとし、光能像についても、足利義詮像ではないかと述べている。この大胆な新説が、大きな反響を呼んだことはいうまでもない。

米倉氏の論証にはなおいささか問題は残るものの、そもそも完全な論証など至難な性格の問題であり、私は米倉説を極めて魅力的な仮説と考えている。

康永四年四月、直義は神護寺に阿含経を施入するとともに、兄尊氏と自身の影像を描かせて奉納、安置した。これに似たこととして、その前年、三年十月、直義が高野山の金剛三昧院に宝積経要品を奉納したことが挙げられる。直義はある人の霊夢によって「なむさかふつせんしんさり（南無釈迦仏全身舎利）」の文字を冠した和歌を二十七人の人々に作ってもらい、その短冊が百二十枚になったので、これを一軸とし、その紙背に宝積経要品を書写して金剛三昧院に奉納したのである（前田育徳会尊経閣文庫所蔵）。

歌を作った二十七人の中には、尊氏・直義のほか光明天皇や高師直が含まれる。写経は直義・夢窓疎石・尊氏が分担し、末尾に直義が趣意を記している。画像の像主の決定に直接かかわることではないが、康永三、四年といえば、南朝方との合戦は足利方の圧倒的な有利に展開していたものの、南朝方はなお抗戦を続けており、尊氏・直義兄弟、それに高師直らは、互いに和歌を寄せ、お経を分け写し、仏縁で結ばれることを願い、協力して南朝方と戦っていた。しかし数年たつと、今度は直義と師直との対立から尊氏・義詮対直義の対立に展開し、多くの武士をも巻き込んだ観応の擾乱に突入するのである(1)。米倉氏が伝頼朝・重盛像の成立時期に措定した康永四年は擾乱を前にした平穏な時期であって、神護寺に画像を納めるにはふさわしい。

ただ米倉説の難点は、画像が三幅あるのに、直義願文には「征夷将軍（尊氏）幷予（直義）影像」と二点しか記されていない点である。それ故に氏は、いくらか躊躇しつつも、残った一点（伝光能像）を義詮像とするのである。氏はその点について、一応の論証は試みているものの（前掲書九五頁）、さらに補強が必要であろう。

二　大英博物館像

米倉氏が鎌倉初期の成立と見られていた頼朝像以下を南北朝時代のものとし、像主を足利直義らとした衝撃は大きく、美術史家の間でもかなりの抵抗があると聞いている。それより前に、これらが頼朝らを描いたものではなく、作者も藤原隆信ではないという点だけでも、通説をくつがえす主張である。しかしこれらの点については米倉説が最初ではなく、米倉説の目新しさは像主を直義らとした点にあるといえよう。以下神護寺諸画像に関する諸家の説を簡単に紹介しておきたい。

鎌倉末期の成立と見られる『神護寺畧記』に、

一、仙洞院　奉㆓安置㆒　後白院（ママ）法皇御影一鋪、
又内大臣重盛卿、右大将頼朝卿、参議右兵衛督光能卿、
右衛門佐業房朝臣影等在之。
右京権大夫隆信朝臣一筆奉㆑図㆑之者也。

とあり、藤原隆信が後白河法皇・平重盛・源頼朝・藤原光能・平業房の肖像画を描き、それらが神護寺仙洞院に安置されたが、現存の重盛・頼朝・光能像がそれにあたり、法皇と業房の画像は失われたと見るのが通説であり、森暢氏の説によって代表される。(2)

通説に対する批判として、源豊宗氏は画像を鎌倉末のものとし、宮島新一氏は鎌倉中期、嘉禄二年（一二二六）ごろ、北白河院によって神護寺が復興された時とし、(3)米倉氏は南北朝時代、康永四年（一三四五）とする。他に桜

井清香氏も森説を批判し、画像の冠・纓・簪などを検討し、鎌倉末以後の作としている。[4] また成立年代を論じたものではないが、石田善人氏は和歌や筆跡などの点から神護寺諸像を隆信の作と見ることに疑問を示している。[5]

このように見てくると、『畧記』のいうように、神護寺諸像を鎌倉前期のものとする説は見られない。この中で成立年代をもっとも引き上げる宮島氏にしても嘉禄二年であり、隆信が没した元久二年（一二〇五）までに描かれた可能性は乏しいと述べている（『肖像画』一一五頁）。そうすると隆信説は、事実上否定されていることになり、それを伝隆信筆として緩和してきたに過ぎないのである。

それでは重盛・頼朝・光能を像主とする点に差し支えはないのであろうか。その根拠も要するに『畧記』である。作者と像主とを区別し、作者は否定されても、像主は生きるというのは論理的にはおかしい。隆信が頼朝を描いたというのだから、隆信が作者でなければ、描かれた人物も当然頼朝でないはずである。ところが頼朝像に限っては、神護寺像を模写した画像が頼朝像とされていることによって、逆に祖像である神護寺像が頼朝像であることを証明してきた。一体いつ頃から神護寺像の一つが頼朝像とされることになったのであろうか。

福岡市聖福寺の源頼朝像は、元禄十一年（一六九八）「高雄山神護寺所蔵之頼朝卿真像」を写したもので、絵絹の寸法まで現存神護寺像と同じとされており（米倉前掲書六二頁）、神護寺像が元禄ころには頼朝像とされていたことがわかる。

溯って大英博物館蔵源頼朝像は、顔や像容が神護寺像に似ており「征夷大将軍源頼朝云々」という画賛までついている。この画像の制作時期については、鎌倉末から南北朝・室町と説が分かれるようだが、いずれにしても鎌倉末から室町のころには、神護寺像の一つが頼朝像とされていたことを示す有力な根拠となりそうである。

画面左上の色紙形には、次のように記されている。

征夷大将軍源頼朝
養和辛丑年、初翻二白旗於蛭嶋一、遂撃二沈□(専)横平族壇浦一。文治丙午歳、開二幕府于鎌倉一。以総二六十余州之兵権一、而能□広元政策、守二天皇一、撫二万民一、可レ謂下発二武門之光輝一尽中武士之本能上也。讃曰、
深沈大度、喜怒不レ形、能清二□(邦)士一、謹護二朝廷一。一天無レ事、四海安寧、□俊行実、□(武徳)長馨。

この賛文の書体は鎌倉末のものともいわれるが（桜井「神護寺の諸像」六九頁）、内容にはかなり問題がある。頼朝の挙兵は養和元年（一一八一）ではなく、前年の治承四年（一一八〇）である。「文治丙午歳」は文治二年（一一八六）にあたる。前年の文治元年は平氏の滅亡、守護・地頭の設置など多事であったが、翌二年には時期を画するような事件はない。あるいは「文治乙巳歳」とでもすべきであろうか。

これらの単純、幼稚な誤りだけではない。中世において頼朝はふつう「征夷大将軍」ではなく、「右大将」と呼ばれる。「開二幕府一」という表現や、守護・地頭の設置を鎌倉幕府の成立とする見方など、その史観は極めて新し

く、漢文の調子も古態ではない。なお諸家の見解も承りたいが、全体としては明治以後に作られた文章という印象を受ける。

絵を論ずる資格は私にはないが、絵を室町以前のものとするには、絵と賛文とを分離し、賛文だけが後に付け加えられたとでも見る外なかろう。秋山光和氏が画像の「成立年代について直ちに結論を出すためには、いくつかの疑問を感じさせる」(6)といっているのも、気にかかることである。

室町以前の作と見られる大英博物館像が、神護寺像の中の一つと類似し、前者に「征夷大将軍源頼朝」の賛があるということによって、室町以前から神護寺像が源頼朝像と見られていたとされたのである。賛文が後世のものだとすれば、この論理は崩れ、結局聖福寺像の元禄十一年以前に、神護寺像を頼朝像と見た証拠は、まったく失われたのである。

三　『神護寺略記』の理解

『略記』と現存画像とが結び付かなくなった結果、現存像の成立は他の方法で説明せざるを得なくなった。宮島氏は北白河院による嘉禄二年（一二二六）の神護寺復興と、米倉氏は足利直義による康永四年（一三四五）の画像奉納と関連づけた。宮島氏は北白河院の願文を、米倉氏は直義の願文を重要な典拠としており、いずれも文献史料を用いて画像の成立時期を解明しようとしている点で共通している。しかし両氏が成立時期を判定したのは、実はその鑑識眼によってであり、文献史料は主張の裏づけとして補助的に用いられているに過ぎない。鎌倉中期の成立とするか、南北朝の成立とするかについて、両氏は美術史的見地からそれぞれ論拠を述べているが、その是非を判断することは困難であり、私はこの問題から撤退せざるを得ない（ただし宮島氏は画像そのものの成立を説明していない）。

このような場合、文献史学の立場で何が可能であろうか。『略記』と現存像が結び付かないというのは、『略記』に記す画像が失われたことを意味する。そして私は失われた画像に興味がある。失われた作品を論ずるのを無意味とし、現存作品だけを重視する傾向はかなり強いが、私はそれには反対である。存否を問わず、すべての作品を考えることによって、美術史は豊かになるのだと思う。

先に引用した『略記』の記載様式に従えば、後白河法皇の御影と、重盛以下四名の影とは別に記されている。だから法皇以下五人の肖像を隆信が描いたと解することもできるが、隆信が描いたのは重盛以下の四人であり、法皇像は別だと解することもできる。

「一筆奉ㇾ図」は通常隆信が一人で描いたものと解されている。しかし一気呵成に一筆で描いたと解することもできるし、語感の上からは、そのように解する方が妥当なようにも思える。あの伝頼朝像のような大作を、一人で四、五幅も描くことを、果たして「一筆奉ㇾ図」というのだろうか。寛喜二年（一二三〇）の神護寺絵図に見える「院御所」が、これらの画像を安置した仙洞院だという。五間、三間の仙洞院には、絹本著色の大きな肖像画が五幅も掲げられていたのだろうか。

『略記』の記載が正確かどうかは別として、それにもっとも忠実な読み方をすれば、法皇を描いた一幅と、重盛以下四名をまとめて一筆で描いた一幅（「一筆奉ㇾ図」とはこういう意味だろう）とがあり、少なくとも後者は白描または淡彩であったと考えるのが妥当である。そしてそれは当時の肖像画に関する文献上の記述や、中殿御会図をはじめとする現存の肖像画に群像を描いたものが多いことと矛盾しない。

隆信は記録性の強い肖像画を描いたとされ、代表作として『玉葉』の承安三年（一一七三）九月九日条に見える最勝光院御所の障子絵が挙げられる。それには「供奉大臣以下、併被レ写二図其面貌一。馬権頭隆信、依レ堪二其道一図レ之。是人面許也。絵師光長云々」とあって、藤原隆信や常盤光長が描いたのは、行啓・御幸に供奉する人々の群像であり、とくに隆信が描いたのは面貌だけであった。『署記』の記事に関する私の理解は、『玉葉』のこの記事の影響を受けているし、それは神護寺に現存する諸画像を隆信の作と見ることについての違和感ともなっている。

しかしここで私は『署記』の記事の理解についての一つの案を提示したに過ぎない。この主張と矛盾するいくつかの材料もあるから、それをも提示し、結論については保留せざるを得ない。

まず隆信が群像ばかりを描き、単独像を描かなかったわけではない。色彩の点は明らかではないが、現に神護寺の阿弥陀堂には隆信筆の「文覚上人真影一鋪」と金剛定院御室（道深法親王）筆の「浄覚上人真影一鋪」とが安置されていたという（『署記』）。

さきに単独像が一堂に五幅も掲げられているのを異様なことのようにいったが、その例も見られないわけではない。灌頂院に関する記事には「八大師影像各一鋪 東西壁各四鋪懸レ之。俊賀法橋令レ図レ之」（『署記』）とある。これは祖師像であって、仙洞院のものとはやや性質を異にするが、俊賀筆の真言八祖像が、東西の壁に四鋪ずつ懸けられていたのである。他寺の場合をも調べるならば、なお多くの例を挙げることができよう。

ただ『署記』の記事を現存像と切り離して考えた場合、とくに「一筆奉レ図」という表現に注目した場合、私のような理解が妥当ではないかと考えるのである。

四　神護寺仙洞院

『畧記』によれば、後白河法皇以下の画像は仙洞院に安置されていた。仙洞院は文治四年（一一八八）法皇の御所として造営され、建久元年（一一九〇）法皇はここに御幸したといわれる（『神護寺最畧記』）。平安末、鎌倉初期、文覚によって神護寺が復興され、法皇の御幸を迎えるまでに至った事情を概述してみよう。『平家物語』にもこれに関連する説話が収められているが、ここでは主としてもっとも確実な史料である元暦二年（一一八五）正月十九日文覚四十五箇条起請文により、若干時代背景を補って述べることにする。この起請文は文覚自身が綴ったもので、神護寺に所蔵されている。

　空海を尊敬する文覚が、その旧跡である神護寺を訪れたのは仁安三年（一一六八）であったが、そのころ寺はすっかり荒廃していた。文覚は草庵を結んで住み、復興に努めたが、「仏法者依二王法一弘、王法者依二仏法一保」と考え、朝廷の保護なしに仏法の興隆はあり得ないと見る文覚は、承安三年（一一七三）後白河法皇の御所法住寺殿に参上し、神護寺復興のために荘園の寄進を強要し、怒りを買って伊豆に流された。しかし仏教信仰の篤い法皇を敬愛する文覚は、法皇を怨まず、その長寿を祈り続けた。治承二年（一一七八）文覚は流罪を許されて帰洛し、神護寺に還住した。法皇と平氏との対立は次第に激化し、ついに翌三年、平清盛は法皇を幽閉し、その院政を停止した。さらに同四年には以仁王、次いで源頼朝が挙兵し、源平の争乱が始まった。この間も文覚は時々法皇のもとに赴いていたが、寿永元年（一一八二）十一月、法皇が蓮華王院に御幸した際、御堂の内陣でまたも荘園の寄進を訴えたところ、遂に法皇はこれを許し、翌二年十月、紀伊国挊田荘を寄進した。同荘はもと蓮華王院領で、法皇の進止下にあった荘園である（『吾妻鏡』文治二・八・二十六条）。その後も法皇や頼朝によって荘園が寄進された。
神護寺には空海自筆の金泥両界曼荼羅があったが、それは当時高野山に移っており、それに附属して播磨国福井荘が法皇によって高野山大塔領として寄進されていた。文覚は神護寺再興のために、この曼荼羅を神護寺に戻し、さらに福井荘を神護寺領とするよう法皇に求めてこれを許され、ここに神護寺領は六ヶ荘となった。この時にあたり、元暦二年正月、文覚が作成したのが四十五箇条の起請文であり、寺僧たちが法皇の鴻恩を忘れず、自ら戒め、互いに教訓し合い、仏法を護持していくことを望み、とくに末尾に法皇の手印を請うた(7)。

その後、文治四年七月までには神護寺領は八ヶ所となっている（『神護寺文書』文治四・七・二十四後白河法皇院宣）。法皇が神護寺に御幸した建久元年二月といえば、神護寺の復興も一段落し、政治的に見ても、前年（文治五年）頼朝が奥州藤原氏を滅ぼし、源平争乱以来継続していた内乱状態が終息し、秩序の安定を迎えた時期であった。法皇は二月十六日、金堂の常燈始に御幸した。「文覚が一具ノヒジリ」（『愚管抄』巻五、後鳥羽）といわれ、常に文覚に随従していた上覚が記した『後白河法皇神護寺御幸記』には、「上人文覚取レ箒、掃二御堂之庭一。法皇含レ笑御覧」とあって、法皇と文覚との心の通い合う情景が記されている。御幸を迎えるための儲けは、法皇への供御は神護寺、殿上人の饗は吉富新荘・川上荘の預所、北面の饗は福井荘の預所、力者の饗は吉富本荘の預所、雑人料の破子は五百石を足守荘・西津荘、二百石を神護寺がそれぞれ負担し、神護寺ならびに寺領諸荘に費用を課して、法皇の御幸を盛大に歓迎した。法皇の御幸に充てられた仙洞院は、そのためにとくに建造されたものであり、仮屋を構えるのではなく、恒久的な建造物を築造したのは、法皇の外護に対する文覚の深い感謝のあらわれといえよう。

さて仙洞院の建立を文治四年とする『畧記』の記述を、私は信じてよいと思うが、宮島氏は疑問を差し挟んでいる。すなわちのち北白河院によって神護寺の諸堂が再建された落慶供養の際の嘉禄二年（一二二六）三月二十六日の神護寺供養願文に、多くの堂舎が連記されている中に、仙洞院が見えない。一方、寛喜二年（一二三〇）の裏書のある神護寺絵図には、中門を入って左手に「院御所」という建物が描かれているが、これが仙洞院である。従って仙洞院は嘉禄二年から寛喜二年の間に建立されたというのである（『肖像画』一一五頁）。

しかし『略記』にあって供養願文に見えない建物は仙洞院だけではない。文治年中に再建された五大堂・灌頂院、建久年中に再建された宝塔院・法花堂なども同様である（『最略記』）。供養願文に見えないからとて、仙洞院の建立を嘉禄以後とするのは適当でなく、文治四年造営とする『略記』の記述を修正する必要はない。

この仙洞院について『最略記』には「連々　皇居也」とあり、『神護寺規模殊勝之条々』にも「被レ建二仙洞院一事、諸寺諸山无レ之歟」と記している。後白河の御幸後もひきつづき皇居として使用され、他の諸寺にはない神護寺自慢の建物となったというのである。

とはいえ「連々皇居」というのは、ややオーバーな表現である。後白河の御幸は建久元年の一度だけであり、その後の御幸、行幸は真言密教に深く帰依した後宇多・後醍醐父子に見られるだけである。とくに後宇多法皇の御幸は、延慶元年（一三〇八）三月、八月、同四年三月、正和三年（一三一四）七月、十二月の五度に及び、中でも最後の場合は、御影供のため、十二月六日から翌四年三月二十二日まで百日間参籠している。また後醍醐天皇は建武二年（一三三五）閏十月に行幸して灌頂を受けている。(8)

このうち後宇多の御幸については、神護寺での御所が知られる場合があるが、曼荼院（文覚の本坊）、納涼坊（空海の住坊）、食堂などが充てられており、仙洞院を用いた例はない。(9)

仙洞院が御幸、行幸の際に常に御所に用いられていたかのように考えるのは誤りであり、むしろ後白河の御幸を除いて、御所として使用された確証はまったくない。

五　五人の画像

さて隆信が描いた絵は、当初から仙洞院に納められていたのであろうか。隆信が顔を見ずに肖像画を描いたとは考えられない。その場合、重盛・光能・業房の顔は平素から見ていたはずだが、問題は頼朝の顔である。永暦元年（一一六〇）平治の乱に敗れて伊豆に流される以前は別として、その後、頼朝がはじめて上洛したのは建久元年（一一九〇）十一月だから、隆信が頼朝を描いたのは、それ以後となる。後白河法皇の神護寺御幸は同年二月だから、そのころ仙洞院に頼朝の絵はなかったことになる。もし重盛・頼朝・光能・業房が同時に描かれたとすれば、それは建久元年十一月以後である。しかし頼朝を除く三名は、治承三年（一一七九）から寿永二年（一一八三）の間に没しており、故人の容貌を記憶で描く場合、没後あまりに時日を経過したとは思われないから、文治四年（一一八八）仙洞院の建立当初に描かれており、頼朝像だけが遅れて別に描かれたとも考えられる。前述のように、阿弥陀堂には隆信筆の文覚画像と道深法親王筆の浄覚（上覚）画像とが安置されており、この二つの肖像画は別の時期に描かれたと思われるから、仙洞院の場合も、頼朝だけがやや遅れた可能性がないわけではない。その場合、重盛以下四名を一幅にまとめたという先の仮説が成り立たないことはいうまでもない。

ただ後白河法皇を含めた五人の肖像画ということを考えると、神護寺復興のもっともよき外護者であった法皇が没した建久三年、あるいは翌四年頃に、法皇の追善を目的として描かれた可能性が極めて強い。

それでは五人の人物は、どのような理由で選ばれたのであろうか。『略記』に後白河法皇像が他の四人の像と別に記されているためもあってか、かつては法皇と他の四人との関係が問題にされた。森氏は法皇と光能・業房との親密な関係を指摘し「その冥福を祈る法皇の意図が尊重されている」と述べ、法皇と重盛・頼朝との関係については「説くまでもなく史上に明らか」としている（「源頼朝像について」一三、一六頁）。しかし法皇との関係が「史上に明らかな」人物はあまりに多く、これだけでは重盛・頼朝が選ばれた理由の説明にはならない。

次に五味文彦氏は法皇の追善供養のため、男色の相手が描かれたとした（『院政期社会の研究』四三六頁以下）。追善供養という見方は理解できるが、男色という点はどうであろうか。

平業房については『山槐記』に「御寵人」（治承三・十二・二条）とあり、法皇とそのような関係にあったといえる。しかし重盛については、その子の資盛が摂政松殿基房から恥辱を受け、重盛が基房に暴行を加えて報復したのに、法皇から何の咎めも受けなかったこと、重盛の妻は藤原家成の子、成親の妹であり、家成の一門には男色の傾向があること、光能については、彼が中将に任じられた破格の抜擢が人々を驚かせたこと、法皇の祈のため光能が等身の焔魔天像を造立供養したことに人々が奇しみ驚いたこと、平清盛の子の知盛を越えて蔵人頭に任じられたことなどを挙げ、これらによって法皇と重盛・光能との男色関係を論証しようとしているが、証拠として不十分であることは明らかである。

ただ『明月記』安貞元年（一二二七）正月八日条に「前少将知光朝臣去晦逝去云々。去年五十九。法皇昔幸㆓父卿㆒、病席之日、忽任㆓左近少将㆒年十六、前淡路守、従五位下」とあるのは注目される。前少将藤原知光は去年（嘉禄二年）の晦に五十九歳で没したが、後白河法皇はかつて知光の父、すなわち光能を幸し、寿永二年、その危篤に際し、十六歳の知光を左近少将に任じたというのである。(10) この「幸㆓父卿㆒」とは恐らく五味氏が指摘したような関係を指すものと思われ、光能については、結果的には五味説の正しさが論証されたことになる。

頼朝は法皇と接触する機会がほとんどなかったはずであるが、五味氏は、平治の乱後、十四歳の頼朝が伊豆に流される以前から、法皇が目をつけていたのではないかという。ここまでくると、強引な論証ぶりに驚く外ない。

森氏や五味氏は、法皇と他の四人との関係を追究した。しかし絵を描かせたのは法皇ではない。これらの絵を描かせた願主が、どういう立場から五名を描かせたかを考えるべきであろう。

法皇を含めた五名を描かせた願主という視点を提起した宮島氏は、その願主として丹後局（高階栄子）を挙げた。丹後局はもと平業房の妻である。治承三年、平清盛が法皇を幽閉し、その院政を停止して政権を掌握した際、業房は伊豆に流されることになった。しかし途中で逃亡したものの捕らえられ、福原に連行されて殺された（『清獬眼抄』）。一方、妻の丹後局は法皇の寵を受け、養和元年（一一八一）には皇女覲子を生んでいる。文治二年、法皇は業房のために供養を行ったが、それには丹後局も臨席している（『玉葉』七・二十七条）。確かに丹後局は法皇と業房の像を描かせるにはふさわしい。しかし宮島氏も他の三人が選ばれた理由を説明するのには困惑している。

宮島氏に欠けているのは、丹後局が外ならぬ神護寺に絵を納めた理由、すなわち丹後局と神護寺との関係の解明である。「神護寺にとって功績があった人物を集めたと考えるのが自然であるが」（『肖像画』一一六頁）といいながら、簡単にこの視点を放棄する。森氏も同様である。「背後に神護寺あるいは文覚上人との関係がある」（前掲稿一〇頁）としながら、話題を法皇と他の四人との関係に転じてしまう。

五人の画像は神護寺にあるのだから、五人と神護寺との関係が重要であるのは当然である。仙洞院に画像を安置すべき五人を選んだ人物は、仙洞院を建てて法皇を迎えた人物と同一であるはずであり、それは神護寺の復興をなしとげた文覚以外ではあり得ない。そして五人の像主は、何らかのかたちで文覚を援け、神護寺の復興に貢献した人物であるはずである。

その貢献がもっとも大きいのは、いうまでもなく法皇である。そして文覚が絵を描かせた願意に、法皇の追善があったと思われるから、人物の選定に法皇との関係が考慮されたかもしれない。しかし法皇と関係の深い人物はあまりに多く、この方法がデッド・ロックに陥ることは前述のとおりであり、やはり文覚と神護寺を中心に考えるのがよい。

法皇に次いで神護寺復興に寄与したのは頼朝であり、元暦元年（一一八四）四月、丹波国宇都荘を寄進したのをはじめとして、しばしば文覚を支援している。

残った重盛・光能・業房のうち、光能だけは文覚との関係を説明するいとぐちがないわけではない。先に述べたように、四十五箇条起請文によれば、治承二年に文覚は許されて帰京している。しかし『平家物語』には、文覚の勧めによって治承四年に頼朝が挙兵したとしている（巻五、福原院宣）。『愚管抄』は文覚が頼朝に働きかけたのを、承安三年（一一七三）から治承二年までの文覚の流罪中としているが（巻五、安徳）、文覚が伊豆に送られた承安三年当時、平氏の全盛がくつがえされる兆候はなお見えず、従ってそのころ文覚が頼朝に平氏打倒を勧めたとは思えない。

それで私は治承二年に帰京した文覚が、翌三年、清盛が法皇を幽閉したことに憤慨し、ふたたび伊豆に下り、頼朝に平氏打倒のための挙兵を勧めたのではないかと考えた。仏法の保護者として文覚が敬愛する法皇を幽閉した清盛は、文覚にとっては仏敵だからである。(11)

さて『平家物語』によれば、文覚は平氏を倒すため挙兵するように頼朝に勧めた。始めは取り合わなかった頼朝も、しだいに文覚の熱心な説得に耳を傾けるようになった。しかし頼朝は「流罪を被っている私が、どうして謀反など起こせましょうか」と文覚にいう。それで文覚は福原に赴き、法皇から平家追討を命ずる院宣を貰ってくることを約束し、首尾よく院宣を手に入れ、伊豆に戻ってこれを頼朝に与え、その結果、頼朝が挙兵したことになっている。

この過程で、文覚が院宣を入手するにあたり、文覚と法皇との間を仲介し、院宣の奉者となったのが光能である。『延慶本平家物語』『源平盛衰記』などを援用すれば、[12]光能は「院ノ近習者」で、文覚は「彼仁（光能）ニ内々ユカリアリテ、年来申承事アリ」とのことで「文覚ニハ外戚ニ附テユカリ也」ともあり、光能は文覚の母方と関係があるように記されているが、これが文覚と光能との関係を示す唯一の材料である。[13]

治承三年、法皇が幽閉されたとき、その近臣であった光能も参議・右兵衛督・皇太后宮権大夫を解任された（『玉葉』十一・十七条）。文覚に会った光能は、このような法皇と自身との不遇を「心ウシ」と思って歎いており、何とかして隙をうかがって法皇の許可を得ようと文覚に約束し、二日後に平氏追討の院宣が出されたという（『延慶本平家物語』）。

この種の文学書に載せられている文書には創作されたものが少なくない。この後白河院宣も例に洩れない。従って日付けなども一般に信頼できないが、諸本によって治承四年七月五、六、九、十四日等種々であることを記しておく。

ここで注目されるのは『愚管抄』の記述である。「光能卿が法皇の意を察して、文覚に命じて頼朝に何か言ってやったと言われているが、これは『ヒガ事』（事実無根）である。文覚は伊豆に流されている中に、四年間、頼朝となれ親しんだが、法皇の仰せがあったわけでもないのに、法皇や平氏の心中を探りつつ、さし出たことを頼朝に言っていたのである」と記している（巻五）。

これによれば『愚管抄』は第一に頼朝の挙兵に対する光能の関与を否定するとともに、第二に法皇の意向と無関係に文覚が頼朝を教唆したことは認めている。第二点についていえば、文覚が頼朝を教唆したのは、文覚が流されていた治承二年以前となるが、それでは不都合な点があり、文覚が再度下向したと見たことは、前述のとおりである。

第一点で『愚管抄』が光能の関与を「ヒガ事」として否定しているのは重要である。『平家物語』の諸本で院宣の日付けは七月五日から十四日の間である。この時期に院宣が出されるのは時期として不都合はないが、光能はそれに関与しているのだろうか。七月八日に光能は勅勘を解かれたが、それは開門を許されただけで、なお出仕は許されていない（『山槐記』十三日、『玉葉』二十日条、『公卿補任』）。このような時期に、光能がわが身を損いかねないような行動に出る可能性は低い。それに法皇は平家によって福原に移されたが、光能は京都に留められており、少なくとも光能自身が京・福原の間を動いたとは考えられない。まして『延慶本』にいうように、連日院参できるような状態でなかったことは明白である。

ただ『愚管抄』が光能の関与を「ヒガ事」として否定していること自体が面白い。それは単に『平家物語』の創作ではなく、少なくともそのような有力な風説が存在していたのは確かであろう。文覚と光能との間には何らかのつながりがあり、それが頼朝の挙兵に関係があることは否定できないのではなかろうか。『愚管抄』のいうように、光能の関与を否定し、文覚が伊豆配流中に頼朝に教唆したというだけでは、文覚が帰洛して二年も後に頼朝が挙兵する一つの動機となったことの説明としては、弱いのではなかろうか。

『延慶本』は「四、五月ごろは高倉宮の宣旨（以仁王の令旨）を賜わってもてなしていたが、以仁王の敗死後、法皇の院宣を得た」と一応合理的な説明をしている（巻五―一）。実際『吾妻鏡』によって経過を追うと、伊豆の頼朝のもとに以仁王の令旨が届いたのが四月二十七日、五月二十六日に以仁王が戦死し、京都の三善康信から頼朝が追討の対象となる恐れのあることを警告してきたのが六月十九日である。頼朝は二十四日から累代の御家人たちを味方に招き始めたが、その動きはかなり緩慢であり、相模国内の武士の多くが頼朝に従うことを承諾したとあるのは七月十日である。八月二日に平家方の大庭景親らが京都から下ってきて、頼朝の身辺は危急となり、挙兵の準備を進め、十七日に遂に挙兵にふみ切ったのである。以仁王が討死した後、七月十日前後に法皇の院宣が出され、それが挙兵の直接の動機となったと考えれば、日程の関係はうまく説明できる。

しかし挙兵当時、頼朝は院宣を得たとはいっていない。挙兵して山木兼隆を討って直後の八月十九日に伊豆の蒲屋御厨に宛てた下文は、「関東事施行之始」といわれるものであるが、その下文には「至二于東国一者、諸国一同庄公、皆可レ為二御沙汰一之旨、親王宣旨状明鏡也」（『吾妻鏡』）とあって、親王（新皇）以仁の宣旨（以仁王の令旨）によって、東国庄公の沙汰を認められたと主張している。以仁王の令旨は、高倉上皇・安徳天皇・平氏を倒し、自ら即位する意志を示したもので、当時の頼朝はこれを政権を正当づける根拠としていた。挙兵の翌年、養和元年五月ごろには、頼朝の叔父の行家も令旨を政治的に利用した証拠がある。(14)しかし高倉や清盛が没した上、寿永二年、平氏が安徳を奉じて都落ちすると、以仁王の令旨は意味をもたなくなり、かねてから文覚を通じて頼朝に平氏追討を命じていた後白河法皇の密旨（院宣、ただし文書化されていたかどうかは不明）が効力を発揮し、法皇と頼朝との提携が急速に進んだものと、私は考えている。(15)

頼朝の挙兵に先立ち後白河院宣が出されたかどうかについては、懐疑的な意見がかなり強いし、光能の関与を論証するのも難しい。しかし光能の妻は武蔵の武士、足立遠元の女であり、(16)遠元の伯父の安達盛長は頼朝の乳母の聟として、伊豆の頼朝に近侍しており、また光能の姉妹は以仁王の妾となっている（『尊卑分脈』第一篇二八七―八頁、第二篇二八六―八頁）。なおやや信憑性に問題があるが、京都の官人で、鎌倉に下って活躍した中原親能・大江広元が、実は光能の子であったとも伝える（『大友系図』『江氏家譜』等）。このように以仁王や頼朝の周辺には光能にゆかりの人が多く、光能が何らかのかたちで頼朝の挙兵に関与していたことは事実と思われ、それ故に光能の画像が仙洞院に掲げられたのであろう。

四―五人の人物が、仙洞院の画像に描かれた理由を、一括してでなく、個別的に説明する方法もあり得る。光能については、その子光俊（知光の同母弟）が後高倉法皇（守貞親王）に仕えており（五味『平家物語、史と説話』一一一頁）、後高倉の妃の北白河院によって神護寺が復興されたとき、それに関連して光能の像が描かれたという可能性もあり得る。実際、北白河院が神護寺を復興しただけでなく、その父基家は唐本一切経を神護寺に安置し、法皇と女院の皇子である道深法親王も阿弥陀堂の浄覚像を描くなど、北白河院の系統は神護寺と深い関係を持っている（『署記』『最署記』『規模殊勝之条々』）。しかしそれはあくまでも北白河院や後高倉法皇の父・子の関係であり、それ故に後高倉の近臣の父に過ぎない光能の画像が、仙洞院に納められたとは考えにくい。やはり光能については、文覚との関係から追究していくべきだろう。

以上、文覚、神護寺を中心に追究しても、法皇と頼朝が説明できただけで、光能については完全に説明し得たとはいえず、諸先学の説と比べてあまり変わりばえしない。ただ論理的にいえば、この視角は誤っていないと考えるので、今後もこの線に沿って考察していきたいと思う。

六　行事絵と画家

最後に本題からやや外れるかもしれないが、隆信が描いた記録的な行事絵において、画家が行事の現場にいたか、それとも記憶によって描いたのかを問題にしたい。素材はふたたび『玉葉』に見える最勝光院御所の障子絵である。

御堂御所障子絵、有二其数一。云二法文一、云二本文一、已以数ヶ間。其外、女院御所仁安后位之時平野行啓、并去年院号之後日吉御幸等、被レ図レ之。各供奉大臣以下、併被レ写二図其面貌一。馬権頭隆信、依レ堪二其道一図レ之。是人面許也。絵師光長云々。又院御所高野詣云々。是同被レ写二人形像一也。珍重無レ極云々。（承安三・九・九条）

最勝光院は後白河の女御である建春門院の御願によって建立された。この『玉葉』の文章は、一般に女院御所の障子絵に平野行啓・日吉御幸の図を描き、院御所のそれには高野御幸の図を描くと理解されているようだが、その解釈には疑問がある。『吉記』承安三年（一一七三）七月十二日条には「仰云、御堂之内御所并左右廊、可レ画二廿八品一也。於二別御所一者、可レ画二平野并高野御幸一也。可レ仰二常磐源二光長一者」とあり、後白河法皇が別御所に平野・高野御幸を描くよう命じたとのことで、平野御幸図と高野御幸図は同じ場所に描かれたことになる。また九条兼実が御所の障子を見に行った際の記述にも「高野御幸、平野行啓、日吉御幸等図レ之」（『玉葉』承安三・十二・七条）とあり、三つの絵は同じ場所に描かれていたことになって、平野行啓、日吉御幸は女院御所、高野御幸は院御所という先の理解とは矛盾するのである。

「女院御所」「院御所」の「御所」は建物を意味するのではなく、女院・院に対する敬称である。「女院御所仁安后位之時」は、仁安年間（一一六六—六九）、女院（建春門院）がまだ后位（皇太后）にあった時、「院御所高野詣」は後白河上皇の高野詣という意味である。[17] 建春門院が皇太后であった仁安年間の平野行啓の図、建春門院の院号を宣下されて後の日吉御幸の図（同一人物でも「行啓」と「御幸」は区別されて用いられている）、それに後白河上皇の高野詣の図の三つが描かれたのである。供奉の大臣以下すべて面貌を描くが、その道に堪能な藤原隆信がそれを担当する。しかし絵は常磐光長によるもので、隆信が描いたのは顔だけだというのが『玉葉』の文章の大意である。

解釈にこだわった理由の一つは、女院御所と院御所とがあったかどうかは、最勝光院の構造にもかかわるからであ

る。(18)

三度にわたる行啓・御幸のうち、まず「仁安后位之時平野行啓」は、仁安四年（一一六九）三月二十六日、皇太后平滋子が平野社に行啓したことを指すと見るのが、順当なように見える。また「院御所高野詣」は同年三月十三日のものと見ることに異論はあるまい（『兵範記』）。

平野行啓の直後の四月十二日、皇太后平滋子に院号宣下があって、建春門院と称することになった。問題は「去年院号之後日吉御幸」である。「去年」といえば承安二年になるが、仁安四年四月から『玉葉』の記事が記された承安三年九月までの四年余の間に、建春門院の日吉御幸に関する記事は、痕跡さえ見られないのである。あるいは記載洩れであろうか。(19)

承安二年のまとまった記録は『玉葉』だけであり、確かに記録から洩れた可能性はある。しかし同年の『玉葉』の記事の詳密度からいって、その可能性は少ないと思う。御幸やその計画について、何の記事も残らないとは考えにくいのである。

それで今一つの可能性を記しておこう。それは「仁安后位之時平野行啓、并去年院号之後日吉御幸」で「平野」と「日吉」が逆になっているのではないかということである。そうすると「仁安后位之時日吉行啓」は仁安四年二月十三日のそれ（『兵範記』）、「去年院号之後平野御幸」は承安二年四月二十七日のそれと見られ（『玉葉』）、後者の場合、「去年」という条件にも当てはまる。しかしこのような誤謬を犯す可能性も大きいとはいえない。『玉葉』の記事の記載洩れと見るか、誤謬と見るか、いずれもかなり苦しい推測であるが、そのいずれかを取る外ない。

こうして建春門院については仁安四年二月の日吉行啓、三月の平野行啓、承安二年四月の平野御幸、後白河上皇については仁安四年三月の高野御幸の模様が、障子絵に描かれた可能性があるが、絵を描いた隆信や光長は、これらの行啓、御幸に随行したのであろうか。光長については、まったくそのような記事は見当たらないが、その場に居合わすことなく絵が描けるとは思えない。恐らく光長の場合、身分が低いので名前が記されなかったのであろう。

　隆信は仁安四年二月の日吉行啓には随行した確証がある（『兵範記』十三日条）。しかし同年三月の高野御幸には加わっていない。三月十三日、後白河上皇が高野に出発したその日、内裏では臨時祭試楽があり、翌日には石清水臨時祭が行われたが、両日とも隆信は舞人を勤めているのである（『兵範記』）。隆信が面貌を描く場合、その場に居合わせることは必ずしも必要でなく、記憶によって描いた場合もあったことがわかる。

　記録性の強い行事絵が、模本ながら伝わる典型として中殿御会図がある。建保六年（一二一八）八月十三日夜、中殿（清涼殿）で行われた和歌管絃の会の模様を描いたもので、藤原行能の筆、藤原信実の絵と伝えられている。その説を最初に記したのは、江戸前期、寛文八年（一六六八）二月にこの絵を書写した藤原経賢であって「行能・信実陪㆓其席㆒。行能記㆓公宴大概㆒、信実図㆓勝会及群臣真容㆒」と奥書に記しており、寛文当時、すでに行能・信実説が行われていたことが知られる。

　確かに図には行能・信実と書き込まれた人物が出席しているし、両人の出席はこの御会に関する記録によっても確かめられる。しかし私はそのことが、逆に行能筆、信実画という説の信憑性にはマイナスとなると思うのである。書と絵をもって聞こえた両名が出席していたことが、両名を作者とする説を生んだのである。果たして書を担当する人物がいたかどうかも疑わしいし、「群臣真容」だけでなく「勝会」の模様まで信実が描いたというのも、経賢の推測に過ぎない。これまで信実の父隆信について見たところでは、信実は「群臣真容」だけを描いた可能性もあり、実際、中殿御会図でも人々の面貌は個性的に描き分けられている。それに画家が御会に出席することも必須ではなかったのである。行能・信実という通説を全面的に否定するつもりはないが、それはやはり伝承の域を越えるものではないと考える。

おわりに

本稿で述べたところは多岐にわたるので、最後に要点を列記しておく。

一、『神護寺畧記』に藤原隆信筆として記された平重盛・源頼朝らの画像は、神護寺に現存する伝重盛、伝頼朝像等とは別のものである。『畧記』所載の諸画像は現存しない。

二、大英博物館所蔵の源頼朝像の賛文は明治以後に作られた可能性が強く、神護寺の伝頼朝像が中世から頼朝像とされてきた証拠にはならない。

三、隆信が描いた重盛・頼朝・光能・業房の四人の画像は、一幅に描かれていた可能性がある。

四、仙洞院は文治四年（一一八八）に造られ、建久元年（一一九〇）後白河法皇の御幸を迎えたが、その後は皇居として用いられた形跡がない。

五、『畧記』に見える後白河法皇以下五人の画像を描かせたのは文覚であり、五人は神護寺の復興について文覚を助けた人物である。後白河法皇と源頼朝はいうまでもないが、藤原光能も文覚の求めに応じて、平氏追討を命じる後白河院宣の下付のために活躍し、頼朝の挙兵を促したと見られる。文覚は法皇が没した建久三年（一一九二）または翌四年ごろに、法皇の追善のためにこれらの画を描かせた可能性が強い。

六、承安三年（一一七三）の最勝光院の障子絵には、建春門院の平野行啓、日吉御幸、後白河上皇の高野御幸の模様が描かれた。三つの絵は同一場所に描かれており、前二者が女院御所、最後のものが院御所というわけではない。

七、これらの行事絵で面貌を描いた隆信は、必ずしも行事に出席しておらず、記憶に基づいて描いたとも考えられる。

八、中殿御会図の書を藤原行能、画を藤原信実とする説は、伝承の域を出ない。

注

（1）拙稿「観応の擾乱」（永積安明・上横手・桜井好朗『太平記の世界』）一八二頁参照。

（2）森暢「源頼朝像について」（『鎌倉時代の肖像画』）。

（3）源豊宗「神護寺蔵伝隆信筆の画像についての疑」（『源豊宗著作集　日本美術史論究』四）、宮島新一『肖像画』。

（4）桜井清香「神護寺の諸像」（『大和絵と戦記物語』）。

（5）石田善人「藤原隆信について」（小葉田淳教授退官記念『国史論集』）。

（6）『在外秘宝』仏教絵画・大和絵・水墨画の「作品解説」六六頁。

（7）以上の事情については、拙著『平家物語の虚構と真実』上、一四五頁以下参照。

（8）『師守記』康永四・五・十条、『園太暦』康永四・七・十九条。なお『神護寺規模殊勝之条々』に「建武元年甲戌閏十月十五日、後醍醐院有二臨幸一」とあるのは「建武二年乙亥」の誤り。

（9）後宇多・後醍醐の神護寺御幸・行幸については『略記』『最略記』『規模殊勝之条々』『大覚寺門跡略記』『神護寺文書』元応元・十・二十六太政官牒等を参照。

（10）『公卿補任』が光能について「（寿永二年二月）廿七日、解二所職一、以二男前淡路守則光一、申二任左少将一。即出家、即薨」と記しているのがこれにあたるのであろう。「知光」はここでは「則光」となっている。

（11）これらの点については前掲拙著一四九頁以下、拙稿「院政期の源氏」（御家人制研究会編『御家人制の研究』）一八二頁以下参照。

(12)『延慶本平家物語』巻五―七、八、『源平盛衰記』巻十九文覚入定京上附平家追討院宣事。

(13)五味氏は文覚と光能との「ゆかり」を上西門院との関係と見ている（『平家物語、史と説話』一一一頁）。

(14)『玉葉』治承五・九・七、『吾妻鏡』寿永元・五・十九条、『延慶本平家物語』巻六―二十四。

(15)以上の点については、拙著『鎌倉時代政治史研究』七頁以下、拙稿「院政期の源氏」一八四頁以下参照。

(16)金沢正大「鎌倉幕府成立期に於ける武蔵国々衙支配をめぐる公文所寄人足立右馬允遠元の史的意義（上）」（『政治経済史学』一五六）、野口実『中世東国武士団の研究』一八〇頁以下参照。

(17)宮島『肖像画』（一一〇頁）、米倉『源頼朝像』（二六頁）をはじめ、この史料にふれたほとんどの論著が、誤った解釈をしている。赤松俊秀「鎌倉文化」（『岩波講座日本歴史』中世1）の解釈は正しい（三一七頁）。

(18)杉山信三『院家建築の研究』にも女院御所と院御所とがあったようには書かれていない（二六四頁）。

(19)赤松氏は三つの行啓・御幸をそれぞれ仁安四年三月二十六日、承安二年、仁安四年（「元年」とあるのは誤植）三月十三日のものとし、第二の日吉御幸の月日を記していない。

六、『庭訓往来』の古写本について

至徳三年（一三八六）書写の奥書のある『庭訓往来』が出雲市神門寺に現存することは、すでに昭和三十三年（一九五八）、村田正志氏によって紹介されている（『村田正志著作集』第六巻所収「出雲古文書の採訪調査」）。私が驚いたのはその書写年代である。『庭訓往来』の成立時期については、㈠建武三年（一三三六）—暦応四年（一三四一）の間とする石井良助氏の説、㈡天授五年（一三七九）以前とする松井簡治氏の説、㈢元中年間（一三八四—九二）前後から応永（一三九四—一四二八）ごろまでとする高橋俊乗氏の説、㈣応永十五年（一四〇八）—同二十八年（一四二一）の間とする平泉澄氏の説があり、前後で約九十年の差があるが、至徳三年書写本の存在によって、少なくとも第四説は成立しがたくなる。一般に『庭訓往来』を南北朝・室町期の成立などと称してきたが、絶対に室町期ではあり得なくなるのである。

私が神門寺本を調査した記事は、昭和五十七年十二月六日の「毎日新聞」に写本の写真を入れて報道された。また昭和六十二年十月、私は『京大教養部報』一六六に「八幡神と放生会三話」というエッセイを執筆したが、その中で約千三百字をこの『庭訓往来』に費している。しかしそのいずれも学界を対象としたものではない。今あらためてこの古写本を紹介しておきたい。

神門寺本『庭訓往来』は上下二巻が完存しているが、今日流布している本との間に決定的な違いは見られない。

ただ上巻には、

　寛永十年霜月晦日

　裡㆓打之㆒。再興定誉作

下巻に、

　至徳三年霜月三日

　　豊前守朝英書㆑之

　悉《（異筆）》分失仕候之処、光育再興ス

との奥書があり、後年に整理や裏打が行われたことがわかる。もっとも重要な下巻奥書の最初の二行は、本文と同筆である。

『庭訓往来』は正月から十二月まで、毎月の往復書簡を並べており、二十四通の書状から成るはずであるが、なぜか八月だけが三通あり、全体で二十五通となっている。十二対の往来とは別に一通を加えたのは興味深いし、それも一年の真中である六、七月でなく、敢えて八月に置いたのは何故であろうか。ペアからはみ出た一通に特別の意味があるのではないかと考えるのは当然であろう。この一通を後年の追加とする説もあるが、そう考えても、疑問は消滅しない。

その一通は将軍家の若宮参詣に関する記事である。「将軍家若宮御参詣事、供奉日記被㆓借用㆒、有方候《（難）》（中略）。其躰殆令㆑超㆓過関東鶴岡八幡宮参詣㆒候訖」と書かれており、足利将軍の若宮参詣の盛儀が、前代の鎌倉将軍の鶴岡参詣を凌ぐものであったとしている。

従来論議されなかったが、この若宮は京都の六条（佐女牛）若宮であり、六条（佐女牛）八幡とも呼ばれる。源頼義が邸内に石清水八幡宮を勧請したのに始まると伝え、清和源氏との関係が深く、源頼朝も社領・社地を寄進しているし、とくに足利氏の帰依が厚かった。もとは佐（左）女牛西洞院にあったが、慶長十年（一六〇五）以来、五条橋東の現在地に移り、若宮八幡宮社と呼ばれている。

鶴岡参詣を凌ぐ若宮への将軍参詣が八月に行われたとすれば、まず八月十五日ころの放生会が思い浮かぶ。宮地直一氏の紹介した『大外記中原師尚記』の逸文によれば、六条若宮は頼義の子の義家邸の鎮守に始まり、八月の放生会を行ってきたが、保延六年（一一四〇）ころには、京中の道俗男女が多く参詣したという（「清和源氏と八幡宮との関係」、『神道論攷　第一巻』所収、一七四頁）。頼朝は先祖の跡を受けてこの六条若宮を再興し、文治三年（一一八七）以来鶴岡放生会とならんで、六条若宮の放生会をも行っているが（『吾妻鏡』八・二十五条）、この放生会は勅祭である石清水放生会と違って、武家が経営する点に特色があった。

さて清和源氏の流れをくむ足利氏と六条若宮との関係をたどると、建武五年（一三三八）八月十一日、足利尊氏が征夷大将軍に任じられたその日、尊氏が三宝院賢俊を六条八幡宮別当職に任じたのが最初である（『醍醐寺文書』一五号）。賢俊はかつて光厳上皇の院宣を尊氏にもたらして功あり、尊氏の信頼極めて厚く、爾来この八幡宮は足利氏のもっとも崇敬するところとなった。記録に見る限り、足利氏の社参の最初は暦応四年（一三四一）の直義である（『師守記』二・十条）。『師守記』の康永三年（一三四四）八月十六日条には「佐女牛若宮放生会如レ例。（中略）将軍・武衛不レ被レ渡歟云々」とあって、当時も放生会が例年行われていたことがわかるし、尊氏・直義兄弟はこの年こそ参詣しなかったものの、通常は参詣していたように思われる。そして同記の貞治六年（一三六七）八月十六日条には「今日佐女牛若宮放生会如レ例有レ之。鎌倉前大納言義詮卿征夷大将軍・同子息等被レ渡レ之云々」とあって義詮・義満父子が参詣しているが、これは足利将軍が当社の放生会に臨んだことを示す最初の記事である。六条若宮の放生会への将軍参詣がいかに重んぜられたかについては、応永十七年（一四一〇）将軍義持の同社放生会への参詣の模様を描いた絵巻が、若宮八幡宮社に今も伝えられていることによってもうかがわれる。

このように六条若宮の放生会が、足利氏にとって重要な祭礼であったことは明らかであるが、ただ『庭訓往来』所収の書状は八月十三日付けであり、十五、あるいは十六日の放生会以前にその模様を記したことになって不都合である。しかし往来物は模範文例集であり、特定の祭礼・行事と直接結びつくかのように見えるのを故意に避けたものと思われる。

『庭訓往来』は武家の教養書と見られているが、六条若宮への将軍参詣を中枢的な位置においたことを考えると、室町幕府の職員、ないしはその周辺を著者に擬定してよいのではなかろうか。神門寺本の筆者である豊前守朝英を明らかにする手掛かりのないのは残念だが、これも官途から見てそのあたりの人物に思えてならない。

神門寺には同じく朝英の書写による『和漢朗詠集』上下二巻が伝えられている。上巻奥書には、

永徳三年八月九日　朝英書レ之

（異筆）右上下巻共、出雲州神門寺令二寄附一者也

慶長九年九月二日　佐世長門守

元嘉（花押）

とあり、下巻奥書には、

永徳三年八月廿一日　朝英書レ之

とあって、その後には上巻と同文を佐世元嘉が書き加えている。『庭訓往来』よりも三年早く、永徳三年（一三八三）にやはり朝英が書写し、慶長九年（一六〇四）に佐世元嘉が神門寺に寄進したらしい。寄進に際して記された元嘉の書状には「朝英朗詠上下巻、尼子殿所持之物、不慮落手之際、御寺需《(ママ)》衆之中へ、令二寄進一候」とある。尼子氏に伝わった『朗詠集』が、その家臣でのち毛利氏に従った佐世元嘉を通じて神門寺に寄進されたのである。『庭訓往来』も『朗詠集』と同様の経過で神門寺に帰した可能性が強いが、室町幕府の職員あたりによって作られた『庭訓往来』が、尼子氏に伝えられたものが神門寺本だとすれば、極めて素性のよい本だということになる。

神門寺本に続いて書写年代の古いのは天理図書館本で、これは冊子本である。その奥書には、

　於越前国白山平泉寺□重々所望、依レ難二黙止一、不レ顧二愚僧恥辱一、如レ形令二書写一処也。相構々々、不レ可レ有二後見之嘲哢一也。悪筆々々。

　宝徳三年辛未敦牂十六日　　　　　　右筆正救大徳行年五□

とある。宝徳三年（一四五一）五月の書写で神門寺本より六十余年遅れるが、越前平泉寺にかかわるもので、これも伝来事情はすぐれている。最近一般に読まれているのは、平凡社刊東洋文庫の底本となった伝経覚筆写本（謙堂文庫蔵）で、天理本とほぼ同時期のものということになるが、所伝の根拠が不明である現状ではコメントできない。新聞発表の際、私は早々と、「原本が出来たのはこの写本（神門寺本）よりせいぜい二十年前以内と思う」などと語ってしまった。この見解は今も変わらないが、厳密に年代を限定することはできないにせよ、結果的にはもっとも早く唱えられた松井説がもっとも真実に近いといっておこう。

第四章　政治思想と天皇

一、戦争の勝因と敗因

はじめに

歴史上の戦争を話題にするとき、一般の人々が多く問題にするのは「なぜ勝ったか」「なぜ負けたか」という点である。この問題は、太平洋戦争に敗れる以前には歴史学でも歴史叙述でもよく取りあげられていたが、最近は、とくに研究分野では論じられることが少ない。戦前・戦後の状況の変化も、その一因であろう。しかし戦争の勝因・敗因に関心が赴くのは当然であり、そのような関心を通俗的として退けるべきではないし、この点をあまり問わなくなった現状が、むしろ奇異だと思うのである。

中世においても、戦争の勝因・敗因は好んで取りあげられている。

(1) いくさはせい（勢）にはよらず、はかり事による（『平家物語』巻五、富士川）

(2) 天下草創の功は、武略と智謀との二にて候（『太平記』巻三、楠事）

(3) 是全武略の勝たる所には非ず、只聖運の天に叶へる故也（同上巻十六、正成下向兵庫事）

これらはいずれも勝因を論じた文章であり、(1)では「はかり事」、(2)では「武略」と「智謀」、(3)では「聖運」を勝因としている。また、敗因を論じた文章もある。

(4)　いかなりければ公家はまけ給けるぞ（『日蓮聖人遺文』二―一七六、「種々御振舞御書」）

(5)　今度は君の戦かならず破るべし（中略）是則、天下、君を背たてまつる事、明けし（『梅松論』巻下）

(4)の引用部分に解答は記されていないが、(5)は「君」が天下に背かれたのを敗因としている。いずれについても、詳細な考察は、後にそれぞれの場所で行うこととする。

ただ、勝因・敗因が論じられない原因の一つは、その究明の困難さにある。率直にいって本当の勝因・敗因は容易に明らかにしがたい。右の引用も、それが真の勝因・敗因かどうかは疑わしい。それゆえ、私はここで右の引用のように、それぞれの戦争の勝因・敗因がかつてどう考えられていたかという、主としてイデオロギー的な視角から検討してみたい。

ただ私の能力や種々の制約によって、ここで過去のすべての戦争を扱うことはできない。ここでの研究対象は、日本中世の戦争である。戦うのは主に武士であり、「合戦」と称するのが適切である。今日の戦争とくらべて大きな違いの一つは、兵器にあるといってよい。核兵器の発達によって、現代の戦争では、第二次世界大戦までの近代の戦争とはまったく違った状況が生まれており、まして前近代の戦争の勝因・敗因の考察など、現代の戦争を考える上で、ほとんど効力をもたない。鉄砲にはじまり核兵器に至るような、人間の能力を超絶するような要素は、宗教的条件を別とすれば、中世の戦争では作用しておらず、人間の知力・体力が勝敗を決する要因となっている。

今一つは日本中世の戦争の大半は内戦であり、国家・民族を異にする国際的な戦争は、例外的にしか起こっていないことである。その点でも、戦争の多くが国際的契機をともなう現代とは違っている。蒙古襲来に見られるような国際的戦争は、後世への影響からみて重要ではあるが、ここでは議論を単純にするため取りあげず、別の機会に譲ることにしたい。

ここに用いた史料のなかには、軍記物語をはじめとして、戦争の同時史料ではなく、若干の時間を隔ててから作られ、また必ずしもすべてが客観的な史実を語っているとはいえない性格のものが多い。ただここでは戦争の史実を語ろうとするものではなく、勝因・敗因がどう考えられていたかを問題にするのだから、これらの史料的難点は、かなり緩和されると思う。

一　天運と天罰

まず武士による最初の大規模な戦争である十世紀前半の平将門の乱から、十二世紀末の源平の争乱（治承・寿永の乱）までについて、もっとも素朴なかたちにおける勝因・敗因を考えてみる。十三世紀前半に起こった承久の乱は、それまでと違って公武が衝突し、武家側の勝利に終わった未曾有の戦争であり、戦争観などイデオロギーの面でも画期的な意義をもっており、勝因・敗因についても新しい要素が付加されるので、あらためて取り上げることにする。

勝敗を決定すると考えられた要因として、まず「運」が挙げられる。今日でも用いられる「勝負は時の運」という言葉は『太平記』にみられる。「軍の勝負は時の運に依」（巻十五、建武二年正月十六日合戦事）、「合戦の習、勝負は時の運に依」（巻十六、備中福山合戦事）などとあり、それは「合戦の習」と考えられていた。

しかし「勝負は時の運」という表現が定着する以前から、勝負を決定するのが運・不運だという考え方は行われていた。『将門記』には「将門有レ運既勝、良正無レ運、遂負也」とあって、平将門と叔父良正との勝負を決したのが、結局は「運」であったとしている。平治の乱で悪源太義平が平清盛配下の難波経房に捕らわれた時「全く武勇の瑕瑾にあらず、運命の尽はつる処也」（『平治物語』巻中、悪源太誅せらるる事）と自ら述べているし、壇ノ浦での滅亡を前に平知盛は「名将勇士といえども、運命つきぬれば力及ばず」と語っている（『平家物語』巻十一、壇浦合戦）。「武勇」「名将」「勇士」などの戦士の個人的資質をもってしても、いかんともしがたいのが運（運命）であった。

運（運命）は天運・天命などとも呼ばれる。将門の乱では、この天命に支えられて究極の勝利を得たのが、将門の従兄弟でライバルでもあった平貞盛である。彼は上洛の途中、信濃で将門の襲撃を受けたが、幸いに難を免れたのは、「天命」があったからであり、さらに無事に都にたどり着いたのも「生分有レ天」が故であった。坂東に戻った貞盛は、またも将門に襲われた。それでも遁れることができたことについては「有二天力一、如レ風徹、如レ雲隠」と記されている（以上『将門記』）。貞盛は常に天命・天力に助けられていたのである。

挙兵時の源頼朝についても同じことがいえる。伊勢大神宮宛の頼朝の願書には「依レ有二天運一天、黥布加鏑遠令レ遁留」（『吾妻鏡』寿永元・二・八条）とあり、彼が清盛の攻撃から遁れ得たのも「天運」によってである。将門に対する貞盛、清盛に対する頼朝は、いずれも武力では劣勢であったが、「天命」「天力」「天運」に救われたのである。

合戦の際には身分や技量の点で同等の敵を選ぶ傾向があるが、その隔たりを超え、「運」に頼って強敵に挑戦する場合もある。保元の乱で、清盛の末座の郎等に過ぎない山田是行（維行）が、強弓の敵将源為朝に「運くらべ」と称して挑んだのはその例である（『保元物語』巻中、白河殿へ義朝夜討ちに寄せらるる事）。

「天命」「天運」の反対が「天罰」「天譴」である。『平家物語』によれば、越後の城助長が源義仲追討に出陣しようとした矢先、雲の上から「東大寺の大仏を焼いた平家に味方する助長を召捕れ」という声が聞こえる。郎等たちは「天の告」とみて制止するが、助長は振り切って出陣したところ、黒雲が覆いかぶさってきて、助長は落馬して頓死してしまう（巻六、嗄声）。助長が没した時点、死因などについては史実の上では問題があるようだが、ここで取りあげる必要はあるまい。ただ『吾妻鏡』にも助長（資永）が「頓滅」したとし、「蒙二天譴一歟」と記しており（養和元・九・三条）、助長が「天譴」で「頓滅」したという巷説はかなり行われていたようである。「弓矢とる身」も「天譴」「天罰」には勝てなかったのである。

「天運」は神仏の加護と、「天罰」は神仏の罰と結びついている。前述の頼朝願書でも、頼朝が救われた原因として「天運」と並んで「神の冥助」を挙げている。逆に平将門の最期について『将門記』は「于レ時現有二天罰一、馬忘二風飛之歩一、人失二梨老之術一。新皇（将門）暗中二神鏑一、終戦二於託鹿之野一、独滅二蚩尤之地一」と記している。将門の奮戦にもかかわらず、「天罰」によって乗馬の歩みは遅れ、武術の妙も失われ、遂に「神鏑」が命中して滅びたのである。

『八幡宇佐宮御託宣集』には、八幡大菩薩の矢が将門の頸の骨に命中したと記しているが（巻十二）、摂政藤原忠平の上表にさえ「神明之戮先加、幽顕合レ契、身殞二於一箭之前一」（『本朝文粋』巻四、天慶三・五・二十七貞信公辞摂政・准三宮等表）とあって、将門は「神鏑」によって射殺されたと一般に信じられていた。「天罰」はしばしば「神鏑」「神矢」によって示されたので、保元の乱で藤原頼長が流れ矢に傷つき、やがて没したのも、「神矢」によるとされている（『保元物語』巻中、新院・左大臣殿落ち給ふ事）。

「天」や「神仏」は天皇の王権と結びついている。将門の猛烈な攻撃を受けた際、貞盛は「私之賊、則如二雲上之電一、公之従、則如二厠底之虫一。然而私方无レ法、公方有レ天」と説いて味方を励ましている（『将門記』）。厠の蛆虫のような味方（公、官軍）が、雲上の雷電のような敵（私、賊軍）に対し劣勢であることを認めた上で、「公」には天の加護があり、「私」には法（道理）がないとして、「公」の勝利を確信するのである。

だから将門の乱に際して、朝廷では祈願・修法の限りを尽くした。『将門記』には「本皇（朱雀天皇）下レ位、摂二二掌於額上一、百官潔斎、請二千祈於仁祠一。況復山々阿闍梨、修二邪滅悪滅之法一、社々神祇官、祭二頓死頓滅之式一。一七日之間所レ焼之芥子、七斛有レ余。所レ供之祭料、五色幾也。悪鬼名号、焼二於大壇之中一、賊人形像、着二於棘楓之下一。五大力尊、遣二侍者於東土一、八大尊官、放二神鏑於賊方一。而間天神嚬嘁、而謗二賊類非分之望一、地類呵嘖、而憎二悪王不便之念一」と記している。駢儷体の特色を生かして独得の迫力を醸しだしているが、修辞が勝ってそのまま史実とは認めがたい。しかし「本皇」をはじめとして、「百官」「山々阿闍梨」「社々神祇官」「五大力尊」「八大尊官」「天神」「地類」、それらすべての宗教的装置が賊徒追討に動員されたという。

右には神仏、さらには陰陽道までも挙げているが、戦勝のためにとくに有効とされたのは神助であった。『保元物語』では鳥羽法皇の遺臣たちが「神明も定て我国を護り給らん、三宝もゐかでか此国をすて給べき」として神仏の加護を信じ、とくに南に石清水、北に賀茂、鬼門の方に日吉、内裏近くに北野、その外、松尾・平野・稲荷・祇園・住吉・春日・広瀬・龍田の諸神が結番して皇居を守っているとし、これら霊神の助けによって、正統な皇嗣である後白河天皇方が勝つことを確信している（巻上、将軍塚鳴動幷びに彗星出づる事）。王権は諸神に警固されていたのである。とくに八幡神は武神として、皇室の祖先神として、清和源氏の氏神として、戦勝のために決定的な役割を果たした。

清和源氏と八幡神との関係は、前九年の役を鎮定した源頼義の時代からとくに顕著であり、頼義には鶴岡八幡宮をはじめとして、各地に八幡神を勧請したとの伝えがある。前九年の役について記した『陸奥話記』によれば、頼義の味方となった出羽の俘囚清原武則は、皇城を遥拝した上、「八幡三所、照㆓臣中丹㆒。若惜㆓身命㆒、不㆑致㆓死力㆒、必中㆓神鏑㆒、先死矣」と天地に誓った。その真心を嘉納して、八幡の神使である鳩が陣上を翔ったという。

厨川柵では頼義がやはり皇城を遥拝し「伏乞、八幡三所、出㆑風吹㆑火、焼㆓彼柵㆒」と祈請し、「神火」と称して、自ら柵に火を放った。この時も鳩が軍陣の上を翔っている。武則も頼義も八幡神に祈請するにあたって、皇居を遥拝しているのは注目される。

源平の争乱でも、八幡は源氏に味方している。壇ノ浦合戦についていえば、平家方は安徳天皇が三種の神器を帯びており、源氏方は不利であったが、源氏の船に白旗が流れ舞い下ったのを、源氏方は八幡大菩薩の示現と見て、喜んで拝したという（『平家物語』巻十一、遠矢）。

この戦の後、梶原景時は頼朝に書状を寄せ、神明の加護を示す多くの奇瑞があったことを報告しているが、この種の話は他にも多く見られ、そのような奇瑞があったと信じられていたのである。

景時が挙げた吉瑞のなかには、石清水八幡の使者が、平氏滅亡の日を予言する夢を見たとか、八幡の使である白鳩が船の屋形の上を翩舞した時、平氏の人々が海底に沈んだとか、八幡神にかかわるものが目立つ（『吾妻鏡』文治元・四・二十一条）。

二　武将の能力・資質

次に戦勝の条件として、人間の能力、資質などについて考えてみよう。『保元物語』に「日本国に昨日今日、弓箭をとり、打物もてかしこき者共あまた候」（巻上、新院、為義を召さるる事）とあるように「弓矢」と「打物（刀剣など）」が、当時の武技の中心であった。とくに弓矢はもっとも重視され『保元物語』の源為朝は強弓をもって知られた。その先祖の義家は「驍勇絶倫、騎射如ㇾ神」といわれ、その父頼義も「射芸」に巧みであったという（『陸奥話記』）。源頼朝も石橋山合戦では「百発百中の芸」を振るっている（『吾妻鏡』治承四・八・二十四条）。弓矢に長じた武将を挙げれば際限がない。

『保元物語』には「筑紫そだちの者、遠矢を射学び、太刀仕様は知たるらん。かち立は能共、馬の上にて押弁て組事は、武蔵・相模の若党には争かまさるべき」（巻中、白河殿攻め落す事）ともあって、九州の武者は遠矢・太刀など徒歩の合戦には長じているが、馬上での組み打ちは坂東武者には及ばないと述べている。地域の条件によって戦法に差異があり、それに応じて武者の得手、不得手も生まれるのである。坂東武者はとくに騎馬戦に長じていたのであり、鵯越で相模の佐原義連は「本国の三浦では、鳥を追うにも朝夕険阻な所ばかり駈け歩いてきた。ここなど三浦では馬場も同然」と豪語している（『平家物語』巻九、坂落）。

源平合戦では、さらに舟軍が加わる。坂東武者の騎馬戦に対して、西国武者は舟軍が得意であり、平家方の悪七兵衛景清は「坂東武者は馬のうへでこそ口はきき候とも、ふないくさにはいつ調練し候べき」とし、舟軍に関する限り、坂東武者は木に登った魚も同然と述べている（『平家物語』巻十一、壇浦合戦）。平教経が「ふないくさは様ある物ぞ」（同上、嗣信最期）といっているが、舟軍にはその独得の戦法があり、それに習熟するには「調練」を必要としたのである。その点は騎馬戦についても同じであろう。西国の水軍を多く味方にしたことが大きく、壇ノ浦で源氏方は不得手な舟軍に勝利を収めたのであった。

すぐれた武将であるためには、弓矢、打物、騎馬、舟などに長じているだけでは十分ではない。『平家物語』は源義仲を理想的な武将として描いている。

「ちからも世にすぐれてつよく、心もならびなく甲なりけり」とし、強い力と剛き心を具えており、その上、強弓、精兵、馬上、徒歩のいずれにも古今無双であったという（同上、巻六、廻文）。武将に必要なすべての条件を具備していたことになる。

右のなかには、弓矢、馬、舟等の技量の外に、「力」と「心」も挙げている。身体に具わった力を示すのに「勢、気、体」という言葉もある（『保元物語』巻中、白河殿攻め落す事）。「勢い」「気力」「体力」であろう。

〈清和源氏系図〉

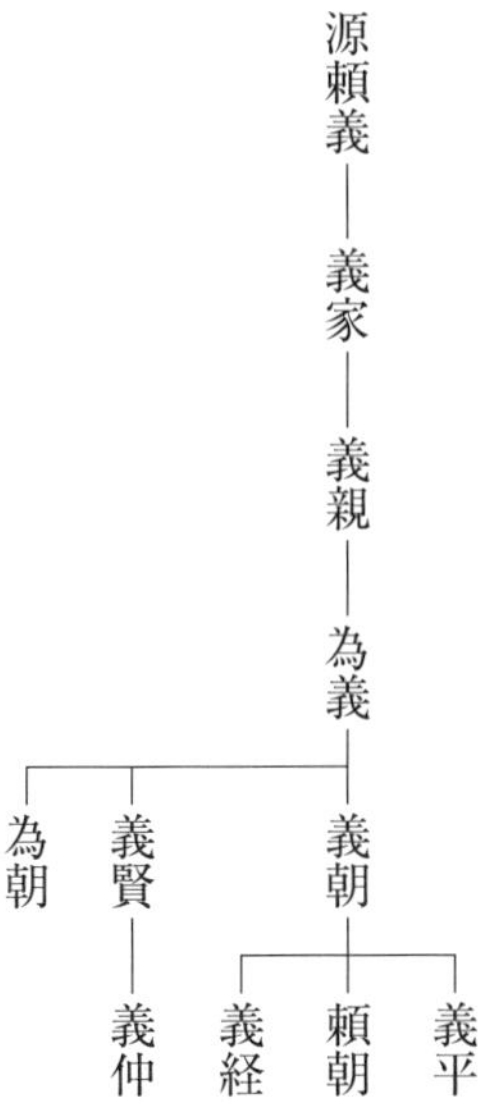

甲（剛）なる心の持主の典型は源義経である。悪七兵衛景清は義経を評して「心こそたけくとも、其小冠者、なに程の事かあるべき。片脇にはさんで、海へいれなむ物を」といっている（『平家物語』巻十一、壇浦合戦）。片脇に挟んで海に投げこめるほどに小兵で、非力であるという欠点を、義経は「猛き心」でカバーしていたのである。

都の女房は、屋島にいた平宗盛に「九郎（義経）はすすどきおのこにてさぶらふなれば、大風大浪をもきらはず、よせさぶらふらん」と、義経の奇襲を警告しようとした（同上、大坂越）。風浪を凌いでの四国渡海は義経の智謀の所産ではなく、「すすどさ（鋭）」、すなわち「猛き心」によるものであった。『平家物語』は義経を猛将、勇将と見ているのであり、智将として評価しているのではない。

以上に挙げた武将としての諸条件も、過度に及ぶ時は欠点となるし、またそれだけでは不十分だと考えられていた。先述の清盛の末座の郎等、山田是行は、為朝に挑んで射殺されるが、『保元物語』は「限もなく甲の者、そばひら見ずの猪武者、方かを（顔）なき若者」と評している。合戦の大局も、彼我の実力も考えない「猪武者」であり、猛進して一命を失うのである。「限もなく甲の者」は褒め言葉ではない。「武者の余に心の甲なるはし（痴）れたり」ともあって、愚か者とされているのである（『保元物語』巻中、白河殿へ義朝夜討ちに寄せらるる事）。

山田是行は兵卒だが、大将軍の場合にも「猪武者」が非難されるのはいうまでもない。「か（駈）くべき所をばかけ、ひ（退）くべき処をばひいて、身をまた（全）うして敵をほろばすをもてよき大将軍とはする候」とあり、進退の当を得たのが「よき大将軍」であり、「かたおもむき（片趣）なるをば、猪のしし武者とて、よきにはせず」とある。諸事情を考えない一方的な行動は「猪武者」なのである（『平家物語』巻十一、逆櫓）。

源為朝にしても弓だけに優れていたのではない。大事の戦を二十余度も経験して「城を落す其支度」や「敵を打はかり事」に長じていたのであり、経験と謀はよき大将としての重要な条件であった（『保元物語』巻上、新院、為義を召さるる事）。

経験は大切であり、老練な武将が尊重された。平貞盛は平将門と戦い、容易に勝利を手にすることはできなかったが、下野国押領使藤原秀郷の協力を得て、遂に将門を討つことができた。それは秀郷の「古計」によるとされている（『将門記』）。源平合戦で北陸鎮定に向かった平家方のなかで、畠山重能らは「汝等はふる（古）ひ者共也。いくさの様をもをきて（掟）よ」（『平家物語』巻七、篠原合戦）と命じられた。「古い」から役に立たないというのではない。「古い者」が老練さを買われ、合戦の指図を託されたのである。

経験とともに謀も重視された。「いくさはせい（勢）にはよらず、はかり事による」（同上、巻五、富士川）といわれ、合戦の勝敗を決定するのは軍勢の多寡ではなく、謀だとされた。

最後に武将にもっとも必要なのは、部下の士心をとらえる人格であろう。『陸奥話記』は源頼義をその点で理想的な武将として描いている。頼義が射芸に長じていたことはすでに述べたが、その上に性格は「沈毅」で「武略」にすぐれ、「勇決」で「才気」に富み、何よりも「士を愛し」、彼らに「施すことを好んだ」という。そのため頼義の前には「拒捍の類」も「奴僕」のごとく従順となり、武士はその従者となることを願い、近江の会坂以東の弓馬の士は大半が頼義の門客となった。彼らは「入二万死一、不レ顧二一生一、悉為二将軍一弃レ命」とあり、頼義のために命を惜しまなかったという。

「此君の御ために命をうしなはん事、またく露、塵程もおしからず」（『平家物語』巻十一、嗣信最期）と兵士たちにいわせた源義経も、頼義と同様の大将であろう。

三　公武の武力対決

武士の政治的地位が高まるにつれ、公家と武士との武力による対決が生ずる。本来は武士の反乱を公家が鎮圧するかたちをとるのが普通で、その場合、公家は別の武士に鎮圧を命ずることが多かった。しかし後には武士側が勝利を収める事態も生まれる。承久の乱はその典型であり、戦争の勝敗の原因を考察する場合、重要な問題が新たに提起される。

しかし規模は小さくても、武士が公家と戦って勝った事例はそれ以前から存在したのである。寿永二年（一一八三）、平氏を追って上洛した源義仲と後白河法皇との相互不信が高まるなかで、義仲が法皇に攻撃を加え、法皇を捕らえた法住寺合戦がそれである。承久の乱を論ずる前に、若干の考察を加えたい。

法皇が院御所に兵を集め、義仲に備えて警固を厳重にし、緊張が高まるなかで、右大臣九条兼実は法皇の動きを「王者の行」にあらずと批判し、義仲の主張に耳を傾け、理非を判断し、義仲を説得すべきだとしている（『玉葉』十一・十八条）。義仲と同一レベルで、武力で争う愚を避け、治天の君としての本来の立場を堅持することを求めたのであるが、法皇の措置は適切を欠き、遂に義仲は院御所法住寺殿を攻撃した。

「末代ならむがらに、いかんが十善帝王にむかひまいらせて弓をばひくべき」と帝王に弓を引く恐ろしさを説き、汝らが放つ矢、抜く太刀は、かえってわが身を倒そうぞと、法皇側が威嚇する。天と神仏に加護された王権の伝統的論理である。それに対して義仲側にさえ「十善帝王にむかいまいらせて、争か御合戦候べき」として、法皇側とまったく同じ論理で、甲を脱ぎ、弓を外して降伏すべきだという意見もあった（『平家物語』巻八、鼓判官）。これでは理屈の上では義仲にまったく勝ち味はないが、義仲は武力を行使して一蹴した。

慈円はこの戦いを「天狗のしわざ」とし、天狗を鎮めるべき「仏法」も、人心の悪化のため力を失ったのだと述べている（『愚管抄』巻五、後鳥羽）。また兼実によれば、義仲は「不徳の君」を誡めるため、天が遣した使者だという（『玉葉』十一・十九条）。仏法の衰微や法皇の不徳が、法皇の敗北を招いた原因だとするのである。

武士が法皇を襲い、幽閉するというのは、未曾有の事態であり、これを聞いた兼実も、はじめは容易に信じようとしなかった。それほど驚いたのである。しかし日がたつにつれ、義仲の早晩の破滅を予測し、公家たちは余裕をもって事態を静観していたようである。翌元暦元年（一一八四）正月、義仲は頼朝が派遣した義経らに討たれる。このことについて兼実は、義仲が天下を執って六十日に及んだが、平治の乱における藤原信頼の覇権が半月であったのにくらべ、むしろ遅きに失したと記しており（『玉葉』二十日条）、状況を冷静に眺めていたことがわかる。

武士が公家と戦って勝ったという点でも、仏法の衰微や君主の不徳が反省されたという点でも、いくらかの共通性はあるとしても、承久の乱の意義は、法住寺合戦にくらべてはるかに大きかった。

承久の乱における戦闘は、主力の東海・東山道についていえば、美濃・尾張辺と、京都に近い宇治などとで、合計四日程度行われただけであった。しかしそのもたらす影響や意義は極めて大きく、四日間の戦闘を超えて、戦争、内乱としての性格をもっていた。

王権は天や神仏に保護されているのだから、武士がこれと戦うということが、まず至難であった。『増鏡』によれば、平将門・藤原純友・源義親らの猛き者たちも、「宣旨」には勝てなかったし、保元の乱で後白河天皇が兄の崇徳上皇と戦って勝ったのも、皇祖天照大神が「時の国王」を護ったからだという。だから同書は、承久の乱で「君」が「無下の民」と戦って滅びたのを、前例のないこととして歎いている（巻二）。

従来の内乱では、天や神仏に加護された朝廷が、反乱の武士を平定するのが常であり、武士が朝廷に抵抗することを正当化する論理は見られなかった。承久の乱の結果、そのような抵抗の論理がはじめて構築された。

『明恵上人伝記断簡』には、明恵が北条泰時と交わしたという対話が載せられている。いうまでもなく泰時は、承久の乱にあたって幕府軍を率いて上洛し、そのまま六波羅探題として都に留まったのである。

明恵は「一朝の万物はすべて国王の所有であり、国王が奪おうとすれば、臣下は拘惜できない。たとえ命を奪われても背くことはできないのだ」といって、幕府を非難する。

泰時の語るところによれば、彼自身は「天下はことごとく王土であり、国王と戦うのは理に背くことだから、降伏して愁訴し、それでも首を刎ねるといわれるならば、それもやむを得ない」と考えていたといい、それは明恵の意見と変わらない。

しかし泰時によれば、父の執権義時は泰時に反論し「お前の意見ももっともだが、それは君主が善政を行っている場合のことである。後鳥羽上皇の御代となって、国々は乱れ、人々は憂えている。だから上皇を退け、別の君を皇位に即け奉るべきであり、天照大神・正八幡宮もそれをお咎めになるまい」と主張したため、泰時は父の命に従って、都に攻め上ったのだという。

君主に対する臣下の抵抗を否定する明恵・泰時と違って、義時の場合、抵抗は正当化されている。それは中国の革命思想をも借りて、君主の悪政を正すためには、敢えて廃立を行うのもやむを得ないとし、伊勢・八幡もそれを容認するというものである。

とはいえ、朝廷に敵対するのは容易ならぬことであり、敵対する側は敵対という「悪」を緩和するため、種々の工夫をこらしている。まず「君の御ために、後ろめたき心やはある」（『増鏡』巻二）というように、上皇から追討を受けるような落度が、自分にはまったくないことを主張する。

上皇が直接攻めてくれば、甲を脱ぎ、弓の弦を切って降伏するが、軍兵だけを派遣してきた場合には、最後まで戦うという意見もある（同上）。上皇と直接交戦することだけは避けようとするのである。

上皇に敵対するのではなく、上皇に義時のことを讒言した近臣を罰するのだという主張も見られる。『明恵上人伝記断簡』で義時は「君を非レ可レ奉レ誤。申勧近臣共の悪行を罰するにてこそあれ」といっている。北条政子の言葉としているのが『六代勝事記』であり、不忠の讒臣が、天の責めを考えず、非義の武芸を誇り、追討の宣旨を申し下したといっている。『吾妻鏡』でも政子は「依㆓逆臣之讒㆒、被㆑下㆓非義綸旨㆒」（承久三・五・十九条）と述べている。

この論理は、合戦に敗れた上皇自身によっても使用されており「今度合戦、不㆑起㆓於叡慮㆒。謀臣等所㆓申行㆒也」（同上、六・十五条）との院宣が出され、上皇の責任は「謀臣」に転嫁されている。上皇を表面に出さない方が好都合な事情が、公武の双方に存在したのである。

合戦の勝敗を決する上で、承久の乱でも神仏の加護はやはり重要な条件である。従来の内乱は、朝廷が反乱を追討、鎮圧するかたちをとっており、祈禱や修法はもっぱら朝廷側でのみ行われた。しかし鎌倉幕府も一つの権力であり、政治機構のみならず、鶴岡八幡宮をはじめとする宗教施設をも整えていた。従って承久の乱においては、公家方のみならず、武家方においても戦勝の祈禱が行われていたから、神仏はいずれを加護すべきかの去就に迷うことになる。こうして宗教的にいえば、公家が一方的に賊徒を追討するのではなく、公武は対等に戦うことになる。

『八幡愚童訓』は公家方に神の加護がなかったことを不審とする。たとえ後鳥羽上皇の企てが非道だとしても、また八幡が武家の氏神だとしても、宗廟である八幡が、後鳥羽を加護しなかったのはなぜだろうかという。これについて同書は「冥慮殊勝」「神慮甚深」として、神意・仏意の奥深さを強調する。上皇が祈請を期待していた石清水八幡宮検校が急死したり、石清水若宮の前に敵方に向けて立てていたはずの剣が、上皇の方に倒れかかったりするなど、不吉の兆しが続いたとし、これは上皇の祈請が神慮に叶わなかった上に、上皇が神慮を恐れて慎しむということがなかったからだと述べている。さらに上皇周辺の女性や近臣によって、政治が乱れたことを指摘し、このような悪政によって神に見放されたのだという（巻下）。公家方も武家方も競って祈禱を行う場合、神仏の加護にあずかるのは、それにふさわしい善政を行っている側であり、後鳥羽方の敗因として、政治の乱れが指摘されるのである。

他宗を排撃する日蓮の見解は、屈折したものになっている。後鳥羽と義時とは主従の関係であり、所従が主君に刃向かうのを、天照大神・正八幡が容認するはずはない。それならば、「いかなりければ公家は負け給ひけるぞ」と公家方の敗因を追究する。それは空海・円仁・円珍の邪義・僻見に従い、比叡山・東寺・園城寺が鎌倉に敵対した失によるのであり、これに対して武家方は調伏などしなかったから勝ったのだとして、公家方の祈禱が逆効果だったとしている（『日蓮聖人遺文』二―一七六、「種種御振舞御書」、二―一八七、「高橋入道殿御返事」等）。

しかし日蓮の言に反して、幕府側も熱心に祈禱を行っており、むしろ祈禱合戦でも幕府側が勝ったとみるべきであろう。承久三年（一二二一）六月十五日、幕府軍は都に攻め入ったが、この日は鎌倉では、鶴岡での仁王講などの諸祈禱の結願の日であった。『吾妻鏡』には「可レ仰二仏力・神力之未一レ落レ地矣」（五・二十六、六・十五条）とあって、ふつう公家側のいいそうなことをいっている。

公武が神仏の加護を争うのは「果報」を争うことでもある。戦勝の知らせを聞いた義時は「義時は果報は、王の果報には猶まさりまいらせたりけれ」（『慈光寺本承久記』巻下）といったという。義時は上皇と対等で「果報」を争い、しかも勝ったのである。

公家と武家とが果報（神仏の加護）を争い、悪政が原因で神仏が公家方を見放したため、武家方が勝った。だから幕府の方も、国王と戦い、国王を流すことまでも強行した以上、その行為は神に嘉納されねばならない。泰時は都に攻め上るにあたり「今度の上洛、若背レ理者、忽ニ泰時が被レ召レ命、可下助二後世一給上。若為二天下一、力と成て、人民を安じ仏神を興したてまつるべきならば、哀憐を垂給へ」と八幡神の審判を仰ぐのである（『明恵上人伝記断簡』)。そして敢えて国王を流した幕府は、善政を行わねばならなかったのである。『神皇正統記』は乱世を鎮め、万民を安堵させたとして、頼朝以来の武家の功績を讃え、後鳥羽上皇の討幕が成功するには、武家以上の徳政が必要だとする。さらにたとえ僥倖により公家が武家を倒したとしても「民安かるまじくば、上天よもくみし給はじ」(後嵯峨)として、天(神仏)の加護を得るには民生の安定が必要だとする。ここでは「天」と「民」とが結びつけて考えられており、「民」の問題が大きく浮かびあがってくる。

四　政治的条件

承久の乱は戦争の勝敗の原因として、政治の問題を大きく提起した。個人の武勇などはほとんど問われなくなり、神仏の加護も政治の善悪との関連で問われるようになった。戦争は単なる軍事の問題よりも、政治の問題となっていった。

承久の乱で上皇を流した幕府に、徳政が求められたのは当然であるが、乱後の幕府政治に対する評価は、概して高かったようである。『梅松論』には「治承に右幕下(頼朝)草創より以来、天にせぐくまり、地にぬき足して、上を敬、下を恵み、政道の法度、騎射の日記を定置て国を治めしかば、狼煙立事なく、家々戸ざしをわすれて楽栄えて年久しかりしに」(巻上)とあり、幕府が天命を恐れ、善政を施してきたため、平和と繁栄が続いたという。また『太平記』にも「涯分の政道を行ひ、己を責て徳を施ししかば、国豊に民不ㇾ苦」(巻二十七、雲景未来記事)とあって、徳政を施した結果、国家と民衆が栄えたという。

そのような幕府がなぜ滅んだのか。『太平記』は右の文章に続いて「されども宿報漸く傾く時、天心に背き、仏神捨給ふ時を得て、先朝（後醍醐天皇）高時を追伐せらる。これ必しも後醍醐院の聖徳の到りに非ず、自滅の時到る也」としている。幕府が滅びたのは、滅ぼした後醍醐天皇の聖徳によるというよりも、むしろ幕府の自滅である。すなわち幕府が善政を行わなくなり、天にも仏神にも見放されたからだという。『太平記』の別の箇所では、関東の勇士が威を海内に及ぼしても、「国を治る心」が無かったため、幕府は滅んだのだとしている（巻十一、佐介貞俊事）。要するに幕府滅亡の原因は善政を行わなかったためとされており、承久の乱以来、勝敗の原因は政治に求められるようになったのである。

『太平記』には軍事的には優勢な足利方との戦いに、後醍醐方が善戦を続けてきた原因について、坊門宰相清忠が「是全武略の勝たる所には非ず、只聖運の天に叶へる故也」（巻十六、正成下向兵庫事）として楠木正成を決めつける箇所がある。後醍醐方の「勝因」としては、正成の「武略」よりも、天皇の「聖運」の方が大きいというのである。確かに戦争を単に軍事的に捉えず、政治的に捉えようとする時、「武略」よりも「聖運」の方が重要かもしれない。しかし大切なのは「聖運」が「天に叶っている」こと、天の加護を受けていることである。聖運が天の加護を受けるのは、それが民生を安定させることであるが、果たして後醍醐の政治は民に支持され、天意に叶うものであったのだろうか。

後醍醐に謀反した足利尊氏は、建武三年（一三三六）、都に攻め上る。しかし正成や新田義貞らに敗れ、九州に逃れる。やがて尊氏は勢力を立て直し、ふたたび都をめざして攻め寄せてきたため、正成は迎え撃つべく兵庫に赴く途中、尼崎から次のような奏上を行っている。

「今度は必ず負け戦になるでしょう。人心の動きを考えてみますと、さきに元弘元年（一三三一）、私は後醍醐天皇の密命を受け、鎌倉幕府を滅ぼすため、金剛山の城に籠りました。その時は自分の計らいだけで、国中の人々を頼り、成功を収めることができました。これは人々が志を天皇にお寄せしたからです。それから五年たった今、私は和泉・河内の守護として、勅命を受けて軍勢を集めても、親類・一族の者ですら難渋する始末です。まして一般の国人や土民はついて参りません。天下の人心が天皇を背き奉ったことは明白です」(『梅松論』巻下)。

かつては「私のはからひ」だけで、人々の支持を集めることができたが、今は守護・勅命の権威をもってしても、親類・一族すら動員できない。この差は何によって生じたのか。「人の心を以、其事をはかるに」とあるように「人心」の変化である。

さきに尊氏が九州に敗走した時にも、正成は衝撃的な事態を経験している。「敗軍の武家(尊氏)には元より在京之輩も扈従して遠行せしめ、君(後醍醐)の勝軍をば捨奉」(同上)。人々は勝った後醍醐を見捨て、負けた尊氏に従っていく。なぜか。「徳のなき御事を知しめさるべし」。天皇に「徳」がないからだ。

「今度は君の戦かならず破るべし(中略)是則ち、天下、君を背たてまつる事、明けし」。戦争の勝因・敗因という課題に『梅松論』のこの部分は、極めて的確に答えている。後醍醐は必ず負ける。「天下」に背かれたからだ。勝敗を決定するのは、「天下」の向背なのである。それは「人心」「徳」「民」「政道」などと言いかえることもできる。いずれも承久の乱以後に重要度を増したキーワードである。

正成は「人心」や「天下の向背」を認識した武将であるとともに「智謀」の将でもあった。『平家物語』に「いくさはせいにはよらず、はかり事による」とあることはすでに紹介した(三二三頁)。この考え方はその後も基本的には変わらず、南北朝時代には、以前にも増して「智謀」が重視される。その意味でも正成はこの時代を典型的に代表する武将である。

元弘元年、後醍醐天皇に召された正成は「天下草創の功は、武略と智謀との二にて候。若勢を合て戦はば、六十余州の兵を集て武蔵・相模の両国に対すとも、勝事を得がたし。若謀を以て争はば、東夷の武力、只利を摧き、堅を破る内を不レ出」（『太平記』巻三、楠事）と述べている。合戦の勝利を決するのは「武略」（「勢」「武力」）と「智謀」の二つであるが、後者が優越することが主張されている。その「智謀」は千早城、赤坂城をはじめ、『太平記』の多くの場所で発揮されているが、それが「人心」の洞察と結びついていることが重要であろう。

逆の例を挙げよう。南朝に帰順した細川清氏が正平十七年（一三六二）に讃岐で細川頼之と戦って敗死したことについて『太平記』は、「細河相模守（清氏）無双大力、世に超たる勇士なりと聞へしか共、細河右馬頭（頼之）が尺寸の謀に被レ落、一日の間に亡ぬ」とし、また「古も今も、敵を滅し国を奪ふ事、只武く勇めるのみに非ず、兼ては謀を廻らし智慮を先とするにあり」とし、勝利を得る条件として「大力」「勇」よりも「謀」「智慮」の方が重要であるとしている（巻三十八、太元軍事）。さらに清氏の粗忽な戦、いう甲斐なき討死が、南朝方に戦局の不利をもたらしたと批判している（巻三十八、和田・楠、与箕浦次郎左衛門軍事）。

合戦には目先の勝敗にとらわれない大局の判断が必要である。それを見誤ったとして、清氏に対すると同様の批判が新田義貞にも加えられている。義貞は延元三年（一三三八）、越前の藤島で敗死するが、そのため北畠氏らと呼応して京都を奪回しようとする南朝方の反撃計画は瓦解してしまう。『太平記』は義貞が越前平定という小さな問題にこだわり、さして重要でもない戦場に自ら赴き、匹夫の鏑に命を落とした軽率さを非難している（巻二十、義貞自害事）。そして北畠親房までが「させることなくて、むなしくさへなりぬ」（『神皇正統記』後醍醐）と冷評している。

五　家訓と家法

最後に戦国時代に触れたい。ここで取り扱う史料は、戦国大名によって作成された家訓や家法の若干である。これまでに取りあげてきた史書や軍記物語は、それぞれの戦争に関するやや後年の編著であり、戦争観などが知られるのに対して、家訓や家法の一部は、戦争の当事者が戦争のあり方などについて記したものであり、はるかに直接的、現実的である。戦争の勝因・敗因というよりも、戦争に勝つためにはどうすればよいかを述べているのである。

このように家訓や家法のなかには合戦の心得などを記したものがあるが、従来はそのようなことを詳細に記したものはなく、その点で画期的である。しかし家訓・家法が作られる目的は、領内支配やそのための家門の維持にあり、軍事はその一部でしかない。むしろ家訓・家法で軍事に触れたものは多くない。『長宗我部氏掟書』によれば、百ヶ条に及ぶ一般法の外に、別紙に記された「軍法」があったというが（七条）、その「軍法」は現存しない上に、もともと公開されていたかどうかもわからない。

ここでは家訓として『武田信繁家訓』と『朝倉宗滴話記』、家法として『結城氏新法度』を取りあげる。いずれも合戦に関する訓誡や規定を比較的多く含むが、もちろんそれがすべてではない。それらは思いつくままに記されており、非体系的で、脈絡がない点は共通している。またいずれも十六世紀中葉の成立である。この時期に戦国時代は最終段階に入り、領国を形成した大名相互の間で、同盟と抗争が行われるようになる。

まず『武田信繁家訓』は甲斐の武田信玄（晴信）の弟である信繁が、永禄元年（一五五八）に嫡子信豊に与えた訓誡である。信繁は兄信玄を大いに助けているが、この『信繁家訓』でも第一条で「屋形様に対し奉り、尽未来、逆意あるべからざる事」として、絶対の忠誠を説いている。

『信繁家訓』は九十九条からなり、その内容は武将としての心得が主であるが、軍陣に関するものが、かなりの部分を占めている。「戦場に於いて聊も未練をなすべからざる事」（二条）という基本的な心構えからはじまって、武勇を嗜むこと（四条）、弓馬を嗜むこと（一〇条）、武具、馬、刀を大切にすること（三九、四一、七六条）としている。また「備」を重視し、敵の「備」の手薄なところを攻め、「備」が厚い場合は慎重に臨む（四二、九六条）、「遠懸」はしない（四三条）、不意打ちをかける際は本道を避ける（五〇条）、出動の際は夜のうちに食事し、すぐ戦えるように出発する（六三条）、千人が正面から攻めるよりも、百人が横から攻める方が有効である（八三条）等の用兵、作戦に関すること、さらに敗軍の際はことさら奮戦する（七三条）とか、戦いが近い際にはとくに部下を手荒く扱い、奮起を促す（四五条）などの心理的な問題にも及んでおり、合戦における大将の心得を、多岐にわたって教えている。

次に『朝倉宗滴話記』である。宗滴は越前の戦国大名朝倉孝景の末子、教景の法名である。「十八歳より七十九歳迄、自国他国の陣十二度」とあり、弘治元年（一五五五）ごろに宗滴が語った豊富な戦陣の体験談や武将の心得を筆録したものである。『信繁家訓』とほぼ同時期にあたる。

朝倉家における宗滴の立場は、武田家における信繁と似ており、宗滴はよく宗家を補佐した。信繁は「屋形様」への忠誠を説いているが、宗滴も惣領に対して「御主の如く、何事も御意次第と、はひつくばうべき心中」で仕えるべきだとしている。

「武者は犬ともいへ、畜生ともいへ、勝事が本にて候事」、すなわち「武者」（戦争）は勝つ事がすべてで、そのためには手段を選ばないという戦争観は徹底していて、『信繁家訓』に「毎遍、虚言すべからざる事。付けたり、但し武略の時は、時宜に依るべきか」（五条）、すなわち「武略」のための「虚言」はやむを得ない、とあるのよりも明解である。もっとも宗滴も「武者を心懸る者は、第一うそをつかぬ物也」といっている。

『宗滴話記』で懇切に述べられているのは家来の使い方である。家来に弱々しい態度を見せてはならず、言葉に出してもいけない。恐れられず、慕われよ。しかし、侮られてはならない。愚かな大将は尊大で、無礼で疑い深い。

また家来の生活が成りたつように、たえず配慮し、忠節奉公した者の家が絶えたりしないように注意する。家来を懇ろに扱ってやれば、家来は主人を信頼し、他家からまでも奉公を願ってくる者があらわれる。

宗滴の主従観の誠実さには、襟を正させるものがある。「互にこらへぬき候へば、子飼のもの余多出来、大事之時、用に立候」とあり、主従の絆は、相互の忍耐によって強められるとする。勿論、主人も「こらへぬく」のである。さらに「主人は内の者の罰当り、また内の者は主之罰当る也」といい切る。主人と「内の者」（家来）は罰を共有する者として捉えられている。

注目すべき今一つは、合戦の心得である。『信繁家訓』と同じ問題を取りあげてはいるが、重点の置き方は微妙に異なる。敵の城を無理に攻め、部下を戦死させるのは大将の不覚だとするのは、家来を大切にする考えから来ているのであろう。「聞逃」、すなわち敵に出会う以前に状況を判断して退くのはよいが、「見逃」、すなわち敵と接触してから逃げ出すのはよくない。だから「耳は臆病にて、目之気なげなるが本にて候」ということになる。

馬には時々堅い大豆を水にふかして飼うとよく、これは野陣で鍋・釜がない場合に役立つ。合戦の際は重要事項も口上で伝達されるから、うろん（不確実）なのはよくない。陣取、陣替、砦の構築などは、雨天の日に用意を始めると、当日は晴天に恵まれる。逆に晴天の日に用意すると、当日は荒れた天候になるなど、実に事細かである。

最後に戦国家法のなかでも、合戦に関する規定をとくに多く含んでいる『結城氏新法度』について考える。『結城氏新法度』は下総結城の領主結城政勝が弘治二年に制定した家法であり、右に挙げた二つの家訓とほぼ同時代のものである。

特色の一つは対外緊張に備えて、領内の軍国化を進めている点である。五貫の手作地を持つ者は具足・被物、十貫の所領ならば馬一匹、具足一領、十五貫以上は陣参という風に（六六条）、貫高に応じて武具・装備の負担が規定される。軍陣奉公や要害普請などを怠った者は所領を没収され、重臣の下人、寺院門前の者なども免除されない（二五、三三、九七条）。敵地に対する警戒を強め、敵地から来た下人・悴者は召仕わない（二四条）などの規定がみられる。

今一つの特徴は、軍律の厳しさである。「何方へもたれ〳〵と言付候外ニ、一き（騎）□《ま》かるべからず、又言付候もの、けたい（懈怠）すべからず」（二六条）とあり、命令には絶対服従で、命令なしでの単独行動は禁止される。退却の際にふみ留まったり、攻め寄せる際に一騎だけ飛び出すのは許されず、それらは「忠信」とはいえない（六八—七〇条）と述べている。

二つの家訓と同時代の成立とはいいながら、『結城氏新法度』の世界は、家訓のそれとはかなり違っている。それは家訓が領主家内部の訓戒であり、大将の心得を説くのに対し、家法は領内・領民支配の法だからである。たとえば『信繁家訓』に「味方敗軍に及ばば、一入挊ぐべき事」（七三条）とあり、敗戦の時こそ奮戦せよとあるのに対し、『結城氏新法度』は「のけ場」において無理にふみ留まることを禁じている。前者は敗軍時における武将の心構えを説いたものであり、後者は兵卒が大将の命令に違背することを禁じたものである。

家法を通じてみると、今や合戦にかかわるのは武士だけではなく、彼らを支える領内全体の問題となっており、領民も領主の下に組織されていることがわかる。

また、家訓・家法を通じて戦争のノウハウが細かに述べられているが、戦争は合理化され、技術化されつつあった。武勇に秀でた豪傑の活躍よりも、軍隊の統制が重んじられるようになったのである。

二、南北朝時代の天皇制論

はじめに

かつて天皇に対する忠誠は、国民道徳の基本的なものとされた。戦後、天皇制批判研究の自由が許容されるに至った結果、天皇制は種々の立場から論議され、この問題に密接な関係のある歴史学の分野においても、いくつかのすぐれた研究が公にされた。研究の方向としては、天皇制の社会経済的基礎の究明、制度史的研究、思想史的研究等があり、且つこれらの総合的把握が必要であろうが、ここでは主として思想史的な考察を試みた。ここで扱った時代において、天皇と「国民」との間に、厳密な意味で「道徳」が存在したか否かは、それ自体検討を要する問題であるが、ここでは天皇制に関する意識・思想の面を主として取り上げた。主たる論述の対象となった時代は、古代天皇制が思想的にも決定的な打撃を蒙ったと考えられる南北朝時代であり、その時代を中心に、天皇制擁護・批判の思想の対立・交錯を論じ、その中で問題を展開していこうと試みた。

一　北畠親房の思想

南北朝時代における天皇制擁護の代表的なイデオローグとして、北畠親房を挙げることに恐らく異論はなかろう。以下、まず彼の思想を検討することからはじめよう。ところで、親房のようなかたちで天皇制論議が行われることが、そもそも古代天皇制の絶対的権威が失われていることを意味するものであるが、そればかりか彼の思想自体も、決して天皇の権威を手放しで、超越的に主張するのではなしに、多くの条件を付し、種々の懐疑を克服しての立論であった。

後醍醐天皇が正中元年（一三二四）鎌倉幕府討伐を志した際、中原章房は「武将弥猛威を振ひ候処に、朝廷の微力を以て、関東の強敵を服せられんは如何と存」と諫言し、刺客に殺害された（『太平記』巻一、資朝・俊基被捕下向関東附御告文事、『東寺執行日記』元徳二・四・一条）。すなわちこの思想は、朝廷の微力を正しく認識し、諦観して現状維持を行っていくべきだとするものであり、章房のように明言すると否とは別として、当時の一般貴族の常識であったと思われる。貴族層一般に無定見、無力感が覆っており、且つ現実認識においては誤謬を犯していないことから、この種の思想が支配的であるのは当然であった。それは「末代のしるし、王法を神道棄給ふ事と知べし」という末代（末世）思想によって思想的に粉飾される（『太平記』巻二十七、雲景未来記事）。すなわち神の末裔であり、加護を得るはずの天皇も、末代となっては神に見放されるのであるから、何をしても無駄だということになるのである。もしそうだとしたら、後醍醐天皇の武家との闘争も、文字どおり歴史への反逆に過ぎなくなる。憂色に包まれた南朝の柱石である親房は、それだけにこの末代観と闘わねばならなかった。末代観が支配的であればあるほど、彼の闘いは、悲壮で情熱的なものになるのである。

「代くだれりとて自ら苟むべからず。天地の始は今日を始とする理なり」というのが彼の解答であり、また「百王ましますべしと申める。十々之百には非るべし。窮なきを百とも云り」として俗流の百王説を批判する（『神皇正統記』応神、地神)。しかし果たして末代においても、王法は神の加護を得ることができるのであろうか。護良親王でさえ、熊野権現に「伝承る、両所権現は是伊弉諾・伊弉冉の応作也。我君、其苗裔として、朝日忽に浮雲の為に被レ隠て冥闇たり。豈不レ傷哉。玄鑒今似レ空。神若神たらば、君盍レ為レ君」(『太平記』巻五、大塔宮熊野落事)と祈ったという。神祇の照覧に疑念をさしはさみ、悲痛に神の存在を要請するのである。さらには土岐頼遠の狼藉にあった光厳上皇をして「今は末代乱悪の習俗にて、衛護の神もましまさぬか」(『太平記』巻二十三、土岐頼遠参合御幸致狼藉事)と嘆かせているのであり、神の加護の失われた末代の悲運が、皇室の側からもより深刻に認識されているのである。「王法滅尽」といった感懐は、鎌倉時代以来、貴族の日記の類に散見するのであるが、「王法滅尽」を身に沁みて感じさせるような社会的条件は、一層押し迫ったものになっているのである。

親房もまた現実の世が末世であることを認めている。例えば道鏡が帝位に即こうとして果たさなかった事件に関し、「件のころまでは神威もかくいちじるきことなりき」(『神皇正統記』称徳)とし、院政の開始に関しては、「古き姿は一変するにや侍けん(中略)、世の末になれる姿なるべきにや」(同上、白河)と評する。皇統の歴史を回顧すれば、皇位の衰えは到底否定し得ぬことであり、現実の世相を見れば、「事にふれて君をおとし奉り、身をたかくする輩のみ多くなれり。ありし世の東国の風儀もかはりはてぬ。公家のふるきすがたもなし」(同上、後醍醐)という風な、まことに末世の末世たる現象が存在している。

しかし親房は、現実の世を末世と認識し、諦観に到達して無為に過ごしたり、あるいは形而上学的な観想に耽ったりせず、末世における政治的実践の道を見出さねばならなかった。「世の中のおとろふると申は、日月の光のかはるにもあらず、草木の色のあらたまるにもあらじ。人の心のあしくなり行を末世とはいへるにや」(同上)という一節は、親房の立場から末世を定義したものであるが、そこに末世における行動の方法が暗示されているかに見える。「すえの世にはまさしき御ゆづりならでは、たもたせ給まじきことと心えたてまつるべき也」（『神皇正統記』光孝）というとき、末世を生きぬくためには、格別の努力が必要であることを示している。

現実の世は末世である。しかし皇室は存続し得る。ただそのためには努力が必要だというとき、皇室の安泰は何によって保障されるのであろうか。また末世なるが故に払わねばならぬ努力とは一体如何なるものであろうか。第一の問題に対する解答はいうまでもなく神国思想である。冒頭に「大日本者神国也。天祖はじめて基をひらき、日神ながく統を伝給ふ。我国のみ此事あり。異朝には其たぐひなし」とあり、また「君も臣も、神をさること遠からず」という独自の国体のみが、皇位を安らかにし、末世においてさえ「神明の威徳」、皇祖天照大神の「誓約」は変わらない（同上、序論、応神、後宇多）。従ってそこから「今の御門、また天照大神よりこのかたの正統をうけましましぬれば、この御光にあらそひたてまつるものやはあるべき。中々かくてしづまるべきときの運とぞおぼえ侍る」という南朝勝利の必然性が導き出される（同上、後醍醐）。

しかし正統の君主が神の加護を受け得る場合、天照大神の神勅に関連する三種の神器の存在が重要な意義をもつのである。ところで三種の神器の問題に関しては、当時悲観的な材料が存在した。それは神器の一つである宝剣が源平の合戦に際して、海底に没したことであり、慈円も「コノ宝剣ウセハテヌル事コソ、王法ニハ心ウキコトニテ侍ベレ。コレヲモココロウベキ道理サダメテアルラント案ヲメグラスニ、コレハヒトヘニ今ハ色ニアラハレテ、武士ノキミノ御マモリトナリタル世ニナレバ、ソレニカヘテウセタルニヤトヲボユル也」（『愚管抄』巻五、後鳥羽）として、そこから武者の世の到来の必然性を洞察しているのである。このような考え方は、南北朝時代にはより普遍的になったばかりか、三種の神器の破損紛失によって、王法に対する神の加護が得られなくなったと考え、末代思想に大きな論拠を与えていたのである。従って親房は、末代思想を完全に克服するためにも、三種の神器に関して、一言無くては叶わぬところであった。

当時一般には、内裏に伝わった神器が、神代以来の実物と考えられており、慈円もまたそのように考えたと見られるが、親房はまずこの点を検討し「なべて物しらぬたぐひは、上古の神鏡は天徳・長久の災にあひ、草薙の宝剣は海にしづみにけりと、申伝ふること侍にや。返々ひがごとなり」（『神皇正統記』後鳥羽）と述べ、神鏡・宝剣の正体は、各々伊勢神宮・熱田社に祭祀されていて、損傷亡失したのは模造品だとする。とすれば模造品を伝える天皇が、何故正統なのかということになるし、「内侍所・神璽も芳野におはしませば、いづくか都にあらざるべき」という主張との間に、ジレンマを生ずる可能性もあるが、この点は問題にしていない（同上、後醍醐）。むしろ「此国は三種の正体をもちて眼目とし、福田とするなれば、日月の天をめぐらん程は、一もかけ給まじき也」（同上、後鳥羽）という超越的論理によって、神器亡失の可能性が絶対に存しないという信念が吐露されるのである。

こうして親房は、末法観を克服し、その神国思想を打ち立てることに成功した。その立場に従えば、天皇制の滅亡ということはあり得ず、結局皇位は正統の君主に伝えられるのであるが、それにしても「一旦しづむ」、すなわち一時的な沈淪はあり得るのである。「我国は神国なれば、天照大神の御計にまかせられたるにや。されど其中に御あやまりあれば、暦数も久からず。又つゐには正路にかへれど、一旦もしづませ給ためしもあり。これは皆みづからなさせ給御とがなり」（同上、光孝）。すなわちそのような皇室の沈淪は君主の自科であるとするのであって、天皇制擁護とはいい条、無条件、無批判的なものではなく、承久の乱を経過した貴族階級の自己批判のあとが見られるのである。神の加護も無条件に得られるものではなく、「人民のやすからぬことは、時の災難なれば、神も力をよばせ給はぬにや」（同上、後鳥羽）という神威への懐疑は、君主が神の加護を受けるにふさわしい聖徳の持主であることを要求する。（A）「神は人をやすくするを本誓とす。天下の万民は皆神物なり。君は尊くましませど、一人をたのしましめ、万民をくるしむる事は、天もゆるさず、神もさいはいせぬいはれなれば、政の可否にしたがいて、御運の通塞あるべしとぞおぼえ侍る（『神皇正統記』後嵯峨）」。すなわち天皇の尊厳は当然であるとしても、民生の安定こそ神の本意であり、天意に叶うことであって、徳政を行わぬときは、神の加護も得られぬとする。この点では、親房の思想は、当時理論的な天皇制論としては最も進歩的であった帝徳論に共通したものがあり、帝徳論的立場を十分ふまえての発言だったことは明らかである。帝徳論的天皇制観は、一般には天皇制への批判的見解であることはいうまでもないが、親房がその思想と訣別するのは、彼が君主の有徳を強調するかたわら、常に人臣の道を説くが故である。

親房がいう人臣とは一体何を指しているのであろうか。人臣は通常貴族を指すものと考えられているようである。(B)「まして人臣としては君をたうとび、民をあはれみ、天にせぐくまり、地にぬきあしし、日月のてらすをあふぎても、心の黒して、光にあたらざらんことをおぢ、雨露のほどこすをみても、身のただしからずして、めぐみにもれん事をかへりみるべし」（同上）という記述を見れば、親房の考えている身分観は、君—臣—民と図式化され、一般庶民は民であって臣ではなかったようである。問題は武士が臣に含まれるか否かであるが、右の文に続いて「いはんや国柄をとる仁にあたり、兵権をあづかる人として、正路をふまざらんにをきて、いかでか其運をまたくすべき」とあるところを見れば、「兵権をあづかる人」も「人臣」に含まれ、且つ前後の文章より、頼朝・泰時らがそれにあたることが推察される。また別の箇所では四民を論じているが、四民とは（一）稼穡・紡績を行うもの、（二）商沽の利を通ずるもの、（三）工巧のわざを好むもの、（四）仕官に心ざすものの四つを指し、「仕官するにとりて文武の二の道あり。坐て以道を論ずるは文士の道也。此道に明ならば相とするにたへたり。征て功を立は武人のわざなり。此わざに誉れあらば将とするにたれり」（同上、嵯峨）と述べている。この場合、臣・民を区別せず、四民と称していると見てもよいし、（四）がいわゆる臣であって、それを文臣、武臣に分かっていると見てもよい。しかし、いずれにしても、武臣もまた人臣に含まれていたことは明らかである。

ところで親房において特徴的であるのは、君徳を論じた直後に、必ず臣道が論じられることである。例えば前に引用した(A)は「まして」を介して、直ちに(B)に連なる。承久の乱における後鳥羽院の評価についても、「時のいたらず、天のゆるさぬ事はうたがひなし」として、天皇制批判論的な帝徳論との共通の広場を示しながら、直ちに「但、下の上を剋するは、きはめたる非道なり」と強力な但し書を附して、水を掛けることを忘れない（『神皇正統記』廃帝）。

君主の不徳は非難されるが、不徳の君主を放伐することは許容されない。それはわが国独自の国体の然らしむ処であって、「異朝のことは、乱逆にして紀なきためしおほければ、例とするにたらず」。中国風の革命思想は、本朝においては容認されず、「我国は、神明の誓いちじるくして、上下の分さだまれり」（同上、後嵯峨）として、神明の誓に基づいて、君臣の分の遵守が要求される。従って要するに親房の思想は、一種の国王神権説であって、天皇に啓蒙専制君主たることを求めるにすぎない。

親房においては、武臣も臣である限り、人臣の道を実践することが必要であるが、武臣の特殊な性格は、彼らが「数代の朝敵」である点にあるから、特別の恭順が要求されるのである。すなわち「御方にまいりて其家をうしなはぬこそ、あまさへある皇恩なれ。さらに忠をいたし労をつみてぞ、理運の望をも企はべるべき。しかるを天の功をぬすみて、をのれが功とおもへり」（同上、後醍醐）と武臣のあり方を批判する。このような考え方が余りにも独善的であり、到底武士たちの容認し得ぬところであるのはいうまでもないが、しかしそれは決して親房独自の見解ではなかった。「今四海一時に定て、万民誇㆓無事化㆒、依㆓陛下休明徳㆒、由㆓微臣（護良親王）籌策功㆒矣。而足利治部大輔高氏、僅ニ以二一戦功一、欲レ立二其志於万人之上一」（『太平記』巻十二、公家一統政道事）「是全武略の勝たる所には非ず、只聖運の天に叶へる故也」（同上、巻十六、正成下向兵庫事）などが、その表現であり、建武新政成功の原因は、聖運にあるか武略にあるかが問われたとき、少なからぬ貴族が聖運による勝利を称したのであった。

かといって、末世・乱世においては、とりわけ武を必要とする。先に引用した中原章房の言に代表されるような現状維持論も、天皇・貴族側の武力の弱さを主張するものであり、それはしばしば宝剣紛失の意義と結びつけて考えられてきたのである。「文武揆一也と云へ共、用捨時異るべし。静なる世には、文を以て弥治め、乱たる時には武を以急に静む」（同上、巻二、長崎新左衛門尉意見事）という風な見解は、一般的にも認められていたものであり、親房自身も「文武の二はしばらくもすて給べからず。世みだれたる時は、武を右にし文を左にす。国おさまれる時は文を右にし武を左にすといへり」（『神皇正統記』嵯峨）と述べているのである。武を右にしなければならぬ乱世であればこそ、武士の存在は大きくなってくるのである。仏菩薩もまた、慈悲を先とする摂受と、刑罰を宗とする折伏の二門をもって利生方便を垂れるとし「我若帰二剃髪染衣体一、捨二虎賁猛将威一、於レ武全二朝家一人誰哉」と述べる護良親王は、乱世においては貴族もまた武装する必要のあることを説いたのであり、和漢の稽古を家業とする北畠顕家も、政道の古き姿においては、文武の道に二なしとして、陸奥鎮定に赴任したのであった（『太平記』巻十二、公家一統政道事、『神皇正統記』後醍醐）。

しかし伝統的な儒学的徳治思想において、武が凶器であることはいうまでもない。乱世においてのみ武が必要であるとされるに留まらず、武を用いることが乱世の象徴であるどころか、時には乱世の原因であるという考え方さえ支配的であった。貴族自身の武装は、武力を貴族が持たぬ故に発生する末世観的無力感を克服する一つの方法には違いなかったが、同時にこのような副作用もまた無視しえぬ重要性を帯びている。後鳥羽院に関して『愚管抄』

は「弓馬ノ御遊ビアリテ、中古以後ナキ事多クハジマレリ」（巻二、後鳥羽）とし、『六代勝事記』にも「文章に疎にして弓馬に長じ給へり」とあるが、これらは何れも非難がましい筆致である。弓馬を嗜むが如きは、制法に拘らざる院政期以来の末代の君主の所業であり、元来聖主の関せざるところである。とくに護良親王は、一旦出家した身でもあるだけに、その非業の死に寄せられた世評は、存外に冷淡であった。「是偏に多の人を失給し悪行の故とぞ見へし」（『保暦間記』）といいきった書物さえ見られる。

従って何といっても「征て功を立つる」武人に武事を委ねることが本旨となるであろう。しかし問題は親房が、武士の存在を無限定で容認しているのではなく、人臣としての武士のあり方を要求している点に存在する。武士もまた人臣である限り、人臣の道を遵守しなければならないし、とりわけ「数代の朝敵」である武士への要求は、極めて苛酷なものが含まれていたのである(1)。

以上、天皇制観を中心に、親房の思想を概観してみた。叙述に際しても留意したつもりであるが、彼の思想は決して当時のある種の皇貴族の思想と隔絶したものではなく、ただそれを体系化したに過ぎぬということが注目さるべきである。当時の政治思想を党派的に類型化すれば、親房の思想はその一類型に含まれるのは事実であり、それ以上に彼の思想に特別の偏向もなければ、孤立的傾向も見られないのである。それ故、諦観して現状維持を図ることなく、積極的に天皇政治を推進しようとする若干の貴族たちの思想を代表するものとして、親房を挙げることは誤りでなかろう。

二　雲景未来記

親房は何のためにこのような思想を披瀝したのであろうか。その思想が、武家側の革命思想をも意識していたことは勿論であろうが、直接には『神皇正統記』は、奥書にも示されているように、ある童蒙、すなわち後村上天皇のために記されたものであった。しかも仮に右に革命思想と称した天皇制に対する批判、懐疑の思想は（それは具体的な行動形態としては、単なる批判から、直接的な天皇制打倒の行動に至るまでの様々なものを含んでいるが）、必ずしも純粋に武士の思想とはいえぬものがある。むしろ親房が直接に闘争の対象としなければならぬ思想は、貴族・社寺等の旧勢力内部にも存在したのであり、とくに論理的に整備されたかたちにおいては、そういえると思う。その一典型として、『太平記』巻二十七「雲景未来記事」の思想を紹介してみよう。この未来記は、羽黒の山伏雲景が、愛宕山で経験した不思議な問答を書き留めて、進奏したものとされているが、恐らくは僧侶の手になるものとみてよく、公武両権力に対する批判的立場がくみとられるのである。

「雲景未来記」は徹底した末代史観（思想）をもって特徴付けられる。「とても王法は平家の末より本朝には尽はてゝ、武運ならでは立まじかりしを御了知も無て、仁徳聖化は昔に不ㇾ及して、国を執らん御欲心許を先とし、本に代を復すべしとて、末世の機分、戎夷の掌に可ㇾ堕御悟無りしかば、後鳥羽院の御謀叛徒に成て、公家の威勢、其時より塗炭に落し也」と手厳しく後鳥羽院を批判する。後鳥羽院を批判するという結論そのものは親房と同一であるが、論証過程には著しく異なるものが見られる。すなわち末世は「武運ならでは立まじかりし」世であり、王法滅尽の世であるにかかわらず、その現実を承認することなく、欲心を先立てて復古を意図した後鳥羽院のアナクロニズムこそが、公家の威勢を塗炭に堕したのだとする。この立場に立つ限り、天皇は末世の現実を承認して、無欲無為に過ごす以外にあり得ないのであって、ここに明白に親房との対立点が看取されるのである。

「雲景未来記」の批判は、さらに後醍醐天皇に及ぶ。「先朝随分賢王の行をせんとし給しか共、真実仁徳撫育の叡慮は総じてなし。継レ絶興レ廃、神明仏陀を御帰依有様に見へしか共、驕慢のみ有て、実儀不二御座一」とするのがそれである。後鳥羽院と後醍醐天皇とを異質的なものと見る親房の思想とは、この点でも区別される。「雲景未来記」は当然のことながら、後鳥羽・後醍醐を同質視している。それどころか、後醍醐天皇の事業は「武家雅意に任て天下を司ると云共、王位も文道も相残る」次善の世を「武家を亡し給ふに依て、弥王道衰て、公家悉廃れたり」という最悪の世に没落させたものと評価される。すなわち後醍醐天皇に至って、王法の没落は、一層の深刻さを増すに至ったのである。後鳥羽院も悪王であるにせよ、まだしも「世も上代、仁徳も今の君主に増り給」「上の威も強く、下の勢も弱」かりし時代であった。従って帝徳は時勢の推移とともに下落するばかりか、武将の質も低下し、足利尊氏もまた「高時に劣る」存在とされるのである。

「雲景未来記」のこのような見方が、末代史観を基調とするものであることは確かであり、恐らく同時代の後醍醐評において、最も徹底したものの一つと思われる前述の見解も、かかる末代史観の適用によって、容易に打ち出しうるものだったのである。

「雲景未来記」が予言する未来像は「自レ是天下大に乱て、父子兄弟怨讐を結び、政道聊も有まじければ、世上も無二左右一難レ静」とする暗黒の世であり、猛火燃え来り、座中の客が七顚八倒するというかたちで、それ以上の論及を中絶せざるを得ぬ絶望的性格のものであった。このような末代史観を否定する親房が「中々かくてしづまるべき時の運とぞおぼえ侍る」（『神皇正統記』後醍醐）とするばら色の未来像をえがいているのとは、まことに対蹠的である。

親房は鎌倉政権の合法性と後鳥羽院の不徳とを指摘することによって、承久の乱が失敗した原因を究明した。かつて慈円が苦悩した後鳥羽院への否定的評価は、もはや一種の常識であった。しかしこの論理をさらに展開していけば、後醍醐天皇の計画が正当であり、足利政権が不当であることを論証し得ない。親房に与えられたのは、後鳥羽院への否定的評価という思想史的遺産と、南朝のイデオローグとしての政治的立場という矛盾する二つの条件であった。後鳥羽院に対する否定的姿勢と、後醍醐天皇に対する肯定的姿勢とを併せ示さざるを得ぬ親房は、両者を異質的なものと見、本質的には継続する二つの武家政権をも異質的なものとし、足利尊氏個人を攻撃して、人臣の道を論ぜざるを得なかったのである。

親房にしても、「雲景未来記」にしても、その史観に神秘主義的性格を帯びることは共通している。しかし貴族・社寺等旧勢力の立場に立って、日本の歴史を回顧するとき、末代史観は最も現実に合致しており、かつ説得的であった。それは旧勢力一般、南朝の廷臣をさえもとらえたと思われる停滞・諦観の敗北主義の理論化であった。親房が闘争の当面の目標としたのはこのような敗北主義思想であった。親房は現世が末世であることを承認した上で、末世における正しい行動の方法を提示しなければならなかった。承久の乱を経験する以前に記された『愚管抄』においても、末代の克服という問題意識は存在するのであるが、承久の乱後百余年を経た『神皇正統記』において、同一の課題は、遥かに困難の度を加えていた。後鳥羽から後醍醐へ、鎌倉幕府から室町幕府への歴史的展開が、「雲景未来記」においては連続的に把握されているにかかわらず、親房の場合に論理的一貫性を欠いているのは、この困難な条件下における親房の理論闘争の挫折のあらわれであった。

親房の理論は、「雲景未来記」的末代史観＝敗北主義に対するアンチテーゼであるが、必ずしも理論的防壁としての役割を十分に果たし得ないようである。この問題に関連して、親房の理論の核心の一つである三種の神器論をめぐる問題をとりあげてみよう。

「雲景未来記」は、やはり三種の神器をもって天皇の権威の源泉とする思想を示しているが、とくに源平の合戦において宝剣が沈失した事件を重視し、それをもって「王法、悪王ながら安徳天王の御時までにて失はてぬる証」とする。すなわちこの事件は、王法没落過程における決定的一画期として位置づけられているのであり、当時の貴族社会における常識的見解である。慈円が宝剣の紛失によって衝撃を受けたのも、宝剣が草薙剣そのものであると考えたからであろう。(2) 親房はこの点を批判し、失われた宝剣は、実物でなしに模造品であり、さらに、日月の天をめぐるうちは、神器が亡失するようなことはあり得ないと主張したのであった。客観的な歴史的事実はさておき、古典の正統的な解釈としては、確かに親房の方が正しい。しかし「雲景未来記」は、この神器に関して、親房流の実証主義では受け止められぬ問題を提出するのである。

親房にとっては、南朝が三種の神器をもつことは、南朝の正当性を示すものであるとともに、南朝の盛運を約束するものであった。しかし「雲景未来記」の立場においては、親房の論理は逆立している。三種の神器が（真偽何れであろうと）南朝の皇室に伝えられていることは、もはや重要な問題ではない。三種の神器も、それを護持するにふさわしい君主の手にあることによって、はじめて神の加護を期待しうるのである。現実に神器が「微運の君に随て、空く辺鄙外土に交」るような状態は、神明の加護が失われ、王威が滅尽した証拠であり、末代史観の正当さの有力な裏づけを加えることにしかならないのである。

ここにおいて想起されるのは、貞和四年（一三四八）伊勢から宝剣が献上された挿話である。いうまでもなくこの宝剣は、壇ノ浦で海底に没したもので、百王鎮護の宗廟の神が、龍宮に神勅を下して召し出したものとされている。もしこの剣が真物であるならば、末代意識も解消するかもしれないし、北朝側も真物の宝剣を入手できたことになる。しかるに勧修寺経顕は「政盛に徳豊なりし時だにも、遂に不二出現一宝剣の、何故に斯る乱世無道の時に当て、出来り候べき」(『太平記』巻二十五、自伊勢進宝剣事)と述べ、その剣を偽物と断定した。宝剣の真偽を鑑定することは恐らく不可能であろうが、現世が末世乱世であるという前提の下に、宝剣などあらわれるはずがないと断ずるのである。皇威の復活を助けんとする宗廟神の計らいも、現世を無道の時と観じた賢明な世俗的智慧のために却下される。真物であろうと偽物であろうと、影の薄い帝王の手中にある限り、神器は神器としての意味をもたない。天皇の権威の最後の切札として出された三種の神器が、貴族たちによってすら、このように遇されるのこそ、まさしく末代のあらわれではなかろうか。三種の神器を論じた親房の豊かな学殖も、思いがけぬ論理の伏兵に遭って、無残にも敗れ去ったというべきであろう。

三　天皇制批判思想の系譜

南北朝内乱期の貴族社会において、政治思想として、現状維持主義と天皇制振興主義とが存在したことは、上述のとおりである。一方武家側においても、天皇制に対して批判的で、武力的攻撃を加えることを辞せぬ立場と、現状維持主義の立場とが存在していた。このような事情は、元弘元年(一三三一)後醍醐天皇の討幕謀議に対する処置が、鎌倉幕府で議せられた際における二階堂道蘊と長崎高資の論争として、『太平記』に記載されているもの(巻二、長崎新左衛門尉意見事)からも窺知できるのであり、厳密な実否は別としても、そのような二つの見解の対立は、存在したと見てよいと思われる。

道蘊は「御謀反の事、君縦思食立とも、武威盛ならん程は、与し申者有べからず」と述べている。すなわち幕府の武威が盛んである限り、謀議は恐れるに当たらぬから、放任しておけばよいという見解であるが、一方その思想の前提には「神怒人背かば、武運の危に近るべし」というような、天皇の神的権威の承認が見られるのである。このような見解と、すでに述べた中原章房風の考え方とが、それ以前百余年間の公武融和関係を支えてきたものであることは、明らかである。元来承久の乱後に確立した執権政治そのものが、新旧両勢力の均衡と現状維持との上に樹立された安定政権であり、旧勢力中での最も強硬な反幕分子のみを除去し、全体としては、貴族政権に対して妥協的な態度を持ち続けてきたのである(3)。親房が鎌倉幕府の本質を十分批判し得ず、とくに泰時らに対しては「公家の御ことをおもくし、本所のわづらひをとどめ」（『神皇正統記』後嵯峨）というような、過褒ともいうべき評価を下しているのも、執権政治下における公武関係の相対的安定に惑わされたためであった(4)。

しかし道蘊の見解が支持されるのは「武威盛ならん程」の場合であり、我々の言葉ではそれは鎌倉幕府の安定期においてはと言いかえてもよい。これに対して『太平記』は、長崎高資の言として武士の別種の考え方を記している。高資は「乱たる時には武を以急に静む」とし、「異朝には文王・武王、臣として、無道の君を討し例あり。吾朝には義時・泰時、下として不善の主を流す例あり。世みな是を以て当れりとす」と主張するのである。

後醍醐天皇が無道の君・不善の主であったかどうか。「雲景未来記」の立場では、不善の主に当たるようであるし、少なくとも幕府の立場からすれば、そのとおりであろう。親房の思想は、直接的には「雲景未来記」のように、貴族社会内部に見られる敗北主義思想を攻撃目標とするものであったにしても、高資の言葉に代表されるような武家側の天皇制批判への対応でもあったことは言うまでもない。親房の所論中でも、とくに帝徳涵養論は、公武両社会に見られた帝徳批判論に応え、天皇のあり方を論ずるものであったことが明らかである。

無道の君、不善の主は討つも可とする思想は、鎌倉末期には、武士の一部で抱懐されていたものと見られるが、その源流は果たしてどこにあるのだろうか。私には、このような思想もまた、武家社会で独自に成立したものとは考えられないのである。

元弘・建武の内乱以前において、天皇（制）観の変質上特記すべき事件は承久の乱であった。すでに挙げた手近な例を見ても、「雲景未来記」や長崎高資の言葉からも、そのことが窺われるであろう。親房のような立場を含めて、天皇が無条件、無批判に容認されず、帝徳の有無が問題にされるに至ったのは、わが国における天皇観の歴史において、注目すべき現象であるが、そのような新しい天皇観を広く展開させた画期的事件として、承久の乱を無視することはできない。政治的立場こそ違え、後鳥羽院の信任厚く、同院を敬愛した慈円が、「君之積悪至極、而宗廟成レ瞋歟。代之時運莅レ末、社稷失レ政歟」[5]と記さざるを得なかったのも、この事件を契機としてであり、その影響の深刻さが察知されるのである。いわば承久の乱は、かつての宝剣沈失のもつ歴史的意味の重さが、あらためて身に沁みて感じられる受難の時点であったといえよう。

ところで天皇が無下の民と争い、三上皇の配流、天皇の廃立という結果に終わった未曾有のこの事件において、幕府の立場はいかなる意味で是とされるのであろうか。この問題についての我々の史料は、『吾妻鏡』『承久記』『増鏡』『梅松論』『明恵上人伝記』等であり、何れも乱後時日を経過した鎌倉後期―南北朝の述作であるが、問題の緒をつかむことはできると考える。[6]

これらの諸書から窺える第一の思想は、非が院側にあって、幕府側にないということである。第二に義時が正当である場合、義時の勝利は可能であるということである。例えば『承久記』に「義時は君の御為に忠のみ有て不儀なし。人の讒言に依て朝敵の由を被二仰下一上は、百千万騎の勢を相具たり共、天命に背奉る程にては、君に勝進らすべきか。只果報に任するにてこそあれ」（『古活字本承久記』巻上）とあるのがそれである。「百千万騎の勢を引きつれても、天命に背けば勝てない。只果報に任すのだ」という考え方は、逆に天命に合すれば勝てるのであり、勝敗を決するのは、君臣関係そのものではなしに、天命（果報）だとする思想である。そして天命に合すると否とは、双方の正・不正にあるわけである。従って勝報に接した義時は「義時は果報は、王の果報には猶まさりまいらせたりけれ」と述べている（『慈光寺本承久記』巻下）。「賤しけれども義時、君の御ために後めたき心やはある。されば、横ざまの死をせむ事はあるべからず」（『増鏡』巻二）というのも同様である。このように天命の前には、君臣平等であるにしても、天命に合するか否かの判定には入念な検証が必要である。従って泰時は上洛に際して、鶴岡八幡に参拝し「今度の上洛、若背レ理者、忽ニ泰時が被レ召レ命、可下助二後世一給上。若為二天下一、力と成て、人民を安じ、仏神を興したてまつるべきならば、哀憐を垂れ給へ」（『明恵上人伝記断簡』）と祈念する。それ故、泰時が勝利し、息災であるのは、その行為が神仏によって是とされたことを意味する。

　第三に戦争責任の追及は、天皇の廃立にまで論及されているが、乱の勃発時においては、配流問題は議せられていない。そして天皇の責任を追及せず、君側の奸を排除しようとする傾向が一般に顕著である。第四に天皇（上皇）自身が出陣してきた際には降服すべきだという見解が見られ、逆にその際にも抗戦せよという思想は見られない（『増鏡』巻二、『梅松論』巻上）。第五に天皇に非があるにせよ天下は悉く王土である以上、抗戦すべきでない、いわんや上皇を配流するのはもっての外であり、勅勘を蒙ること自体が天命のがれ難き所以であるという思想、すなわち第二と真正面から対立する考え方も見られる。

　これらの著作は、前述のように鎌倉後期以降のものであるから、承久の乱当時の思想をそのまま示しているとは見られない。しかし、果たしてこれが鎌倉後期以降の思想であると断定してよいかどうかも疑問である。述作に当たって参照すべき何等かの典拠が存在したかもしれないし、思想上の擬古が行われることも当然考慮しておかねばならないからである。このような思想が厳密に何時のものであるかは決定し難いし、今はその問題を保留し、天皇の側に不正があるという思想、その場合に輔弼の臣が攻撃されるという思想の源流を探ってみよう。如何なる場合にも、天皇には従順であれという思想は、伝統的なもので、ここではとりあげない。天皇と戦ってもよいという思想もまた、承久の乱以前には見られないからここでは除く。ただ天皇への従順が要求される場合といえども、ここでは天皇の不徳を前提としており、そのような考え方自身はやはり新しいものであることに注意しなければならない。古代天皇制本来の絶対的、超越的性格自体は変質しているのである。

古代天皇制の絶対的性格の変質は、天皇制の形態変化によってもたらされた。「冷泉院ノ御後、ヒシト天下ハ執政臣ニツキタリトミユ」（『愚管抄』巻七）、「此御門より天皇の号を申さず」（『神皇正統記』冷泉）というように、中世貴族の歴史観において、冷泉朝は一つの重要な転期とみなされている。それは安和の変とそれに伴なう摂関常置開始の時期であり、摂関政治がここに確立したのである。摂関政治の確立は、天皇の治政者としての性格を失わしめ、「摂政即天子也」（『台記』仁平元・三・一条）といわれるように、摂政が治政の実権を掌握し、「今関白之第、是不ㇾ異㆓朝廷㆒」（『春記』長暦三・十・十二条）という言葉に示されるように、治政の場も、摂関家政所に移った。天皇が統治の実権を喪失したことは、天皇の権威を弱めるものではあったが、反面天皇の政治責任をも弱めるのであり、ここでは帝徳批判の立場はあらわれないのである。『愚管抄』のごときは、むしろ藤原氏が天皇の後見となっているような政治形態こそ、祖神の盟約の実現した正しい政治形態と見るのである。

「当時法皇、執㆓天下政㆒給。（中略）天子ハ如㆓春宮㆒也」（『玉葉』建久元・十一・九条）といわれるように、院政下における天皇もまた実際上の政務をとらず、実権は治天の君たる上皇にあった。しかし摂関政治とは異なり、天皇の父帝に当たる院が執政者であることは、制度上の天皇は別として、皇族ないしは天皇制に政治責任を負わせることになる。しかも院政の成立の目的が摂関政治の牽制にあり、その政治形態が要するに院という私的権門の政治であって、権門の争いの中に、院が一権門として介入するに至ったことは、貴族社会内部、とくに摂関制における院政批判を惹起せしめずにはおかなかった。院は今やかつての超越者としての天皇ではなく、貪婪な私欲の持主であったからである。

すでに中御門宗忠が、白河院の喪に際して「法皇御時初出来事」七ヶ条を記している中にも、弱い形ではあるが、院政批判を見ることができる（『中右記』大治四・七・十五条裏書）。しかし、院政に対する風当たりの強さは、皇室にとっても、貴族全体にとっても、未曾有の難局であった源平内乱期に際して、ほとんど先例を無視し、縦横な政治力を振るった後白河院政期においてとくに著しかった。「如レ此之灾難、出レ自三法皇嗜慾之乱政与二源氏奢逸之悪行一」「法皇不レ弁二黒白一」「当今謂二法皇一也和漢之間、少二比類一之暗主也」「昔雖二陽成・花山之狂一、未レ聞二如レ此之事一。法皇又軽々狂乱、雖レ不レ可二勝計一、未レ有二此程之事一」「君暗而迷二少事、況重事哉[7]」……『玉葉』から目ぼしいものを拾ってみたが、文字どおりだとすると、後白河院は陽成天皇にも比せられる無比の暗主だということになる。

天皇がこのような不躾な批判の対象となるに至ったことは注目される。しかし後白河院は、実際上それほどの暗主でもなく、『玉葉』の記述には九条兼実自身の立場が、強くあらわれているのである。すなわち後白河院は、兼実ないしは摂関貴族にとっては、まことに不都合な君主だったのである。兼実は後白河院の訃音に接しても、なお不謹慎な記述をその日記に書き留めている。「天下皆悉悲レ之。況朝暮狎レ徳之類哉。海内悉傷。況名利飽レ恩之輩哉」（『玉葉』建久三・三・十三条）。すなわち院というデスポットに寄生する「朝暮狎徳之類」「名利飽恩之輩」＝院の近臣の存在が、院と摂関貴族との対立を決定的にしていたのである。

兼実の弟慈円は『愚管抄』の中で、後鳥羽院政期を含めて、院の近臣に深い関心を払い、鋭く攻撃している。源頼朝の死、源通親の暗躍の一連の事件についても、慈円は「カカル程ニ院ノ叡慮ニ、サラニサラニヒガ事御偏頗ナルヤウナル事ハナシ。タダヲボシメシモ入ヌ事ヲ作者ノスルヲ、エシロシメサズ、サトラセ玉ハヌ事コソチカラヲヨバネ」(巻六、土御門)と述べ、院に対して融和的である一方、「ヲボシメシモ入ヌ事ヲ作者」に敵意を示している。「時ニトリテ、世ヲシロシメス君ト摂籙臣ト、ヒシト一ツ御心ニテ、チガフコトノ返々侍マジキヲ、別ニ院ノ近臣ト云物ノ、男女ニツケテイデキヌレバ、ソレガ中ニイテ、イカニモイカニモコノ王臣ノ御中ヲアシク申也」(巻七)と天皇と摂籙臣との君臣合体を強調する立場から、君臣の間を離間する近臣を攻撃するのである。

勿論、兼実や慈円のような摂関貴族の意見をもって、貴族層全体の意見とするには疑問があろう。しかし貴族間においても、家司制的な保護関係が著しく発達した当時においては、院と院近臣との結びつきは、摂関貴族とそれに結びつく中小貴族との対立内紛を激化せしめ、それだけに院ないし院近臣への反感は、貴族間に拡大する傾向が見られたのである(8)。藤原定家の『明月記』においても、そのような批判的筆致は、随所に認めることができる。そして、義時を讒言した逆臣として、幕府が攻撃の鉾先を向けているのも、これら院の近臣のことだったのである。

このように、院とその近臣に対する批判は、貴族社会においては活発に行われていた。そして、院はもはや神格を具えた超越者でなく、私利私欲を追求する赤裸々の人間として、批判されたのであった。しかしこのような批判は、院の実態を直接に認識しうる貴族的立場において、はじめて可能であったのである。反面、院政というかたちにもせよ、天皇制の存在は、結局貴族社会全体の階級的利益を擁護するのである。貴族社会に内蔵される種々の小対立にかかわらず、貴族は畢竟天皇制に寄生する存在であり、とくに後白河・後鳥羽の後期院政は、前述の対立を内包しつつも、貴族全体の利益を、武士に対して代弁する唯一の公式機関だったのである。悪政の批判が、必ずしも直接には院に向けられず、近臣を対象とする傾向も、当時の院政が果たしていた役割を反映するものであった。[9]

従って、天皇の神聖なる仮面を剝奪し、合理的批判の対象とすることは、貴族社会内部においては行われてもよかったし、それを防止することも到底できなかったであろうが、このような天皇制の秘事が、貴族社会外に知られ、自由な批判の対象とされてはならない。そしてこの秘密主義は成功し、とくに源平内乱期においては、武士に対する院政の機能を、極めて有功に発揮せしめ得たのである。法住寺合戦後、源義仲は「抑義仲、一天の君にむかひ奉て、軍には勝ぬ。主上にやならまし、法皇にやならまし。主上にならうどおもへども、童にならむもしかるべからず。法皇にならうど思へ共、法師にならむもをかしかるべし。よしよしさらば関白にならう」と言ったというのも、案外に真相に近いものといえるのではなかろうか（『平家物語』巻八、法住寺合戦）。入京以来、院政との折衝に忙殺された義仲が、彼の破局の寸前においてさえ、法皇＝法師、主上＝童という現象面しか認識し得ず、法師や童の果たす奇怪な政治機能の本質を自覚し得なかったとすれば、貴族的秘密主義は成功していたといえよう。承久の乱に際して、京方の軍勢が四辻殿に逃げ帰ると、後鳥羽院は閉門して「武士共は是より何方へも落行け」と言った。武士の一人山田重忠は「大臆病の君に語らはされて、憂に死せんずる事、口惜候」と高声に罵ったというが（『古活字本承久記』巻下）、重忠は院政の非情を死を前にしてしか知り得なかったのである。

この時期において、義仲をも含めて天皇制に対する勇敢な批判にも似た発言をしばしば見ることがある。上総介広常は「ナンデウ朝家ノ事ヲノミ身グルシク思ゾ。タダ坂東ニカクテアランニ、誰カハ引ハタラカサン」と頼朝に語ったといい（『愚管抄』巻六、後鳥羽）大庭景能は「軍中聞㆓将軍之令㆒、不㆑聞㆓天子之詔㆒」（『吾妻鏡』文治五・六・三十条）と述べている。それでは頼朝がそれを口実にして広常を討ったというように、広常は天皇への逆意を抱いていたのであろうか。広常や景能は、義仲と同じ立場にもし置かれた場合には、同様にきりきり舞いするような愚直な坂東武者の気質を語っているに過ぎないのである。広常は頼朝が何故朝廷のことに腐心するかが全く不可解であったし、景能は単に戦の故実、主従関係の本質を論じたまでである。天皇制に対する無関心は存在したかもしれないが、批判的な立場は存在していない。要するに一般武士の天皇制に対する理解、いいかえれば無知の水準以上でも以下でもなかったのである。

このように考えると、承久の乱以前において、武士社会においては、一般に天皇制に対する批判の論理は存在しなかったといえる。武士がそのような思想を自分のものにするためには、要するに貴族政権との種々のかたちでの闘争の中で、自らを鍛えていくことが必要であるが、貴族社会が天皇制の本質を秘匿している壁を破って、貴族的な天皇制批判の論理を摂取し、それを彼らにふさわしいものに加工しなおしていくのが、有効な方法ではなかろうか。古代・中世の変革期における棟梁の役割は、そのために重要な意義をもっているのである。孤立して階級的結集を自ら成しえぬような在地領主の存在形態が、棟梁の出現を必然的なものとしたということは、棟梁が在地領主の政治的無知を救済する機能を果たさねばならぬことを意味しており、そこにまた棟梁が半ば貴族的性格をもつ意味も理解されると思う[10]。ここにおいて想起されるのは行家・義経に頼朝追討の後白河院宣が出された際の頼朝の書状である。

行家・義経謀叛事、為二天魔之所為一之由、被二仰下一。甚無レ謂事候。天魔者、為二仏法一成レ妨、於二人倫一致レ煩者也。頼朝降二伏数多之朝敵一、奉レ任二世務於君一之忠、何忽変二反逆一。非二指叡慮一之、被レ下二院宣一哉（中略）。日本国第一之大天狗ハ、更非二他者一候歟（『玉葉』文治元・十一・二十六条）

この「日本国第一之大天狗ハ、更非他者候歟」という指摘は、当時の武士的立場における唯一の論理的な天皇制批判かと思われる。ところで頼朝と義仲との差は、どこから生まれたのであろうか。後白河院を日本一の大天狗とする表現や、さらに右の書状全体を見ても、それが実は貴族的院政観の継受であると考えたいのである。想像を重ねることにはなるが、頼朝が流謫中といえども常に京都との音信を通じ（『吾妻鏡』治承四・六・十九条等）、また京下りの官人を重用したことは、この点において重要だと思う。

承久の乱に際して、大江広元の果たした役割を無視することはできない。待機して京方を迎撃すべしとの議論を排し「東士不㆓一揆㆒者、守㆑関渉㆑日之条、還可㆑為㆓敗北之因㆒歟」「於㆑累㆓日時㆒者、雖㆓武蔵国衆㆒、漸廻㆑案、定可㆑有㆓変心㆒也」と述べて、即時出兵を主張したのは広元であった（同上、承久三・五・十九、二十一条）。また義時の釜殿に落雷あるや、運命の縮まる端かと恐れおののく義時に対し「君臣運命、皆是天地之所㆑掌也。倩案㆓今度次第㆒、其是非、宜㆑仰㆓天道之決断㆒。全非㆓怖畏之限㆒。就㆑中此事、於㆓関東㆒、為㆓佳例㆒歟」と文治五年（一一八九）奥州合戦の先例を挙げて、静かに不安を解きほぐしたのであった（同上、承久三・六・八条）。右の記述に明らかな如く、広元は武士側に瓦解の可能性のあることをも察知し、義時の不安の実態をも知っていた。広元は天皇制の実態と、それに対する貴族的立場からの批判をも知り、且つ武士側の天皇制に対する無知の実態をも知悉していた。軍事専門家でない彼が、この乱に際して適切な態度をとり得たのは、彼の優れた政治的知識の賜物であり、武士がもし敗れるとすれば、それは天皇制の呪術への敗北以外にあり得ぬことを理解していたからである。京下り官人達の存在が、貴族的天皇制観の武士への継受に果たした役割の重要さが知られるのである。

勝報を耳にした義時は「今は義時、思ふ事なし。義時は果報は、王の果報には猶まさりまいらせたりけれ」と喜んだという。承久の乱の成果は、頼朝や広元が、貴族社会から獲得し確立した天皇制批判が、より広範に武士層の遺産として植えつけられていく条件が開かれ、天皇制に対する武器としての切れ味を増していった点にある。鎌倉後期以来、公武を問わず、広範に展開される帝徳論的天皇制論は、この乱の結果進められた貴族階級の自己批判と、武士の認識の高まりの成果だったのである。

四　実用主義的天皇制論

しかし南北朝時代における天皇制批判の立場は、必ずしも貴族的系譜を承けた帝徳論風の論理的なものがすべてではなかった。実用主義ともいうべき、より単純明快な思想が他方に見られるのである。元弘三年（一三三三）六波羅の陥落に際し、探題北条仲時が、光厳天皇・後伏見・花園両院を奉じて東走せんとした際、途次において要撃した野伏は「如何なる一天の君にても渡らせ給へ、御運已に尽て落させ給はんずるを、通し進らせんとは申まじ。輒く通り度思食さば、御伴の武士の馬物具を皆捨させて、御心安く落させ給へ」と述べた（『太平記』巻九、主上・上皇御沈落事）。

この野伏の言葉は、前節で述べた天皇制論よりも極めて過激な外観を呈している。しかし、このことから、天皇の権威が失墜した事情は、十分読みとられるにしても、別段そこに政治的意識の高まりが見られるのでもない。そこには鎌倉末期の悪党たちにも見られる衝動的な無思想性が窺われ、目的の重点は天皇ではなしに、掠奪にあったようである。むしろ思想的には義仲の思想と同質であり、思想としての展開を認めることはできない。

しかるに類似した言動が、佐々木道誉・土岐頼遠・高師直などにも見られた。道誉父子は妙法院宮の坊人と争い、同宮の御所を焼いた（『太平記』巻二十一、佐渡判官入道流刑事、『中院一位記』暦応三・十・七条）。土岐頼遠は「何に院と云ふか、犬と云か。犬ならば、射て落さん」と言って、光厳上皇の仙駕に狼藉を働いた。『太平記』は「御幸も不レ知けるにや」と記しているが、頼遠程のものが、院の何者たるかを知らぬはずはない。「酔狂の気や萌しけん」とあるのが真相であろう。ただこの事件を評して「頃比習俗、華夏変じて戎国の民と成ぬれば、人皆院・国王と云事をも不レ知けるにや」とあるのは、全く無根ではあるまい。頼遠がその罪によって斬られたのを聞いた田舎人は「院にだに馬より下んには、将軍に参会ては、土を可レ這か」と言ったといわれ、或る武士は雲客に会って「すはや是こそ件の院と云くせ者よ。頼遠などだにも懸る恐者に乗会ひして、生涯を失ふ。まして我等様の者、いかにととがめられては叶まじ」とあわてて下馬し、頭を地に着けて畏ったという。勿論ここでは戯画化された情景が見られるのであるが、因みに雲客の風体は「破れたる簾より見れば、年四十余りなりけるが、眉作り金付て、立烏帽子引かづき著たる人の、轅はげたる破車を、打てども行ぬ疲牛に懸て」と記されている。「此比洛中にて、頼遠などを下すべき者は覚ぬ者を。云は如何なる馬鹿者ぞ」と放言するような驕慢な武士には軽んぜられ、一方田舎武士には、天皇の不思議な力が、貧相で異様な風采を連想させるような、「くせ者」としか表現できぬ存在――それが北朝の天皇であった。天皇のもつ神秘性の堕落したかたちが「くせ者」なのである（『太平記』巻二十三、土岐頼遠参合御幸致狼藉事付雲客下車事、『中院一位記』康永元・十一・二十九条）。

さて高師直・師泰兄弟の場合、天皇の権威への挑戦は一層露骨になっている。「都に王と云人のましまして、若干の所領をふさげ、内裏・院の御所と云所の有て、馬より下る六借さよ。若王なくて叶まじき道理あらば、以レ木造るか、以レ金鋳るかして、生たる院・国王をば、何方へも皆流し捨奉らばや」と語ったというのは（『太平記』巻二十六、妙吉侍者事）、師直を陥れようとする讒言であったにせよ、実用主義思想が、天皇無用論ないしは打倒論に展開しているのを見ることができる。叡山に対して「此寺未立ざりし先に、聖主治レ国給ふ事、相続て五十代、曾異国にも不レ被レ侵、妖怪にも不レ被レ悩。君巍々の徳を播し、民堂々の化に誇る。以レ是憶レ之、有て無益の者は山門なり。無て可レ能山法師也」と述べた上杉重能の言葉もまた、実用主義的、武家中心的な叡山無用論である（同上、巻十八、比叡山開闢事)。

師直の悪行として伝えるものは、彼が皇貴族の女性に次々に手を出し、恋の鞘当から大炊御門冬信の亭に放火したことであり、師泰は山荘を造るために、菅宰相在登家の墳墓をあばき、在登を刺殺し、労役に酷使される人夫をあわれんだ四条隆蔭の青侍を責め使い、石河川原に陣取って附近を支配し、朝廷や幕府の命もなしに、勝手に諸社寺の所領を奪い取り、天王寺の常灯料所を押領し、天王寺の塔の九輪の宝形を鋳つぶして、鑵子を作ったりしている。被官のものが恩地が少ないと嘆くと、寺社本所領を押領すればよいと勧め、罪科あって所領を没収された者には、そのような命令に従う必要なしと教える(11)。

ところで師直兄弟の悪行と伝えるものを見ると、その行動は必ずしも単に専恣とか乱暴とかで片付けられるものではなく、一貫した一つの方向、すなわち皇貴族・社寺等に対する攻撃という方向を持っている。彼らは天皇制と貴族・社寺との関係をもはっきりと認識し、明確な目的意識をもって行動しているのである。天皇偶像論にしても、師直兄弟の一連の行動を通じて見るとき、必ずしもこれを一場の冗談だとしてしまうことはできないであろう。

佐々木・土岐・高などの言動には、外見上、光厳天皇を襲った野伏のそれと差異のないものが見られぬでもない。しかしそれが決して天皇制に対する無知に出るものでないことは、師直兄弟の行動について考察したところである。それはこれらの人物の経歴からもまた察しうるのである。佐々木道誉は近江の豪族で、元弘の変に後醍醐天皇を隠岐に護送した人物であり、茶道・花道にも通じた文化人である(12)。土岐氏は美濃の名族で、頼遠の弟頼兼のごときは、正中の変には宮方に属して活躍している。高氏の出自は必ずしも明らかでないが、足利氏の執事をつとめ、元弘の変において足利尊氏上洛の際に「足利殿御兄弟、吉良、上杉、仁木、細川、今河、荒河以下の御一族三十二人、高家の一類四十三人」(『太平記』巻九、足利殿御上洛事)とあって、足利氏の有力部将であったことは明らかである。

その上師直は、書や歌に練達で、首楞厳義疏注経を開版し、春屋妙葩・三宝院賢俊とも親交があった由である。

彼らが天皇制に対して無知であったとは決して思われないが、何れも当時最も勢威を誇った守護大名であったことは注目してよい。それでは野伏・田舎人の天皇制に対する無知と、守護大名の天皇制否定論とはどのようにして結びつくのであろうか。師泰が天王寺の五重塔の九輪を鋳つぶした事件は「上の好む所に下必随ふ習なれば、相集る諸国の武士共是を聞伝て、我劣らじと塔の九輪を下て、鑵子を鋳させける間、和泉・河内の間、数百箇所の塔婆共、一基も更に直なるはなく」（『太平記』巻二十六、執事兄弟奢侈事）という風に、相次ぐ追随者を生む。また被官の者をけしかけて、寺社本所領の押領を勧めるというように、下級武士の間に、下剋上の観念を植えつけていったことが知られる。野伏たちを把握する過程において、彼らの素朴な感情をも理解し、同時に彼らの旧勢力への闘争に油を注ぐという関係が見られるのである。「執事の被官に身を寄て、恩顧に誇る人幾千万ぞ（中略）。烏帽子の折様、衣紋のため様をまねて、此こそ執事の内人よとて、世に重んぜられん事を求」めたという記述は（同上、巻三十、将軍御兄弟和睦事）、悪逆無道の将師直が、いかに部下には人望があったかを示している。

ところで、以上私は南北朝時代において、武家側の天皇制批判論に二つの類型のあることを指摘した。親房の天皇制論は、そのうち帝徳批判論に対する対応であり、既述のとおり、その理論に破綻の存することは確かであるにしても、一応対応の役割を果たしているということはできよう。のみならず帝徳批判論的立場の限界は、畢竟それが貴族的思考様式の中で帝徳を論じているということであった。承久の乱に関する論点においても、天皇自ら出馬して武家に立ち向かったときにどうするかという設問に対して、『梅松論』のような書物においてさえ、降服という以外の解答はついに出てこなかったのである。とすれば天皇制に対する否定の論理としての威力は、守護大名たちの築き上げた実用主義的立場の方が、遥かに強かったといえるし、それは親房にとっては奇想天外で、もはや立ち向かう術を知らぬものであった。

ところで佐々木・土岐・高等によって侮辱されたのが、すべて北朝の天皇であったことは、室町政権下の天皇制のあり方を暗示している。「持明院殿は、中々執レ権開レ運武家に順せ給て、偏に幼児の乳母を憑が如く、奴と等しく成て御座程に、依二仁道善悪一還て如レ形安全に御坐者也。是も御本意には有ね共、理をも欲心をも打捨て御座さば、末代邪悪の時、中々御運を開せ給ふべき者也」とは「雲景未来記」の記述である。理も欲も捨てた幼児・奴僕の如き存在こそ、末代の天皇にふさわしいものであり、貴族層の常識であった無力の諦観の正しさを示していた。師直的表現を借りれば、それは事実上、木・金で作られた偶像の天皇であった。「公家の人々いつしか云も習はぬ坂東声をつかい、著もなれぬ折烏帽子に額を顕して、武家の人に紛んとしけれ共、立振舞へる体、さすがになまめいて、額付の跡、以外にさがりたれば、公家にも不レ付、武家にも不レ似」（『太平記』巻二十一、天下時勢粧事）という時勢粧は、当時の記録に見られる貴族の武士への追従、天皇制の実態を示している。

しかし奴僕の如き天皇といえども、室町幕府にとっては、無用の長物ではなかった。「将軍兄弟も、可レ奉レ敬一人君主を軽じ給へば、執事其外家人等も、又武将を軽じ候。是因果の道理也」（同上、巻二十七、雲景未来記事）とあるように、将軍は家人達の抵抗を抑えるためには、天皇制を維持していかねばならなかった。土岐を斬り、佐々木を流罪にしたのも、そのための配慮からであった。しかし佐々木道誉はまさに人を食った配流の態度で権威への抵抗を示したし（『中院一位記』暦応三・十・二十六条、『太平記』巻二十一、佐渡判官入道流刑事）、高師直に至っては、反って尊氏兄弟に反抗した。守護大名の統制の困難さがここにも見られるのである。かくて「臣殺レ君、子殺レ父、力を以て可レ争時到る故に、下剋上の一端にあり」（『太平記』巻二十七、雲景未来記事）という下剋上の嵐にまきこまれたのは、天皇制だけではなかったのである。

注

(1) 当時宮方についた武士といえども、一般に天皇への奉公は、封建的な主君へのアナロジーにおいてしか考えられなかった。しかるに親房が武士に求めているのは、天皇に対する人臣としての忠誠である。かくて宮方では、主従道徳と君臣道徳との齟齬を来しその何れをも欠くことになった。この点の展開は、ここではできないが、問題の所在のみを記しておく。

(2) 宝剣紛失をめぐる慈円の思索については、赤松俊秀「慈鎮和尚夢想記について」(『鎌倉仏教の研究』)参照。

(3) 拙著『日本中世政治史研究』第三章第三節。

(4) 永原慶二「北畠親房」(佐藤進一編『日本人物史大系』2) 一一五頁参照。

(5) 青蓮院吉水蔵聖教慈円自筆願文 (赤松『鎌倉仏教の研究』二八五頁所引)。

(6) 安田元久「封建時代の天皇」(『思想』三三六) は、鎌倉後期の『吾妻鏡』『承久記』と、南北朝時代の『梅松論』とにおいて、乱の扱い方が異なることを指摘している。ここではやや異なった見地から問題をとりあげた。

(7) 『玉葉』寿永二・九・三、六、寿永三・三・十六、六・十七、八・一各条。但し第三番目のものは、藤原通憲の語と記されている。

(8)(9) 注(3)に同じ。

(10) 石母田正『古代末期政治史序説』下、前掲拙著第一章第四節参照。

(11) 冬信第放火事件は、『天正本太平記』に見えるが、他に『園太暦』貞和四・四・二十九条、在登殺害事件は『祇園執行日記』観応元・五・十六条、石河川原に陣して、近辺を管領したことに関連する記事は『園太暦』貞和四・二・五条に見える。最後のものは「(掃部)寮領河州大庭、為㆓兵粮料㆒、師泰濫妨之上、充㆓賜軍勢㆒云々(中略)。然而非㆓勅裁㆒、非㆓武家下知㆒、只師泰成敗歟如何」とあるが、他は『太平記』にしか師直・師泰の名は見えない。

(12) 道誉については、林屋辰三郎『南北朝』五章参照。

三、『増鏡』の立場

あきらけき鏡にあへばすぎにしも
　今ゆくすゑの事もみえけり

歴史を見る眼は、明らけき鏡でなければならないのだが、歪んだ鏡に照して、偽りの姿を写すことが、いかにも多い。古人には思いもよらぬことを、さかしらに忖度し、それをしも「眼光紙背に徹す」などと、自他ともに誤解することが少なくなかったのである。

『増鏡』の研究史を余すところなく論ずる自信はさらさらないが、かつて歴史学の立場から、この古典をとりあげた研究の中には、もとより全く聞くべき点がないとはいえぬものの、右のような所感を抱かせるものが少なくない。曰く、承久・元弘の討幕に重きをおいた、曰く、公家一統の政治をねがった、南朝びいきであった、大覚寺統に好意をもった、武家政治に反感を抱いた、後鳥羽・後醍醐の悲運に涙し、武士の暴悪をにくんだ等々。もちろん、このすべてがまちがっているとはいわない。しかし、このような論説には、明らかに一つの先入主がつらぬいている。南朝正統論、それである。歴史の流れを見る上において、正閏論自体が無意味なのだが、かつて南北朝時代史の蒙った歪曲と受難の痛ましい疵痕は、増鏡研究史の上にも、くっきりと印されている。国史学の大きな目的が、国体の大義の究明におかれていた時期の研究を、今さら逐一批判するつもりもないが、「史学に従事する者は其心至公至平ならざるべからず」「勧懲の旧習を洗ふて歴史を見よ」という重野・久米の啓蒙をくり返したくなるのは、わりなき思いがするのである。

文学的素養の乏しい私が、『増鏡』のどの部分がすぐれているかという論議に入れてもらってよいか不安だが、やはり後醍醐天皇の悲運を中心とする「久米のさら山」を推したい。「めでたし」が全篇で百五十回以上出てくるそうだが、まことにめでたずくめで、いささか退屈ぎみの私が、ぐっと膝をのり出したくなるのは、この部分である。確かに作者は天皇に同情している。だからといって、南朝びいき、大覚寺派、武士へのいきどおりなどをいうのは軽率である。幕府に不満を持っていたにしては、「心ばへなどもいかにぞや、うつつなくて、朝夕このむこととては、犬くひ・田楽などをぞあそばしける」（巻十五）という高時は別として、「心も猛く魂まされる」義時（巻二）、「いと心かしこくめでたききこえありてつはものも靡き従ひ、大かた世もしづかにをさまりすましたり」という時頼（巻五）、「いとめでたきもの」（巻九）という時宗と、鎌倉もめでたき器量人ばかりである。

大覚寺・持明院統の皇位争いをはじめ、宮廷の様々な紛争には、多くの筆を費しているが、むしろ作者がこの種の問題に関心の深いのは当然で、さりとて誰がよいとか悪いとかいっているのではない。時に「いづれも離れぬ御中に、いどみきしろひ給ふほど、いと聞きにくき事もあるべし」（巻七）と紛争の醜さの余り、やりきれなさを洩らす程度で、南朝びいき云々は論外である。南北朝時代に、前代のことを記す場合、後醍醐天皇に同情したとしても、憎しみは北条氏に向けられこそすれ、足利氏は全く別のことだし、逆に鎌倉攻めの新田義貞が、足利義詮を奉じて挙兵したというような珍らしい記述を行い、後世の学者を狼狽させ、恰好の論題を与えた点など、足利びいきだとさえいえぬこともない。

しかし、私は南朝びいきを裏返して、北朝びいき、足利びいきをいうのではない。作者の政治的立場を云々する問題設定の愚をいいたいのである。本書を特定の立場と結びつけ、『神皇正統記』のような傾向の書と同日に論ずるさかしらを批判したいのである。武士の強盛を歎き、天皇の悲運に涙するのは、当時の貴族の一般的心情であって、特殊の立場と結びつくものではない。それは歎きであり涙であっても、それ以上の何ものでもない。いきどおりにもならないし、まして行動にはならない。

「久米のさら山」のすぐれた描写は、後醍醐天皇への同情によるものだけだとは断定できない。伝え聞く去にし承久の昔はさておき、天皇が遠流に処せられるという異例が、作者の文学的感興をそそった事情をも考えておくべきである。この悲運につけて思い出されるのは、「後鳥羽院、隠岐にうつらせ給けむ時」だけでなく、「崇徳院の讃岐におはしましけむ程のありさま」も含まれており、連想は果たされざりし討幕よりも、異域の天皇へとはたらいているのである。そして後醍醐天皇の配流と脱出に、作者の感興は、いつしか須磨の浦の光源氏の身の上との対比に移っている。

承久と元弘に重点があるといわれるように、後鳥羽院の描写は、確かに後醍醐天皇のそれと対比される。後者への深い関心が、前者にも多くの筆を費させたのであろう。しかし「久米のさら山」にあたる後鳥羽院の「新島もり」は、先学の推賞にもかかわらず、余りすぐれているとは思えない。作者の手許に院の詠草が多数用意されており、その素材を連ね記すことに興味があるようで、「新島もり」から、詠草を除けば何も残らない。しばしば引用される承久の乱の論評は「さてもこのたび世のありさま、げにいとうたて口惜しきわざなり」で始まるが、「うたて口惜しき」と歎くものの、「この世ひとつの事にもあらざらめども、迷のおろかなるまへには、なほいとあやし」と問題を投げ出してしまう。それは詠歎であっても、悲憤や批判ではなく、「名分の乱れた時代にかくも見事な批判を下し得たもの、当時に於いて幾何あつたであらうか」（平田俊春『吉野時代の研究』五九〇頁）とほめられては、作者もさぞ気恥ずかしかろう。ましてその後で、すぐに院を評して、「万機の政事を御心一つにをさめ、百の官を従へ給へりしそのほど、吹く風の草木を靡かすよりも勝れる御有様にて、遠きを憐み近きを撫で給御恵み、雨の脚よりも茂ければ、津の国のこやの隙なき政事をきこしめすにも、難波の葦のみだれざらむことをおぼしき」とあるのを見ると、作者の政治音痴は、まことにいとおめでたい。かの北畠親房にして、峻烈、公正な後鳥羽批判のあるのを知る人も多いであろう。めでたき王朝趣味と源氏の世界を、落ち下れる世に再現することこそ、作者の最大の関心だったのである。

かやうに聞ゆる程に、蒙古の軍といふこと起りて、御賀停まりぬ。人〴〵口惜しく本意なしと思すこと限りなし。何事もうちさましたるやうにて、御修法やなにやと公家武家ただこの騒ぎなり。されどもほどなくしづまりて、いとめでたし（巻八）

文永五年、蒙古の国書が来た際のこの記事には、いささか胸をうたれる。後嵯峨院の五十賀の停止を口惜しく思う様が目に浮ぶのである。しかしこれもめでたく鎮まると、ひまゆく駒の足早み、こんな所に滞っているのも惜しく、筆は後宇多の立坊に進む。この態度を非国民扱いするのは野暮である。危急が迫ってこぬ限り、蒙古よりも賀宴の方が大切なのが、なべての貴族の生活と意見なのである。

『増鏡』は政治的に読まずに、王朝趣味で時代を観じた真澄の鏡として読む方が素直であろう。すべてめでたく非難がましいことをほとんど記さぬ作者にして、幾何かの批判が見えるとすれば、それは洗練された趣味に外れたものへの風俗批判である。亀山院の後宮の争いにふれて「宮仕のならひ、かかるこそ、昔の人はおもしろくはへあることにし給けれど、今の世の人の御心どもも、余りすくよかにてみやびをかはすことのおはせぬなるべし」（巻七）と、「今の世の人の御心」の「昔の人」に比べて品下れるを歎くのもそのためであり、亀山院の周辺の男女の乱脈も、作者の関心をそそるものの、さすがに乱がわしきものと見ている。そして全篇をつらぬく一つの批判的立場は、今の世の移ろい易い人心に向けられている。「目の前にうつろひかはる世中かなとあぢきなし」（巻十一）「目の前に移り変わる世の有様、今さらならねど、いと著くけちえんなるもあぢきなし」（巻十五）といった記述は、随所に拾い得よう。その意味で、私は巻末の、

墨染めの色をもかへつ月草の
　うつればかはる花の衣に

の歌と、この歌によって立てられた終巻の巻名「月草のはな」にとくに意味を感じるのである。「月草のうつればかはる」は、建武新政の瓦解や、北朝の栄華の瓦解、吉野の天子の帰京を示唆したり、期待したりするものではない。この歌の直前にある四条隆資の例が直ちに示すように、人心のうつろいを意味するものなのである。後醍醐天皇の還京が本書の獲麟となっているのは、それ以後の歴史の展開が、作者にはなお整理しきれぬ現代史であったためだと考えるが、還京に重点を置くとすれば、巻名は、

昔だに沈むうらみをおきの海に
　波たち返る今ぞかしこき

の歌からとった方が、「おどろのした」「新島もり」「むら時雨」「久米のさら山」の流れにもマッチして、よりふさわしかったであろう。「月草の花」こそ、強いていえば、本書の主要なテーマの一つなのである。

王朝趣味で書かれた本書から、後鳥羽・後醍醐などの人々について、比較的軽んぜられた一面を読みとりうるのは貴重である。「おどろのした」に見る水無瀬宮の御遊の記事など、勇猛で意志的だったという後鳥羽院のイメー

ジと、ややかけはなれたものが感じられる。それは我々の常識ばかりか、『明月記』の後鳥羽像とさえやや異なっており、若干の警戒も必要だが、後鳥羽・後醍醐を皇権回復・討幕の一色にぬりつぶし、いつしか歪めてつくられてしまった虚像を、いくらか修正してくれる。日々の両天皇の行状が、他の諸天皇・貴族と異ならなかったのを知るのも、大切なことである。これは作者の立場によるのであろう。学殖の深さは知らず、政治的には特異な立場をもたず、貴族大衆の一員にすぎなかった作者の眼には、その平凡さの故に価値が認められるのである。

『増鏡』は政治音痴の書であったし、そこから歴史書として見た場合の、本書の限界が生まれる。「保元ノ乱イデキテ後ノコトモ、又世継ガ物ガタリト申物ヲカキツギタル人ナシ。少少アルトカヤウケタマハレドモ、イマダヱ見侍ラズ。ソレハミナタダヨキ事ヲノミシルサントテ侍レバ、保元以後ノコトハ、ミナ乱世ニテ侍レバ、ワロキ事ニテノミアランズルヲハバカリテ、人モ申ヲカヌニヤト、オロカニオボエテ」――『愚管抄』（巻三）のこの記事にふれて、すでに百五十年も以前に、慈円が『増鏡』の陥る欠陥を予言していたように思えてならない。世継風の歴史叙述は、「ヨキ事（＝めでたき事）」をのみ記すにふさわしいものであり、「世ノウツリカハリ、オトロエタルコトハリヒトスヂ」を追求する慈円は、あの特異な文体と史眼をもって、世継と訣別しなければならなかったのである。

従ってこの意味で『増鏡』は、やはり、

　　をろかなる心や見えんます鏡
　　　古き姿に立ちは及ばで

であった。ただ幸か不幸か、作者はその歴史叙述の破綻を意識していなかったのである。

四、日本の歴史思想

はじめに

従来の通史的な史学史に関する不満は、書誌学的、個別的傾向が濃厚な点にあった。そして史書がとりあげられる場合、その史書の価値、例えば歴史思想としての高さ・面白さが基準となることが多く、その歴史叙述が、それ以前のどのような歴史叙述に系譜づけられ、あるいは以後の歴史叙述にどのような影響を及ぼしたかという関心は乏しかった。このような傾向は、文学史や美術史にも見られるところであるが、作品の価値自体は、歴史の流れの中でその作品の占める位置とは、直接には関係をもたないのであり、このようなとりあつかい方は、史学史が歴史としてとりあげられていないことを意味するのではなかろうか。

私は日本史学史上、最も規定的な影響を及ぼした書物は、『日本書紀』だと考える。律令国家と古代天皇制の所産である書紀は、律令制と天皇制が、日本の歴史上で果たしたのと同様に、規定的な役割を、史学史上で果たしてきたように思われる。ここでは、それぞれの史書（史家）が日本書紀をどのように受けとめてきたかということと、各歴史叙述相互の継承・克服の問題とに重点をおきたい。

勿論、従来の史学史を克服する方法は、他にもいくつか考えることができる。その上、この方法には、若干の疑問が予想される。その一つは、この方法が日本史学史を書紀研究史に矮小化するという危惧である。しかし、書紀評価の問題は、今日の著しく分化した研究の現状をもっては考えられぬまでに、過去の歴史家にとっては重要な課題であり、その史家の全歴史観に関係しているのであって、若干の配慮を加えることによって、書紀観を通じて、歴史観を見ることは可能である。今一つは、書紀評価の変遷をとりあげる問題史的、学説史的方法は、近代史学において こそ妥当であるとしても、前近代においては、そもそも継承・批判・克服といった視角は成立し難いのではないかという疑問である。もちろん前説を継承し、克服するという自覚的な関心を過去の時代に溯ってとりあげるのには問題はあるが、主体的に明確な意図は乏しかったにせよ、客観的には、この方法は可能だと思われるのである。

ここでの関心からいえば、書紀の影響が、書紀に対して肯定的であると、批判的であるとを問わず、顕著なものを第一にとりあげるのは当然であるが、通史を意図しているため、書紀の影響の稀薄なものをも、とりあげることとした。ただ、私は史学史における造詣に乏しく、一々注記することを省いたが、多くの素材を先学の研究に依存せざるを得ず、この点、先学の学恩を謝するとともに、なお自ら多くの不満を感ずるのであり、叱正を得て、さらにあらためていきたい。

一　『古事記』と『日本書紀』（古代Ⅰ）

多くの民族は神話をもっている。それは歴史と同じように語られ、古代人はそれをそのまま事実だと信じていた。神話は多くこの世の初めに神々があらわれ、宇宙を開き、人間を創成したことを説いている。

日本神話の代表的なものは、『古事記』『日本書紀』に収められている記紀神話であるが、それは、宇宙や人類の生成ではなしに国土の生成を語っている。人の祖先は神であり、神と人とは直結されており、神の活躍する神話と人間の活躍する歴史との区別は明確ではない。そして、日本神話は、古代人の素朴な信仰や意識を伝えるのではなく、すでにかなり高度に発達し、政治的に作為されており、統治者の立場から、その地位の本源と由来とを語る政治的特質をもっている。

このことは、現存の記紀神話が成立した時期とも関係する。すなわち記紀編纂に用いられた帝紀（皇室系譜を中心とした記録）・本辞（旧辞、すなわち神話・伝説・歌謡等）等の史料は、編纂当時、口誦されていたのではなく、すでに記録されていた。記録化は当然文字の使用を前提とするが、五世紀中葉から文字の使用が行われているし、五、六世紀にかけて、帝紀・本辞は記録化されていたと見られる。記録にたずさわったのは、帰化人を主とする史部・文部、僧侶、官人達であり、豪族ごとに宮廷において記録化され、記紀の素材となったことを考えると、記紀神話が古代人の生《なま》の信仰、意識を語るのではなく、政治的神話に成長していたのも、当然である。

従って記紀神話は、天地開闢から国生み、国譲り、天孫降臨へと歴史的体系において整備され、皇室や皇室を中心とした豪族の伝承を通じて、皇室支配の起源を説いている。政治的社会の成立の中で、大和地方の族長であった皇室が、日本の支配者に発展するとともに、神話も発達してきたのであり、このような神話を編纂した記紀は、古代天皇制確立の記念碑であったといえる。

さて古事記は和銅五年（七一二）、日本書紀は養老四年（七二〇）に完成した。編纂に着手したのは、何れも天武朝（六七三―八六）だと見られている。同一時期に編纂され、共通の主題をとりあげた両書は、内容上全く対蹠的な性格を帯びている。古事記は紀伝体をとり、古語と古代精神の保存をはかり、日本の言葉を漢字で表現するため、語法・文体に苦心を払ったのに対し、書紀は日本の正史として中国の正史に学び、編年体、純漢文で記し、参考文献を注記、異本を併記している。古事記は統一性にすぐれ、書紀は体系性にまさっている。

古事記の斉一性は、多数の史官の関与を意味するのではなく、正史にはその完成をすら伝えていない。それは天武天皇自身が、宮廷巫官の氏である猿女氏の流れをくみ、天皇側近の舎人である稗田阿礼に誦習せしめたものであり、大綱はすでに天武朝に完成していた。古事記の序文は、天武天皇自らが力戦した壬申の乱のことを詳述しているし、古事記の内容、叙事詩的な叙述は、壬申の乱を歌った柿本人麻呂の長歌に通ずるものがある。古事記は、天武期において神とうたわれた天皇の歴史を語っているのである（上田正昭『神話の世界』、梅沢伊勢三『記紀批判』参照）。

書紀についていえば、天武九年（六八一）川島皇子以下を集め、上古の諸事を記定せしめたのは、その編纂の開始を示すものであり、天皇個人の事業としてでなく、国家の事業として、四十年の日子を費して完成された。この時期は、飛鳥浄御原令にはじまり、大宝・養老律令が編纂される時期でもあった。わが律令国家は、中国の律令国家の模倣として出発し、それは教化主義的法制としての律令による支配であるが、その文化的象徴はすぐれた正史をもつことであったから、律令と国史が同時に修定されたのも当然であった。この場合、編纂に従事した史官は、律令制の現実的推進力であり、儒教的教養豊かな官人たちであって、その関心は中国の正史に劣らぬ正史を著わすことである。従って古事記の場合のように、古語と古代精神の保存に苦しむ必要はなく、体系的、網羅的であることを欲するため、統一の破綻をすら犠牲とした。元来日本固有の天皇観には存在しなかった君主の有徳を強調するため、事実を歪曲した儒教的潤色が加えられたりした。体系性、網羅性とその破綻は、唐の律令を模倣したわが律令の、国情との矛盾から生ずる破綻にも通ずるものがあった。古事記が神としての天皇の歴史であるに対し、書紀は、律令国家（天皇制）の歴史であり、その場合、天皇はより合理的な官人支配の頂点に立つ、有徳を資質とする存在であった。

書紀がその後どのように受容されたかは全体の課題でもあるが、その影響の大きさに比べ、古事記は影響するところ少なかった。中世に至るまで古事記は、『万葉集』『先代旧事本紀』『釈日本紀』に若干引用され、古歌謡、神祇関係の参考書として、また紀伝道・明法道などの家で特殊なかたちで読み伝えられたに過ぎなかった。平安朝の学者は、本書を史書とは認めず、文章の上でも高く評価しなかった。あの独特の雄渾な文章を知る人には意外かもしれないが、書紀なり、中国風の史体・文体なりを基準とすれば、この評価もやむを得ないのである。

「記」と「紀」のこの対蹠的な処遇が生まれる原因は、記紀成立後の政治的、文化的情勢にあった。律令体制のなかには、律令制的なものと、前律令制的、氏族制的なものが存在し、前者を代表するのは藤原氏、後者を代表するのは大伴氏であり、後者はしだいに前者によって没落せしめられた（藤間生大『日本古代国家』参照）。「記」の叙述精神は大伴的であり、「紀」の叙述精神は藤原的であったといえよう。

記紀成立後の日本を支配したのは、ローマン的、叙事詩的な神としての天皇ではない。律令に基づく官人政治であり、それ故に忠実な律令制の旗手である藤原氏が繁栄したのである。天皇の権威は神に求められるのでなく、天皇自体に存するが、それは徳を資質とする合理性を帯びていた。このような政情は、文化的には唐文化への心酔と国風の暗黒を生む。大学では経書が、そして『史記』『漢書』『後漢書』の三史が講ぜられる。万葉集が編纂されたのは奈良末期かもしれないが、その盛期は、天武・持統・文武の律令制成立期であり、むしろ古事記の時代であった。大伴家持（七一八？―八五）は「族を喩す歌」において、古代家族としての大伴氏の伝統を、神なる天皇に対する忠誠の中で詠じた。それは主題において、修辞において人麻呂の時代を模し、「ますらをぶり」を謳歌しても、その調べの弱々しさは否定すべくもなかったのである。「記」と「歌」は大伴的なものとして没落し、「紀」と「詩」が藤原的なものとして栄えたのである。

二　『書紀』の流れ（古代Ⅱ）

宮中では書紀が作られた翌年以来、日本紀講書が行われ、書紀研究が進められた。そして平安時代の史学史は、まさしく書紀（及び六国史）の継承と克服とを課題としたといってよい。第一に挙げなければならないのは、六国史の編纂である。書紀は序文を欠くため、編纂意図を直接には捉え難いが、『続日本紀』以下の五国史は、序文をもっており、その趣旨は大同小異である。これらの全般的共通点は、それが実用的（教訓的）歴史だということであり、歴史の効用は、善悪を明らかにし、後世の鑑戒・指南たらしめる点に求められている。勿論その内容は、編年体の実録風の記述であり、論纂の類は見られず、直ちに鑑戒として役立つような性格のものではないが、むしろ史実の選択にそのような関心がはたらいている。外面上は単なる史実の羅列であっても、史実の選択に編者の史観が作用することは当然である。すなわち六国史では、君主の挙動、徳教、勧懲に関するものは採録されるが、細微常語、委巷の常、教世の要に背くもの、妄誕の語は採られない。確かに「細微常語」を採らぬのは修史の常であるが、何を「細微常語」と判定するかは、編者の史観によることであり、「委巷之常」と関連させ、「人君之挙動」と対比させて考えるとき、六国史が庶民を疎外した国家と天皇の歴史であることが知られる。また教世の要に背くもの、妄誕の語を採らぬのは、律令政治の教化主義が、修史方針にも貫徹されていることを示しており、六国史が実用的歴史であることが明らかである。そして実用的歴史は、以後の日本史学史の主流を形成したのである。

第二に九世紀に著わされた『古語拾遺』と『先代旧事本紀』は書紀の記述に対する補遺・修正の意味をもっている。一体わが国の戸籍は、庚午年籍以来、単に班田収授と徴税のためにのみ作られているのでなく、氏姓を正す意義をもっており（井上光貞「庚午年籍と対氏族策」、『日本古代史の諸問題』所収）、律令制下においても氏姓の関心は強かったのであるが、書紀もまた氏姓を明らかにする効用をもっていた。記紀編纂に用いられた豪族の系譜や伝承は、豪族の皇室との関係、皇室への奉仕のあり方を示すものであって、律令制下においても、特殊な官職については、特定氏族の世襲の家職があり、それは大化前代の伴造に連続するが故に、正史に記された氏族伝承は、家職の由緒を示す根拠ともなる。律令制解体の初期にあたる九世紀は、氏姓の混乱に伴ない、氏姓に関心がもたれた時期であって、弘仁三年（八一二）の日本紀講書では、書紀の所伝を明らかにして氏姓の混乱を正そうとする関心が見られ、弘仁六年には、万多親王（七八八—八三〇）らによって『新撰姓氏録』が編纂されたのであった。斎部広成が、古語拾遺を著わした直接の動機は、皇室・国家の祭祀執行権に関する斎部・中臣両氏の訴訟に由来する。平城天皇の勅裁は、斎部氏が皇室（国家）の祭祀上、重要な特権を有する家柄であることを認めたが、同時に造式（『弘仁式』）の年にあたり、神祇祭祀に関する制度儀式改定の必要上、斎部氏の伝える伝承を奏上せしめ、その結果本書が著わされたともいう。これより先、内膳司の官人高橋氏は、同僚阿曇氏との争いに際して、延暦八年（七八九）、『高橋氏文』を提出しているが、古代国家の性格上、祭祀執行権は重要な問題であり、且つ斎部氏の相手が、勢威ある藤原氏の同族中臣氏であるだけ、古語拾遺の意義は、比較にならぬほど大きい。

平城天皇が勅裁に際し、書紀と神祇令を典拠にし、斎部氏の主張を容れたのは注目すべきことであった。広成が「国史家牒、その由を載すといへども、一、二の委曲は、なほ遺る所あり、愚臣申さずば、恐らくは絶えて伝はること無からん」と述べているように、斎部氏の自己主張は、書紀に記載されなかった自家の伝承を申し述べるかたちをとり、書紀の伝承と対決せざるを得ないのである。

旧事紀は、衰微した物部氏が古伝承を記して自家を主張せんとした悲願に出るものであり、古語拾遺と類似した性格をもっているが、序文に聖徳太子、蘇我馬子らの撰とあるところから、史書の初め、書紀撰修の基として不当に高い評価をうけ、あるいは逆に偽書として蔑視されるに至ったが、史料批判によって使用に耐えぬ史料ではない。古語拾遺と旧事紀の成立事情が、両書に或る種の偏向を与えているのは否めないが、記紀とて諸伝承の集積に成るものであり、その伝承のみが古代伝承のすべてではない以上、両書のような主張が生まれるのは当然であるし、両書にはそれだけの価値が認められるのである。

古語拾遺と旧事紀とは、律令制及び書紀に覆われた氏姓制社会の伝承を強調するという特色をもっているが、叙述の態度・史観において、氏姓制社会の精神を強調した古事記のように書紀とは異質的な特色をもたない。古語拾遺は、書紀によって大勢を叙し、斎部の家記によって修正を行い、旧事紀の編年史の部分も記紀と古語拾遺を綴り合わせたものであった。古語拾遺に「後の今を見むこと、なほ今の古を見るがごとくならん」とある実用・鑑戒の史観は、『日本後紀』の序にも類似の表現があるように（内容は反対の表現をとっているが）、六国史と同様の問題意識を示しているし、古事記を史書と見ることに疑問を抱いた平安朝の学者が、旧事紀を「史伝の例を得」たものと評したのも、書紀を基準として史書を評価した場合、旧事紀が古事記と異なり、書紀の系列につながるためであろう。書紀の記述に対する批判も、叙述の精神において書紀とは異質的な方向を提示し得なかったのが古語拾遺や旧事紀の特色である。

第三に菅原道真（八四五―九〇三）の『類聚国史』に見られる六国史の索引的再整理が挙げられる。もっとも

『三代実録』の完成は道真の配流後であり、その部分はのちに増補されたのであるが、『文徳実録』までの五国史について、神祇・帝王・後宮・人・歳時以下の諸部に類別、編纂したものである。本書編纂の直接の動機は、儀式・政務の参考に資するために、浩瀚な六国史を繙く不便を避けるためのものであり、事実、後世本書は重宝な書物として利用され、六国史を検索しようとする人も、直接六国史によらず、本書を利用して用を済ませたのである。ところで類聚国史は、帝号や官司の配列の上で『延喜式』との共通性が指摘されている（喜田新六「類聚国史の編纂について」、史学会『本邦史学史論叢』上所収）。延喜式は律令の施行細則たる式を集成し、政務の参考に資するものであるが、律令と書紀が並行して編纂されたことを考えると、類聚国史・延喜式における分類・集成・整備は、律令制転換期における政治（歴史）意識のあらわれと見ることができる。またより狭義の史学史の問題としては、類聚国史の影響をうけて、記録を分類・編纂した部類記が、とくに中世に多く見られることを指摘したい。その多くは故実、典礼に関するものであり、政治の有職故実化は、その効用を高めたのである。さらに近世には、塙保己一（一七四六―一八二一）の『群書類従』の分類も、保己一が私淑する道真の類聚国史に示唆をうけたといわれるのである。

類聚国史には別の意味においても、同時代の思潮を示すものがある。すなわち同書は、中国の類書と呼ばれるものを参考にしたにかかわらず、独自の見識で、神祇・帝王を巻頭に掲げ、外来の仏教関係記事ははるか後部に収めているのである。これは六国史や律令の精神にも通ずるものであるとともに、外来文化に対する批判的態度のあらわれと見られる。書紀の成立においては中国に対する国際的契機が大きな意味をもち、続日本紀も蕃国入朝をもって、採録すべき第一の記事として、積極的な国際的関心を示しているに反し、三代実録は、蕃客朝聘については、永式が存する故に、大綱を挙げるに留めるとしており、関心も薄く、且つ儀式としてしか把握されていない。貴族間において外来文化摂取の貪欲な意欲が薄れ、固有の文化を反省する意識が見えはじめたのであり、やがて国風文化の隆盛を見るに至るのであって、この意味においても、本書は律令制転換期の意識を示している。道真は勿論中国風教養において、他を抽んずるものがあったが、三代実録も実質的には彼の配流以前にほとんど完成されていたといわれ、三代実録と類聚国史においてそのような共通点があるのも不思議ではない。

さて六国史は三代実録を最後とするが、その後も承平六年（九三六）から安和二年（九六九）まで、撰国史所がおかれ、三代実録のあとをうけた『新国史』が編纂されたものの、未定稿のまま中絶した。宮中で行われてきた日本紀講書も、康保二年（九六五）を最後として跡を絶った。当時格式の編纂も行われなくなり、国史と法制が編纂されなくなったことは、律令制衰頽のあらわれに外ならないが、安和二年という年はとくに注意しなければならない。すなわちそれは安和の変が起こった年であり、摂関が常置となり、天皇が統治の実権を失い、摂関政治が確立するのである。天皇親政下の律令制的修史事業としての国史は、天皇制の形態変化とともに終わりをつげたのである。事実今や国史が天皇の盛徳を謳歌し賛美しても白々しいであろう。摂関政治にふさわしい歴史としては、物語風歴史や日記が挙げられるが、三で述べることにする。

六国史の抄録として『日本紀略』の前半を挙げうるが、その後半は六国史を継承したものである。そして最後に六国史の後を承けたものとしてより重要なのは、院政期における『本朝世紀』であろう。日本紀略も本朝世紀も、太政官外記局の日記をはじめとする政府の記録を中心に、諸家の記録を参考にしており、準官撰的性格をもっている。とくに後者は鳥羽院の命により藤原通憲（一一〇六—五九）が、六国史の後を承け、宇多—堀河天皇の歴史を編纂しようとしたものであるが、大半は未定稿である。通憲には書紀研究書としての『日本紀私注』や、明法家の問答・勘文を抄記した『法曹類林』の著があり、その政治の復古的側面は、大内裏造営・記録所再興などにも見られるのであって、ここにも政治と法と歴史との関連を知ることができる。

院の命による修史は、勅命による国家的修史事業たる六国史の系譜をひくものであり、院政下において修史主体が院に移ったことを示している。しかし院政は皇室権力の強化ではあっても、律令制的天皇制の復活ではなく、私的権門としての院による政治である。修史も全国家的規模ではなされず、通憲のように学識ある院近臣がそれに携わるのであり、修史自体は院政の復古的意識のあらわれであっても、規模の矮小化は否めない。しかも矮小化したのは規模だけではなしに、歴史意識もまた同様である。六国史の広い視野は失われ、宮廷の儀式、太政官の政務等をのみ記した本朝世紀は、律令制固有の理想主義精神を失った、現実主義的な、権門政治としての院政の歴史意識を端的に示しているといえよう。

三 『愚管抄』と『神皇正統記』（中世）

『愚管抄』の史論は確かに興味深いし、多くの先学が種々の立場からとりあげてきた。しかしここでは、史書としての価値の高さを重視せず、書紀との関係とか、後世に及ぼした影響とかに中心を置く約束であった。これは史学史を発展的、連続的に把握しようとする一つの試みであるが、この視点に立てば、従来の史学史が愚管抄に払った評価は、不当に高いものであり、その観点は思想的、哲学的であって、歴史学的でなかったように思われる。

一体本書の中で、最も興味深い史論的部分である「巻七」は、外見を禁じたものであり、承久の乱後、著者慈円（一一五五―一二二五）は本書の真意が理解され難いと考え、死後焼却を命じたことさえある（赤松俊秀「愚管抄について」、『鎌倉仏教の研究』所収）。読者を期待していなかったとは言えないが、それは著者の法嗣とか、一門の九条家の人々に限定されており、一般への公開、後世への影響は、著者自らが拒否するところであった。大正十年（一九二一）、三浦周行（一八七一―一九三一）による「愚管抄の研究」（『史林』六―一）が出るまで、本書の著者が確定しなかったのも、むしろ本書の宿命だと思われるのである。

書紀や六国史との関係についていえば、本書はわが国の代表的古典として、六国史及び大宝律令、弘仁・貞観・延喜の三代格式を挙げ、ここでも国史と律令格式が、貴族政治の必読の文献であったことを示してはいる。しかし本書は、書紀との間に史体・史観の懸隔があるばかりか、書紀への批判・克服の意識も存在せず、両書は交錯するところがないのである。愚管抄は本稿の視角には含め入れることの困難な史書である。

誤解されることはないと思うが、私は愚管抄の価値の高さを否定するものではなく、それが史学史の中心的な山系から隔絶した孤峰だというのであり、それは問題史的叙述の一つの問題点を示すものだと考える（このことは、現在の学界動向の叙述方式にも一つの問題を投げかける）。そしてその孤峰の神秘主義的な歴史把握は、かえって孤峰なるが故に、特殊中世的史論の典型を示している。典型的に古代的な史書、中世的な史書、近世的な史書の間には、直接的なかたちで継承と克服とがなされず、断絶が存するところに、本書が孤峰とならざるを得ぬ原因が存するのである。

しかし僅かながら見られる慈円と書紀とのつながりは、愚管抄の前提となる歴史叙述を考える上にも、愚管抄の本質を考える上にも、重要な問題を提供する。その一つは愚管抄の文体の問題である。慈円が本書を仮名で記した理由は、当世は僧俗ともに智解が失せ学問をしないこと、真名（漢字・漢文）であらわせぬ日常語こそ「日本国ノコトバノ本体」であり、仮名書きこそ現代にふさわしい文体だという点にあった。学問をせぬ読者の理解を容易ならしめるためだとすればその主張はなお消極的であるが、むしろ日常語こそ「和語ノ本体」だとする積極性が重要であろう。慈円の教養は真名の書籍の中で培われ、真名こそが表現上もより習熟した文体であったし、貴族の常用の文体もまた真名であった。愚管抄のいわば言文一致的な文体は、極めて革新的であり、典拠とすべき前蹤も存しないし、熟したものとも言えない。新しい文体を編み出し、「和語ノ本体」と開き直る積極性は、その独特の思索と叙述が要請するものだったのである。

歴史叙述において文体のもつ意義は大きい。中国の史書を模して書紀が漢文体で記されて以来、儒教的史観と実用的歴史と漢文体は、政治権力による正統的修史の一貫した方針であり、わが国修史の主流を形成している。六国史はもとより、『吾妻鏡』『本朝通鑑』『大日本史』『大日本編年史』等は、何れもこの系譜につながる史書であり、それは書紀と六国史が、後代に至るまでその後裔を絶やしていないことを示している。一方仮名文字の史書は、必ずしも史書としての編纂意図をもたなかったり、あるいは民間私撰の書に見られる在野的色彩が濃厚である。

二でとりあげた史書の数々は、平安朝における書紀（六国史）の影響を、しかも書紀（六国史）に親近性の強いものについてのみ論じたまでであって、書紀の影響のすべてではない。書紀の偉大さは、むしろその批判と継承の中で、範疇を異にする史書を生み出した点にあるのであって、それはいうまでもなく『栄花物語』や『大鏡』をはじめとする物語風歴史（「世継」と総称される）の登場である。世継は書紀の年代記的記述を「かたそば」として退け、人情の機微・事態の本質に迫りうると揚言した物語文学の手法を摂取し、仮名文字の歴史として、独自の史学史的役割を果たすことができた。栄花物語は、年代的に三代実録（新国史）の後を承けた編年体記述、朝儀典礼の詳叙という六国史の伝統に、表現における『源氏物語』の模倣を加えた過渡的性格をもち、物語的意識による歴史認識は大鏡において確立するのであるが、それらは畢竟、仮名によってのみ表現しうる歴史であり、歴史叙述と文体との内面的連関を示している。

単に仮名を用いるのならば、すでに世継の洗練された雅文があったし、それは慈円もたしなんでいた和歌の世界では、ひろく行われていた。しかし慈円が敢えて雅文を拒否し、むしろ生硬な日常語を選んだのは、世継もまた慈円のとるところではなかったからである。慈円がとくに力を注いだのは、保元の乱以後の現代史と未来史（巻七の未来記の部分）であるが、慈円にとって現代は乱世と認識されている。世継は「ヨキ事ヲノミ」記し、摂関家出身の慈円にとっても、摂関政治の栄光の時代にこそふさわしいという歴史性をもっており、それは単なる観照の史観にすぎない。乱世において、より実践的に「世ノウツリカハリ、オトロエタルコトハリヒトスヂ」を叙述しようとする慈円は、美しい雅文の世界から、よりリアルな俗語の世界へと身を投じなければならなかったのである。

慈円に深刻な思索を促したのは、彼が生きた乱世であり、武者の世の到来は、貴族層が遭遇した最初にして最大の階級的危機であった。かかる危機意識は、慈円のみが感じたのでなく、程度の差こそあれ、貴族層一般のものであり、我々はそれを貴族の日記から読みとり得るが、このことは当時の日記に特異な特色を与えている。平安朝における書紀と六国史の影響の最後のものとして、我々は各貴族が私に書き留めた日記を挙げなければならない。それは国家的修史の廃絶後の私家の修史事業であり、律令制的国家的土地所有の解体と、私的大土地所有の展開、貴族諸家における私的経済、家政の発達に対応する荘園領主的修史形態と規定することができる。慈円が国史・律令に次いで「寛平遺誡（宇多天皇）、二代御記（醍醐・村上両天皇）、九条殿遺誡（九条師輔）、又名誉ノ職者ノ人ノ家々ノ日記」を推奨しているのは、日記が歴史に準ずる意味をもっていたことを示している。

これらの日記は、儀式・典礼を忠実に詳記して備忘とし、子孫に伝える実用的性格を帯び、毎朝食前に前日の日記を記すのが、貴族の日課とされた。日記のこの機能は、朝政が典礼化した当時の政治に対応するもので、無味乾燥であるが、それが当時の貴族の歴史意識だといえる。この無味乾燥さは、政治の矮小化、貴族の視野の狭小化の反映であり、彼らの危機意識の欠除、自信のあらわれでもある。概言すれば、院政期以来、日記は私的感懐や批判を多く記した興味深いものとなり、平安末・鎌倉初期の変革期を生きた慈円の兄九条兼実（一一四九―一二〇七）の『玉葉』において、最高峰を見出すが、それは貴族が周囲の多難な政治状勢に、安閑たり得なくなったことによるのである。

日記に併載される批判や感懐は、それ自体萌芽的な歴史（現代）意識であり、例えば慈円と兼実とでは、その意識は素朴なかたちでは異質なものではない。ただそれが歴史全体への省察、哲学的思索に高まるのは、僧俗両世界に基盤をもち、深い仏教的学殖を誇る慈円においてのみ可能であったのであるが、愚管抄の史学史的前提の一つとして、荘園領主的修史としての日記を挙げねばならないであろう。

慈円と書紀の出合いを他の面から考えよう。愚管抄執筆の動機は、慈円の夢想であった。夢の内容は、三種の神器のうち神璽が玉であるということであるが、慈円はこの問題をさらに内省し、『神鏡剣璽勘文』と日本紀神代巻とを借覧し、それによって夢が真実であることを確定した。さらに思索を進め、三種の神器のうち鏡は溶融し、玉は他人に正体を見られ、剣は海底に没したことを考え、とくに壇ノ浦における宝剣の紛失が、天皇の武徳の武士への移譲を意味するとの認識に到達し、現代を末法の世と理解し、さらに歴史的因果関係に内在する自然・必然の理としての「道理」の展開の中で、歴史を把握しようとしたのである（赤松前掲書所収「南北朝内乱と未来記について」「慈鎮和尚夢想記について」）。夢想という啓示によってなされた神秘主義的歴史認識は、愚管抄の本質的特色であるが、彼の場合夢想と現実、仏教的史論と経世論とは直結しており、宝剣紛失の意義についての評価は、鎌倉幕府の成立の必然性を認識し、それと妥協しようとする政治的立場と関連しているのである。

書紀は夢想を検証し、思索を深める媒介となっており、台密の立場から形而上学的に神器の意味、天照大神が女神であることの意味が説かれているのは注目される。慈円は神代巻を仏教同様に理解し難く文義深いものとしているが、これは書紀の新しい読み方である。書紀はもはや政治上の鑑戒、歴史、ロマン等として読まれるのでなく、形而上学的に読まれているのであり、ここには中世的な書紀理解の先駆的なものが認められる。

愚管抄と『神皇正統記』は、ともに中世的神秘主義的史論の典型であるが、やや子細に考察しても、興味あるものが見られる。一つは両者がともに、日本の歴史の流れを、書紀神代巻における神々の誓約とはからいによるものと見た点であり、愚管抄はこの点でも先駆的な意義をもつが、同書が皇室の祖神である伊勢神宮のみならず、摂関藤原氏の氏神である鹿島、春日、源氏の氏神である八幡の議定によって世を保っていくとし、摂関家や武士が天皇を輔弼していく政治的立場を示しているに対し、正統記の著者北畠親房（一二九三―一三五四）は、より皇室中心的で天照大神のみを正面に押し出している。また末法・百王思想は、両者がともに対決を迫られた課題であるが、慈円は、末法の道理を心得、神仏の冥助を仰ぎ、遮悪持善の努力を積むことにより、破滅を未来に押しやることができるとするに反し、親房は百王を無窮の意に解することにより、百王思想の克服をはかる。また皇位の象徴である三種の神器については、慈円は宝剣紛失を武家政権成立の必然性と結びつけ、現状肯定の立場をとるのに反し、親房は失われたのは模造品であり、鏡剣の正体は伊勢・熱田に祭祀されているし、神器亡失の可能性が絶対に存しないという超越的論理による救済をはかる（本書二五一頁以下参照）。総じて親房の立場は楽天的で粗雑であり、慈円の有機的な歴史認識には及ばないが、より実践的だといえる。この違いは、両者の政治的立場と密接に関連する。慈円の武士に対する融和的態度に対し、親房は天皇に有徳を要請するものの、神明の誓に基づく君臣の分の遵守を強調し、武臣をとくに承久以来数代の敵と見なす非妥協的、戦闘的な態度をとっている。

正統記は親房の著『元々集』を参考にしたというが、同書は『瑚璉集』『類聚神祇本源』などの伊勢神道の書物や、書紀・旧事紀・古語拾遺などによって編纂されている。親房は伊勢神道を継承し、自ら書紀その他の古典を研究しているのであり、慈円に比して書紀への距離は近いし、むしろ中世における書紀研究の主流の中に位置づけることができる。

鎌倉後期以降盛んになった中世の書紀研究は、前代のそれの単なる継承でなく、そこにおいては書紀は史書ではなしに、神道説を理論づける神典と目され、神儒仏諸思想を融合・附会した理論がうち立てられる。神典は旧事紀・古語拾遺から偽書の類に至るまで数多いが、書紀はその最上のものとされた。正統記自体、伊勢神道の教説の発展として、独自の創意は多くないが、天照大神が唯一神として正面に出されたこと、神器に新解釈を加え、鏡・玉・剣を正直・慈悲・智恵の徳の本源とし、さらにそれが南朝方に伝えられていることを南朝正統の証とし、神勅と神器による国の擁護をもって、日本を神国と見ている。正統記は神道説を説くとともに、政治論、帝王学の書としての性格をもっている。そして中世の書紀研究自体が、反動的な実践意欲に支えられたものであった。すなわち聖明の君、忠直の臣の乏しく、祭神・帰仏が衰え、仏法・王法湮滅に及ぼうとする百王の末の日本を救おうとし、百王・末世の克服を意図し、仏教界における一向専修に代表される神祇不拝の傾向に対決するものだったのであり、親房の思想も、この潮流に棹さしているのである。

四　白石と宣長（近世）

新井白石（一六五七―一七二五）の著述、『藩翰譜』『読史余論』『古史通』等は、甲府侯徳川綱豊（のちの将軍家宣）の命によるものであり、必ずしも自発的著作ではない。綱豊や白石が、大名の家譜や徳川政権の成立過程に興味をもつのは当然であり、前二者は当然の要求として理解される。しかし古代史研究書である古史通は直接施政には関係なく、それだけアカデミックな書物と見られている。にもかかわらずその著作も「神代の事ども、とくと御心にわきまへられがたく候間、よろしきやうに申のべ候へ」（与佐久間洞巌書）という綱豊の希望に応じたものであり、この時代にも神代史が識者の関心をひく主題であったことが知られるのである。

白石の古代史研究は、中世風の形而上学的研究への批判であった。藤原惺窩（一五六一―一六一九）や林羅山（一五八三―一六五七）は、神道の解釈について本地垂迹説を排し、儒家神道によることを主張したが、依然として古典は神典であり、神代巻は我道伝授の書であった。『本朝通鑑』『大日本史』は、神代のことを怪誕と見なし、神代を歴史の淵源としては考察しなかった。白石の神代史は出所不明の中世神道の偽作書を一切斥け、記紀・旧事紀をはじめとする勅撰実録の書（と考えられるもの）に史料を限定した。さらに書紀至上主義を排し、「事実に違ふる所」なく「理義におゐて長ぜりと見ゆる説」に従うべきだとした。書紀・旧事紀にさえ、潤色・改竄のあることを指摘し、古事記を高く評価したのは、その古語保存に因があるとすれば、古事記も千年の後に知己を得たことになる。

実際、彼は古書を読むには今字（漢字）によらず古語によるべしとする言語学的方法により、タカマノハラは「高天原」でなく「多珂阿麻能播羅」であり、それは上天・虚空でなく、常陸多珂郡の海上の地だとする。神代は、周末・秦初にあたるとし、神代史の舞台は時間的にも空間的にも限定される。神代が虚無渺茫の彼方から、指顧の中に写し出されたと自負する所以である。古典は「事」を記したものであり、「道」を論ずるものではないとされ、教典としての宗教的繋縛を解かれ、史書として正しく評価される。

結論の是非は別として、神話の合理的、科学的解釈はまことに画期的である。そして白石は、神にして秘することは愚民政策であり、皇統の悠久は神話のヴェールを剝がすことによってこそ保たれると主張する。彼は権威を尊重しないのではない。むしろ種々の面から見て彼は皇室と幕府への権威主義者であり、このことは、彼が記紀・旧事紀を尊重する理由が、勅撰書であることによっているのからも窺われる。しかし近世社会における天皇制は、すでに幕府に寄生した存在であり、神道不測といっても、その神秘性は現実に剝奪されている。とはいえ、封建制とその教学は神秘主義を再生産しているのであり、その枠においては白石の研究はあまりに開明的であり、むしろ啓蒙主義的性格を帯びている。ただその啓蒙主義は、それ故に神話と歴史との差違を認識し得ず、古典解釈は内在的なものとはなり得ず、方法の正しさの反面、実際的適用は惨澹たる附会におちいった。形式的合理主義は、勇み足をおかしたのである。

一方読史余論は、中古から天下の大勢九変して武家の世となり、武家の世も五変して徳川氏に至ったことを説く時代区分が注目される。愚管抄が歴史の原動力を超越的な道理に求めたに反し、本書は人間の自覚的行動としての道理の興廃、時運や貨財の盈虚に求め、それだけ合理的、客観的であり、ここにも中世的史観と近世的史観の差が見られる。ここでは武家政治が肯定され、公家政治が批判されてはいるものの、批判の対象はむしろ外戚政治であり、天皇政治には郷愁すら見られるのであって、古史通について記した点と考え併せ、白石の皇室観の本質を知ることができる（宮崎道生『新井白石の研究』参照）。

近世における儒学の代表的史家である白石に対し、国学ではその業績の偉大さにおいても、その記紀に対する新評価を考えても、本居宣長（一七三〇―一八〇一）を挙げねばならない。契沖（一六四〇―一七〇一）、荷田春満（一六六九―一七三六）、賀茂真淵（一六九七―一七六九）、宣長と発展した国学は、実証的な文献学と、それを基盤とする規範学に大別され、個々の国学者も、あるいはこの両面を兼備し、あるいはその一面を強く具えている。宣長自身、国学を文献の別により神道学・有職故実学・歴史学・文芸学の四分科に分つとともに、道の学問を最も重視しているのである。

その著『古事記伝』は古事記を「事」と「言」との相応した最古・最上の史書として高く評価して注解を加え、書紀は遂に唐心多しとして退けられるに至る。一方では『直毘霊』と題して、天照大神の道を論じ、その道の行われる日本がすぐれた国である所以を強調する。その古道の主張は、儒教倫理の形式主義的な虚飾を否定し、「生れながらの真心」を人性の現実として、また理想として強調する。このように本書にも、古事記に関する文献実証主義と、(儒教とは別の)規範主義が併存している。宣長の理解は、白石の形式的合理主義――それもまた唐心である――と異なり、古典に沈潜し、ありのままの古代人の意識を明らかにしようとした点において das Erkennen des Erkannten という文献学の本質を含んでいた。ただ宣長の誤謬は、「神代の伝説はみな実事」として非合理な神の世界を事実とし、それを絶対的なものとして信仰する没批判的な不可知論におちいり das Glauben des Erkannten に転化し、新しい神秘主義に堕したことである(村岡典嗣『本居宣長』)。失敗は白石の対極において生じた。

宣長における人間本性の肯定と儒教倫理批判は、彼が町人出身であったことと関係する。古事記の研究に先立って、源氏物語をはじめとする歌物語の研究によって、源氏の理念を「物のあはれ」に見出し、好色・淫乱の書とされて覆われていた源氏の文芸性を正しく認識したその方法論が、古事記にも適用されたのである。ただこの文芸学的理解は、古典の中に埋没し、体系的な歴史把握には展開しなかった。古代を理想の世とする以上、当然史観は下降史観となるであろうが、下降の原因は禍津日神の荒ぶる仕業、外来思想に汚濁された古代精神の衰退に求められるのみで、具体的説明を欠如していた。歴史意識の欠如は、現代批判の欠如でもある。古代を理想とするにかかわらず、幕府を肯定し、世事万事は神意によるもので、人力の及ぶところでなく、古代のごとく立てなおすのはかえって神慮に背くとし、幕政は天照大神の神意により、朝廷から委任されたものだとして合理化される。鋭敏な社会感覚と社会批判は風俗批判に留まり、古代人的なおおらかな自然の肯定は幕府政治にまで適用されてしまう（伊東多三郎「江戸時代後期の歴史思想」、日本思想史研究会『日本における歴史思想の展開』所収）。そこに宣長の文献学と尚古主義の限界がある。文献学は歴史学の重要な基礎であっても歴史学そのものではないし、その中に体系的な歴史学への発展を阻害する要素をすら具えている。そして宣長は歴史家ではなかったのである。

しかし古代を理想とする思想は封建制批判に展開する側面をもっており、その面を推進したのは平田篤胤（一七七六―一八四三）であった。彼は古代においては万民が神道を奉じ、天皇の下に正直で平和な生活を営んでおり、士民の差別はなく、土地人民はすべて神のものとする説をとき、東国の豪農・神職の支持を得、書を読む暇のない人の間に国学を普及し実践的性格を強めた。『古史成文』『古史徴』『古史伝』をはじめ著書は多いが、古事記にも誤りあり、書紀にも採るべき点ありとし、記紀の異説を参考として筋の通った正しい伝を求めようとした。その学問は古史（神道）を中心に、禅家・玄家・医家・易家・暦家・兵家・儒家・仏家を総合し、中国・インドの学の補強により皇学を発展させようとするものであるが、結局古代の真の精神を求める国学の純粋さ、文芸性、実証性は犠牲とされ、無批判に諸学を摂取した雑然たる学問、規範的な道学に堕落した。本居学の純粋性から見て、それは異端の色彩が強いが、反面、明治維新の指導原理をその中に用意した。

国学の復古主義思想が、その綿密な実証に支えられたならば、国学独自の史観に基づく国史の体系が生まれ、儒学史観に対立しえたかもしれない。しかし国学者たちは、一面規範学としての神学に走り、他面の文献学的側面も、個々の文献・事実の考証に留まり、歴史の体系的理解には到達しなかった。国学の実証的側面は、明治以後の史学にも受容されたが、多くは有職故実・考証などの面においてであった。惜しまれるのは真淵・宣長に見られた文芸学的、文化史的理解を明治以後の史学がほとんど継承しなかったことである。重野安繹・黒板勝美らは、宣長の古事記偏重を批判したが、所詮史実の究明のみを念頭におく彼らは、真の古代意識の究明を意図した宣長の真意を理解せず、しかもそれが明治以後の日本の歴史学界の主流となっていったのである。

五　津田史学をめぐって（近代）

明治二年（一八六九）、修史の詔勅が出され、三条実美を総裁として、明治十五年以来修史館において、『大日本編年史』の編纂が開始された。それは三代実録の後を承けた漢文、編年体の歴史であり「君臣名分ノ誼ヲ正シ、華夷内外ノ弁ヲ明ニシ以テ天下ノ綱常ヲ扶植セヨ」という儒教的鑑戒の史観が編纂意図に認められる。明治維新が王政復古のかたちで出発したとき、六国史もまた再生したのであり、修史の編修官にも、重野安繹（一八二七―一九一〇）、久米邦武（一八三九―一九三一）、星野恒（一八三九―一九一七）らの漢学者が任命された。

漢学的傾向は、後代の日本史学にも規定的な影響を及ぼしたが、これらの編修官たちの学風は、江戸の町人狩谷棭斎（一七七五―一八三五）らによって盛んになった幕末の考証学を継承し、朱子学に対しては批判的であり、さらに直接の影響は受けなかったが、流行の西洋近代史学にも刺戟された。修史の過程において、前代の大日本史の疑点が次々に発見され、厳密な史料主義の態度は、大日本史が尊重した『太平記』の史料的価値を疑わしめ、久米の「太平記は史学に益なし」（一八九一）の主張を生んだ。明治二十二年から二十四年にかけて、重野・久米は「史学に従事するものは其心至公至平ならざるべからず」「学問は遂に考証に帰す」「勧懲の旧習を洗ふて歴史を見よ」と主張し、朱子学的、道学的勧懲主義史観を痛烈に批判し、歴史学の道学からの独立を叫んだ。

神代史の研究にも鋭いメスがふるわれた。三宅米吉（一八六〇―一九二九）の『日本史学提要』（一八八六）は、コントの実証主義に基づき、日本列島の自然的条件、日本人の人種的起源、考古学的遺物からの考察を進め、民族学・考古学・社会学の方法を援用して、はじめて古代史に科学的体系をうち立てた。未定稿『旧辞学』は西洋神話学による古典解釈を示唆している。那珂通世（一八五一―一九〇八）の『上世年紀考』（一八九七）は、中国・朝鮮史料との比較研究により、推古朝以前の歴史に事実より六百年の延長のあることを指摘した。そして久米の「神道は祭天の古俗」（一八九一）は、神道が宗教でなく、東洋祭天の古俗の一だとするものであり、田口卯吉（一八五五―一九〇五）の編集する雑誌『史海』に転載されるに及び、物議をかもし、国学系神道派学者の攻撃をうけた。田口は久米を助け、神学的拘束から歴史学を解放するために奮闘、本居・平田の学問を痛烈に批判したが、久米は東京帝国大学教授の職を失った。ただ久米・田口らの見解は、おおむね記紀の記載を史実とせず、古代人の心理・思想をその中に見出そうとするものであったが、記紀の厳密な史料批判には及ばず、久米の研究にも、白石の見解に類したものが見られるのである。

この間明治憲法や教育勅語は、記紀の説話体系の中に、天皇制の観念的源泉をうち立て、記紀批判はそれ故に、思想的、政治的権威との闘争を伴うものであり、それは西洋近代史学形成過程におけるヤソ伝研究にも比せられるべき意義をもっていた。右の諸研究にも、弾圧が種々の方法で加えられた。しかし考古学の利用、社会経済史、法制史的研究の発達などで古代史研究も進展する中で、大正二年（一九一三）の『神代史の新しい研究』、同八年の『古事記及び日本書紀の新研究』にはじまる津田左右吉（一八七三―一九六一）の記紀批判が生まれ、画期的な意義をもった。津田は国史学に比してより自由な学風をもった東洋史学者白鳥庫吉（一八六五―一九四二）の指導を受けた。白鳥はドイツ人リース L. Riess（一八六一―一九二八）の影響下に東京帝大史学科で西洋史学を学び、民族生活の文化的、思想的側面に関心をもち、儒教の聖典である『尚書』を批判して、尭・舜・禹を抹殺する研究を発表した。津田はさらに間接には三宅・那珂・田口の学問を承け、フレイザー・ハリスン・スミス等の西洋の神話学・宗教学を学んでいる。

津田は古代史研究にあたって最も基礎的なことは、文献の綿密な批判だとし、記紀の物語的歴史の世界を分析、歴史的事実と非事実とを峻別し、古代史の中に存在する合理的な論理を見出した。記紀神話は古代人の原始的生活や思惟から成立し伝承されたものでも、歴史的事件が伝承の間に説話化されたものでもなく、後世の政治思想の立場から、古代社会が皇室を中心とする血縁関係によって成立したかの如く、作為的に説明された物語にすぎぬとした。天皇制の恐怖からの解放なしに近代歴史学が成立しえなかった以上、それは天皇制伝説を粉砕したという意義をもつものであり、記紀研究史上における画期的業績であった。しかし津田の学説は、決して皇室の尊厳を冒瀆しようとするのではなく、かえって天皇制をより合理的な根拠によって基礎づけようとしたものであり、美濃部達吉（一八七三―一九四八）の天皇機関説、吉野作造（一八七八―一九三三）の民本主義と通ずる大正デモクラシーが生んだ自由主義の学問であった。

とはいえ、津田の見解は当時学界においてすら一般に容認されたのではない。東大教授であった黒板勝美（一八七四―一九四六）は、津田の研究が忌憚なく神代のことを論じたものだとして一読をすすめる一方、神話伝説が或る時代に或る目的で作られたとするのは独断に過ぎるとして素朴な批判を加えている（『国史の研究』各説上）。また和辻哲郎（一八八九―一九六〇）は『日本古代文化』（一九二〇）を著わし、古事記がその前身の一部である旧辞において、一つの構想によって統一された芸術的作品であったとし、叙事作品としての旧辞の構造を説き、津田の政治的作為説を批判した。

津田には他に未完の名著『文学に現はれたる我が国民思想の研究』（一九一六―一七）がある。それは国民の思想と生活との交渉、文学と文化及び時代思潮との関係を考察し、手軽に日本人の本色、日本芸術の精粋を云々することに反対、国民生活の状態に変遷があるにかかわらず、尊皇愛国の思想は常に同じとするような考え方に不満を示した。津田の批判は書誌学的な国文学史に対して、同時に観念的、思弁的な日本文学論、日本文化論に対して向けられ、社会や文化全体との関連の中で文学を捉えていこうとする冷徹な実証主義精神に支えられていた。

津田が大正デモクラシーの史家であるとすれば、官学アカデミーの指導的立場にあったのは黒板であり、両者の思想の差異は、当時の学界の俯瞰図を示してくれる。津田の記紀批判についての黒板の反応は前述のとおりであるが、皇室観においても、津田は皇室が直接権力の衝に当たらなかったことにより、今日まで安泰を維持してきたのだとするに対し、黒板は天皇親政を国体の真の姿と見る。神代からはじまり、氏姓時代・公家時代・古武家時代・皇家中興時代・中武家時代・新武家時代・憲政時代という黒板の時代区分と、貴族文学・武士文学・平民文学という津田の時代区分とを比較すると、前者が政治史的であり、後者が文学史的であり、にわかに比較を許さないが、文化の荷担者をもって時代を区分した津田の時代区分はより斬新である。宣長の古事記偏重を批判し、書紀の重要性を常に力説した黒板は、もとより種々の学風に対する自由な包容性を持ってはいたが、種々の意味で典型的な天皇制の史家であった。

ファシズムの嵐が、津田の学説を黙認せず、出版法違反の疑いで起訴したのは、昭和十五年（一九四〇）であり、蓑田胸喜らは「皇紀二千六百年奉祝直前に学界空前の不詳事件」として、津田の「大逆思想」を攻撃した。記紀への盲信は、こうして暴威をふるったのであり、それはまさしく「二十世紀の神話」であった。そして敗戦後津田の学説が、動かすべからざるものとされ、古代史研究の出発点となった反面、津田の皇室擁護論は、彼に天皇制批判を期待していた人々に意外の感を与えた。津田は『文学に現はれたる国民思想の研究』の戦後版で、とくに思想が歴史や実生活によって作られてきた一面とともに、歴史や実生活を作っていく一面のあることを強調して、唯物史観に対決する態度を示した。津田が本来天皇制批判論者でなかったことは、既述のとおりであるが、津田にとって、戦後の思想界の一本調子は、戦時中のそれと同一であるように思われた。冷徹な合理主義者であり、実証主義者である津田にとって、いかなる種類の観念的主張も容認されないのであり、近代市民社会の精神が知識人の間においてさえ確立される以前に、社会主義思想を迎えねばならなかった日本の思想界に、津田の指摘する一種の共同体的な雷同性が存することも事実であろう。しかし戦時中の思想と戦後の思想との質的差違を捨象し、外面的な現象のみをもって、両者を同様に批判しようとした態度は、非歴史的だとされた（家永三郎「津田史学の思想史的考察」、『現代史学批判』所収参照）。

今日、津田の学説は、部分的な批判の存在にもかかわらず、記紀研究の出発点となっている。津田の文献批判によって抹殺された記事から、改めて復活しうる記事を再認識し、古代社会の構造を究明する傾向は、津田批判のかたちこそとっていても、実は津田説の積極的継承の方向だといえる。ただ津田の本領が記紀の文献批判であったことは重要であり、その面で津田以前への逆行は許されない。にもかかわらず、津田の成果を無視した恣意的な史料の利用が行われ、しかもそれは研究者の抱懐する史観と関係する。文献批判は、記紀を利用する人々が、史観の如何を問わず守らざるを得ぬ最小限の手続なのであるが、記紀の研究は長い受難の歴史をもっているだけに、近代史の研究とならんで、研究者の主観が最も混入し易い分野となっている。また津田の本領は文献批判であるが故に、その単なる祖述は、古代社会を再構成し、歴史的発展の中に位置づけるという歴史学の課題に応ずることはできない。それは出発点にすぎないのである。

今日学界で一般に受け取られている以上に、津田の成果は大きかったといわねばならない。記紀批判は専門的に分化した現代の学界では、古代史の一分野にすぎないが、記紀と天皇制との関連を考え、とくに書紀が日本史学史の展開を規定した事情を再省するとき、津田の研究の思想史的意義は大きい。そして学界の内部から離れて、ひろく日本の現状を見るとき、記紀の評価が今日においても重要な問題であることに気づくのである。

神話の時代が、現在どのようにとりあつかわれているかという問題は、現代の歴史学について国民的関心の最も多い分野の一つであるし、それに対する賛否の反応は、国民の世界観と関連して、全く対立した二つの立場に分かれる。それは単なる知識上の関心に見えることもあるが、それに留まらないのである。紀元節の復活、伊勢神宮の国有化の問題等においては、歴史家を称する人々にさえ、賛成の論があり、しばしば明治以後に作り出されたものにすぎない国民感情論が持ち出され、国民の信条にさえ干渉が生ずる。

一体津田の研究成果は国民の知識になっているだろうか。神話がそのまま事実だという人は少ないだろう。逆に時には記紀は嘘ばかり書いてあるというでたらめな記紀批判すら見られ、記紀を通じて真の歴史を知ろうとはしない。そして国民の知識は、神話が言い伝えであり、古代人の思想や信仰のあらわれだとするような明治時代、江戸時代の合理主義説で留まっており、津田のいう政治的作為説は必ずしも滲透していないのではなかろうか。津田の学説が今日においてなお、国民的常識から見て異端であるとすれば、国民感情論の生まれるのも、故なしとしないであろう。そしてこのように記紀神話の理解が、今日的問題であるのは、記紀、とくに書紀が天皇制の史書だからであり、それが日本の歴史の発展に及ぼした規定的影響の残影なのである。

初出一覧

第一章　南都復興

一、東大寺復興と政治的背景
『龍谷大学論集』四五三、一九九九年一月

二、阿弥陀寺文書と周防国衙
『山口県史の窓』史料編、中世二、二〇〇一年二月

三、重源ノート
新稿

四、運慶とその時代
原題「いまなぜ運慶なのか」。上横手雅敬・松島健・根立研介共著『運慶の挑戦』（文英堂、一九九九年七月）、一部書き換え、一部新稿

五、鎌倉時代の興福寺と南山城
原題「公家政権と南都」。『加茂町史』第一巻古代・中世編（一九八八年三月）

六、貞慶をめぐる人々
平松令三先生古稀記念会『日本の宗教と文化』（同朋舎、一九八九年一一月）

第二章　鎌倉幕府と宗教

一、源頼朝の宗教政策
上横手雅敬編『中世の寺社と信仰』（吉川弘文館、二〇〇一年八月）

二、鎌倉大仏の造立
『龍谷史壇』九九・一〇〇（一九九二年一一月）
三、鎌倉大仏再論
原題「鎌倉大仏について」。『文化財学雑誌』（鶴見大学）二（二〇〇六年三月）
四、紀伊の律寺
『角川日本地名大辞典』三〇（和歌山県）月報二七（角川書店、一九八五年六月）
五、延朗と松尾神主
『洛西』三七（松尾大社社務所、一九九五年一月）。全面的に修正

第三章　鎌倉時代の王朝と文学

一、後鳥羽上皇の政治と文学
上横手雅敬監修、井上満郎・杉橋隆夫編『古代・中世の政治と文化』（思文閣出版、一九九四年四月）
二、院政期の熊野御幸
原題「熊野学への提言」。熊野学研究センター（仮称）構想実行委員会『熊野学への結集を求めて』（一九九五年三月）、一部を全面的に改稿
三、式子内親王をめぐる呪詛と託宣
『古代文化』五六―一（二〇〇四年一月）
四、『十訓抄』の編者について
『仏教文学』三一（二〇〇七年三月）
五、源頼朝像をめぐって
『龍谷史壇』一〇六（一九九六年三月）

六、『庭訓往来』の古写本について
『日本歴史』五〇〇（吉川弘文館、一九九〇年一月）

第四章　政治思想と天皇

一、戦争の勝因と敗因
藤井忠俊・新井勝紘編『戦いと民衆』（東洋書林、二〇〇〇年四月）

二、南北朝時代の天皇制論
伊東多三郎編『国民生活史研究』五（吉川弘文館、一九六二年四月）

三、『増鏡』の立場
『国史大系』月報二一（吉川弘文館、一九六五年五月）

四、日本の歴史思想
田中美知太郎編『歴史理論と歴史哲学』（人文書院、一九六三年九月）

あとがき

本書は日本中世の宗教、美術、文学、思想などについて、過去に書いた論文を集録し、若干補筆したものである。私の本来の専門は一応政治史ということになっているから、それからははみ出ている。いつの間にか、流れ流れてこんなところにたどり着いたのである。

これまで取り扱ってきた史料に即して、私の政治・法制史研究のあとをふりかえると、まずスタートは『吾妻鏡』であった。鎌倉幕府法にひかれ、『平安遺文』にも暫くだが関心を強めた。『愚管抄』に魅せられ、『玉葉』に身を乗り出したこともあった。文献史料による研究が主だから、こういう記述になるのだが、そして順次関心を移していくのではなく、そのすべてに目を通さねばならないのも当然だが、かつては好もしく思った『吾妻鏡』の世界を、突然索漠たるものに感じた経験も持っている。生来の無能、視野の狭さからして、行動範囲は高が知れているが、それでも研究関心はしばしば変動したのであり、「一筋の道」などとは、到底いえない。

先学を仰ぎみると、巍々たる巨人が何人かおられる。周囲をふりかえると、前後の世代には、時代を共にし、議論を交わしただけでも幸福だったと思われるほどに、卓越した能力に恵まれた友人たちがいる。その人々は、おおむねゼネラリストであり、小さな専門分野に甘んじてはいなかった。鵜の真似をするのは愚かなことながら、私はこれらの人々に、憧憬を持ち続けてきた。

ある席で拝聴した桑原武夫氏のスピーチを思い出す。「日本の学者は、一生豆腐の研究をするようなタイプが多いが、せめてたまには油揚ぐらいは作ってみませんか」とのこと。私も油揚程度なら作ってみようと思った。政治・法制史でスタートし、マルキシズムの傾向の強い社会経済史に影響されるなかでも、文化史に対する関心は続いていたし、いつのころからか強まってきた。歴史は総合であり、その中核となるのは政治史であると早くから考えていた。自分の専攻する平安・鎌倉期だけでも、せめて特殊史でなく、時代史として総合的に捉えたい。そのためには政治史の中に文化史を取り入れる必要があった。

潜在的な要因がないわけではない。大学入学以前の私を取り巻いていたのは、むしろ文化史であった。その上、京都という、元来文化史的な傾向の強い学問的環境の中で育ってきた。恩師や先輩には、文化史に深い関心と造詣を持っておられる方が多かった。本格的に文化史に取り組んだことこそないが、門前の小僧として、いくらかの刺激は受けてきているのである。

オーバーな言い方をすれば、ある時期から私は、歴史家として、人間として豊かになりたいと強く考えるようになったのである。ジレッタントであることは、私にとって批判さるべきものではなく、むしろ望ましいものであった。

さて簡単ながら本書の内容に即して述べておこう。

政治史を中核に置く以上、私の文化史では、取り上げる文化現象には政治との深い関係が認められる。

第一章では南都、とくに東大寺の復興を中心的に論じている。平家に焼かれた東大寺の復興を私は鎌倉時代の最大の国家的文化事業と見る。朝廷が主導したこの文化事業の中で、国家の軍事警察権を掌握した幕府は、重要な役割を果たしたし、武士も庶民も種々の形で、事業に取り込まれたのである。

東大寺復興については、（一）大仏の鋳造と大仏開眼供養、（二）大仏殿の造営と落慶供養、（三）諸像の製作と惣供養という三時期区分が行われているが、私はそのような仏像・堂宇の造立を契機として供養が行われているのではなく、復興を進める中心となった権力者、すなわち、後白河法皇、九条兼実、源頼朝、後鳥羽天皇らの都合によって、供養が行われたのだと述べ、政治史的立場を鮮明に示した。東大寺復興の中心的人物として重源に関する考察は不可欠であるが、議論は遂に運慶にまで及ぶことになった。なお本章では、東大寺と並行して、摂関家を中心にして行われた興福寺の復興についても述べ、とくに村上源氏出身の興福寺別当雅縁の活躍に注目している。

第二章は鎌倉幕府と宗教について論じている。まず源頼朝の宗教政策を取り上げ、鶴岡八幡宮寺の鎮護国家的性格を強調し、幕府に関する権門体制論・東国国家論との関係で、その宗教政策を考察した。しかし、とくに重視したのは、得宗専制期にあたり、念仏の基盤の上に律が繁栄し、禅をも従えて、幕府の体制的仏教が形成されたことである。阿弥陀大仏の造立はその象徴的な事件であり、鶴岡八幡の本地仏として、鎌倉仏教の本尊の位置を占めたのである。

日本の仏教は政治権力との密接な関連の中で発展してきた。その点で、私は日本仏教史上、もっとも重要な事件は聖武天皇による盧舎那大仏の造立だと考えている。それだけに平氏による大仏焼失の衝撃は大きく、人々を「天を仰ぎて泣き、地に伏して哭く」（『玉葉』）という悲嘆に陥れたのであり、それゆえに復興が国家的規模で行われたのである。また権力の掌握者はしばしば大仏を造立し、九条道家による東福寺、北条泰時・時頼による鎌倉大仏を経て、豊臣秀吉の方広寺大仏にいたるのである。

なお私が取り上げた鎌倉期仏教では、重源、貞慶、覚真、明恵、叡尊、忍性らのように、どちらかといえば南都に関係の深い人物に比重がかかっているが、どうしてこうなったのか、それが当時の仏教界の実態を正しく反映しているのかについては、今後の検証が必要であろう。

第三章は王朝と文学であるが、とくに後鳥羽上皇と和歌に重点がある。東大寺再建のように武士や庶民までも巻き込んだものでなく、純粋に貴族社会だけの問題であるが、後鳥羽による『新古今和歌集』の編纂を、この時期の王朝文化における最大の事業として捉え、和歌史上における意義をも論じている。

本章の論文には、個別的に短いコメントを加えたいものがいくつかある。第一に式子内親王を呪詛・託宣の面から取り上げた研究は、従来ほとんどないと思うが、丹後局の呪詛で式子が殺されたという認識が、当時存在したと私は考える。第二に私は早くから、阿弖河荘の地頭であるという点だけでなく、明恵を生み出したという点でも、紀伊の湯浅氏に興味を持ち続けてきた。その上、湯浅宗業が『十訓抄』の著者に擬せられていることも、それが地方武士による述作であるだけに気にかかっていた。結局『十訓抄』の全体的なトーンから見て、私は宗業説を否定することになった。しかしなお興味は持続する。驕心を抑え、煩悩を断つため、明恵は仏眼如来像の前で耳を切ったが、このことと地頭の暴虐の例として知られる「耳を切り、鼻を削ぎ」との間に、内面的なつながりはないのだろうかという点である。第三に本書で紹介した『庭訓往来』は至徳三年（一三八六）書写の奥書のある最古の写本である。しかし所蔵者の了解を得られぬまま、今日にいたるまで公開されていない。わたしも高齢であり、折角世に出そうとした文化財が、そのまま忘れ去られてしまうのを恐れ、ここに旧稿を再録した。

第四章には執筆以来多くの時日を経過した論考が多く、強いてここに収めたのは、私の優柔によるものかもしれない。しかし最後の「日本の歴史思想」などは、かつて『日本書紀』と天皇制を基軸として史学史を考えたものとして、とくに棄てがたかったのである。
全体を通じて、文化史的現象の背後に、その時期の政治的状況を述べた点が少なくなく、断片的ながら鎌倉時代政治史の性格をも帯びているつもりである。

関心の赴くままに、種々の問題を取り上げてきた。しかし、宗教、美術、文学、思想等、それぞれの分野にはすぐれた研究者がおられ、着実に不断の研鑽を続けておられる。私はいずれの分野においても初心者であり、専門の学会に加入することもなく、つまみ食いを続けてきた。専門の研究者はこのような態度に不快を覚えられるかもしれないが、どうか忌憚のないご批判を賜りたい。ただこのような生き方は、私の内面から生まれたものであり、私には不可避であった。いわば私の希求するところは「人間の学としての歴史学」だったのである。

最後に本書が成るまでの事情を簡単に申し述べたい。正確な時期は記憶していないが、かつて私は当時法藏館編集長であった上別府茂氏から、仏教史関係の論文集の刊行を勧められた。それには平雅行氏らの御慫慂があったとの由であった。部外者である私が、第一線の仏教史家の評価を得ることは光栄である。それに法藏館は近世以来の伝統を誇る老舗であり、それでいて、現在極めて活発に出版活動を続けておられるだけに、出版のお誘いは嬉しかった。ただ仏教書を本領とされる法藏館から、仏教史以外の論考をかなり含む本書を刊行していただくについての逡巡は、いささかはあった。

しかし、本書の出版を具体的に考えるようになったのは、諸大学の公務を退いてからだと思う。そして原稿を書肆に渡してのち、校正をはじめとする刊行業務のための私の行動は、緩慢を極め、出版社側に迷惑のかけ続けであったことをお詫びしなければならない。多少の雑事はあるとしても、明らかに現役時代よりは、余暇に恵まれているはずだのに、怠惰なのか、愚鈍なのか、愛想が尽きるほどであった。それだけに、現編集長戸城三千代氏、編集部田中夕子氏の忍耐とご好意には感謝の言葉を知らない。とくに田中氏には索引作成までお世話になったのを有難く思う。

二〇〇九年三月一日

上横手雅敬

上横手雅敬（うわよこて　まさたか）

1931年生まれ。1953年京都大学文学部史学科卒。京都大学・龍谷大学・皇學館大学教授を経て、現在、京都大学名誉教授、文学博士。著書に『北条泰時』（吉川弘文館）、『源平の盛衰』（『講談社学術文庫』）、『日本中世政治史研究』（塙書房）、『平家物語の虚構と事実』（塙書房）、『源義経』（『平凡社ライブラリー』）、『人車記』（思文閣出版）、『兵範記』（思文閣出版）、『鎌倉時代政治史研究』（吉川弘文館）、『鎌倉時代－その光と影』（吉川弘文館）、『日本中世国家史論考』（塙書房）、『日本史の快楽』（『角川ソフィア文庫』）、『源平争乱と平家物語』（角川選書）、『壇之浦合戦と女人たち』（赤間神宮）、『戦中・戦後三高小史』（三高自昭会）などがある。

権力と仏教の中世史
——文化と政治的状況——

二〇〇九年五月二九日　初版第一刷発行
二〇一〇年四月二〇日　初版第二刷発行

著　者　上横手雅敬
発行者　西村明高
発行所　株式会社　法藏館
京都市下京区正面通烏丸東入
郵便番号　六〇〇-八一五三
電話　〇七五-三四三-〇〇三〇（編集）
〇七五-三四三-五六五六（営業）

装幀者　井上二三夫
印刷・製本　亜細亜印刷株式会社

ISBN 978-4-8318-7589-1 C 3021

索　引

(1) 人名索引

あ　行

(1) 人名索引

か　行

さ　行

な　行

は　行

(1) 人名索引

ま　行

や　行

ら　行

わ　行

(2) 地名・寺社名索引

あ　行

か　行

さ 行

た　行

な　行

は　行

ま　行

や　行

ら　行

わ　行

(3) 文献名索引

あ　行

か　行

さ　行

た　行

な　行

は　行

ま　行

(3) 文献名索引

や　行

ら　行

わ　行